2025
메가랜드 공인중개사
바빠서

⚡ **바**쁜 수험생을 위한 **빠**른 합격서

1차 민법 및 민사특별법

머리말

최근 민법 시험의 출제 경향이 많이 바뀌면서, 바뀐 시험에 대한 대처가 필요하다는 생각으로 <2025 바쁜 수험생을 위한 빠른 합격서> 교재를 출간하게 되었습니다.

공인중개사를 준비하는 많은 수험생의 학습 고충을 조금이나마 덜어드리자는 마음으로, 핵심이론과 기출문제를 한 권으로 압축하여 알기 쉽게 정리하였습니다.

출제 포인트를 정확하게 제시한 수험서는 이해가 쉽고 명쾌합니다. 따라서 수험 기간을 단축시키고 합격을 보장해 줍니다.

편저자는 이와 같은 열망을 충족시키기 위하여 연구와 고민을 반복하였고, 그 결과로 이 교재를 출간하게 되었습니다.

이 교재의 특징은 다음과 같습니다.

첫째, 출제경향을 철저하게 분석하여 선별한 핵심이론을 테마별로 구성하였고, 이와 관련된 문제들을 수록하였습니다.

둘째, 책 저술의 순서를 기본이론 ⇨ 기출문제로 구성함으로써, 초심자일지라도 흐름에 따라 쉽게 학습할 수 있도록 배치하였고, 이론을 학습한 뒤 기출문제를 풀어볼 수 있도록 연결함으로써 문제해결능력을 향상시킬 수 있도록 하였습니다.

셋째, 시험에서 반복 출제되는 지문에 대해 집중 대비하였습니다. 매년 시험에서는 기출지문이 70% 이상 반복되어 출제됩니다. 최근 몇 년간의 기출문제를 분석하여 자주 출제되는 지문을 중심으로 집중 정리하여 구성하였습니다.

넷째, 지금까지 출제된 문제를 유형별로 정리함으로써 출제 형식의 변화를 알아보고, 최근 출제 경향을 파악할 수 있도록 하였습니다.

공인중개사 민법의 시험문제가 과거의 단편적인 문제에서 정확한 이해 위주의 문제 중심으로 바뀌어 감에 따라 시험 준비도 이론의 정확한 이해를 바탕으로 유형별 문제해결능력을 갖추는 것이 고득점을 향한 지름길이라 할 것입니다.

또한, 모든 수험생들의 부족한 학습시간을 해결하고 짧은 시간 내에 합격할 수 있는 방법을 연구하고 검토하여 이 교재를 출간하게 되었습니다. 시간이 다소 부족한 수험생들의 합격에 도움이 되기를 바랍니다.

끝으로 본서의 출간을 위하여 수고를 아끼지 않으신 메가랜드 대표님 이하 편집부 직원에게 감사드립니다.

앞으로 수험생들에게 귀한 가르침을 주시기를 바라는 바입니다.

이 교재로 공부하시는 수험생 여러분의 합격을 진심으로 기원합니다.

메가랜드 부동산교육연구소
편저자 일동

공인중개사 시험요강

공인중개사 자격시험 Licensed Real Estate Agent

국토교통부에서 소관하고 한국산업인력공단이 시행하는 공인중개사 자격시험은 부동산 중개업을 건전하게 지도·육성하고, 공정하고 투명한 부동산 거래질서를 확립함으로써 국민경제에 이바지함을 그 목적으로 합니다.

연 1회
10월 25일 예정

1·2차 동시
응시 가능

절대평가
평균 60점

객관식
5지 선택형

🏠 시험 일정

원서 접수	시험일	합격자발표
2025년 8월 4일~ 8월 8일 예정	2025년 10월 25일 예정	2025년 11월 26일 예정

* 2021년부터 원서 접수 기간 및 방식이 변경되었습니다(정기 접수 5일 및 빈자리 접수 2일).
* 정확한 시험 일정은 한국산업인력공단(www.q-net.or.kr) 홈페이지에서 확인 가능합니다.
* 원서 접수 기간 중에는 24시간 접수 가능하며(단, 마지막 날은 18시까지), 접수 기간 종료 후에는 응시원서 접수가 불가합니다.

🏠 응시 자격 제한 없음

* 단, ①「공인중개사법」 제4조의3에 따라 시험 부정행위로 처분받은 날로부터 시험시행일 전일까지 5년이 경과되지 않은 자, ② 제6조에 따라 공인중개사 자격이 취소된 후 3년이 경과하지 않은 자, ③ 시행규칙 제2조에 따른 기자격취득자는 응시할 수 없음

🏠 시험과목 및 방법

구분	시험과목	문항 수	시험시간	시험방법
제1차 1교시 2과목	1. 부동산학개론(부동산감정평가론 포함) 2. 민법 및 민사특별법 중 부동산 중개에 관련되는 규정	과목당 40문항 1번~80번	100분 (09:30~11:10)	객관식 5지 선택형
제2차 1교시 2과목	1. 공인중개사의 업무 및 부동산 거래신고 등에 관한 법령 및 중개실무 2. 부동산공법 중 부동산 중개에 관련되는 규정	과목당 40문항 1번~80번	100분 (13:00~14:40)	
제2차 2교시 1과목	부동산공시에 관한 법령(부동산등기법, 공간정보의 구축 및 관리 등에 관한 법률) 및 부동산 관련 세법	40문항 1번~40번	50분 (15:30~16:20)	

🏠 합격 기준 절대평가

>> **1차 시험**: 매 과목 100점을 만점으로 하여 매 과목 40점 이상, 전 과목 평균 60점 이상 득점
>> **2차 시험**: 매 과목 100점을 만점으로 하여 매 과목 40점 이상, 전 과목 평균 60점 이상 득점

* 당해 연도 1차 시험 합격자는 다음 연도 1차 시험이 면제되며, 1·2차 시험 응시자 중 1차 시험에 불합격한 자의 2차 시험은 무효로 함(「공인중개사법 시행령」 제5조 제3항)

🏠 원서 접수 PC Q-net(www.q-net.or.kr) 홈페이지 또는 모바일 Q-net(APP)을 통하여 접수

>> 공단 지역본부 및 지사에서 인터넷접수 도우미서비스를 제공받을 수 있습니다.
>> 내방시 준비물: 신분증, 사진(3.5*4.5) 1매, 전자결제 수단(신용카드, 계좌이체, 가상계좌)
>> 수험자는 응시원서에 반드시 본인 사진을 첨부하여야 하며, 타인의 사진 첨부 등으로 인하여 신분 확인이 불가능할 경우 시험에 응시할 수 없습니다.
>> 응시수수료(제35회 시험 기준)

• 1·2차 시험 동시 응시자	28,000원
• 1차 시험 응시자	13,700원
• 2차 시험 응시자(전년도 1차 시험 합격자)	14,300원

자격증 교부는 응시원서 접수시 입력한 인터넷 회원정보 화면의 주민등록상 주소지의 시·도지사 명의로, 시·도지사가 교부합니다(회원가입시 등록한 최종 합격자의 사진 파일을 공단에서 시·도로 발송하여 자격증용 사진으로 활용).

* 시·도별로 준비물이 다를 수 있습니다.

출제경향 및 학습방법

편	장	제31회	제32회	제33회	제34회	제35회	합계	비율
민법총칙	권리의 변동	0	0	0	1	0	1	25.0%
	법률행위	1	3	2	2	1	9	
	의사표시	2	1	1	1	4	9	
	법률행위의 대리	3	3	4	3	2	15	
	법률행위의 무효와 취소	3	2	2	2	2	11	
	법률행위의 부관	1	1	1	1	1	5	
	소계	10	10	10	10	10	50	
물권법	물권법 서론	1	2	2	2	2	9	35.0%
	물권의 변동	2	2	0	2	2	8	
	점유권	2	1	2	1	1	7	
	소유권	2	3	3	2	2	12	
	용익물권	3	3	3	3	3	15	
	담보물권	4	3	4	4	4	19	
	소계	14	14	14	14	14	70	
계약법	계약법 총론	6	5	5	3	8	27	25.0%
	계약법 각론	4	5	5	7	2	23	
	소계	10	10	10	10	10	50	
민사특별법	주택임대차보호법	2	2	1	1	1	7	15.0%
	상가건물 임대차보호법	1	1	1	1	2	6	
	집합건물의 소유 및 관리에 관한 법률	1	1	2	1	1	6	
	가등기담보 등에 관한 법률	1	1	1	1	1	5	
	부동산 실권리자명의 등기에 관한 법률	1	1	1	2	1	6	
	소계	6	6	6	6	6	30	
	총계	40	40	40	40	40	200	100.0%

제35회 총평

수험생 여러분, 정말 고생 많으셨습니다. 시험 결과를 떠나 그동안 쏟으신 열정과 노고에 존경의 마음을 담아 박수를 보냅니다. 이번 제35회 시험은 제33회, 제34회 시험보다는 조금 낮은 난이도로 출제된 것으로 보입니다. 뒷부분인 민사특별법이 어렵게 출제되긴 했으나 앞부분에서 쉽게 출제되어 합격점수를 충분히 받을 수 있었을 것으로 생각됩니다.

1. 민법총칙에서 10문제, 물권법에서 14문제, 계약법에서 10문제, 민사특별법에서 6문제가 출제되었습니다.
2. 계약법에서는 제34회에 7문항이 출제되었던 각론은 2문항으로 줄었고, 총론에서 8문항이 출제되어 제34회와 극명하게 대비되었습니다.
3. 민사특별법은 최신판례를 공부하지 않았다면 풀 수 없는 문제가 출제되어 체감난이도가 높았을 것으로 예상됩니다.

판례 중심의 출제는 최근의 흐름이고 앞으로도 그러할 것입니다. 다만, 항상 당부드리는 것은 판례가 많이 출제되었다고 하여 판례만 읽어서는 득점에 큰 도움이 되지 않습니다. 기본이론이 바탕이 되지 않는 판례학습은 큰 의미가 없습니다. 조문과 이론, 판례는 항상 같이 공부하시길 권합니다. 또한, 박스문제가 많이 출제되는 것이 최근의 경향입니다. 박스문제에 당황하지 않도록 모의고사 등을 통해 꾸준히 연습하시길 권합니다.

학습방법

핵심적인 내용을 먼저 공부하자.
민법은 기본법이므로 양이 방대하고 매우 추상적인 부분도 포함되어 있습니다. 공부를 하면서 처음부터 이 모든 것을 이해하려고 한다면 이해가 안 될 뿐만 아니라 흥미까지 잃어버릴 수 있으므로 처음에는 중요부분을 위주로 학습한 후, 추가적으로 자세한 내용을 덧붙여 공부해 나가는 방식으로 공부를 하는 것이 좋습니다.

모르는 부분은 과감하게 넘기고, 계속해서 복습하자.
처음 공부를 하다 보면 도저히 이해가 안 되는 부분들이 나오기 마련입니다. 그렇다고 하여 포기하거나 멈추면 안 되고, 그런 부분은 과감하게 체크해 두고 다음으로 넘어가는 것도 하나의 방법입니다. 민법은 매우 유기적인 과목이어서 처음과 끝이 부드럽게 연결되므로 일단 1순환이 되면 바라보는 시각이 달라지고, 변화된 시각으로 2순환을 하면 저절로 이해가 되기 때문입니다.

기본이론을 바탕으로, 판례를 정복하자.
판례가 많이 출제된다고 하여 판례만 공부하여서는 득점에 큰 도움이 되지 않는다는 점에 주의하여야 합니다. 기본이론이 바탕이 되지 않은 판례학습은 큰 의미가 없기 때문입니다. 기본이론, 조문과 판례는 항상 같이 공부하길 권하며, 고득점의 비결은 어려운 부분을 공부하는 것이 아니라 주요 기본이론과 판례를 명확하게 이해하는 것이라는 점을 다시 한 번 강조합니다.

이 책의 구성 및 특징

테마별 학습

방대한 출제범위 가운데 핵심이론만 테마별로 선별한 구성으로, 수험생의 학습효율은 높이고 학습부담은 줄였습니다.

간결한 구성과 학습 팁

시험에 반드시 출제되는 이론을 간결하고 일목요연하게 정리하였으며, 이론의 주요 부분을 학습 팁으로 반복·보충 설명하여 수험생의 이해를 돕고자 하였습니다.

다양한 학습요소

참고·핵심·심화 등의 다양한 학습요소들을 알차고 짜임새 있게 구성하여, 다채로운 학습이 가능하게 하였습니다.

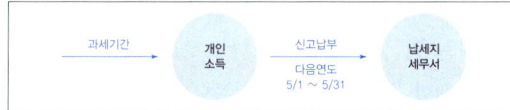

철저한 기출문제 분석

기출문제를 철저히 분석하여 꼭 필요한 문제만 수록하였고, 최신 기출문제를 통해 출제경향을 파악하고 이에 대비할 수 있도록 하였습니다.

상세한 해설

틀린 지문과 관련 이론에 관한 명확한 설명으로 빠른 이해와 학습을 도울 수 있게 하였습니다.

PART 02 기출문제

1 조세의 개념 및 납세의무 성립·확정 및 소멸

01 조세의 납부방법으로 물납과 분할납부가 둘 다 가능한 것을 모두 고른 것은? (단, 물납과 분할납부의 법정요건은 전부 충족한 것으로 가정함) 〈제25회〉

㉠ 부동산임대업에서 발생한 사업소득에 대한 종합소득세
㉡ 종합부동산세
㉢ 취득세
㉣ 재산세 도시지역분
㉤ 소방분에 대한 지역자원시설세

① ㉠, ㉡
② ㉠, ㉢
③ ㉡, ㉢
④ ㉣
⑤ ㉣, ㉤

해설 ④ 세목별 물납과 분할납부가 가능한 경우는 다음과 같다.

구분		재산세	종합부동산세	양도소득세
물납	요건	납부할 세액 1,000만원 초과	불가능	불가능
	재산	관할 내의 부동산		
분할납부	요건	납부할 세액 250만원 초과: 3개월 이내	납부할 세액 250만원 초과: 6개월 이내	납부할 세액 1,000만원 초과: 2개월 이내
	방법	• 500만원 이하: 250만원 초과액 • 500만원 초과: 그 세액의 100분의 50 이하 금액	• 500만원 이하: 250만원 초과액 • 500만원 초과: 그 세액의 100분의 50 이하 금액	• 2,000만원 이하: 1,000만원 초과액 • 2,000만원 초과: 그 세액의 100분의 50 이하 금액

재산세 물납 종합 정리
1. 물납요건: 납부할 세액(도시지역분 재산세 포함)이 1,000만원 초과
2. 물납재산: 관할 내의 부동산
3. 물납신청: 납부기한 10일 전까지
4. 허가 통지: 신청을 받은 날로부터 5일 이내
5. 재신청: 불허가 통지를 받은 날로부터 10일 이내
6. 물납재산 평가: 과세기준일(6/1) 현재의 시가

정답 01 ④

차례

PART 1 테마이론

01	권리의 변동	14
02	법률행위	17
03	비정상적인 의사표시	27
04	의사표시의 효력발생	38
05	대리제도	40
06	대리권 – 대리인과 본인의 관계	41
07	대리행위 – 대리인과 상대방의 관계	44
08	대리효과 – 본인과 상대방과의 관계	47
09	복대리와 무권대리	48
10	법률행위의 무효	56
11	법률행위의 취소	61
12	조건	65
13	기한	69
14	물권법 서론	71
15	부동산물권의 변동	77
16	물권의 소멸	86
17	점유제도 및 점유의 관념화	88
18	점유의 종류	91
19	점유권의 효력	94
20	상린관계	100
21	소유권의 취득	104
22	소유권에 기한 물권적 청구권	112
23	공동소유	113
24	지상권	120
25	지역권	131
26	전세권	134
27	담보물권의 성질	141
28	유치권	142
29	저당권	147

30	계약법 총론	159
31	쌍무계약의 효력	167
32	계약의 해제와 해지	174
33	매매	181
34	교환	193
35	임대차	194
36	주택임대차보호법	203
37	상가건물 임대차보호법	213
38	집합건물의 소유 및 관리에 관한 법률	221
39	가등기담보 등에 관한 법률	230
40	부동산 실권리자명의 등기에 관한 법률	235

PART 2 기출문제

▶ 민법총칙	242
▶ 물권법	288
▶ 계약법	355
▶ 민사특별법	400

PART 1

테마이론

공인중개사 시험에 합격하기 위해 반드시 학습해야 하는 '핵심 이론'만 엄선해 필수 테마로 구성하였습니다. 또한, 이론을 반복·보충 설명하면서 수험생의 이해를 돕고, 다양한 학습 요소로 알차게 구성함으로써 효율은 높이고 부담은 줄였습니다.

Theme 01 권리의 변동

▶ 민법총칙

1 권리변동의 형태

법률효과는 보통 권리의 발생·변경·소멸의 형태로 나타나고, 이를 권리주체의 입장에서 본다면 권리의 취득·변경·상실이 된다.

2 권리의 발생(취득)

(1) 원시취득(절대적 발생)

원시취득이란 어떤 권리가 타인의 권리에 기초함이 없이 특정인에게 새로 발생하는 것을 말한다. 선점(제252조)·습득(제253조)·시효취득(제245조 이하)·선의취득(제249조 이하)이나 건물을 신축하는 경우의 건물소유권 취득 또는 매매계약을 통한 채권 취득 등이 이에 속한다.

(2) 승계취득(상대적 발생) 제34회

승계취득이란 타인의 권리에 기하여 취득하는 것을 말한다.
① 이전적 승계: 구 권리자의 권리가 동일성을 유지하면서 신 권리자에게 이전되는 경우로서 권리의 주체만 바뀌는 것을 말한다. 이는 특정승계와 포괄승계로 구분된다.

특정승계	개개의 권리가 개개의 취득원인에 의하여 취득되는 경우를 말한다. 예 매매, 교환, 증여 등
포괄승계	하나의 취득원인에 의하여 다수의 권리가 일괄적으로 취득되는 경우를 말한다. 예 상속, 포괄유증, 회사의 합병 등

② 설정적 승계: 구 권리자의 권리는 그대로 존속하면서 그 권리의 내용 일부에 새로운 권리를 취득하는 경우이다. 예를 들어 지상권·전세권·저당권 등의 설정이 이에 해당한다.

> **참고** 원시취득과 승계취득의 차이점
> 1. 원시취득: 원칙적으로 종전의 제한적 권리는 모두 소멸한다.
> 2. 승계취득: 원칙적으로 전주(前主)의 권리에 제한이나 하자를 승계한다.

3 권리의 변경

권리가 그 동일성을 잃지 않고서 주체·내용·작용이 변하는 것을 말한다.

(1) 주체의 변경

권리의 주체가 변경되는 것으로서 권리의 승계에 해당한다.

(2) 내용의 변경

① 질적 변경: 권리가 질적으로 변하는 것을 말한다. 물건의 인도를 목적으로 하는 채권이 손해배상채권으로 변하는 것, 물상대위 등이 이에 해당한다.

② 양적 변경: 권리가 양적으로 변하는 것을 말한다. 물건의 부합 또는 소유권의 객체에 제한물권(예 지상권·전세권·저당권 등)이 설정되거나 이미 설정되어 있는 제한물권이 소멸하여 소유권이 원만한 상태로 회복되는 것 등이 이에 해당한다.

(3) 작용의 변경

권리의 효력변경을 말한다. 임차권이 대항력을 갖춘 경우 또는 저당권의 순위가 승진하는 경우를 말한다.

4 권리의 소멸(상실)

권리주체로부터 권리가 이탈하는 것을 말한다. 권리의 소멸 또는 상실에는 절대적(객관적) 소멸과 상대적(주관적) 소멸이 있다.

절대적 소멸	권리 자체가 완전히 없어지는 것을 말한다. 예 목적물의 멸실에 의한 권리의 소멸, 혼동, 소멸시효 등
상대적 소멸	권리 자체가 소멸하지 않고 권리의 주체만이 변경되는 것을 말한다. 예 매매로 매도인이 권리를 상실하는 경우

▶ 민법총칙

Theme 02 법률행위

1 법률행위의 의의 제34회

(1) 사적 자치의 실현수단

현행 사법제도는 개인 상호간 법률관계의 경우 원칙적으로 국가의 관여 없이 개인 스스로가 자기결정에 의하여 자기의 의사에 따라 법률관계를 형성할 수 있도록 하고 있고 이를 사적 자치의 원칙이라 한다. 그런데 개인의 의사를 요소로 하여 효과를 발생시키는 것이 바로 법률행위이므로 결국 법률행위는 사적 자치를 실현하는 수단이 된다.

(2) 법률행위와 의사표시

법률행위는 의사표시를 필수요소로 하는 법률요건이다. 또한 의사표시는 법률행위라는 법률요건에 있어서 반드시 필요한 법률사실이다. 즉, 의사표시 없는 법률행위란 존재할 수 없다.

(3) 준법률행위와의 구별

① 준법률행위란 사람의 행위 중 당사자의 의사와는 상관없이 법률의 규정에 의하여 일정한 법률효과가 발생하는 행위를 말한다.

⊃ 준법률행위의 종류

의사의 통지	자신의 의사를 상대방에게 통지하여 법률이 부여한 효과를 발생시키는 것을 말한다. 각종 **최고**와 **거절**이 이에 해당한다.
관념의 통지	상대방에게 과거 또는 현재의 사실을 알려서 법률이 규정한 효과를 발생시키는 것을 말한다. 각종 **통지**와 **승인(승낙)**이 이에 해당한다.
감정의 표시	행위자의 감정을 표시함으로써 법률규정에 의한 효과를 발생시키는 것을 말한다. 용서(제841조)가 이에 해당한다.

② 예를 들어 甲의 토지에 대하여 대리권 없이 乙이 丙과 매매계약을 하였을 때 상대방 丙이 본인 甲에 대한 추인 여부의 확답을 최고한 것은 '의사의 통지'로서 준법률행위에 해당하는데, 본인 甲이 최고기간 내에 확답을 발하지 않으면 추인을 거절한 것으로 보게 된다.

③ 이때 추인 거절의 효과가 생기는 이유는 당사자가 원해서가 아니라「민법」제131조의 법률규정에 의해서이다.

2 법률행위의 종류 제32회, 제33회, 제34회

(1) 계약·단독행위·합동행위 – 의사표시의 수와 방향에 따른 분류

구분	의의	예시
계약	대립하는 의사표시의 합치에 의하여 성립한다.	매매·교환·임대차 등 합의로 성립한다.
단독행위	일방적 의사표시로 효과가 발생한다. ① 법률의 규정이 있는 경우에 할 수 있다. ② 조건이나 기한을 붙일 수 없다.	① 상대방 있는 단독행위: 취소, 철회, 동의, 추인, 해제, 해지, 채무면제, 상계 ② 상대방 없는 단독행위: 유언, 유증, 재단법인의 설립행위, 소유권의 포기 📝 비교: 공유지분의 포기, 취득시효 이익의 포기, 제한물권의 포기는 상대방 있는 단독행위에 해당한다.
합동행위	대립하지 않고 공동목적을 위하여 평행적·구심적으로 의사표시의 합치에 의하여 성립한다.	사단법인의 설립행위, 총회결의

(2) 채권행위·처분행위(물권행위·준물권행위) – 이행의 문제에 따른 분류

구분	채권행위	물권행위	준물권행위
이행의 문제	남는다(의무부담행위).	남지 않는다(처분행위).	남지 않는다(처분행위).
예시	매매, 교환, 증여 등	소유권이전행위, 저당권설정행위 등	채권양도, 채무면제 등
무권리자의 행위	유효	무효	무효

(3) 요식행위·불요식행위

① 요식행위: 법률행위에 일정한 형식(방식)을 필요로 하는 법률행위를 말한다(예 재단법인 설립행위, 혼인신고, 유언, 어음행위 등).

② 불요식행위: 법정의 방식을 요하지 않는 법률행위를 말한다(예 매매, 교환 등).

3 법률행위의 성립요건과 유효요건

구분	법률행위 성립요건	법률행위 유효(효력)요건
일반	① 당사자가 있을 것 ② 목적이 있을 것 ③ 의사표시가 있을 것	① 당사자에게 능력(권리능력·의사능력·행위능력)이 있을 것 ② 목적이 확정·가능·적법하고, 사회적 타당성이 있을 것 ③ 의사와 표시가 일치하고 의사에 하자가 없을 것
특별	① 요물계약에서 물건의 인도 ② 혼인에서 신고 등	① 대리에서 대리권의 존재 ② 조건부·기한부 법률행위에서 조건의 성취, 기한의 도래 ③ 토지거래허가구역에서 허가 주의: 농지매매에서 농지취득자격증명은 효력요건이 아님

주의: 제한능력자(미성년자, 피한정후견인, 피성년후견인)가 한 법률행위는 취소할 수 있고, 취소하면 소급하여 처음부터 무효가 된다. 그러나 의사무능력자의 법률행위는 무효로 다룬다(절대적 무효와 취소).

4 원시적 불능과 후발적 불능

(1) 원시적 불능
  ① 개념: 법률행위의 성립 당시부터 이미 법률행위의 목적이 실현 불가능한 것이면 원시적 불능이다.
  ② 원시적 불능의 효과: 원시적 불능이 있으면 법률행위는 무효로 된다.

(2) 후발적 불능
  ① 개념: 법률행위 성립 당시에는 실현 가능하였으나 이행 전에 불가능하게 되었다면 후발적 불능이 된다.
  ② 후발적 불능의 효과: 후발적 불능은 원시적 불능과는 달리 무효가 되지 않는다.

5 목적의 확정성

법률행위의 내용을 실현할 당시(이행시)까지 확정할 수 있으면 된다.

6 목적의 가능성

목적의 실현이 불가능한 경우에 그 법률행위는 무효이다. 실현이 가능한지 여부는 사회통념에 의하여 정하여진다.

7 목적의 적법성 제28회, 제32회, 제33회, 제35회

(1) 의의

　　법률행위의 내용은 적법하여야 한다. 따라서 사회질서에 관계있는 규정, 즉 강행규정(강행법규)에 반하는 내용의 법률행위는 무효라고 할 것이다. 한편 임의규정이란 법률행위와 달리 사회질서에 관계없는 규정을 말하는데, 임의규정은 당사자의 의사에 의하여 그 적용을 배제할 수 있는 규정이다.

(2) 효력규정과 단속규정

　　① 효력규정: 사법상(私法上) 효력을 무효화시키는 규정을 말한다.
　　② 단속규정: 국가가 일정한 행위를 단속할 목적으로 그것을 금지하거나 제한하는 데 지나지 않는 규정으로, 이를 위반할 경우 처벌은 받지만 법률행위 그 자체의 사법상(私法上) 효력에는 영향을 미치지 않는다.

> **판례** 효력규정
>
> 1. 부동산 중개보수 제한에 관한 위 규정들은 **중개보수 약정 중 소정의 한도를 초과하는 부분에 대한 사법상의 효력을 제한하는 이른바 강행법규에 해당한다.** 따라서 「공인중개사법」 등 관련 법령에서 정한 한도를 초과하는 부동산 중개보수 약정은 한도를 초과하는 범위 내에서 무효이다(대판 2017다243723).
> 2. 공인중개사 자격이 없는 자가 중개사무소 개설등록을 하지 아니한 채 부동산중개업을 하면서 체결한 **중개수수료(현 중개보수) 지급약정의 효력을 제한하는 이른바 강행법규에 해당한다.**
>   　비교: 우연히 1회적으로 중개를 하고 보수를 받기로 한 약정은 유효하다.

> **참고** 효력규정 위반행위와 단속규정 위반행위
>
> 1. 효력규정 위반행위
>   ① 「부동산 거래신고 등에 관한 법률」상 토지거래허가제를 위반한 행위
>   ② 관할 관청의 허가 없이 한 학교법인의 기본재산 처분행위
> 2. 단속규정 위반행위
>   ① 무허가 음식점의 영업행위, 무허가 숙박업소의 영업행위
>   ② 「부동산등기 특별조치법」상 금지하는 중간생략등기
>   ③ 「주택법」의 전매제한을 위반한 전매약정
>   ④ 개업공인중개사 등이 중개의뢰인과 직접 거래를 하는 행위

8 목적의 사회적 타당성 제28회, 제29회, 제30회, 제31회, 제32회, 제33회, 제34회, 제35회

1. 반사회질서의 법률행위

> 제103조【반사회질서의 법률행위】 선량한 풍속 기타 사회질서에 위반한 사항을 내용으로 하는 법률행위는 무효로 한다.
> 제746조【불법원인급여】 불법의 원인으로 인하여 재산을 급여하거나 노무를 제공한 때에는 그 이익의 반환을 청구하지 못한다. 그러나 그 불법원인이 수익자에게만 있는 때에는 그러하지 아니하다.

(1) 의의

확정된 법률행위의 내용이 실현 가능하고 개별적인 강행법규에 위반하지 않더라도 선량한 풍속 기타 사회질서에 위반되는 경우에는 무효이다.

> 선량한 풍속 기타 사회질서는 부단히 변천하는 가치관념으로서 어느 법률행위가 이에 위반되어 「민법」 제103조에 의하여 무효인지 여부는 그 법률행위가 이루어진 때를 기준으로 판단하여야 한다.

(2) 반사회질서의 법률행위의 모습

① 인륜(윤리질서)에 반하는 행위: 첩계약은 처(妻)의 동의 여부와 상관없이 무효이다. 다만, 첩관계(妾關係)를 그만두는 것을 조건으로 금전을 지급하는 계약이나, 자녀의 양육비에 대한 지급약정은 유효하다.
② 정의관념에 반하는 행위: 여기서 부동산의 이중매매가 문제된다.

🔴 **부동산 이중매매**

원칙	이중매매는 계약자유의 원칙상 유효하다.
무효인 경우	㉠ 제2매수인이 매도인의 배임행위에 **적극 가담**한 경우 반사회질서의 법률행위(제103조)에 해당되어 무효가 된다. ㉡ 무효임을 알고 추인하더라도 새로운 행위로 인정되지 않는다. ㉢ 제1매수인은 제2매수인에게 불법행위 손해배상을 청구할 수 있다.
제1매수인의 등기말소방법	㉠ 제1매수인이 제2매수인에 대하여 직접 그 명의 등기의 말소를 청구할 수는 없다. ㉡ 제1매수인은 매도인을 **대위하여** 제2매수인 명의 등기의 말소를 청구할 수 있다.
제3자의 소유권 취득 여부	반사회질서의 법률행위에 해당되어 무효가 되는 경우, 이는 **절대적 무효**이므로 부동산을 제2매수인으로부터 다시 취득한 제3자는 선의이더라도 소유권을 취득하지 못한다.
채권자취소권 행사 여부	채권자취소권을 행사하는 것은 허용되지 않는다.

③ 개인의 자유를 심하게 제한하는 행위(예 절대로 이혼 또는 혼인을 하지 않겠다는 약정)

④ 생존의 기초를 처분하는 행위(예 사찰에 있어서 꼭 필요한 재산인 임야를 증여한 행위)

⑤ 사행성이 심한 행위(예 도박으로 부담하게 된 채무, 도박채무의 변제를 위하여 부동산을 양도하기로 하는 계약)

⑥ 동기의 불법: 동기가 표시된 경우뿐 아니라 동기가 상대방에게 알려진 경우에도 법률행위의 동기가 반사회적인 경우에는 무효가 된다.

(3) 반사회질서의 법률행위 효과

① 반사회질서의 법률행위는 절대적 무효이다.

② 불법원인급여

㉠ 반사회질서의 법률행위로서 무효임에도 불구하고 이미 이행한 경우에는 이른바 '불법원인급여(不法原因給與, 제746조 본문)'로서 그 반환청구가 인정되지 아니한다.

㉡ 불법원인급여에서 '불법의 원인'이란 재산을 급여한 원인이 선량한 풍속 기타 사회질서에 반하는 경우를 가리키는 것으로서, 강제집행을 면할 목적으로 부동산의 소유자 명의를 신탁하는 것이 불법원인급여에 해당한다고 볼 수 없다.

㉢ 제103조에 위반된 법률행위에 기하여 이미 이행한 때에는 채권적으로 부당이득 반환을 청구할 수 없을 뿐 아니라, 소유권에 기한 물권적 청구권으로 말소등기를 청구하는 것도 허용되지 않는다.

핵심 제103조(반사회질서의 법률행위) 해당 여부

제103조에 해당하는 경우	제103조에 해당하지 않는 경우
① 공무원의 직무에 관한 청탁과 그에 대한 보수지급의 약정 ② 수사기관에서 허위진술을 해주는 대가로 작성된 각서의 효력 ③ 과도한 위약벌의 약정 ④ 행정기관에 진정서를 제출하여 상대방을 궁지에 빠뜨린 다음 이를 취하하는 조건으로 거액의 급부를 제공받기로 약정한 경우 ⑤ 피보험자를 살해하여 보험금을 편취할 목적으로 체결한 생명보험계약(보험금의 부정취득 목적) ⑥ 변호사 아닌 자가 승소를 조건으로 하여 그 대가로 소송 당사자로부터 소송물 일부를 양도받기로 하는 약정 ⑦ 사회통념상 허용되는 한도를 초과하여 현저하게 고율로 정한 이자약정 ⑧ 피상속인이 제3자에게 토지를 매각한 사실을 알고 있는 자가 그 사정을 모르는 상속인을 적극적으로 기망하여 그 토지를 자신이 매수한 행위 ⑨ 각종 첩계약 및 자유권 제한행위(예 절대 이혼하지 않는다는 약정, 독신약관 등) ⑩ 윤락행위를 할 자를 고용함에 있어서의 선불금약정 ⑪ 형사사건에서 변호사의 성공보수약정 📝 민사사건에서 성공보수약정은 무효가 아니다. ⑫ 증언의 대가로 통상적으로 용인될 수 있는 수준을 초과하는 금전을 지급하기로 약정한 경우	① 전통사찰의 주지직을 거액의 금품을 대가로 양수하기로 하는 약정이 있음을 알고도 이를 묵인 혹은 방조한 상태에서 한 종교법인의 주지임명행위 ② 부정행위를 용서받는 대가로 손해를 배상함과 아울러 가정에 충실하겠다는 서약의 취지에서 처(妻)에게 부동산을 양도하되, 부부관계가 유지되는 동안에는 처가 임의로 처분할 수 없다는 제한을 붙인 약정 ③ 해외 파견된 근로자가 귀국일로부터 일정기간 소속회사에 근무하여야 한다는 사규나 약정 ④ 법정지상권을 건물의 소유권과 분리하여 양도하는 행위 ⑤ 강제집행을 면할 목적으로 부동산에 허위의 근저당권설정등기를 경료한 행위 ⑥ 반사회적 법률행위에 의하여 조성된 비자금을 소극적으로 은닉하기 위하여 임치한 행위 ⑦ 매매계약체결 후 그 목적물이 범죄행위로 취득된 것임을 알게 된 경우라도 특별한 사정이 없는 한 그 계약의 이행을 구하는 경우 ⑧ 양도소득세를 회피할 목적으로 실제 거래대금보다 낮은 금액으로 계약서를 작성하여 매매계약을 체결한 행위 ⑨ 매도인이 부담할 공과금을 매수인이 전액 부담하기로 하는 약정 ⑩ 세입자입주권 15매를 투기의 목적으로 매수한 행위

2. 불공정한 법률행위(폭리행위)

> **제104조 【불공정한 법률행위】** 당사자의 궁박·경솔 또는 무경험으로 인하여 현저하게 공정을 잃은 법률행위는 무효로 한다.
>
> **제746조 【불법원인급여】** 불법의 원인으로 인하여 재산을 급여하거나 노무를 제공한 때에는 그 이익의 반환을 청구하지 못한다. 그러나 그 불법원인이 수익자에게만 있는 때에는 그러하지 아니하다.

(1) 의의

당사자의 궁박·경솔 또는 무경험을 이용하여 자기의 급부에 비하여 현저하게 균형을 잃은 반대급부를 하게 함으로써 부당한 재산적 이익을 얻는 행위는 무효로 한다. 불공정한 법률행위(제104조)는 독립한 규정이 아니라 제103조의 예시규정이다.

(2) 성립요건

① 객관적 요건: 급부와 반대급부 사이에 현저한 불균형이 있어야 한다.
  ㉠ 현저한 불균형이란 당사자의 주관적 가치가 아닌 거래상의 객관적 가치에 의하여 판단한다.
  ㉡ 불균형을 판단하는 시기는 법률행위시를 표준으로 한다.
② 주관적 요건: 급여자의 궁박·경솔·무경험을 알고 이를 적극적으로 이용하려는 의사, 즉 폭리에 대한 악의가 필요하다.
  ㉠ 궁박·경솔·무경험은 모두 구비되어야 하는 것이 아니고 그중 하나만 갖추어져도 충분하다.
  ㉡ '궁박'이란 경제적 원인에 국한되는 것이 아니고, 정신적 또는 심리적 원인에 기인할 수 있다. 따라서 '명예의 침해'와 같은 경우에도 궁박에 포함되는 것으로 본다.
  ㉢ '무경험'이란 일반적인 생활체험의 부족을 의미하는 것으로서, 어느 특정 영역에 있어서의 경험 부족이 아니라 거래일반에 대한 경험 부족을 뜻한다.
  ㉣ 판단기준: 매도인의 대리인이 매매계약을 한 경우에 그 계약이 불공정한 법률행위인지 여부를 판단할 때, 매도인 측의 경솔·무경험은 그 대리인을 기준으로 판단되어야 하고, 궁박상태는 매도인 본인을 기준으로 판단되어야 한다.

(3) 입증책임

① 법률행위가 현저하게 공정을 잃었다 하여 그것이 경솔하게 이루어졌다고 추정하거나 궁박한 사정이 인정되는 것은 아니다.
② 따라서 불공정한 법률행위를 주장하는 자(무효를 주장하는 자)는 스스로 궁박·경솔·무경험으로 인하였음을 증명하여야 한다.

(4) 적용범위
① 외상채권포기와 같은 단독행위나 합동행위에도 적용된다.
② 매매계약이 약정된 매매대금의 과다로 말미암아 제104조에서 정하는 '불공정한 법률행위'에 해당하여 무효인 경우에도 무효행위의 전환에 관한 제138조가 적용될 수 있다.
③ 증여와 같은 기부(무상)행위와 경매에는 적용되지 않는다.

(5) 효과
① 불공정한 법률행위는 무효이다. 다만, 피해자는 불법원인이 없으므로 급부한 것의 반환을 청구할 수 있으나(제746조 단서), 폭리행위자는 불법원인에 의하여 급부한 것임을 이유로 반환을 청구할 수 없다(제746조 본문).
② 불공정행위에 해당하면 절대적 무효가 되어 제3자가 선의라 하더라도 권리를 취득할 수 없으며, 이를 추인하여 새로운 법률행위로 하는 것도 허용될 수 없다.

9 법률행위의 해석

(1) 의의
법률행위의 해석이란 법률행위의 내용(목적)을 명확하게 확정하는 것으로, 당사자가 그 표시행위에 부여한 객관적인 의미를 명백하게 확정하는 것이다(판례).

> **판례** 의사표시의 요소가 되는 효과의사
> 의사표시 해석에 있어서 당사자의 진정한 의사를 알 수 없다면 의사표시의 요소가 되는 것은 표시행위로부터 추단되는 효과의사, 즉 **표시상의 효과의사**이고 표의자가 가지고 있던 내심적 효과의사가 아니므로, 당사자의 내심의 의사보다는 외부로 표시된 행위에 의하여 추단된 의사를 가지고 해석함이 상당하다.

(2) 주체
법률행위 해석의 주체는 법원이다. 당사자가 해석권을 제한하는 약정을 하여도 법관의 해석권은 제한되지 않는다.

(3) 방법
① 자연적 해석(표의자의 입장)
 ㉠ 의의: 표의자의 시각에서 하는 해석방법이다. 즉, 법률행위의 해석에 있어 표현의 문자적·언어적 의미에 구속되지 아니하고 표의자의 실제 의사, 즉 내심적 효과의사를 추구한다.

ⓒ **오표시무해의 원칙**: 표의자 및 그 상대방이 표시행위를 원래의 의미대로 이해하지 않고 이와 다른 의미로 이해한 때에는 그 법률행위가 표의자와 상대방이 실제로 이해한 의미대로 성립한다는 원칙이다.

> **판례** 오표시무해의 원칙 제35회
>
> 부동산의 매매계약에 있어 쌍방 당사자가 모두 특정의 X토지를 계약의 목적물로 삼았으나 실수로 계약서상 그 목적물을 Y토지로 표시하였다 하여도, X토지에 관하여 **쌍방 당사자의 의사합치가 있는 이상 그 매매계약은 X토지에 관하여 성립한 것으로 보아야 하고**, Y토지에 관하여 매매계약이 체결된 것으로 보아서는 안 될 것이다. ⇨ Y토지에 관하여 매수인 명의로 소유권이전등기가 경료되었다면 이는 원인 없이 경료된 것으로서 무효이다.

> **참고** 자연적 해석을 하는 경우
>
> 1. 상대방 없는 단독행위
> 2. 가족법상 행위(신분행위)
> 3. 상대방이 표의자의 내심적 의사를 알고 있는 경우
>
> 📝 자연적 해석에서 착오에 의한 취소의 문제는 생기지 않는다.

② **규범적 해석(상대방의 입장)**: 내심적 효과의사와 표시행위가 일치하지 않는 경우, 상대방의 시각에서 표시행위에 따라 법률행위의 성립을 인정하는 해석을 말한다.

> **판례** 규범적 해석
>
> 1. **총완결**이라는 문언이 부기된 영수증
>   📝 나머지 채무는 면제해준 것으로 해석
> 2. 어떠한 의무를 부담하는 내용의 기재가 있는 문면에 "**협조를 최대로 한다.**"라고 기재되어 있는 경우
>   📝 법적 의무를 부담하는 것으로 볼 수 없음
> 3. 임차인이 **모든 화재**에 대하여 책임을 부담하기로 한 경우
>   📝 '모든 화재'란 불가항력에 의한 경우를 포함하는 것으로 해석

③ **보충적 해석**: 보충적 해석이란 법률행위 내용에 간극(틈, 공백)이 있는 경우, 이를 제3자의 시각에 의하여 보충한 것으로서, 특히 계약에 있어서 큰 기능을 발휘한다.

▶ 민법총칙

Theme 03 비정상적인 의사표시

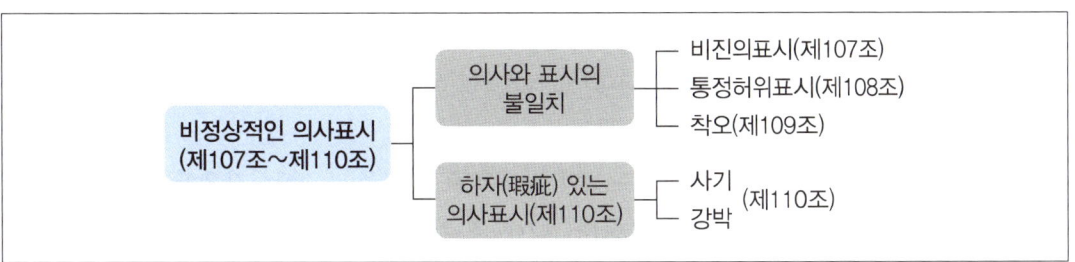

1 진의 아닌 의사표시(비진의표시) 제32회

제107조【진의 아닌 의사표시】 ① 의사표시는 표의자가 진의 아님을 알고 한 것이라도 그 효력이 있다. 그러나 상대방이 표의자의 진의 아님을 알았거나 이를 알 수 있었을 경우에는 무효로 한다.
② 전항의 의사표시의 무효는 선의의 제3자에게 대항하지 못한다.

(1) 의의

① 진의 아닌 의사표시: 표의자가 자신의 내심의 의사(진의)와 표시가 일치하지 않는다는 사실을 스스로 알면서 하는 의사표시를 말한다.
② 진의: 표의자가 진정으로 마음속에서 바라는 사항을 뜻하는 것이 아니라 특정한 내용의 의사표시를 하고자 하는 표의자의 생각을 말하는 것이다.

(2) 요건

① 법률효과의 발생을 의욕하는 의사표시가 있어야 한다. 예를 들어 배우기 무대 위에서 하는 대사는 법률효과와 관계가 없으므로 의사표시가 아니다.
② 의사와 표시가 불일치하여야 한다.
③ 표의자 스스로 의사와 표시의 불일치를 알고 있어야 한다.

(3) 효과
① 원칙 - 유효: 비진의표시는 표시된 대로 그 효과가 발생한다(제107조 제1항).
② 예외 - 무효
  ㉠ 상대방이 표의자의 진의 아님을 알았거나 이를 알 수 있었을 경우 그 비진의표시는 무효로 한다(제107조 제1항 단서).
  ㉡ 상대방의 악의 또는 과실 유무에 대한 입증책임은 무효를 주장하는 표의자에게 있다.
  ㉢ 제3자에 대한 관계: 비진의표시가 예외적으로 무효로 되는 경우에 그 무효는 '선의의 제3자'에 대항하지 못한다(제107조 제2항).
    ⓐ 이때 보호되는 제3자는 선의이면 족하고 무과실까지 요구되지 않는다.
    ⓑ 제3자의 선의는 추정되므로 제3자가 악의라는 사실의 주장·입증책임은 의사표시의 무효를 주장하는 자가 부담한다.

(4) 적용범위
① 단독행위
  ㉠ 계약뿐 아니라 상대방 있는 단독행위(취소·추인·해제 등)에도 적용되며, 상대방 없는 단독행위에도 적용된다.
  ㉡ 상대방 없는 의사표시의 경우에는 제107조 제1항 단서가 적용될 여지가 없으므로 언제나 유효하다.
② 가족법상 행위(신분행위): 가족법상 행위(혼인·입양 등)는 당사자의 진의가 절대적으로 존중되므로 제107조의 적용 없이 언제나 무효이다.
③ 주식인수의 청약: 주식인수에 대한 청약은 비진의표시라도 언제나 유효하다.
④ 공법행위: 비진의표시에 관한 규정은 형식성을 강조하는 공법행위에는 적용되지 않는다. 즉, 표시된 대로 효력이 발생한다.

> **판례** 공법행위에 적용되지 않는 사례
>
> 공무원이 사직의 의사표시를 하여 의원면직처분을 하는 경우, 비록 사직원제출자의 내심의 의사가 사직할 뜻이 아니었다고 하더라도 「민법」 제107조는 그 성질상 사직의 의사표시와 같은 사인의 **공법행위에는 준용되지 아니하므로** 그 의사가 외부에 표시된 이상 그 의사는 표시된 대로 효력을 발한다.

2 통정허위표시 제29회, 제30회, 제31회, 제32회, 제33회, 제34회, 제35회

> **제108조 【통정한 허위의 의사표시】** ① 상대방과 통정한 허위의 의사표시는 무효로 한다.
> ② 전항의 의사표시의 무효는 선의의 제3자에게 대항하지 못한다.

(1) 의의

통정허위표시란 상대방과 통정함으로써 하는 진의 아닌 허위의 의사표시를 말한다.

(2) 요건

① 의사표시가 있어야 한다.
② 의사와 표시가 불일치하여야 한다.
③ 표의자가 불일치를 알고 하여야 한다.
④ 상대방과 통정(합의)하여야 한다.
⑤ 허위의 표시를 한 이유나 동기는 묻지 않는다. 남을 속이기 위한 목적이 요구되지도 않는다.

(3) 효과

① 당사자 사이의 효과
 ㉠ 무효: 당사자 사이에서는 언제나 무효이다(제108조 제1항). 또한 허위표시 자체가 불법은 아니므로 불법원인급여(제746조)에 관한 규정은 적용되지 않는다. 따라서 이미 급부한 것은 반환을 청구할 수 있다.
 ㉡ 채권자취소권의 대상 여부: 통정허위표시는 무효이지만 요건을 갖추면 사해행위(詐害行爲)로서 채권자취소권의 대상이 될 수 있다.
② 제3자에 대한 관계: 통정허위표시의 무효를 가지고 그 누구도 선의의 제3자에게 대항하지 못한다(제108조 제2항).
 ㉠ 제3자의 선·악에 대하여는 악의를 주장하는 자가 이를 입증하여야 한다. 또한 제3자는 선의로 족하며 무과실은 요구되지 않는다. 즉, 과실이 있더라도 선의라면 보호대상이 된다.
 ㉡ 통정허위표시에서 무효로 대항할 수 없는 제3자란 당사자와 그의 포괄승계인 이외의 자 중에서 허위표시행위를 기초로 하여 별개의 법률원인에 의해 새로운 법률상의 이해관계를 맺은 자를 말한다.

핵심 통정허위표시에서 보호되는 제3자의 해당 여부

제3자에 해당하는 경우	제3자에 해당하지 않는 경우
① 가장매매의 매수인으로부터 목적물을 매수한 자 ② 가장매매의 매수인으로부터 저당권을 취득하거나 가등기를 한 자 ③ 가장매매에 기한 대금채권의 양수인 ④ 가장소비대차에 기한 채권의 양수인 ⑤ 가장저당권의 설정행위에 기한 저당권의 실행으로 경락을 받은 자 ⑥ 가장소비대차의 대주가 파산선고를 받은 경우, 그 파산관재인 　📝 이 경우 선·악의 기준은 파산관재인 개인이 아니라 총파산채권자를 기준으로 하여 파산채권자 모두가 악의로 되지 않는 한 파산관재인은 선의의 제3자라고 할 수밖에 없다.	① 가장매매에서 매도인의 채권자 ② 채권의 가장양도에서 채무자 ③ 대리행위에서 대리인 ④ 제3자를 위한 계약에서 수익자 ⑤ 가장저당권포기에서 기존의 후순위 권리자 ⑥ 가장매매의 매수인으로부터 그 지위를 상속받은 자(포괄승계인) ⑦ 계약상 당사자의 지위를 양수한 자(계약을 인수한 자)

(4) 적용범위

① 계약·단독행위
　㉠ 계약이나 상대방 있는 단독행위(예 채무면제)에 적용된다.
　㉡ 상대방 없는 단독행위의 경우에는 통정할 상대방이 존재하지 않으므로 제108조는 적용될 수 없다.

② 가족법상 행위(신분행위): 가족법상 행위는 당사자의 진의가 절대적으로 존중되므로 제108조가 적용되지 않는다.

(5) 구별 개념 – 은닉행위

① 은닉행위란 감추어진 특정의 행위를 위하여 진의가 없는 의사표시를 하는 경우, 그 이면의 진실한 행위를 말한다.

② 세금을 줄일 목적으로 증여를 매매로 위장하였다면 매매는 허위표시로 무효이지만 증여는 실제로 존재하는 의사이므로 유효하다.

> **판례** 통정허위표시

1. **종중**이 탈법 목적 없이 그 보유 부동산을 타인에게 명의신탁하면서 명의수탁자가 이를 임의로 처분할 경우에 **대비하여** 종중 명의로 소유권이전등기청구권 보전을 위한 **가등기를 경료한 경우**, 그와 같은 가등기를 하기로 하는 합의를 통정허위표시로서 무효라 볼 수 없다.
2. 동일인에 대한 대출액 한도를 제한한 법령이나 금융기관 내부규정의 적용을 회피하기 위하여 실질적인 주채무자가 실제 대출받고자 하는 채무액에 대하여 제3자를 형식상의 주채무자로 내세우고, 금융기관도 이를 양해하여 제3자에 대하여는 채무자로서의 책임을 지우지 않을 의도 하에 제3자 명의로 대출관계서류를 작성받은 경우, 제3자는 형식상의 명의만을 빌려준 자에 불과하고 그 대출계약의 실질적인 당사자는 금융기관과 실질적 주채무자이므로, 제3자 명의로 되어 있는 대출약정은 그 **금융기관의 양해하에 그에 따른 채무부담의 의사 없이 형식적으로 이루어진 것**에 불과하여 통정허위표시에 해당하는 무효의 법률행위이다.
   > 비교: 법률상 또는 사실상의 장애로 자기 명의로 대출받을 수 없는 자를 위하여 대출금채무자로서의 명의를 빌려준 자에게 그와 같은 채무부담의 의사가 없는 것이라고는 할 수 없으므로 그 의사표시를 비진의표시에 해당한다고 볼 수 없다.

3 착오 제28회, 제31회, 제32회, 제35회

> **제109조【착오로 인한 의사표시】** ① 의사표시는 법률행위의 내용의 중요부분에 착오가 있는 때에는 취소할 수 있다. 그러나 그 착오가 표의자의 중대한 과실로 인한 때에는 취소하지 못한다.
> ② 전항의 의사표시의 취소는 선의의 제3자에게 대항하지 못한다.

(1) 의의

① 일반적으로 착오란 표시행위와 내심의 효과의사(진의)가 일치하지 않는 경우로서, 그 불일치를 표의자 스스로 알지 못하는 것을 말한다.
   > 장래에 발생할 막연한 사정을 예측하거나 기대하고 법률행위를 하였으나 그러한 예측이나 기대와 다른 사정이 발생한 경우, 착오를 이유로 법률행위를 취소할 수 없다.
② 착오는 표시와 진의의 불일치를 표의자가 알지 못한다는 점에서 비진의표시나 통정허위표시와 구별된다.
③ 강행규정이 아니므로 당사자가 착오를 이유로 의사표시를 취소하지 않기로 합의한 경우에는 착오로 인한 의사표시를 취소할 수 없다.

(2) 동기의 착오

① 원칙: 동기의 착오를 이유로 취소할 수 없다.

② 예외

㉠ 동기의 착오를 이유로 의사표시를 취소하기 위하여는 그 동기가 상대방에게 표시되어 동기가 법률행위의 내용으로 되어야 한다. 다만, 당사자들 사이에 별도로 그 동기를 의사표시의 내용으로 삼기로 하는 합의까지 이루어질 필요는 없다.

㉡ 동기의 착오가 상대방에 의하여 유발된 때에는 표시 여부를 불문하고 취소할 수 있다.

(3) 취소를 위한 착오의 요건

착오를 이유로 취소하려면 법률행위의 내용에 착오가 있어야 하고(동기의 착오가 아니어야 하고), 중요한 부분의 착오이어야 하며, 표의자에게 중과실이 없어야 한다.

① 중요부분의 착오

㉠ 중요부분의 착오가 되기 위하여는 주관적 요건(표의자의 입장)과 객관적 요건(일반인의 입장)을 모두 충족하여야 한다.

㉡ 착오는 현재의 착오에 한정하지 않으며 착오가 미필적인 장래의 불확실한 사실에 관한 것이라도 제109조 소정의 착오에서 제외되지 않는다.

> 📝 법률에 관한 착오(양도소득세가 부과될 것인데도 부과되지 아니하는 것으로 오인)라도 그것이 법률행위의 내용의 중요부분에 관한 것인 때에는 취소할 수 있다(판례).

㉢ 표의자(취소하려는 자)가 그 착오가 없었더라면 의사표시를 하지 않았을 것이라는 점을 증명하여야 한다.

핵심 착오 취소의 인정 여부

착오 취소가 인정되는 경우	착오 취소가 부정되는 경우
① 토지의 **현황**에 관한 착오: 농지인 줄 알고 1,389평을 매입하였으나 600평이 하천인 경우 ② **경계**의 착오 ③ 채무자의 동일성에 관한 물상보증인의 착오 ④ 매매에서 목적물의 동일성에 관한 착오	① 토지의 **시가**나 **면적**(지적)에 관한 착오 ② **경제적 불이익**이 없는 경우: 가압류의 존재에 관하여 착오가 있었다고 하더라도 가압류가 부당하게 집행된 것이라면(즉, **무효인 가압류**) 그로 인하여 어떤 경제적 불이익을 입은 것은 아니라고 할 것이므로, 기술신용보증기금이 위 가압류가 없는 것으로 표시된 금융기관의 기업실태조사서의 기재를 믿고 위 신용보증을 하였다고 하여 그와 같은 착오가 위 신용보증행위의 중요부분에 관한 것이라고 볼 수 없다. ③ **법령상 제한**으로 목적대로 토지를 이용하지 못하는 경우: 매수 토지가 시설녹지에 편입되어 우사를 짓고 비육우를 키울 수 없게 된 사건 ⇨ 동기의 착오

② 중과실이 없을 것
　㉠ 중대한 과실이란 표의자의 직업, 법률행위의 종류·목적에 비추어 주의의무를 현저히 결여한 것을 말한다.

> **판례** 중과실 인정 사례
>
> 1. 공장을 경영하는 자가 공장이 협소하여 새로운 공장을 설립할 목적으로 토지를 매수함에 있어 토지상에 공장을 건축할 수 있는지 여부를 관할 관청에 알아보지 아니한 것은 '중대한 과실'에 해당한다.
> 2. 공인된 중개사나 신뢰성 있는 중개기관을 통하지 않고 개인적으로 토지 거래를 하는 경우, 매매계약목적물의 특정에 대하여는 스스로의 책임으로 토지대장, 임야도 등의 공적인 자료 기타 공신력 있는 객관적인 자료에 의하여 그 토지가 과연 그가 매수하기 원하는 토지인지를 확인하여야 할 최소한의 주의의무가 있다. 따라서 그러한 조치를 전혀 취하지 않아 매매목적물의 동일성에 관한 착오에 빠진 매수인은 중대한 과실이 있다.
> 3. 신용보증기금의 신용보증서를 담보로 자금을 대출해 준 금융기관이 위 대출자금이 모두 회수되지 않았음에도 착오로 신용보증기금에게 신용보증서 담보설정 해지를 통지한 경우 그 해지의 의사표시는 중대한 과실로 인한 것이므로 취소할 수 없다.

　㉡ 중대한 과실 여부에 대한 입증책임은 **법률행위를 유지하려는 상대방이 부담**한다.
　㉢ 표의자에게 중대한 과실이 있더라도 상대방이 표의자의 착오를 이용한 경우, 표의자는 법률행위를 취소할 수 있다.

(4) 효과
① 취소: 표의자는 착오에 의한 의사표시의 요건을 갖추면 법률행위를 취소할 수 있다.
② 제3자에 대한 관계: 착오에 의한 의사표시의 취소는 선의의 제3자에게 대항하지 못한다.
③ 표의자의 배상책임: 착오를 이유로 의사표시를 취소한 것이 위법하다고 할 수는 없으므로 착오를 이유로 의사표시를 취소한 자는 **불법행위책임을 지지 않는다**.

(5) 적용범위
① 가족법상의 행위에는 적용되지 않는다.
② 공법상의 행위 및 소송행위에는 적용되지 않는다.
　📝 소취하는 취소할 수 없으나 소취하합의는 중요부분의 착오가 있는 경우라면 취소할 수 있다.

(6) 다른 제도와의 관계
① 착오와 사기: 선택적으로 행사할 수 있다.
② 착오와 해제: 매도인이 매수인의 중도금 지급채무불이행을 이유로 매매계약을 적법하게 해제한 후라도 매수인으로서는 상대방이 한 계약해제의 효과로서 발생하는 손해배상책임을 지거나 매매계약에 따른 계약금의 반환을 받을 수 없는 불이익을 면하기 위하여 착오를 이유로 한 취소권을 행사하여 위 매매계약 전체를 무효로 돌리게 할 수 있다.
③ 착오와 담보책임: 매매계약 내용의 중요 부분에 착오가 있는 경우 매수인은 매도인의 하자담보책임이 성립하는지와 상관없이 착오를 이유로 매매계약을 취소할 수 있다.

4 하자 있는 의사표시 제28회, 제35회

> 제110조【사기·강박에 의한 의사표시】 ① 사기나 강박에 의한 의사표시는 취소할 수 있다.
> ② 상대방 있는 의사표시에 관하여 제3자가 사기나 강박을 행한 경우에는 상대방이 그 사실을 알았거나 알 수 있었을 경우에 한하여 그 의사표시를 취소할 수 있다.
> ③ 전 2항의 의사표시의 취소는 선의의 제3자에게 대항하지 못한다.

(1) 의의
표의자가 자유로운 의사결정을 하지 못하고 그 의사결정에 상대방 또는 제3자의 사기나 강박이 영향을 미친 경우를 말한다.

(2) 성립요건
① 사기에 의한 의사표시의 성립요건
㉠ 사기자의 (2단계) 고의: 사기자에게 고의가 있어야 한다.
㉡ 기망행위가 있을 것: 기망행위가 있어야 한다.
ⓐ 적극적으로 허위의 사실을 날조하는 것뿐 아니라 소극적으로 진실한 사실을 숨기는 것도 기망행위이다.
ⓑ 부작위(不作爲)에 의한 기망이 인정되기 위하여는 신의칙 및 거래관념에 비추어 어떤 상황을 고지할 법률상 의무가 있는 경우이어야 한다.

> **판례** 시가의 묵비나 허위고지가 사기에 해당하지 않는다는 사례
>
> 교환계약에서 목적물의 시가에 대해 상대방에게 설명 내지 고지를 할 주의의무를 부담한다고 할 수 없고, 일방 당사자가 자기가 소유하는 목적물의 시가를 묵비하여 상대방에게 고지하지 아니하거나 혹은 허위로 시가보다 높은 가액을 시가라고 고지하였다 하더라도 이는 상대방의 의사결정에 불법적인 간섭을 한 것이라고 볼 수 없다.
>
> 📝 아파트분양자는 아파트단지 인근에 공동묘지가 조성되어 있는 사실을 수분양자에게 고지할 신의 칙상의 의무를 부담한다.

ⓒ 위법성이 있을 것: 기망행위가 위법하여야 한다. 사회통념상 용인될 수 있을 정도의 행위는 위법성이 인정되지 않는다.

　📝 선전광고에 다소의 과장·허위가 수반되는 것은 그것이 일반 상거래의 관행과 신의칙에 비추어 시인될 수 있는 한 기망성이 결여된다.

ⓔ (주관적) 인과관계가 존재할 것: 사기와 의사표시 사이에 인과관계가 있어야 한다. 이때 인과관계는 일반인의 기준이 아니라 표의자의 주관적인 것에 지나지 않아도 무방하다.

② 강박에 의한 의사표시의 성립요건

ⓐ 강박자의 (2단계) 고의: 강박자에게 고의가 있어야 한다.

ⓑ 강박행위가 있을 것: 강박행위가 있어야 한다. 강박행위의 방법이나 해악의 종류에는 아무런 제한이 없다. 이때 표의자로 하여금 **의사결정을 스스로 할 수 있는 여지를 완전히 박탈한** 상태로 만들었다면 이는 **무효에 해당한다**.

　📝 채무자에게 채권자들이 각서에 서명·날인할 것을 강력히 요구하여 이를 받은 것만으로는 위법한 강박이라고 볼 수 없다.

ⓒ 위법성이 있을 것: 강박행위가 위법한 것이어야 한다. **정당한 권리의 행사로서 고소·고발**은 비록 표의자에게 공포심을 생기게 하더라도 강박이 되지 않는다. 다만, 정당한 권리의 행사라 하더라도 **부정한 이익을 목적으로 하지 않아야 한다**.

ⓓ (주관적) 인과관계가 존재할 것: 강박과 의사표시와의 사이에 인과관계는 표의자를 기준으로 한 주관적 인과관계를 말한다.

(3) 효과

① 상대방의 사기·강박이 있는 경우: 상대방의 사기 또는 강박으로 인하여 의사표시를 한 표의자는 취소할 수 있다.

② 제3자의 사기·강박이 있는 경우

ⓐ 상대방 없는 법률행위: 언제든지 그 의사표시를 취소할 수 있다.

ⓑ 상대방 있는 법률행위: 제3자의 사기·강박으로 인한 법률행위를 하였을 때에는 표의자는 상대방이 그 사기나 강박으로 인한 법률행위임을 알았거나 알 수 있었을 경우에 한하여 취소할 수 있다(제110조 제2항).

> **판례** 대리인과 단순한(상대방과 동일시할 수 없는) 피용인이 제3자에 해당하는지 여부
>
> 1. 대리인의 사기·강박은 제3자의 사기·강박이 아니라는 사례
>   상대방 있는 의사표시에 관하여 제3자가 사기나 강박을 한 경우에는 상대방이 그 사실을 알았거나 알 수 있었을 경우에 한하여 그 의사표시를 취소할 수 있으나, **상대방의 대리인 등 상대방과 동일시할 수 있는 자의 사기나 강박은 제3자의 사기·강박에 해당하지 아니한다.**
>   ⇨ 따라서 본인의 선·악 여부와 상관없이 언제든지 취소할 수 있다.
> 2. 단순 피용인의 사기·강박은 제3자의 사기·강박이라는 사례
>   단순히 상대방의 피용자이거나 상대방이 사용자책임을 져야 할 관계에 있는 피용자에 지나지 않는 자는 상대방과 동일시할 수는 없어 이 규정에서 말하는 제3자에 해당한다.

(4) 제3자에 대한 관계

① 사기·강박에 의한 의사표시의 취소는 선의의 제3자에게 대항하지 못한다(제110조 제3항).
② 제3자는 취소 이전에 법률관계를 가졌던 자는 물론이고 취소 이후라도 그 사실을 모르고 법률관계를 가졌던 자도 포함한다.
③ 제3자는 선의로 추정되므로 악의를 주장하는 자가 입증하여야 하며, 무과실까지 요구되지는 않는다.

(5) 적용범위

가족법상 행위에는 사기·강박에 의한 의사표시에 관한 규정은 적용되지 않는다. 또한 공법행위와 소송행위에도 적용되지 않는다. 따라서 소송행위가 강박에 의하여 이루어진 것이라 하더라도 이를 취소할 수 없다.

(6) 다른 제도와의 관계

① 착오와의 관계: 기망에 의하여 법률행위 내용의 중요부분에 착오가 발생하였다면 표의자는 제109조와 제110조에 의한 취소를 선택하여 행사할 수 있다.
② 담보책임과의 관계: 사기·강박에 의하여 의사표시를 한 표의자는 선택적으로 취소권을 행사할 수도 있고, 담보책임을 물을 수도 있다.
③ 불법행위로 인한 손해배상청구권과의 관계
   ㉠ 사기·강박을 당하여 의사표시를 한 자는 법률행위를 취소하지 않고 불법행위로 인한 손해배상만 청구할 수도 있다.
   ㉡ 사기·강박을 이유로 의사표시를 취소한 경우 부당이득반환청구와 불법행위 손해배상청구는 병존적으로 행사할 수 없고 선택하여 행사하여야 한다.

판례 | 착오와 하자 있는 의사표시

1. 기망행위로 인하여 법률행위의 중요부분에 착오를 일으킨 경우뿐만 아니라 법률행위의 내용으로 표시되지 아니한 의사결정의 동기에 관하여 착오를 일으킨 경우에도 표의자는 그 법률행위를 사기에 의한 의사표시로써 취소할 수 있다.

2. **신원보증서류**에 서명·날인한다는 **착각**에 빠진 상태로 **연대보증의 서면**에 서명·날인한 경우 … 이른바 표시상의 착오에 해당하므로, 비록 위와 같은 착오가 제3자의 기망행위에 의하여 일어난 것이라 하더라도 그에 관하여는 사기에 의한 의사표시에 관한 법리, 특히 「민법」 제110조 제2항의 규정을 적용할 것이 아니라, **착오에 의한 의사표시에 관한 법리만을 적용**하여 취소권 행사의 가부를 가려야 한다.

Theme 04 의사표시의 효력발생

▶ 민법총칙

1 도달주의 원칙 제30회, 제35회

> **제111조【의사표시의 효력발생시기】** ① 상대방이 있는 의사표시는 상대방에게 도달한 때에 그 효력이 생긴다.
> ② 의사표시자가 그 통지를 발송한 후 사망하거나 제한능력자가 되어도 의사표시의 효력에 영향을 미치지 아니한다.

(1) 상대방 있는 의사표시
① 의사표시가 언제 효력이 발생할 것인지가 문제되는데 우리「민법」은 도달주의를 원칙으로 규정하고 있다(제111조 제1항).
② 의사표시자가 그 통지를 발송한 후 사망하거나 제한능력자가 되어도 의사표시의 효력에 영향을 미치지 아니한다(제111조 제2항).

(2) 도달의 의의
상대방의 지배권(支配圈) 내에 들어가 사회통념상 요지(了知)할 수 있는 상태에 있게 된 것을 말한다. 그 통지를 채무자가 현실적으로 수령하였거나 그 통지의 내용을 알았을 것을 요구하지 않는다.
① 상대방이 정당한 사유 없이 통지의 수령을 거절한 경우에도 그가 통지의 내용을 알 수 있는 객관적 상태에 놓인 때에 의사표시의 효력이 생긴다.
② 가정부가 우편물을 수령한 직후 한집에 거주하고 있는 통지인이 그 우편물을 바로 회수하였다면 그 통지는 사회관념상 상대방이 그 통지 내용을 알 수 있는 객관적 상태에 놓여 있는 것이라고 볼 수 없으므로 그 통지는 도달되었다고 볼 수 없다.
③ 우편물이 등기취급의 방법이나 내용증명우편으로 발송된 경우, 반송되는 등의 특별한 사정이 없는 한 그 무렵 수취인에게 도달되었다고 보아야 한다고 한다.
④ 통상우편이나 일간신문에 공고를 낸 경우에는 도달로 볼 수 없으므로 별도의 도달사실을 입증하여야 한다.
⑤ 도달 여부에 대한 입증책임은 도달을 주장하는 자에게 있다.

(3) 임의규정
도달주의에 관한 규정은 임의규정이므로 당사자의 특약으로 달리 정할 수 있다.

(4) 도달주의의 예외 - 발신주의

다음의 사항은 도달주의에 대한 예외규정으로 의사표시를 발송한 때에 효력이 발생하는 경우이다.
① 사원총회소집의 통지(제71조)
② 격지자(隔地者) 간 계약의 승낙(제531조)
③ 무권대리인의 상대방의 최고(催告)에 대한 본인의 확답(제131조)
④ 제한능력자의 상대방의 촉구(최고)에 대한 확답(제15조 제1항)
⑤ 채무인수에 있어서 최고에 대한 채권자의 확답(제455조 제2항)

2 의사표시의 공시송달(제113조) 제28회

(1) 요건

공시송달을 하기 위하여는 상대방 또는 그의 주소를 알지 못하는 데 표의자에게 과실이 없어야 한다. 주소지를 알고 있음에도 공시송달을 한 경우에는 그 효력을 인정하지 않는다.

(2) 효과

게시한 날로부터 2주일이 경과한 때에 의사표시가 상대방에게 도달한 것으로 간주된다.

3 제한능력자에 대한 의사표시의 효력 제30회, 제35회

> **제112조【제한능력자에 대한 의사표시의 효력】** 의사표시의 상대방이 의사표시를 받은 때에 제한능력자인 경우에는 의사표시자는 그 의사표시로써 대항할 수 없다. 다만, 그 상대방의 법정대리인이 의사표시가 도달한 사실을 안 후에는 그러하지 아니하다.

(1) 의사표시의 상대방이 이를 수령할 때에 제한능력자이면 표의자는 그에 대하여 도달을 주장하지 못한다. 그러나 반대로 제한능력자가 도달을 주장하는 것은 상관없다.
(2) 상대방이 제한능력자일지라도 그의 법정대리인이 의사표시의 도달을 안 때에는 그때부터 효력을 주장할 수 있다.

Theme 05 대리제도

1 대리의 의의

대리란 타인(대리인)이 본인을 위하여 법률행위(의사표시)를 하거나 또는 의사표시를 수령함으로써 그 법률효과가 직접 본인에 관하여 생기는 제도를 말한다. 대리는 법률행위에 있어서 행위자와 그 효과의 귀속주체가 분리되는 예외적인 제도의 하나이다.

2 대리의 인정범위

대리가 인정되는 경우	대리가 인정되지 않는 경우
① 재산상의 법률행위 ② 준법률행위에서 의사의 통지와 관념의 통지	① 가족법상 행위(신분행위) ② 사실행위(사실행위는 의사표시와 관련이 없으므로 대리가 적용될 수 없음) ③ 불법행위

3 대리의 종류

(1) 임의대리(任意代理)와 법정대리(法定代理)
본인의 신임을 받은 자가 본인의 수권행위에 의하여 대리권을 갖게 되는 것이 임의대리이며, 법률의 규정에 의하여 일정한 범위의 대리권이 부여되는 것이 법정대리이다.

(2) 능동대리(能動代理)와 수동대리(受動代理)
본인을 위하여 상대방에게 의사표시를 하는 대리를 능동대리, 본인을 위하여 상대방의 의사표시를 수령하는 대리를 수동대리라고 한다.

(3) 유권대리(有權代理)와 무권대리(無權代理)
대리인이 정당한 대리권을 가지고 있을 때에는 유권대리, 그렇지 않을 때에는 무권대리라고 한다.

▶ 민법총칙

Theme 06 대리권 – 대리인과 본인의 관계

1 대리권의 의의와 발생원인 제33회

(1) 의의

대리권은 본인을 위하여 의사표시를 하거나 또는 수령하여 직접 본인에 대하여 법률효과를 발생하게 하는 법률상의 자격 또는 지위를 말한다. 즉, 권리가 아닌 권한으로 보는 것이 통설의 입장이다.

(2) 발생원인

① 법정대리권: 법률의 규정에 의해 대리권이 발생한다.
② 임의대리권: 수권행위에 의해 대리권이 발생한다.

2 대리권의 범위와 제한 제28회, 제29회, 제30회, 제31회, 제33회, 제34회, 제35회

1. 대리권의 범위

(1) 법정대리권의 범위

법정대리권의 범위에 대하여는 「민법」에 개개의 규정이 있으므로 이에 따라 그 대리권의 범위가 결정된다(제25조, 제913조, 제941조 등).

(2) 임의대리권의 범위

① 수권행위의 해석
  ㉠ 임의대리권의 범위는 수권행위에 의하여 정해진다.
  ㉡ 수권행위는 단독행위라는 것이 다수설이며, 방식에 제한은 없다.

> **참고** 대리권의 범위 문제
>
> 1. 매매계약을 체결할 대리권을 수여받은 대리인은 특별한 사정이 없는 한 중도금이나 잔금을 수령할 권한도 있다.
> 2. 매매계약체결과 이행에 대한 포괄적 대리권자는 매매대금 지급기일을 연기해 줄 권한도 갖는다.
> 3. 금전소비대차계약 및 담보설정의 대리권을 가진 경우에 담보설정 후 계약해제권은 대리권 범위에 포함되지 않는다.

4. 대여금을 수령할 대리권에는 대여금 일부를 면제해 줄 권한은 포함되지 않는다.
5. 예금계약의 체결의 대리권에 그 예금을 담보로 대출을 받거나 이를 처분할 수 있는 대리권이 포함되어 있는 것은 아니다.

② 권한을 정하지 않은 경우: 임의대리권의 범위는 수권행위를 통하여 결정되나, 수권행위에서 그 범위를 정하지 않은 경우에는 다음의 규정에 의한다.

> 제118조【대리권의 범위】권한을 정하지 아니한 대리인은 다음 각 호의 행위만을 할 수 있다.
> 1. 보존행위
> 2. 대리의 목적인 물건이나 권리의 성질을 변하지 아니하는 범위에서 그 이용 또는 개량하는 행위

㉠ 보존행위: 무제한으로 대리권을 행사할 수 있다(제118조 제1호).
㉡ 이용·개량행위: 객체의 성질을 변경하지 않는 범위 내에서만 대리권이 인정된다(제118조 제2호).
㉢ 처분행위: 허용되지 않는다.

구분	보존행위	이용행위	개량행위
의의	현상유지행위	재산의 수익을 꾀하는 행위	가치를 증가시키는 행위
허용 범위	무제한	성질이 변하지 않는 범위 내	성질이 변하지 않는 범위 내
구체적 사례	• 소멸시효의 중단 • 채권 추심 • 미등기 부동산의 등기 • 부패하기 쉬운 물건의 처분	• 물건의 임대 • 금전을 이자부로 대여	• 무이자를 이자부소비대차로 전환 ⇨ 허용 ○ • 예금을 주식이나 사채로 전환 ⇨ 허용 × • 토지의 형질을 변경 ⇨ 허용 ×

2. 대리권의 제한

(1) 자기계약과 쌍방대리의 금지

> **제124조【자기계약, 쌍방대리】** 대리인은 본인의 허락이 없으면 본인을 위하여 자기와 법률행위를 하거나 동일한 법률행위에 관하여 당사자 쌍방을 대리하지 못한다. 그러나 채무의 이행은 할 수 있다.

① 원칙: 허용되지 않는다. 이에 위반하면 무권대리행위가 된다.
② 예외
  ㉠ 본인의 허락이 있는 경우에는 허용된다.
  ㉡ 채무의 이행은 할 수 있다. 이때의 채무의 이행이란 완성되어 다툼이 없는 채무의 이행만을 말한다(예 변제기가 도래한 채무의 이행, 등기신청행위). 부동산 입찰절차에서 동일물건에 관하여 이해관계가 다른 2인 이상의 대리인이 된 경우에는 그 대리인이 한 입찰은 무효이다(판례).
  ㉢ '본인의 허락'이 있는지 여부는 쌍방대리행위에 관하여 유효성을 주장하는 자가 주장·증명책임을 부담한다.

(2) 공동대리

> **제119조【각자대리】** 대리인이 수인인 때에는 각자가 본인을 대리한다. 그러나 법률 또는 수권행위에 다른 정한 바가 있는 때에는 그러하지 아니하다.

대리인이 수인 있는 경우에는 **각자대리가 원칙**이다(제119조 본문). 다만, 법률의 규정이나 수권행위로 달리 정한 바가 있으면 공동대리가 된다.
① 능동대리: 공동대리의 제한이 있는 경우 공동대리인들은 의사결정을 공동으로 하여야 한다.
② 수동대리: 공동대리의 제한이 있다 하더라도 수동대리의 경우에는 공동대리인 각자가 할 수 있다.

3 대리권의 소멸 제30회, 제31회, 제33회

공통 소멸사유	임의대리만의 소멸사유
① 본인의 사망 ② 대리인의 사망, 성년후견의 개시, 파산	① 원인된 법률관계의 종료 ② 수권행위의 철회

▶ 민법총칙

Theme 07 대리행위 – 대리인과 상대방의 관계

1 현명주의 제35회

> **제114조 【대리행위의 효력】** ① 대리인이 그 권한 내에서 본인을 위한 것임을 표시한 의사표시는 직접 본인에게 대하여 효력이 생긴다.
> ② 전항의 규정은 대리인에게 대한 제3자의 의사표시에 준용한다.

(1) 현명의 의의와 방식

① 의의: 본인을 위한 것임을 표시하여야 한다는 것은 그 행위의 법률효과를 본인에게 귀속시키려고 하는 대리의사를 표시하여야 한다는 뜻이지 '본인의 이익을 위하여'라는 뜻은 아니다.

② 방식: 현명의 방식에는 아무런 제한이 없으므로 구두로도 가능하다. 또한 본인의 이름이 표시되지 않았어도 주위의 사정을 통하여 본인이 누구인지 알 수 있으면 족하다고 한다(통설).

> **판례** 현명주의
>
> 1. 매매위임장을 제시하고 매매계약을 체결하는 자는 특단의 사정이 없는 한 소유자를 대리하여 매매행위하는 것이라고 보아야 하고, 매매계약서에 대리관계의 표시 없이 그 자신의 이름을 기재하였다고 해서 그것만으로 그 자신이 매도인으로서 타인물을 매매한 것이라고 볼 수는 없다.
> 2. 대리권이 있다면 대리관계를 표시함이 없이 마치 자신이 본인인 양 행세하더라도 위 계약은 대리인이 그의 권한범위 안에서 한 것인 이상 그 효력은 본인에게 미친다(대판 86다카1411).

(2) 현명하지 않은 행위의 효력

① 원칙: 대리인이 본인을 위한 것임을 표시하지 않고서 한 의사표시는 그 대리인 자신을 위한 것으로 본다(제115조 본문). 따라서 대리인은 내심의 의사와 표시가 일치하지 않음을 이유로 취소하지 못한다.

② 예외: 상대방이 대리인으로서 한 것임을 알았거나 알 수 있었을 때에는 그 의사표시는 대리행위로서 효과를 발생한다(제115조 단서).

2 대리행위의 하자와 대리인의 능력 제29회, 제30회, 제31회, 제34회

(1) 대리행위의 하자

> **제116조【대리행위의 하자】** ① 의사표시의 효력이 의사의 흠결, 사기, 강박 또는 어느 사정을 알았거나 과실로 알지 못한 것으로 인하여 영향을 받을 경우에 그 사실의 유무는 대리인을 표준하여 결정한다.
> ② 특정한 법률행위를 위임한 경우에 대리인이 본인의 지시에 좇아 그 행위를 한 때에는 본인은 자기가 안 사정 또는 과실로 인하여 알지 못한 사정에 관하여 대리인의 부지를 주장하지 못한다.

① 원칙
  ㉠ 대리에 있어서 대리행위의 주체는 대리인이므로 대리인을 표준으로 하여 하자의 유무를 결정한다.
  ㉡ 대리행위의 하자에서 생기는 효과는 본인에게 귀속한다.

> **판례** 대리행위 하자의 기준 – 대리인
>
> 1. **대리인이 본인을 대리하여 매매계약을 체결함에 있어서 매매대상 토지에 관한 저간의 사정을 잘 알고 그 배임행위에 가담하였다면**, 대리행위의 하자 유무는 대리인을 표준으로 판단하여야 하므로, 설사 본인이 미리 그러한 사정을 몰랐거나 반사회성을 야기한 것이 아니라고 할지라도 그로 인하여 매매계약이 가지는 사회질서에 반한다는 장애사유가 부정되는 것은 아니다.
> 2. 대리행위의 하자 유무는 대리인을 기준으로 하므로 대리인에게 착오가 없는 경우 본인의 착오가 있더라도 취소할 수 없다(대판 95다41406).

② 예외: 특정한 법률행위를 위임한 경우에 대리인이 본인의 지시에 따라 그 행위를 한 때에는 본인은 자기가 안 사정 또는 과실로 인하여 알지 못한 사정에 관하여 대리인의 부지(不知)를 주장하지 못한다(제116조 제2항).

(2) 대리인의 능력

① 대리인은 대리행위에 의하여 권리를 취득하거나 의무를 부담하는 것이 아니므로 행위능력자임을 요하지 아니한다(제117조). 그러나 대리인은 적어도 의사능력은 가지고 있어야 하며, 대리인이 의사능력이 없다면 그 법률행위는 무효가 된다.
② 제한능력자인 대리인이 상대방과 한 대리행위도 완전한 대리행위이므로 본인이나 대리인은 제한능력을 이유로 취소할 수 없다. 다만, 제한능력자가 대리인으로서의 행위를 한 것이 아니라 자기 자신의 법률행위를 하였다면 일반원칙에 의하여 취소할 수 있다.

3 대리권의 남용 제28회, 제34회

(1) 의의
대리인이 본인의 이익이나 의사에 반하여 자기 또는 제3자의 이익을 위한 배임적인 행위를 하는 것을 대리권의 남용이라고 한다.

(2) 원칙
본인의 이익에 반하였다 하더라도 대리권의 범위 내에서 한 것이라면 유권대리로서 본인에게 효과가 귀속된다.

(3) 비진의표시 유추적용
대리인이 자신이나 제3자를 위하여 배임적 대리행위를 하는 것이라는 사실을 상대방이 알았거나 알 수 있었을 때에는 제107조 제1항 단서조항을 유추적용하여 본인에게 효력이 없게 된다.

Theme 08 대리효과 – 본인과 상대방과의 관계 제33회, 제34회

▶ 민법총칙

1 법률효과의 귀속대상 – 본인

(1) 대리인이 행한 의사표시의 효과는 모두 '직접' 본인에게 귀속한다(제114조).

(2) 따라서 대리인이 계약상 급부를 수령한 경우에, 계약상 채무의 불이행을 이유로 계약이 상대방에 의하여 유효하게 해제되었다면, 해제로 인한 원상회복의무는 대리인이 아니라 계약의 당사자인 본인이 부담한다.

> 상대방이 계약을 적법하게 해제한 경우, 손해배상청구는 대리인이 아닌 본인에게 하여야 한다.

(3) 본인에게 귀속되는 효과에는 대리행위로부터 발생하는 직접적인 효과는 물론이고 부수적인 효과(계약의 취소권, 하자담보청구권, 손해배상청구권 등)도 포함된다.

2 본인의 능력

대리인은 의사능력을 갖추어야 하나, 본인은 법률효과를 귀속받기 위한 권리능력만 있으면 된다.

▶ 민법총칙

Theme 09 복대리와 무권대리

1 복대리 제30회, 제33회, 제34회

(1) 의의
복대리인이란 대리인이 자신의 이름과 책임으로 선임한 본인의 대리인을 말한다.

(2) 법적 성질
① 복대리인은 대리인이 자기의 이름으로 선임한 자이다. 자신의 이름으로 선임하므로 대리인의 복대리인 선임행위는 대리행위가 아니다.
② 복대리인은 '본인의 대리인'이지 대리인의 대리인이 아니다.
③ 복대리인은 언제나 임의대리인이다.
④ 복대리권은 대리권의 존재와 범위에 의존한다.
⑤ 복대리인은 본인이나 제3자에 대하여 대리인과 동일한 권리·의무가 있다.

2 대리인의 복임권과 책임 제29회, 제30회, 제31회, 제32회, 제33회, 제34회, 제35회

구분	임의대리인	법정대리인
선임 여부	① 원칙: 선임 불가 ② 예외: 본인의 승낙 또는 부득이한 사유가 있는 경우에는 선임 가능	언제든지 선임 가능
책임	선임·감독상의 과실책임	무과실책임
책임의 감경	① 본인 지명시: 선임·감독상 책임 × ② 복대리인의 부적임·불성실함을 알고 본인에게 통지나 해임을 태만히 한 경우: 책임 ○	부득이한 사유로 선임한 경우: 선임·감독상의 과실책임

3 무권대리

(1) 정상적인 대리행위로서 본인에게 그 효과가 귀속되기 위하여는 대리행위를 한 자에게 대리권이 있어야 한다. 그러나 대리권이 존재하지 않으면서도 대리인임을 표시하여 법률행위를 하는 경우가 발생하는데, 이를 무권대리라고 한다.
(2) 넓은 의미(광의)의 무권대리는 표현대리와 좁은 의미(협의)의 무권대리로 구성된다(통설).

4 표현대리(表見代理) 제28회, 제29회, 제30회, 제31회, 제32회, 제33회, 제34회

1. 의의

대리인에게 대리권이 없음에도 불구하고 마치 대리권이 있는 것과 같은 외관이 있는 경우에 그러한 외관을 신뢰한 선의·무과실의 상대방을 보호하는 것이 표현대리제도이다.

(1) 법정외관책임(法定外觀責任)으로서 상대방을 보호하기 위한 제도이므로 표현대리의 주장은 직접 상대방만이 할 수 있으며, 본인이나 무권대리인 또는 전득자는 주장할 수 없다.
(2) 표현대리행위로 보호되는 상대방은 선의·무과실이어야 한다.
(3) 표현대리는 무권대리이므로 유권대리의 주장 속에 표현대리의 주장이 포함되었다고 볼 수 없다.
(4) 표현대리행위가 성립하는 경우에 과실상계의 법리를 유추적용하여 본인의 책임을 경감할 수 없다.
(5) 강행법규에 위반되어 무효인 행위에 대하여는 표현대리의 법리가 적용될 여지가 없다.
(6) 표현대리가 성립하기 위하여는 반드시 현명이 있어야 하며, 현명 없이 자신의 이름으로 한 경우에는 무권리자(무권한자)의 행위가 문제될 뿐 표현대리의 문제는 생기지 않는다.
(7) 무권대리인의 상대방에 대한 책임에 대한 제135조의 규정은 표현대리 성립시에는 적용되지 않는다(다수설).

2. 대리권수여의 표시에 의한 표현대리

> **제125조【대리권수여의 표시에 의한 표현대리】** 제3자에 대하여 타인에게 대리권을 수여함을 표시한 자는 그 대리권의 범위 내에서 행한 그 타인과 그 제3자 간의 법률행위에 대하여 책임이 있다. 그러나 제3자가 대리권 없음을 알았거나 알 수 있었을 때에는 그러하지 아니하다.

(1) 의의
제125조의 표현대리는 대리권을 수여하였다는 취지를 본인이 상대방에게 표시하였으나 실제로는 대리권을 주고 있지 않은 경우에 성립한다.

(2) 성립요건
① 본인이 제3자에 대하여 어떤 자에게 대리권을 수여하였음을 통지하여야 한다. 대리권수여의 통지방법에는 제한이 없다. 보통은 위임장에 의하지만, 서면이 아닌 구두로 하여도 무방하며 묵시적으로도 할 수 있다(예 등기서류의 교부, 명의대여, 인장의 교부 등).
② 대리권수여의 표시는 반드시 대리권 또는 대리인이라는 말을 사용하여야 하는 것이 아니라 사회통념상 대리권을 추단할 수 있는 직함이나 명칭 등의 사용을 승낙 또는 묵인한 경우에도 대리권수여의 표시가 있은 것으로 볼 수 있다(판례).

> **판례** 묵시적 방식을 인정한 사례
>
> 호텔 등의 시설이용 우대회원모집계약을 체결하면서 자신의 판매점, 총대리점 또는 연락사무소 등의 명칭을 사용하여 회원모집 안내를 하거나 입회계약을 체결하는 것을 승낙 또는 묵인한 경우, 「민법」 제125조의 표현대리가 성립한다.

③ 대리권수여의 통지를 받은 상대방과 대리행위를 하였어야 한다.
④ 대리권수여의 통지에서 수여한 것으로 표시된 대리권의 범위 내에서 대리행위를 하였어야 한다. 표시된 대리권의 범위를 넘는 대리행위를 한 때에는 제126조의 권한을 넘은 표현대리가 성립한다.
⑤ 본인과 표현대리인 사이에 유효한 기본적 법률관계가 존재하고 있어야 하는 것은 아니다.
⑥ 상대방은 선의임과 동시에 무과실이어야 한다.

(3) 적용범위
수권과 관련되므로 임의대리에만 적용되며 법정대리에는 그 적용이 없다. 이는 제126조와 제129조 표현대리가 임의대리뿐만 아니라 법정대리에도 적용되는 것과 구별된다.

(4) 효과
본인은 대리인의 행위에 대하여 책임이 있다(제125조 본문).

3. 권한을 넘은 표현대리

> **제126조【권한을 넘은 표현대리】** 대리인이 그 권한 외의 법률행위를 한 경우에 제3자가 그 권한이 있다고 믿을 만한 정당한 이유가 있는 때에는 본인은 그 행위에 대하여 책임이 있다.

(1) 의의
제126조의 표현대리는 일정한 범위의 대리권을 가진 대리인이 그 권한을 넘는 대리행위를 한 경우에 성립한다.

(2) 성립요건
① 기본대리권이 존재할 것: 기본대리권이 존재하여야 한다. 기본적인 어떠한 대리권도 없는 자에 대하여 권한을 넘는 표현대리는 성립할 여지가 없다.

> **참고 기본대리권의 인정 여부**
>
> 1. 공법상 행위
>   기본대리권이 등기신청행위라 할지라도 표현대리인이 그 권한을 유월하여 대물변제라는 사법행위를 한 경우에 표현대리의 법리가 적용된다.
> 2. 표현대리권
>   제125조와 제129조의 표현대리가 성립하는 범위를 넘는 경우에 제126조의 표현대리가 성립한다.
> 3. 일상가사대리권(법정대리)
>   동거를 하면서 사실상의 부부관계를 맺고 실질적인 가정을 이루어 대외적으로도 부부로 행세하여 왔다면 일상가사에 관한 사항에 관하여 상호 대리권이 있고, 상대방이 대리권한이 있다고 믿을 만한 정당한 이유가 있다면 표현대리가 성립한다.
> 4. 복대리권
>   복대리인 선임권이 없는 대리인에 의하여 선임된 복대리인의 권한도 기본대리권이 될 수 있으므로 제126조를 적용함에 있어서 기본대리권의 흠결 문제는 생기지 않는다.
> 5. 인장, 인감증명서의 교부
>   특정거래와 관련하여 인장을 교부하였다면 기본대리권의 수여로 볼 수 있으나 인감증명서만의 교부는 대리권수여로 볼 수 없다.

② 권한을 넘는 대리행위를 하였을 것
  ㉠ 정당하게 부여받은 대리권의 권한 내의 행위와 표현대리행위는 반드시 **같은 종류일 필요는 없고**, 아무런 관계가 없는 경우라도 무방하다.

㉡ 대리행위를 하였어야 한다. 즉, 현명이 없는 경우에는 제126조가 성립할 수 없고 단지 무권리자의 처분행위 문제가 생긴다. 대리인이 본인으로부터 위임받은 바와 달리 이전등기서류를 위조 내지 변조하여 자기 앞으로 이전한 후 제3자에게 소유권을 이전하였다면 표현대리는 성립하지 않는다(판례).

③ 정당한 이유가 있을 것: 정당한 이유의 판단시기는 대리행위시이며, 그 이후의 사정은 고려하지 않는다.

(3) 효과

본인은 대리인의 권한 밖 행위에 대하여 책임을 진다.

(4) 적용범위

임의대리와 법정대리에 모두 적용된다.

4. 대리권 소멸 후의 표현대리

> 제129조【대리권 소멸 후의 표현대리】 대리권의 소멸은 선의의 제3자에게 대항하지 못한다. 그러나 제3자가 과실로 인하여 그 사실을 알지 못한 때에는 그러하지 아니하다.

(1) 의의

제129조의 표현대리는 대리인이 이전에는 대리권을 가지고 있었으나 대리행위를 할 때에는 그 대리권이 소멸되어 있는 경우에 성립한다.

(2) 요건

① 대리인이 이전에는 대리권을 가지고 있었으나 대리행위를 할 때에는 그 대리권이 소멸되어 있어야 한다.
② 상대방은 선의·무과실이어야 한다.

(3) 효과

본인은 상대방에 대하여 대리권의 소멸로써 대항하지 못한다. 즉, 대리인의 대리행위에 대하여 책임을 진다. 본인이 그로 인하여 손해가 생긴 때에는 표현대리인에게 손해배상을 청구할 수 있다.

(4) 적용범위

제129조의 표현대리는 임의대리와 법정대리에 모두 적용된다.

5 협의의 무권대리(계약의 무권대리) 제28회, 제29회, 제30회, 제31회, 제32회, 제33회, 제34회, 제35회

1. 본인에 대한 효과

(1) 효과

원칙적으로 본인에 대하여 아무런 효력이 발생하지 않는다. 다만, 본인이 원하면 추인하여 유효하게 할 수 있고, 원하지 않으면 거절하여 확정적 무효로 할 수 있도록 규정하고 있다.

(2) 본인의 추인권

① 성질: 추인은 상대방·무권대리인 등의 동의나 승낙을 요하지 않는 단독행위로서 그 성질상 형성권에 속한다.

② 추인의 상대방
  ㉠ 추인은 무권대리인, 무권대리행위의 직접의 상대방 및 그 무권대리행위로 인한 권리 또는 법률관계의 승계인에 대하여도 할 수 있다.
  ㉡ 무권대리인에게 한 추인은 상대방이 그 사실을 알지 못하는 경우에는 상대방에게 추인의 효력을 주장할 수 없다. 따라서 상대방은 추인사실을 알기 전까지 이행할 필요가 없으며, 먼저 철회권을 행사하여 법률관계를 소멸시킬 수도 있다.

③ 일부에 대하여 추인을 하거나 내용을 변경하여 추인을 하였을 경우에는 상대방의 동의를 얻지 못하는 한 무효이다.

④ 추인은 묵시적으로도 할 수 있다. 다만, 묵시적 추인이 인정되기 위해서는 본인이 적극적인 행위를 하여야 하며, 단순히 방치한 것만을 가지고 추인을 한 것으로 볼 수는 없다.

> 1. 묵시적 추인 ○: 이행, 인도, 기한유예 요청
> 2. 묵시적 추인 ×: 이의제기 없이 장기간 방치, 민·형사상 책임을 묻지 않은 경우

⑤ 추인의 효과
  ㉠ 본인의 추인이 있으면 무권대리행위는 소급하여 계약시부터 유효한 행위가 된다.
  ㉡ 추인에는 소급효가 있으나 제3자의 권리를 해하지 못하며, 당사자의 특약으로 소급효를 배제할 수 있다(제133조).

(3) 본인의 추인 거절권

① 본인은 추인을 거절할 수 있다. 추인 거절의 상대방과 방법은 추인의 경우와 같다(제132조).

② 본인이 추인을 거절하면 그 후에는 본인에 대하여 효력이 생길 수 없는 것으로 확정된다.

(4) 무권대리와 상속

대리권한 없이 타인의 부동산을 매도한 자가 그 부동산을 상속한 후 소유자의 지위에서 자신의 대리행위가 무권대리로 무효임을 주장하여 등기말소나 부당이득반환을 구하는 것은 금반언원칙이나 신의칙상 허용될 수 없다.

2. 상대방에 대한 효과

(1) 상대방의 최고권(선·악 불문)

상대방은 상당한 기간을 정하여 본인에게 추인 여부의 확답을 최고할 수 있다. 본인이 최고기간 내에 확답을 발하지 아니한 때에는(발신주의) 추인을 거절한 것으로 본다(제131조).

(2) 상대방의 철회권(선의)

① 철회는 무권대리행위의 상대방이 무권대리인과의 사이에 맺은 계약을 확정적으로 무효로 하는 행위이며, 철회가 있으면 그 후 본인은 추인할 수 없게 된다. 철회는 본인의 추인이 있기 전에 본인이나 그 무권대리인에게 하여야 한다.

② 상대방이 대리인에게 대리권이 없음을 알았다는 점에 대한 주장·입증책임은 철회의 효과를 다투는 본인에게 있다.

(3) 무권대리인의 상대방에 대한 책임(제135조 책임)

> **제135조【상대방에 대한 무권대리인의 책임】** ① 다른 자의 대리인으로서 계약을 맺은 자가 그 대리권을 증명하지 못하고 또 본인의 추인을 받지 못한 경우에는 그는 상대방의 선택에 따라 계약을 이행할 책임 또는 손해를 배상할 책임이 있다.
> ② 대리인으로서 계약을 맺은 자에게 대리권이 없다는 사실을 상대방이 알았거나 알 수 있었을 때 또는 대리인으로서 계약을 맺은 사람이 제한능력자일 때에는 제1항을 적용하지 아니한다.

① 책임발생의 요건
  ㉠ 대리인이 대리권을 증명할 수 없어야 한다(제135조 제1항).
  ㉡ 본인의 추인이 없어야 한다.
  ㉢ 상대방이 아직 철회권을 행사하고 있지 않아야 한다(제135조 제1항).
  ㉣ 상대방은 선의·무과실이어야 한다. 그 입증책임은 책임을 면하려는 무권대리인에게 있다.
  ㉤ 무권대리인이 행위능력자이어야 한다(제135조 제2항). 무권대리인이 미성년자나 피한정후견인과 같이 제한능력자인 경우에는 위 책임을 물을 수 없다.

ⓑ 무권대리인의 과실 유무를 묻지 않는다(무과실책임). 무권대리행위가 제3자의 기망 등 위법행위로 야기되었다고 하더라도 책임을 져야 한다(판례).
② 책임의 내용: 무권대리인은 **상대방의 선택**에 따라서 계약을 이행하거나 손해배상의 책임을 져야 한다(제135조 제1항).

▶ 민법총칙

Theme 10 법률행위의 무효

1 무효의 종류 제29회, 제30회, 제33회, 제34회

1. 절대적 무효와 상대적 무효

> 1. 계약이 성립하지 않았다면 무효행위의 전환이나 무효행위의 추인규정이 적용될 여지가 없다.
> 2. 주장할 이익이 있는 자는 누구든지 무효를 주장할 수 있다.

(1) 절대적 무효(원칙)

① 법률행위의 당사자뿐만 아니라 제3자에 대한 관계에서도 무효를 주장할 수 있는 것을 말한다.
② 의사무능력자의 법률행위, 원시적 불능인 법률행위, 강행법규에 위반한 법률행위, 반사회질서의 법률행위, 불공정한 법률행위 등이 이에 속한다.
③ 절대적 무효에 해당하면 제3자는 선의라도 보호될 수 없다.

(2) 상대적 무효(예외)

① 법률행위의 당사자 사이에서는 무효이지만 선의의 제3자에게는 대항할 수 없는 것을 말한다.
② 비진의표시(상대방이 악의 또는 과실이 있는 때), 통정허위표시가 이에 속한다.
③ 상대적 무효는 거래의 안전을 보호하기 위한 것이다.

2. 확정적 무효와 유동적 무효

(1) 확정적 무효(원칙)

법률행위의 효력이 발생되지 않음이 확정되어 있는 것을 말한다. 법률행위의 무효는 확정적 무효를 원칙으로 한다.

(2) 유동적 무효(예외)

① 법률행위의 효력이 행위시에는 발생하지 않으나, 제3자의 추인이나 관청의 인가나 허가를 받게 되면 법률행위시에 소급하여 유효하게 되는 것을 유동적 무효라고 한다.
② 예를 들어, 무권대리행위는 행위시에는 본인에 대하여 효력이 없지만 본인이 추인하면 소급하여 유효한 법률행위가 된다. 따라서 무권대리행위는 추인이 있기 전까지는 유동적 무효이다.

③ 토지거래허가구역 내의 법률관계: 허가구역 내의 토지에 대하여 허가를 받기 전에 체결한 매매계약은 허가받을 것을 전제로 한 계약일 경우에는 허가를 받을 때까지는 무효이지만, 일단 허가를 받으면 그 계약은 소급하여 유효한 계약이 되고 이와 달리 불허가가 된 때에는 무효로 확정되는데, 이 경우 허가를 받을 때까지는 '유동적 무효' 상태에 있다고 본다.

> **판례** 토지거래허가구역 내의 법률관계
>
> 1. 거래계약상의 법률관계 – 무효
>   ① 계약상의 이행청구: 권리의 이전 또는 설정에 관한 어떠한 내용의 이행청구도 할 수 없다.
>   ② 계약 위반을 이유로 한 해제나 손해배상청구: 거래계약상 채무불이행을 이유로 해제하거나 손해배상을 청구할 수 없다.
>   ③ 계약금의 반환청구: 유동적 무효상태에서는 계약금의 부당이득반환을 청구할 수 없다 (확정적 무효시에 가능).
>   ④ 해약금 해제(제565조): 계약금을 포기하거나 배액을 상환함으로써 해제할 수 있다.
>   ⑤ 귀책사유 있는 자의 무효 주장: 귀책사유가 있는 자라 하더라도 그 계약의 무효를 주장할 수 있다. 또한 계약의 무효를 주장하는 것이 신의칙에 반한다고 할 수는 없다.
>   ⑥ 다른 사유에 의한 무효·취소 주장: 비진의표시, 통정허위표시 또는 착오 또는 사기·강박과 같은 의사에 의하여 이루어진 경우에는 무효 또는 취소를 주장할 수 있다.
>   ⑦ 허가구역 내에서의 중간생략등기: 무효이다.
> 2. 협력의무의 발생
>   ① 협력의무의 소구(訴求): 소로써 허가신청절차에 협력하여 줄 것을 청구할 수 있다.
>   ② 협력의무 위반을 이유로 한 손해배상청구: 협력의무 불이행과 인과관계가 있는 손해는 이를 배상하여야 할 의무가 있다.
>   ③ 협력의무 위반을 대비한 손해배상약정: 가능하다.
>   ④ 협력의무 위반을 이유로 한 해제: 협력의무 불이행을 이유로 거래계약을 해제할 수 없다.
>   ⑤ 대금 지급과의 동시이행관계: 협력의무의 이행과 대금의 지급은 동시이행관계가 아니다. 따라서 대금의 미지급을 이유로 협력의무 이행을 거절할 수 없다.
> 3. 확정적 무효가 되는 경우
>   ① 허가를 배제하거나 잠탈하는 내용의 계약
>   ② 토지거래허가신청을 하지 않기로 하는 의사표시를 명백히 한 경우
>   ③ 불허가처분
>   ④ 허가를 받기 전에 정지조건의 불성취가 확정된 경우. 다만, 매매계약체결 당시 일정한 기간 안에 토지거래허가를 받기로 약정하였다고 하더라도 위 약정기간이 경과하였다는 사정만으로 곧바로 매매계약이 확정적으로 무효가 된다고 할 수 없다.
>   > 주의: 허가를 잠탈하는 내용으로 매매계약이 체결된 경우에는 확정적으로 무효이므로 계약체결 후 허가구역 지정이 해제되더라도 이미 확정적으로 무효로 된 계약이 유효로 되는 것이 아니다.

4. 확정적 유효가 되는 경우
   ① 허가구역 지정해제(존속기간 만료)
   ② 허가를 받은 경우

2 일부무효(양적 일부무효) 제32회

(1) 의의

법률행위의 일부분이 무효인 때에는 그 전부를 무효로 함이 원칙이나, 무효인 부분이 없더라도 법률행위를 하였을 것이라고 인정될 때에는 나머지 부분은 무효가 되지 아니한다(제137조).

(2) 요건

① 법률행위의 일체성과 분할 가능성: 토지와 건물을 함께 매매하였거나 두 필지의 토지를 함께 매매한 것처럼 법률행위가 일체성이 있고 분할 가능성이 있어야 한다. 따라서 두 필지의 토지에 대하여 따로 계약을 체결한 경우에는 일부무효는 적용되지 아니한다.

② 가정적(가상적) 의사의 존재: 법률행위의 일부분이 무효임을 알았더라면 당사자가 나머지 부분만이라도 법률행위를 하였을 것이라는 가정적(가상적) 의사가 있어야 한다. 이에 대한 입증책임은 나머지 부분의 유효를 주장하는 자에게 있다.

(3) 효과

무효인 부분을 제외한 나머지는 유효하게 된다. 제137조는 임의규정으로서 당사자의 특약으로 달리 정할 수 있다.

3 무효행위의 전환(질적 일부무효) 제29회, 제34회

(1) 의의

무효인 법률행위가 다른 법률행위의 요건을 구비하고 당사자가 그 무효를 알았더라면 다른 법률행위를 하는 것을 의욕하였으리라고 인정될 때에는 다른 법률행위로서 효력을 가진다(제138조).

예 타인의 자(子)를 자기의 출생자로 한 신고는 무효이지만 입양의 효력이 인정된다.

(2) 요건
① 성립한 법률행위가 무효이어야 한다.
② 무효인 법률행위가 다른 법률행위로서의 요건을 갖추고 있어야 한다. 이때 다른 법률행위는 무효인 법률행위보다 작은 것이어서 무효인 법률행위에 내포될 수 있는 것이어야 한다.
③ 당사자가 무효임을 알았더라면 다른 법률행위를 하였을 것을 의욕하였으리라 인정되어야 한다(가정적 의사의 존재).

> 📝 불공정행위(폭리행위)로 무효가 된 경우 무효행위의 전환이 인정된다.

4 무효행위의 추인 제28회, 제29회, 제31회, 제32회, 제34회

(1) 의의
무효인 법률행위는 추인하여도 원칙적으로 그 효력이 생기지 아니한다. 그러나 당사자가 그 무효임을 알고 추인한 때에는 새로운 법률행위로 본다(제139조).

(2) 요건
① 무효행위가 추인 가능한 법률행위이어야 한다. 따라서 절대적 무효인 법률행위, 즉 **강행법규 위반행위나 반사회질서행위 또는 불공정한 행위로서 무효인 경우에는 추인에 의하여 유효가 될 수 없다**. 처음부터 허가를 잠탈할 목적으로 체결된 토지거래허가구역 내의 토지거래계약은 추인하여도 유효가 될 수 없다.
② 추인의 대상이 되기 위하여는 종전의 무효사유가 제거되었어야 한다.
③ 무효임을 알고 추인하여야 한다.

(3) 효과
① 원칙(비소급효): 무효인 법률행위를 추인하면 추인시부터 새로운 법률행위를 한 것으로 본다. 즉, 소급효가 인정되지 않음이 원칙이다.

> 📝 무효인 가등기를 유효한 등기로 전용하기로 한 약정은 그때부터 유효하고, 이로써 위 가등기가 소급하여 유효한 등기로 전환될 수 없다(판례).

② 예외
  ㉠ 제3자의 권리를 해하지 않는 범위 내에서 당사자의 약정으로 소급효를 인정할 수 있다.
  ㉡ 무효인 가족법상 행위와 소송행위에 대한 추인은 소급효를 인정한다.

5 무권리자의 처분행위

무권리자의 처분행위는 무효에 해당한다. 그러나 무권리자의 처분행위를 권리자가 알고 추인하였다면 무권대리행위에서 본인의 추인의 법리를 유추적용하여 원칙적으로 계약의 효과가 계약을 체결했을 때에 소급하여 권리자에게 귀속된다.

> 민법총칙

Theme 11 법률행위의 취소

1 의의

법률행위의 취소란 당사자의 의사표시가 제한능력상태에서 이루어졌거나 또는 의사표시가 사기·강박 및 착오에 의하여 행하여졌다는 것을 이유로 일단 유효하게 성립한 법률행위의 효력을 행위시에 소급(遡及)하여 소멸하게 하는 취소권자의 의사표시를 말한다.

2 취소권자 제29회, 제33회

> **제140조 【법률행위의 취소권자】** 취소할 수 있는 법률행위는 제한능력자, 착오로 인하거나 사기·강박에 의하여 의사표시를 한 자, 그의 대리인 또는 승계인만이 취소할 수 있다.

(1) 제한능력자

① 미성년자, 피한정후견인, 피성년후견인 등 제한능력자는 그가 한 법률행위를 법정대리인의 동의 없이 단독으로 취소할 수 있다.
② 제한능력자의 취소는 착오, 사기·강박 등에 의한 취소와는 달리 선의의 제3자에게도 대항할 수 있다(절대적).

(2) 착오로 인하거나 사기·강박에 의하여 의사표시를 한 자

(3) 대리인

제한능력자 또는 착오, 사기·강박에 의한 의사표시를 한 자의 대리인도 취소할 수 있다. 다만, 임의대리인은 원칙적으로 취소할 수 없으며, 본인으로부터 이에 관한 특별수권이 있어야 취소할 수 있다.

(4) 승계인

① 제한능력자 또는 착오, 사기·강박에 의한 의사표시를 한 자로부터 그의 법적 지위, 즉 당사자의 지위를 승계한 자도 취소할 수 있다. 이때 승계인에는 특정승계인과 포괄승계인을 모두 포함한다.
② 취소권만의 승계는 인정되지 않는다.

3 취소의 방법 제29회, 제32회, 제35회

(1) 단독행위

취소권은 형성권이므로 그 행사는 취소권자의 일방적인 의사표시에 의한다. 이러한 취소의 의사표시는 특별한 방식에 의할 것을 요하지 않는다(불요식행위).

> **판례** 취소시에 방식이 요구되는지 여부
>
> 취소의 의사가 상대방에 의하여 인식될 수 있다면 어떠한 방법에 의하더라도 무방하다고 할 것이고, 법률행위의 취소를 당연한 전제로 한 소송상의 이행청구나 이를 전제로 한 이행거절 가운데는 취소의 의사표시가 포함되어 있다고 볼 수 있다.

(2) 취소의 상대방

취소의 의사표시는 취소할 수 있는 **법률행위의 상대방에게** 하여야 한다(제142조). 따라서 제3자에게 그 권리가 양도되어 있더라도 취소는 전득자가 아닌 본래의 상대방에 대하여 하여야 한다.

> 미성년자 甲이 乙에게 부동산을 매도하였고, 후에 乙은 이를 다시 丙에게 전매한 경우에 취소권의 행사는 丙이 아니라 상대방인 乙에게 하여야 한다.

4 취소의 효과 제29회, 제33회

> **제141조 【취소의 효과】** 취소된 법률행위는 처음부터 무효인 것으로 본다. 다만, 제한능력자는 그 행위로 인하여 받은 이익이 현존하는 한도에서 상환(償還)할 책임이 있다.

(1) 소급효

법률행위를 취소하면 그 법률행위는 소급하여 처음부터 무효인 것으로 본다(제141조). 이러한 취소의 효과는 제한능력자의 취소에 있어서는 절대적이지만, 착오, 사기·강박에 의한 취소에 있어서는 상대적이다.

(2) 부당이득반환의무

① 원칙: 일단 발생한 채무 등은 앞으로 전혀 이행할 필요가 없고, 이미 이행된 때에는 반환의무가 생긴다(동시이행관계).

② 제한능력자에 대한 특칙

㉠ 부당이득반환의무에 있어서「민법」은 특히 제한능력자를 보호하기 위하여 "제한능력자는 그 행위로 인하여 받은 이익이 현존하는 한도에서 상환할 책임이 있다."는 특칙을 두고 있다(제141조 단서).

ⓒ 제한능력자는 선·악을 불문하고 현존이익만을 상환하면 된다.
ⓒ 금전을 받은 경우에 그 이익은 모두 현존하는 것으로 추정되므로 제한능력자 측에서 현존이익이 없음을 입증하여야 한다.

5 취소할 수 있는 법률행위의 추인(임의추인) 제29회, 제31회, 제33회, 제35회

(1) 의의
추인이란 취소할 수 있는 법률행위를 취소하지 않겠다는 의사표시이며, 추인에 의하여 취소할 수 있는 행위는 확정적으로 유효하게 된다. 따라서 추인 후에는 다시 취소할 수 없다.

(2) 요건
① 추인권자: 제140조(법률행위의 취소권자)가 규정하고 있는 취소를 할 수 있는 자이다(제143조 제1항).
② 취소원인의 소멸
  ㉠ 추인은 **취소의 원인이 소멸된 후**에 하여야 한다. 따라서 제한능력자는 완전한 능력자가 된 뒤에 하여야 하고 착오, 사기·강박으로 의사표시를 한 자는 그러한 상태에서 벗어난 뒤에 하여야 한다.
  ㉡ **법정대리인 또는 후견인**은 언제든지 추인할 수 있다.
③ 취소권자의 인식: 그 법률행위를 취소할 수 있는 것임을 알고 추인하여야 한다. 즉, 취소권에 관한 인식이 있어야 한다.

(3) 효과
추인이 있으면 그 후로는 취소할 수 없고 그 법률행위는 완전히 유효한 것으로 확정된다(제143조 제1항).

6 법정추인 제29회, 제30회, 제32회, 제35회

(1) 의의
법정추인이란 취소할 수 있는 법률행위에 관하여 일정한 사유가 있는 때에는 취소권자의 의사를 불문하고 법률상 당연히 추인한 것으로 보는 것을 말한다(제145조). 따라서 임의추인과는 달리 취소권에 관한 인식을 필요로 하지 않는다.

(2) 요건

> **제145조 【법정추인】** 취소할 수 있는 법률행위에 관하여 전조의 규정에 의하여 추인할 수 있는 후에 다음 각 호의 사유가 있으면 추인한 것으로 본다. 그러나 이의를 보류한 때에는 그러하지 아니하다.
> 1. 전부나 일부의 이행
> 2. 이행의 청구
> 3. 경개
> 4. 담보의 제공
> 5. 취소할 수 있는 행위로 취득한 권리의 전부나 일부의 양도
> 6. 강제집행

① 법정추인사유는 취소의 원인이 소멸한 후에 이루어져야 한다.
② 취소권자가 이러한 행위를 함에 있어서 이의를 보류하지 않았어야 한다.
③ 이행의 청구(제2호)와 권리의 양도(제5호)는 취소권자가 한 경우에 한하여 법정추인이 되고 상대방이 한 때에는 법정추인이 되지 않는다.

(3) 효과

법정추인 역시 추인한 것으로 간주되므로 추인과 동일한 효과가 생긴다. 즉, 확정적으로 유효가 되며 다시는 취소할 수 없다.

7 취소권의 단기소멸 제28회, 제29회, 제32회, 제33회, 제35회

> **제146조 【취소권의 소멸】** 취소권은 추인할 수 있는 날로부터 3년 내에, 법률행위를 한 날로부터 10년 내에 행사하여야 한다.

(1) 취소권의 행사기간을 무제한 인정한다면 법률관계는 불안정한 상태로 지속될 수밖에 없으므로 「민법」은 가급적 법률관계를 신속히 확정하고, 상대방이 불안정한 지위에서 벗어날 수 있도록 하기 위하여 취소권의 제척기간을 규정하고 있다. 제척기간은 신속한 법률관계 확정을 위한 것이므로 중단제도가 없으며, 법원은 직권조사하여야 한다.

(2) 취소권은 추인할 수 있는 날로부터 3년 이내에, 법률행위를 한 날로부터 10년 이내에 행사하여야 하여야 하며 둘 중에 하나라도 먼저 도래하면 취소권은 소멸한다.

▶ 민법총칙

Theme 12 조건

1 의의 제32회

조건이란 법률행위의 효력의 발생 또는 소멸을 '장래의 불확실한 사실의 성취 여부'에 의존하게 하는 법률행위의 부관(附款)을 말한다.

(1) 조건은 법률행위 **효력**의 발생 또는 소멸에 관한 것이며, 법률행위의 성립에 관한 것이 아니다.

(2) 조건은 성취 여부가 불확실한 장래의 사실에 의존하게 하는 것이어야 한다. 객관적으로 성취 여부가 확실한 것은 조건이 아니며 장래의 사실이 아닌 현재나 과거의 사실은 조건이 될 수 없다.

(3) 조건은 외부에 표시되어야 한다.

2 정지조건과 해제조건 제28회, 제31회, 제34회, 제35회

(1) 정지조건

정지조건이란 법률행위 효력의 발생을 장래의 불확실한 사실의 성취 여부에 의존하게 하는 조건이다.

> **판례** 정지조건 입증책임 – 법률효과의 발생을 다투려는 자(조건의 존재를 주장하는 자)
>
> 어떠한 법률행위가 조건의 성취시 법률행위의 효력이 발생하는 소위 정지조건부 법률행위에 해당한다는 사실은 그 법률행위로 인한 법률효과의 발생을 저지하는 사유로서 그 법률효과의 발생을 다투려는 자에게 주장·입증책임이 있다.
>
> 비교: 조건이 성취되었다는 사실은 권리를 취득하고자 하는 측에 그 입증책임이 있다.

(2) 해제조건

해제조건이란 법률행위 효력의 소멸을 장래의 불확실한 사실의 성취 여부에 의존하게 하는 조건이다.

> **판례** 약혼예물의 성질
>
> 약혼예물의 수수는 혼인의 불성립을 해제조건으로 하는 증여와 유사한 성질을 갖는다.

3 가장조건 제29회, 제30회, 제31회, 제32회, 제33회, 제34회

가장조건이란 외관상·형식상으로는 조건처럼 보이지만 실질적으로는 조건으로서의 의미를 갖지 못하는 것을 말한다. 이에는 법정조건, 불법조건, 기성조건, 불능조건 등이 있다.

(1) 법정조건

법률행위의 효력을 발생하기 위하여 법률에 의하여 요구되는 여러 가지 요건 내지 사실을 법정조건이라 한다(예 법인 설립행위에 있어서의 주무관청의 허가, 유언에 있어서의 유언자의 사망 등).

  법률로써 정하는 '법정조건(法定條件)'은 법률행위 부관으로서의 조건이 아니다.

(2) 불법조건

조건이 선량한 풍속 기타 사회질서에 위반하는 것일 때 이를 불법조건이라 한다. 이러한 불법조건이 부착된 법률행위는 **조건뿐 아니라 법률행위도 무효가 된다**.

  부첩관계의 종료를 해제조건으로 하는 증여계약은 그 조건만이 무효가 아니라 증여계약 자체가 무효이다.

(3) 기성조건

조건이 법률행위 당시에 이미 성립하고 있는 경우를 기성조건이라 한다.

(4) 불능조건

객관적으로 실현이 불가능한 사실을 내용으로 하는 조건을 불능조건이라 한다.

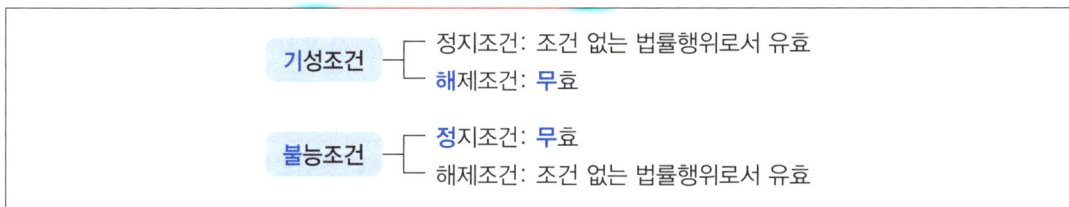

참고 암기방법

구분	기성조건 (+)	불능조건 (−)
정지조건 (+)	조건 없는 행위(유효) (+)	무효 (−)
해제조건 (−)	무효 (−)	조건 없는 행위(유효) (+)

4 조건을 붙일 수 없는 법률행위 제28회, 제30회, 제35회

조건을 붙일 수 없는 법률행위에 조건을 붙이면 조건만 분리하여 무효로 되는 것이 아니라 법률행위까지 전부가 무효로 된다.

(1) 단독행위

　① 원칙: 단독행위에는 원칙적으로 조건을 붙일 수 없다.
　② 예외
　　㉠ 채무의 면제 또는 유증과 같이 상대방에게 이익만 주는 경우
　　㉡ 상대방의 동의가 있는 경우

(2) 가족법상(신분) 행위

　유언에는 조건을 붙일 수 있다(제1073조 제2항).

5 조건의 성취와 불성취의 의제 제33회

(1) 조건성취의 의제

　① 조건의 성취로 인하여 불이익을 받을 당사자가 신의성실에 반하여 조건의 성취를 방해한 때에는 상대방은 그 조건이 성취된 것으로 주장할 수 있다(제150조 제1항).
　　　여기서 조건성취의 방해행위는 고의에 의한 경우만이 아니라 과실에 의한 경우도 해당한다.
　② 조건이 성취된 것으로 의제되는 시점은 이러한 신의성실에 반하는 행위가 없었더라면 조건이 성취되었으리라고 추산되는 시점이다.
　　　방해 즉시 ×

(2) 조건불성취의 의제

　조건의 성취로 이익을 받을 당사자가 신의성실에 반하여 조건을 성취시킨 때에는 상대방은 그 조건이 성취되지 않은 것으로 주장할 수 있다(제150조 제2항).

6 조건부 법률행위의 효력 제28회

(1) 조건의 성부 확정 전의 효력

> **제148조 【조건부 권리의 침해금지】** 조건 있는 법률행위의 당사자는 조건의 성부가 미정한 동안에 조건의 성취로 인하여 생길 상대방의 이익을 해하지 못한다.
> **제149조 【조건부 권리의 처분 등】** 조건의 성취가 미정한 권리·의무는 일반규정에 의하여 처분·상속·보존 또는 담보로 할 수 있다.

(2) 조건의 성부 확정 후의 효력

> **제147조 【조건성취의 효과】** ① 정지조건 있는 법률행위는 조건이 성취한 때로부터 그 효력이 생긴다.
> ② 해제조건 있는 법률행위는 조건이 성취한 때로부터 그 효력을 잃는다.
> ③ 당사자가 조건성취의 효력을 그 성취 전에 소급하게 할 의사를 표시한 때에는 그 의사에 의한다.

조건성취의 효력은 원칙적으로 소급하지 않는다. 다만, 당사자의 특약으로 소급효를 인정할 수 있으나 제3자의 권리를 해하지는 못한다.

비교: 기한은 절대적 비소급효이다. 따라서 당사자 특약이 있어도 소급효는 인정되지 않는다.

▶ 민법총칙

Theme 13 기한

1 의의

법률행위의 당사자가 법률행위의 효력의 발생·소멸을 장래에 실현되거나 또는 도래할 것이 확실한 사실에 의존하게 하는 약관을 기한이라 한다.

2 기한의 종류 제34회

(1) 시기와 종기

법률행위의 효력의 발생을 장래의 확정적 사실에 의존하게 하는 기한을 시기라고 하고, 법률행위의 효력의 소멸이 걸려 있는 기한을 종기라고 한다.

> 예 "1월 1일부터 12월 31일까지 임대차한다."에서 1월 1일은 시기이고, 12월 31일은 종기이다.

(2) 확정기한과 불확정기한

기한의 내용이 되는 사실은 장래에 발생하는 것이 확실한 사실이어야 하며, 그 시기가 확정되어 있는 기한을 확정기한이라고 하고, 확실한 사실이지만 그 발생시기가 확정되어 있지 않은 것을 불확정기한이라고 한다.

> 예 '내년 1월 1일부터'는 확정기한이고, '甲이 사망하였을 때'는 불확정기한이다.

3 기한부 법률행위의 효력 제34회

(1) 기한도래 전의 효력

① 「민법」은 조건부 권리의 침해 금지에 관한 제148조와 조건부 권리의 처분 등에 관한 제149조를 기한부 법률행위에 준용하고 있다(제154조).
② 기한부 권리도 침해하지 못하며, 기한부 권리도 기한도래 전이라도 처분·상속·보존 또는 담보로 할 수 있다.

(2) 기한도래 후의 효력

> 제152조【기한도래의 효과】 ① 시기 있는 법률행위는 기한이 도래한 때로부터 그 효력이 생긴다.
> ② 종기 있는 법률행위는 기한이 도래한 때로부터 그 효력을 잃는다.

기한도래의 효과에는 소급효가 있을 수 없다. 이것은 절대적이며, 당사자가 그러한 특약을 하였더라도 무효이다.

> 비교: 조건성취는 원칙적으로 소급효가 없으나 당사자의 의사로 소급효를 인정할 수 있다. 그러나 기한은 절대로 소급효가 인정되지 않는다.

4 기한의 이익 제30회, 제31회, 제34회

> **제153조【기한의 이익과 그 포기】** ① 기한은 채무자의 이익을 위한 것으로 추정한다.
> ② 기한의 이익은 이를 포기할 수 있다. 그러나 상대방의 이익을 해하지 못한다.

(1) 의의

기한의 이익이란 기한이 아직 도래하지 않음으로써 그동안 당사자가 받는 이익을 말한다.

(2) 기한이익의 포기와 상실

① 기한이익의 포기: 기한의 이익은 이를 포기할 수 있다. 그러나 상대방의 이익을 해하지 못한다(제153조 제2항).

② 기한이익의 상실: 기한의 이익은 다음의 경우에 상실되며 기한의 이익이 상실되면 채무자는 더 이상 기한의 이익을 주장하지 못한다.
  ㉠ 채무자가 담보를 손상하거나 감소 또는 멸실하게 한 때
  ㉡ 채무자가 담보제공의 의무를 이행하지 아니한 때
  ㉢ 채무자가 파산한 때

> **판례** 조건과 기한 제33회, 제35회
>
> 1. 조건과 불확정기한의 구별
>   부관이 붙은 법률행위에 있어서 부관에 표시된 사실이 발생하지 아니하면 채무를 이행하지 아니하여도 된다고 보는 것이 상당한 경우에는 조건으로 보아야 하고, 표시된 사실이 발생한 때에는 물론이고 반대로 발생하지 아니하는 것이 확정된 때에도 그 채무를 이행하여야 한다고 보는 것이 상당한 경우에는 표시된 사실의 발생 여부가 확정되는 것을 불확정기한으로 정한 것으로 보아야 한다.
> 2. 당사자가 불확정한 사실이 발생한 때를 이행기한으로 정한 경우에는 그 사실이 발생한 때에는 물론 그 사실의 발생이 불가능하게 된 때에도 이행기한은 도래한 것으로 보아야 한다.
> 3. 일반적으로 기한이익 상실의 특약이 채권자를 위하여 둔 것인 점에 비추어 명백히 정지조건부 기한이익 상실의 특약이라고 볼 만한 특별한 사정이 없는 이상 형성권적 기한이익 상실의 특약으로 추정하는 것이 타당하다.

Theme 14 물권법 서론

1 물권의 의의

물권(物權)은 '특정의 물건을 직접 지배해서 이익을 얻는 배타적인 권리'이다. 채권이 특정인에게 일정한 급부를 청구하는 것이라면, 물권은 물건 자체에 행사되는 직접적인 권리라는 점에서 차이가 있다.

◎ 물권과 채권의 비교

구분	물권	채권
지배원리	① 물권법정주의(강행규정 多) ② 임의로 창설 불가능	① 계약자유의 원칙(임의규정 多) ② 합의하에 임의로 창설 가능
대상	물건 또는 일정한 권리	채무자의 급부
성질	① 직접적 지배 ② 배타적 지배 ③ 절대성(대세성) ④ 양도성	① 채무자의 급부를 통하여 실현 ② 채권자평등주의 ③ 상대성(대인성) ④ 양도성의 제한 가능

2 물권의 객체 제34회, 제35회

물권의 객체는 물건이다. 따라서 유체물 및 전기 기타 관리할 수 있는 자연력이 물권의 객체가 된다. 다만, 예외적으로 권리를 물권의 객체로 하는 경우도 있다.

📝 저당권은 지상권이나 전세권을 대상으로 할 수 있다.

(1) 특정·현존의 물건

① 물건의 객체는 특정·현존한 물건이어야 한다.
② 구성부분이 증감·변동하는 집합물이라 하여도 특정성을 상실하지 않는다(예 재단저당, 뱀장어 100만 마리).

(2) 독립한 물건

물권의 객체는 원칙적으로 독립한 물건이어야 한다. 따라서 물건의 일부라든가 구성부분 등은 원칙적으로 별도로 물권의 객체가 되지 못한다.

3 일물일권주의 제34회, 제35회

1. 의의

하나의 물건 위에는 동일한 종류·내용·순위의 물권이 동시에 성립할 수 없다는 것을 일물일권주의라 한다. 바꾸어 말하면 하나의 물건 위라고 하더라도 다른 종류·내용·순위의 물권이라면 동시에 복수의 물권이 존재할 수 있다.

2. 내용

1개의 물건, 즉 독립한 물건은 사회통념과 거래관념에 따라 결정된다. 동산의 경우에는 그 자체로 거래가 되므로 독립성의 판단이 용이하지만 부동산의 경우에는 독립성에 관하여 문제가 된다.

(1) 원칙

① 하나의 독립한 물건 위에 물권이 성립한다.
② 토지는 1필, 건물은 1동이 독립한 물건으로 물권의 객체가 된다.
   지적도상의 경계선이 진실한 경계선과 다르게 작성된 경우, 기술적인 착오가 없는 한 그 토지의 경계는 공부상의 경계에 따른다.

(2) 예외

① 용익물권: 용익물권(지상권, 지역권, 전세권)은 1필의 토지 일부 위에 설정될 수 있으며, 전세권은 1동의 건물 일부에도 설정될 수 있다.
② 1동(棟)의 건물 일부분이 독립성을 갖춘 것일 때에는 구분소유권의 목적으로 될 수 있다.
③ 등기된 입목:「입목에 관한 법률」에 의하여 소유권보존등기를 마친 입목은 토지와는 독립된 부동산으로서 소유권과 저당권의 객체가 된다.
④ 명인방법을 갖춘 수목
   ㉠ 「입목에 관한 법률」에 의하여 보존등기하지 아니한 수목, 미분리과실 등은 토지의 정착물이지만 명인방법을 통하여 별도로 소유권의 대상이 될 수 있다. 등기된 입목은 저당권의 대상이 될 수 있으나 명인방법을 갖춘 수목은 저당권의 대상이 될 수 없다.
   ㉡ 명인방법에 의한 공시는 관습법상 인정되는 것으로 소유자가 표시되어야 하며, 물건이 특정되어 있어야 하고, 표시가 계속되어야 한다.
⑤ 농작물
   ㉠ 타인소유의 임야에 권한 없이 식재한 수목의 소유권은 임야소유자에게 귀속하지만, 적법한 경작권 없이 타인의 토지를 경작하였더라도 그 경작한 입도가 성숙하여 독립한 물건으로서의 존재를 갖추었으면 입도의 소유권은 경작자에게 귀속한다.

ⓒ 이 경우에 명인방법을 갖출 필요는 없다. 다만, 경작자로부터 농작물을 매수한 자는 명인방법을 갖춤으로써 소유권을 취득한다.
ⓒ 토지소유자는 경작자에게 손해배상을 청구하거나 부당이득반환을 청구할 수 있다.

4 물권법정주의 제32회, 제34회, 제35회

> 제185조 【물권의 종류】 물권은 법률 또는 관습법에 의하는 외에는 임의로 창설하지 못한다.

(1) 의의

물권은 법률 또는 관습법에 의하여만 인정되며, 당사자가 임의로 물권을 창설할 수 없다는 것을 물권법정주의라 한다.

(2) 내용

① 법률 또는 관습법
  ㉠ 물권은 법률 또는 관습법에 의하여만 창설될 수 있다.
  ㉡ 여기서 법률이란 국회가 제정한 형식적 의미의 법률만을 의미하고, 명령이나 규칙은 물권 성립의 근거가 될 수 없다.
② 임의로 창설하지 못한다(강행규정)
  ㉠ 종류강제: 법률 또는 관습법이 인정하지 않는 새로운 종류의 물권을 만들지 못한다.
  ㉡ 내용강제: 법률 또는 관습법이 인정하는 내용과 다른 내용을 부여하지 못한다. 물건에 대한 배타적인 사용·수익권은 소유권의 핵심적 권능이므로, 소유물에 대한 사용·수익의 권능을 대세적·영구적으로 포기하는 것은 법률에 의하지 않고 새로운 물권을 창설하는 것과 다를 바 없어 허용되지 않는다(판례).

> **판례** 관습법상 물권이 아니라고 본 사례
> 1. 미등기 무허가 건물의 양수인이라 할지라도 그 소유권이전등기를 경료받지 않는 한 건물에 대한 소유권을 취득할 수 없고, 그러한 건물의 취득자에게 소유권에 준하는 관습상의 물권이 있다고 볼 수 없다.
> 2. 온천에 관한 권리는 관습상의 물권이라 볼 수 없으며, 온천수는 공용수, 생활에 필요한 용수로 볼 수 없다.
> 3. 관습상의 **사도통행권**은 성문법, 관습법 어디에도 근거가 없다.
> 4. 인근 주민들이 누구에게나 주장할 수 있는 **공원이용권**이라는 배타적 권리를 취득하였다고 할 수 없다.

5 물권의 우선적 효력

(1) 채권에 우선하는 효력

① 원칙: 물권은 채권에 우선하는 것이 원칙이다.
② 예외
  ㉠ 가등기된 채권은 본등기를 전제로 후에 성립한 물권보다 우선한다.
  ㉡ 등기된 임차권은 채권이지만 뒤에 성립하는 물권에 우선(대항)한다.
  ㉢ 「근로기준법」상의 임금우선특권, 「주택임대차보호법」 또는 「상가건물 임대차보호법」상의 소액보증금채권 등은 선순위 저당권 등의 물권에도 우선적 효력이 인정된다.

(2) 물권 상호간의 우선적 효력

① 먼저 성립한 물권은 뒤에 성립한 물권에 우선한다.
② 제한물권은 소유권에 우선한다.
③ 점유권은 우선적 효력이 없다.

6 물권적 청구권 제29회, 제30회, 제31회, 제32회, 제33회, 제34회, 제35회

(1) 의의

물권 내용의 실현이 어떤 사정으로 인해 방해당하고 있거나 방해당할 염려가 있을 경우에 그 방해의 제거 또는 예방에 필요한 일정한 행위를 청구할 수 있는 권리가 필요하게 되는데, 이것이 '물권적 청구권'이다.

(2) 불법행위로 인한 손해배상청구권

물권적 청구권과 손해배상청구권은 함께 행사할 수 있으나, 언제나 병존하는 것은 아니다.

구분	물권적 청구권	손해배상청구권
원인	물권에 대한 침해 또는 침해 가능성	불법행위
요건	고의·과실과 손해발생을 요건으로 하지 않음	고의·과실과 손해발생을 요건으로 함
행사방법	행위청구(작위 또는 부작위)	금전배상청구

(3) 물권적 청구권의 종류

① 근거되는 물권에 따른 분류: 물권적 청구권은 점유권에 기초한 물권적 청구권과 본권에 기한 물권적 청구권으로 나뉜다. 전자를 점유보호청구권이라고 하며, 양자를 모두 행사할 수도 있다.

② 내용에 따른 분류
  ㉠ 물권적 반환청구권
    ⓐ 타인이 점유를 침탈하거나 법률상 원인 없이 소유물을 점유함으로써 소유권이 침해되고 있는 경우에 그 반환을 청구하는 권리이다.
    ⓑ 반환청구의 상대방은 최초 침탈자가 아니라 현재 점유자이다. 이때 점유자는 간접점유자도 포함된다.
  ㉡ 물권적 방해제거(배제)청구권: 현재 계속되고 있는 방해원인의 제거를 의미하는 것이며, 방해결과의 제거를 내용으로 하는 것은 아니다. 방해의 결과는 손해배상의 영역에 해당한다.
  ㉢ 물권적 방해예방청구권: 방해가 생길 염려가 있는 경우에, 그 방해의 예방 또는 손해배상의 담보를 청구하는 권리이다.

(4) 「민법」의 규정

「민법」은 점유보호청구권(제204조~제206조)과 소유권에 기한 물권적 청구권(제213조~제214조)을 개별적으로 규정하고, 다른 제한물권은 소유권에 기한 물권적 청구권을 준용하는 방식을 취한다.

① 지역권과 저당권에 기인한 물권적 청구권에 있어서 반환청구권은 인정되지 않는다.
② 유치권에 대하여는 「민법」이 준용조항을 두고 있지 않다. 따라서 유치권이 침해된 경우에는 점유권에 기인하여 물권적 청구권을 행사할 수 있을 뿐이지 유치권 자체에 기한 물권적 청구권을 행사할 수는 없다.
③ 대항력 있는 임차권
  ㉠ 임차권은 채권이므로 임대인을 대위하여 방해제거를 청구하는 것이 원칙이다(점유하고 있다면 점유보호청구권 행사는 가능).
  ㉡ 대항력 있는 임차권에 대하여는 임차권 자체에 기한 방해배제청구권이 인정된다.

(5) 물권적 청구권의 성질

① 물권적 청구권은 물권에 의존하는 권리이므로 물권과 그 운명을 같이 한다. 즉, 물권과 물권적 청구권은 절대로 분리양도될 수 없다.
② 소유권에 기한 물권적 청구권은 소멸시효에 걸리지 않는다.
③ 물권적 청구권에 기하여 방해배제비용 또는 방해예방비용을 청구할 수 없다.

> ⚖️ **판례** 물권적 청구권

1. 일단 소유권을 상실한 전(前) 소유자는 제3자인 불법점유자에 대하여 소유권에 기한 물권적 청구권을 행사할 수 없다.

2. 근저당권이 설정된 후에 그 부동산의 소유권이 제3자에게 이전된 경우에 현재의 소유자가 자신의 소유권에 기하여 피담보채무의 소멸을 원인으로 그 근저당권설정등기의 말소를 청구할 수 있음은 물론이고 종전의 소유자도 채권적 청구로 말소를 청구할 수 있다.

3. 인도청구의 상대방은 현재 점유자이므로 침탈자가 그 물건을 다른 자에게 인도한 경우에는 최초 침탈자를 상대로 한 인도 또는 명도청구는 부당하다.

    📝 간접점유자는 상대방이 되지만 점유보조자는 상대방이 될 수 없다.

4. 타인 토지에 무단으로 건물을 신축한 건물의 소유자에게 건물의 철거를 청구할 수 있으나 퇴거를 청구할 수는 없다.

5. 무단으로 신축한 건물의 임차인에게 퇴거를 요구할 수 있으나 건물의 철거를 청구할 수 없다.

    📝 이 경우 임차인이 대항력을 갖추었더라도 토지소유자에게 대항할 수 없다.

6. 무단으로 신축한 건물의 미등기 매수인에게도 건물의 철거를 청구할 수 있다.

Theme 15 부동산물권의 변동

▶ 물권법

1 법률행위에 의한 부동산물권변동 제28회, 제29회, 제30회, 제31회, 제32회, 제34회, 제35회

> **제186조 【부동산물권변동의 효력】** 부동산에 관한 법률행위로 인한 물권의 득실변경은 등기하여야 그 효력이 생긴다.
>
> **제187조 【등기를 요하지 아니하는 부동산물권취득】** 상속, 공용징수, 판결, 경매 기타 법률의 규정에 의한 부동산에 관한 물권의 취득은 등기를 요하지 아니한다. 그러나 등기를 하지 아니하면 이를 처분하지 못한다.

1. 의의

법률행위에 의한 부동산물권의 변동에 관하여 제186조는 "부동산에 관한 법률행위로 인한 물권의 득실변경은 등기하여야 그 효력이 생긴다."고 규정함으로써 성립요건주의(형식주의)를 명시하고 있다. 따라서 법률행위에 의한 부동산물권의 변동은 물권행위를 하고 등기를 갖추었을 때에 비로소 효력을 발생한다.

2. 제186조의 적용범위

(1) 원인행위 실효에 의한 물권의 복귀

계약(채권행위)이 무효·취소·해제되면 그 계약의 이행으로 변동이 생겼던 물권은 등기 없이도 당연히 그 계약이 없었던 원상태로 복귀한다.

(2) 시효로 인한 부동산물권의 취득은 법률의 규정에 의한 물권취득이지만, 제187조에 대한 예외로서 등기를 하여야만 그 물권을 취득한다.

(3) 물권의 포기

부동산물권의 포기는 물권의 소멸을 목적으로 하는 법률행위(단독행위)로서 제186조에 의하여 그 등기를 하여야 효력이 생긴다.

3. 부동산물권변동을 위한 등기의 요건

① 부동산물권변동을 완성시키는 등기는 물권행위의 내용과 합치하여야 하며(실질적·실체적 유효요건), 「부동산등기법」이 정하는 절차상의 요건을 갖춰서 적법하게 이루어져야 한다(형식적·절차적 유효요건).
② 등기는 물권변동의 효력발생요건이지 효력존속요건이 아니다. 따라서 일단 유효하게 존재하였던 등기가 멸실되거나 불법으로 말소된 경우에도 그 등기가 표상(表象)하던 물권은 소멸하지 않는다.

(1) 이중으로 경료된 소유권보존등기

사항란 이중등기	동일인 명의인 경우	실체관계를 묻지 않고 선등기 유효(후등기 무효)
	동일인 명의가 아닌 경우	선등기에 원인무효사유가 없는 한 후등기는 무효

(2) 등기의 실질적 유효요건

등기가 유효하기 위하여는 물권행위와 합치하여야 한다. 그러나 간혹 물권행위와 등기가 합치되지 않는 경우가 나타난다.

① 중간생략등기
 ㉠ 등기의 유효성
  ⓐ 「부동산등기 특별조치법」상 조세포탈과 부동산투기 등을 방지하기 위하여 등기하지 아니하고 제3자에게 전매하는 행위를 일정 목적범위 내에서 형사처벌하도록 되어 있으나 이로써 순차매도한 당사자 사이의 중간생략등기 합의에 관한 사법상 효력까지 무효로 한다는 취지는 아니라고 하며, 따라서 당사자 사이에 적법한 원인행위가 성립되어 중간생략등기가 이루어진 이상 중간생략등기에 관한 합의가 없었다는 사유만으로는 그 소유권이전등기를 무효라고 할 수는 없다.
  ⓑ 다만, 토지거래허가구역 내에서 중간생략등기가 경료된 경우에는 최종 매수인 명의의 소유권이전등기는 적법한 토지거래허가 없이 경료된 등기로서 무효이다.
 ㉡ 등기의 청구
  ⓐ 3자 합의가 있는 경우 - 직접 청구 가능: 직접 등기를 청구하기 위하여는 최초 양도인과 중간자의 동의가 있는 것 외에 최초 양도인과 최종 양수인 사이에도 그 중간등기생략의 합의가 있었음이 요구된다.

> **판례** 3자 합의가 있는 경우

1. 중간생략등기의 합의가 있었다 하더라도 **중간 매수인의 소유권이전등기청구권이 소멸된다거나 첫 매도인의 그 매수인에 대한 소유권이전등기의무가 소멸되는 것은 아니라** 할 것이다.
2. 중간생략등기의 합의가 있은 후에 최초 매도인과 중간 매수인 간에 매매대금을 인상하는 약정이 체결된 경우, 최초 매도인은 인상된 매매대금이 지급되지 않았음을 이유로 최종 매수인 명의로의 소유권이전등기의무의 이행을 거절할 수 있다. 즉, 3자 합의가 있다 하여도 **최초 매도인의 대금청구권이 제한되지 않는다.**

ⓑ 3자 합의가 없는 경우 – **대위청구**: 중간생략등기의 합의가 없다면 부동산의 전전 매수인은 매도인을 대위하여 그 전 매도인인 등기명의자에게 매도인 앞으로의 소유권이전등기를 구할 수는 있을지언정 직접 자기 앞으로의 소유권이전등기를 구할 수는 없다.

> **판례** 등기청구권의 양도

1. 최종 매수인이 중간자로부터 소유권이전등기청구권을 양도받았다 하더라도 최초 매도인이 그 양도에 대하여 동의하지 않고 있다면 최종 매수인은 최초 매도인에 대하여 채권양도를 원인으로 하여 소유권이전등기절차 이행을 청구할 수 없다. ⇨ 통상의 채권양도 법리가 적용되지 않는다.
2. 마찬가지로 '**명의신탁해지를 원인으로 한 소유권이전등기청구권**'을 양도하였다고 하더라도 명의수탁자가 양도에 대하여 동의하거나 승낙하지 않고 있다면 양수인은 명의수탁자에 대하여 직접 소유권이전등기청구를 할 수 없다.
   📝 비교: 취득시효완성으로 인한 소유권이전등기청구권은 일반 채권양도의 법리가 적용되어 원소유자의 동의가 없어도 제3자에게 양도할 수 있다.

② 실제와 다른 등기원인에 의한 등기: 증여에 의한 소유권이전등기를 매매에 의한 것으로 등기한 것처럼 실제와 다른 등기원인에 의한 등기도 현재의 권리상태를 반영하는 이상 유효한 등기로 평가된다.

③ 무효등기의 유용: 무효인 등기의 유용이란 등기원인의 부존재, 무효·취소·해제로 인하여 말소되어야 할 무효인 등기가 말소되지 않고 있다가 후에 이에 상응하는 등기원인이 발생한 경우 이 무효인 등기를 이용하는 것을 말한다.

㉠ 무효등기를 유용한 경우에는 소급효가 없다.
㉡ 이해관계인(제3자)이 있는 경우에는 주장할 수 없다.
㉢ 멸실건물의 등기를 새로운 건물의 등기로 유용할 수 없다.

(3) 미등기 매수인의 법적 지위

부동산 매수인이 대금을 지급하고 목적부동산을 인도받아 점유하고 있으나 아직 등기를 갖추지 못한 경우에 발생하는 문제이다.

① 소유권의 변동은 없음: 형식주의를 취하고 있는 법제상 법률행위로 인한 부동산물권 변동의 경우에는 등기를 하지 아니하면 물권의 변동은 없다(제186조). 즉, 소유권의 변동이 없다.

② 점유할 권리의 발생
   ㉠ 토지의 매수인이 아직 소유권이전등기를 경료받지 아니하였다 하여도 매매계약의 이행으로 그 토지를 인도받은 때에는 매매계약의 효력으로서 이를 점유·사용할 권리가 생기게 된 것으로 보아야 한다.
   ㉡ 매도인이 아직 등기부상 소유권이 자신에게 있음을 이유로 소유물반환청구권을 행사하거나 부당이득반환청구권을 행사하는 것은 허용되지 않는다.

③ 매매를 원인으로 한 등기청구권의 소멸시효 문제
   ㉠ 원칙: 소멸시효에 걸린다.
   ㉡ 예외
      ⓐ 점유(간접점유 포함)하는 경우: 소멸시효에 걸리지 않는다.
      ⓑ 처분하여 점유를 승계(상실)한 경우: 소멸시효에 걸리지 않는다.

④ 과실취득의 문제
   ㉠ 매매계약에서 계약일로부터 인도할 때까지의 과실은 매도인이 취득하지만, 인도 후에는 매수인이 과실을 취득한다.
   ㉡ 또한 인도 전이라 하더라도 대금을 완납하였다면 과실취득권은 매수인이 갖는다. 따라서 미등기 매수인은 과실을 취득할 수 있다.

2 법률행위에 의하지 않은 물권변동 제28회, 제29회, 제30회, 제31회, 제33회, 제34회, 제35회

> 제187조【등기를 요하지 아니하는 부동산물권취득】상속, 공용징수, 판결, 경매 기타 법률의 규정에 의한 부동산에 관한 물권의 취득은 등기를 요하지 아니한다. 그러나 등기를 하지 아니하면 이를 처분하지 못한다.

(1) 의의

① 제187조는 물권의 '취득'의 경우에 등기를 요하지 않는다고 규정하고 있으나, 취득에만 한정하는 것이 아니라 변경·상실의 경우에도 등기를 요하지 않는다.

② 제187조에 의하여 등기 없이 취득한 물권을 다시 처분하려면, 이 경우에는 법률행위이므로 먼저 자기 앞으로 그 물권에 관한 등기를 한 후에 처분에 관한 등기를 하여야 한다(제187조 단서). 다만, 유의할 점은 법률규정에 의한 변동은 등기를 하지 않아도 제3자에게 대항할 수 있으며, 처분시에 등기를 요구하고 있다는 것이다.

> **판례** 법률규정에 의한 물권변동은 등기 없이도 제3자에게 대항할 수 있다는 사례
> 1. 관습상의 법정지상권은 물권으로서의 효력에 의하여 이를 취득할 당시의 토지소유자나 이로부터 소유권을 전득한 제3자에게 대하여도 등기 없이 위 지상권을 주장할 수 있다.
> 2. 전세권의 법정갱신은 법률규정에 의한 물권변동이므로 등기를 필요로 하지 아니하고 등기 없이도 제3자에게 대항할 수 있다.

(2) 제187조의 적용범위

① 상속: 상속으로 부동산물권이 이전하는 시기는 피상속인의 사망시이다(제997조). 상속뿐 아니라 포괄유증, 법인의 합병 등 포괄승계에 의한 부동산물권의 취득인 경우에는 상속과 마찬가지로 등기를 요하지 아니한다.

② 공용징수: 공용징수에 의한 부동산물권의 변동시기는 재결수용인 경우에 보상금의 지급을 정지조건으로 한 수용개시일이다(「공익사업을 위한 토지 등의 취득 및 보상에 관한 법률」 제45조).

③ 판결: 이행판결, 확인판결, 형성판결 중에서 제187조에서의 등기를 요하지 않는 판결은 **형성판결만을 말한다**. 등기를 요하지 않는 형성판결에는 공유물분할판결(제269조 제1항) 등이 있다.

> **Tip** 매매를 원인으로 하는 소유권이전판결은 이행판결이므로 등기를 하여야 한다.

④ 경매: 공경매에 의한 소유권의 취득시기는 경락(매각)대금을 완납한 때이며, 경락인(매수인)은 등기하지 않아도 목적부동산의 소유권을 취득한다.

⑤ 기타 법률규정: 신축건물의 소유권 취득, 멸실로 인한 물권 소멸, 용익권의 존속기간 만료, 법정지상권 취득(제305조, 제366조), 관습법상 법정지상권 취득, 법정저당권 취득(제649조), 혼동(混同)에 의한 물권 소멸(제191조), 법률행위의 무효·취소·해제에 의한 물권 회복의 경우 등은 등기를 요하지 않는다.

(3) 제187조의 예외

점유취득시효완성으로 인한 부동산물권의 취득은 법률규정에 의한 물권변동이지만 예외적으로 등기를 하여야 권리를 취득한다(제245조 제1항).

> **핵심** 등기 필요 여부

등기를 요하는 경우	등기를 요하지 않는 경우
① 각종 계약(매매, 교환, 증여 등)으로 인한 소유권 취득 ② 각종 계약(전세권, 지상권, 지역권, 저당권 등)으로 인한 제한물권의 취득 ③ 공유지분의 포기 ④ 합유지분의 포기 ⑤ 점유취득시효 ⑥ 이행판결(소유권이전을 명하는 판결) ⑦ 조정에 의한 공유물분할	① 건물의 신축 ② 포괄승계(상속, 포괄유증, 회사의 합병) ③ 공용징수(수용) ④ 경매 ⑤ 형성판결(공유물분할판결) ⑥ 무효, 취소, 해제(합의해제, 해제조건의 성취) 등 원인행위의 실효로 인한 물권의 복귀 ⑦ 혼동 ⑧ 용익물권의 존속기간 만료 ⑨ 피담보채권의 소멸로 인한 저당권의 소멸 ⑩ 법정지상권, 법정저당권, 법정갱신 등 각종 법률규정에 의한 변동 ⑪ 요역지소유권을 취득한 자의 지역권 취득

3 등기청구권 제30회, 제32회, 제34회

(1) 의의

등기권리자에게는 등기의무자에 대하여 등기신청에 협력할 것을 요구하는 권리를 인정하는 것이 필요하다. 이러한 권리를 등기청구권이라고 한다.

(2) 등기청구권의 성질

등기청구권은 개별적인 사정에 따라 채권적일 수도 있고 물권적일 수도 있다. 일반적으로 법률행위로 인한 경우(제186조)나 취득시효완성을 원인으로 하는 등기청구권은 채권적 성질을 가지며, 법률규정에 의한 경우(제187조)에는 이미 물권이 취득되어 있는 상태에서의 등기청구권이므로 물권적 성질을 띠게 된다.

① 법률행위로 인한 경우: 법률행위로 인한 경우에는 형식주의를 취하고 있는 현행「민법」하에서는 채권적 청구권의 성질을 지니게 된다.

② 취득시효로 인한 등기청구권, 부동산환매권, 임차권에서의 등기청구권은 모두 채권적 청구권으로 본다.

③ 실체관계와 일치하지 않는 경우: 甲이 乙에게 부동산을 매도하고 등기까지 이전하였으나 그 계약이 무효였다면, 그 등기는 실체관계에 부합하지 않는 무효의 등기가 되며, 이를 말소하는 것은 물권적 청구권의 성질을 띠게 된다.

④ 진정명의회복을 원인으로 한 소유권이전등기청구권: 진정한 등기명의의 회복을 위한 소유권이전등기는 이미 자기 앞으로 소유권을 표상하는 등기가 되어 있거나 법률에 의하여 소유권을 취득한 자에 한하여 허용되는 것이다. 따라서 물권적 청구권의 성질을 가진다.

> **판례** 등기청구권의 성질
>
> 진정명의회복을 원인으로 한 소유권이전등기청구권과 무효등기의 말소청구권은 두 **청구권 모두 소유권에 기한 방해배제청구권**으로서 그 법적 근거와 성질이 동일하므로, 비록 전자는 이전등기, 후자는 말소등기의 형식을 취하고 있다고 하더라도 그 소송물은 실질상 동일한 것으로 보아야 하고, 따라서 소유권이전등기 말소청구소송에서 패소확정판결을 받았다면 그 기판력은 그 후 제기된 진정명의회복을 원인으로 한 소유권이전등기청구소송에도 미친다.

4 등기의 추정적 효력(등기의 추정력) 제30회, 제31회, 제33회

(1) 의의

등기의 추정력이란 등기가 되어 있으면 설령 무효인 등기라 하더라도 그에 대응하는 실체적 권리관계가 존재하는 것으로 추정되는 것을 말한다. 권리·원인·절차에 추정력이 인정되며, 표시란에는 추정력이 미치지 않는다.

(2) 추정력의 범위

① 소유권이전등기의 추정력
  ㉠ 소유권이전등기가 경료되어 있는 경우에는 그 등기명의인은 제3자에 대해서뿐만 아니라, **직전 명의인에 대하여도** 적법한 등기원인에 의하여 소유권을 취득한 것으로 추정된다.
  ㉡ 전(前) 소유자가 사망한 후에 그의 신청에 의하여 이전등기가 이루어진 경우에는 추정력은 깨진다. 그러나 사망 전에 등기원인이 존재한 경우에는 그러하지 아니하다.
  ㉢ 허무인(虛無人)으로부터 이전받은 소유권이전등기는 그 추정력이 깨진다.
  ㉣ 등기가 경료된 경우에는 대리권의 존재 사실도 추정된다.

> **참고** 대리권 존재의 추정
>
> 전 등기명의인의 처분행위에 제3자가 개입되고 현 등기명의인이 그 제3자가 전 등기명의인의 대리인이라고 주장하는 경우에 그 등기가 원인무효임을 이유로 말소를 청구하는 전 소유명의인이 그 제3자에게 대리권이 없었다든지, 제3자가 등기서류를 위조하였다는 등의 무효사실에 대한 입증책임을 져야 한다.

② 소유권보존등기의 추정력: 소유권보존등기는 등기명의인에게 소유권이 보존되어 있다는 사실만 추정되고 권리변동(이전)의 사실은 추정되지 않는다. 따라서 보존등기가 원시취득에 의한 것이 아니라는 것이 증명되면 추정력이 깨진다.

> 건물을 신축한 자가 따로 있거나 토지를 사정(査定)받은 자가 따로 있다는 사실이 증명되면 보존등기의 추정력은 깨진다.

③ 「부동산등기 특별조치법」상 등기의 추정력: 「부동산등기 특별조치법」상의 등기는 등기의무자의 사망 후에 경료되어도 추정력은 깨지지 않고 토지를 사정받은 사람이 따로 있음이 밝혀진 경우에도 보증서 및 확인서가 허위 또는 위조된 것이라든가 그 밖의 사유로 적법하게 등기된 것이 아니라는 주장의 입증이 없는 한 깨지지 않는다.

참고 등기의 추정력

1. 부동산등기는 현재의 진실한 권리상태를 공시하면 그에 이른 과정이나 태양을 그대로 반영하지 아니하였어도 유효한 것으로서, 등기원인 행위의 태양이나 과정을 다소 다르게 주장한다고 하여 이러한 주장만 가지고 그 등기의 추정력이 깨어진다고 할 수는 없다.
2. 소유권이전등기의 원인으로 주장된 계약서가 진정하지 않은 것으로 증명된 이상 그 등기의 적법추정은 복멸되는 것이고 계속 다른 적법한 등기원인이 있을 것으로 추정할 수는 없다.
3. 등기절차가 적법하게 진행되지 아니한 것으로 볼 만한 의심스러운 사정이 있음이 입증되는 경우에는 그 추정력은 깨어진다.
4. 근저당권설정등기가 경료되어 있으면 근저당권의 존재 자체뿐만 아니라 이에 상응하는 피담보채권의 존재도 추정된다.

④ 부수적 효과
  ㉠ 부동산물권을 취득하려는 자는 등기의 내용을 알고 있는 것(악의)으로 추정되며 또한 등기추정력의 부수적 효과로서 등기 내용을 신뢰하고 거래한 제3자는 무과실로 추정된다.
  ㉡ 등기명의인에게 이익이 되는 경우뿐 아니라 불이익이 되는 경우에도 추정된다.

5 가등기 제32회

가등기는 부동산물권 또는 부동산임차권의 변동을 목적으로 하는 청구권을 보전하려고 할 때 하는 등기이다. 이외에도 「가등기담보 등에 관한 법률」상의 담보가등기가 있다.

📝 물권적 청구권을 보전하기 위한 가등기는 허용되지 않는다.

(1) 가등기의 대상
① 본등기를 할 수 있는 권리(예 소유권, 전세권, 저당권, 지상권, 지역권, 권리질권, 채권담보권, 임차권)의 변동(예 설정·이전·변경·소멸)에 관한 청구권을 보전하려는 때에 가등기를 할 수 있다.
② 본등기를 할 수 있는 권리의 변동에 관한 청구권이 시기부(始期附) 또는 정지조건부 기타 장래에 있어서 확정될 것인 경우에도 가등기를 할 수 있다.

(2) 가등기에 기한 본등기
① 가등기에 기하여 본등기를 할 때에는 현재의 등기명의인이 아닌 가등기 당시의 등기명의인을 상대로 본등기를 청구하여야 한다.
② 가등기에 기하여 본등기를 하였을 때 가등기 이후에 된 등기로서 가등기에 의하여 보전되는 권리를 침해하는 등기를 직권으로 말소하여야 한다.
③ 가등기의 이전등기(가등기의 가등기): 가등기에 대한 부기등기의 형식으로 경료할 수 있다.

(3) 가등기의 효력
① 가등기가 되어 있다고 하여 가등기원인에 대한 적법추정력이 인정되는 것은 아니다.
② 중복된 소유권보존등기가 무효이더라도 가등기권리자는 그 말소를 청구할 권리가 없다.
③ 물권변동의 효력은 본등기시에 생긴다. 즉, 본등기에 의한 물권변동의 효력이 가등기한 때로 소급하여 발생하는 것은 아니다.

Theme 16 물권의 소멸

1 서설

물권에 공통되는 소멸원인으로는 목적물의 멸실, 소멸시효, 포기, 공용징수, 혼동, 몰수 등이 있다. 이 중 포기는 법률행위로 인한 물권변동에 해당하고, 나머지는 법률행위에 의하지 않은 물권변동에 해당한다.

2 목적물의 멸실 제32회

목적물이 멸실하면 그것을 목적으로 하는 물권도 소멸한다. 이때 멸실 여부는 사회통념에 따라 결정된다. 다만, 목적물이 멸실되어도 물상대위가 인정되는 범위에서는 물권은 소멸하지 않는다. 토지가 포락되어 원상복구가 불가능한 경우, 그 토지에 대한 종전 소유권은 소멸하며 나중에 성토화되어도 소멸한 소유권은 부활하지 않는다(판례).

3 소멸시효

물권 중 소멸시효에 걸리는 것은 용익물권뿐이며, 20년의 소멸시효에 걸린다.

4 혼동

> **제191조 【혼동으로 인한 물권의 소멸】** ① 동일한 물건에 대한 소유권과 다른 물권이 동일한 사람에게 귀속한 때에는 다른 물권은 소멸한다. 그러나 그 물권이 제3자의 권리의 목적이 된 때에는 소멸하지 아니한다.
> ② 전항의 규정은 소유권 이외의 물권과 그를 목적으로 하는 다른 권리가 동일한 사람에게 귀속한 경우에 준용한다.
> ③ 점유권에 관하여는 전 2항의 규정을 적용하지 아니한다.

(1) 의의

혼동이란 서로 대립되는 2개의 법률상 지위가 동일인에게 귀속하는 것을 말한다. 이 경우에 양립시킬만한 가치가 없는 권리를 존속시키는 것은 무가치하므로 한쪽에 흡수되어 소멸하게 된다. 이는 법률규정에 의한 변동으로 등기 없이 소멸한다.

(2) 소유권과 제한물권의 혼동

① **원칙**: 동일한 물건에 대한 소유권과 다른 물권이 동일한 사람에게 귀속한 때에는 다른 물권은 소멸한다.

> 예 지상권자인 乙이 토지소유자인 甲으로부터 그 토지를 매수하였다면 乙의 지상권은 혼동으로 소멸한다.

② **예외**: 혼동으로 소멸할 물권이 제3자의 권리의 목적이 된 때에는 소멸하지 않는다 (제191조 제1항 단서).

㉠ 제3자를 보호하기 위하여: 예를 들어 乙이 甲소유의 토지 위에 지상권을 가지고 있고 그 지상권이 丙의 저당권의 목적인 때에는 乙이 토지소유권을 취득하더라도 乙의 지상권은 소멸하지 아니한다. 원칙대로 소멸하게 하면 乙의 지상권을 목적으로 저당권을 설정한 丙이 피해를 보기 때문이다.

㉡ 본인을 보호하기 위하여: 본인보다 후순위 권리가 있어야 한다. 「민법」은 제3자를 보호하기 위한 규정을 두었으나 통설과 판례는 이를 확대하여 권리를 취득하는 본인을 위하여 일정한 경우에 소멸을 부정하고 있다.

> 예 乙이 甲소유의 토지 위에 1번 저당권을 가지고 있고, 제3자 丙이 같은 토지 위에 2번 저당권을 가지고 있는 경우에, 乙이 甲의 토지소유권을 취득하더라도 乙의 저당권은 소멸하지 않는다.

판례 자신보다 열위의 권리가 있는 경우에는 소멸하지 않는다는 사례

1. 어느 부동산에 관하여 자신의 근저당권보다 열위의 가압류채권자가 있는 경우에 그 근저당권자가 위 부동산을 매수하여 소유권을 취득하였다 하더라도 근저당권은 혼동으로 소멸하지 않는다.
2. 후순위 근저당권보다 먼저 대항력을 갖춘 임차권자가 소유권을 취득한 경우 「민법」 제191조 제1항 단서를 준용하여 임차권은 소멸하지 않는다.

---

(3) 혼동으로 소멸하지 않는 권리

점유권과 광업권은 혼동으로 인한 소멸이 적용되지 않는다.

(4) 효과

혼동에 의한 물권의 소멸은 절대적 소멸이다. 그러나 혼동의 원인이 된 법률행위에 무효·취소·해제의 사유가 발생하면 소멸한 물권은 부활한다.

Theme 17 점유제도 및 점유의 관념화

▶ 물권법

1 점유제도의 의의

물건에 대한 사실상의 지배를 함으로써 인정되는 권리를 말하며, 정당한 권리(본권) 유무에 상관없이 사실상태만으로 인정되는 권리이다.

2 본권과 점유권

(1) 본권

점유할 수 있는 권리, 법률상 점유하는 것을 정당하게 하는 권리(예 소유권, 지상권, 전세권, 임차권, 유치권 등)를 말한다.

(2) 점유권

물건에 대한 사실상 지배를 함으로써 인정되는 권리를 말한다. 이는 본권 유무에 상관없이 물건을 사실상 지배하고 있는 것만으로 인정된다.

① 대지의 소유자로 등기한 자는 보통의 경우 이전등기할 때에 그 대지의 인도를 받아 점유를 얻은 것으로 보아야 한다.

> 보존등기는 이전등기와 달리 해당 토지의 양도를 전제로 하는 것이 아니어서, 등기명의자가 그 무렵 다른 사람으로부터 점유를 이전받는다고 볼 수는 없다.

② 건물의 소유자는 현실적으로 건물이나 그 부지를 점거하고 있지 아니하고 있더라도 그 건물의 소유를 위하여 그 부지를 점유한다고 보아야 한다.

> 1. 건물소유자는 아니지만 처분권이 있는 미등기 양수인에게도 부지점유권을 인정한다.
> 2. 건물의 소유명의자가 아닌 자로서는 실제로 그 건물을 점유하고 있다고 하더라도 그 건물의 부지를 점유하는 자로는 볼 수 없다.

3 점유보조자

> **제195조【점유보조자】** 가사상, 영업상 기타 유사한 관계에 의하여 타인의 지시를 받아 물건에 대한 사실상의 지배를 하는 때에는 그 타인만을 점유자로 한다.

(1) 의의
- ① 어떤 자가 물건을 사실상 지배하고 있더라도 그 지배가 타인의 지시를 받아서 하는 경우라면 점유자가 되지 못하고 지시를 내리는 점유주(占有主)만이 법률상 점유자가 된다.
- ② 이때 물건을 사실상 지배하고 있지만 점유자가 되지 못하는 자를 '점유보조자'라고 한다.

(2) 지위
- ① 점유보조자는 점유자가 아니므로 점유권의 효력이 인정되지 않는다. 따라서 점유보조자는 점유를 방해하는 자에 대하여 점유보호청구권을 행사할 수 없으며 점유보호청구권의 상대방이 되지도 않는다.
- ② 점유보조자에게도 자력구제권은 인정된다.

4 간접점유 제28회, 제29회, 제30회, 제33회

> 제194조【간접점유】지상권, 전세권, 질권, 사용대차, 임대차, 임치 기타의 관계로 타인으로 하여금 물건을 점유하게 한 자는 간접으로 점유권이 있다.

(1) 의의
간접점유란 일정한 법률관계에 기하여 타인을 매개로 하여 물건을 점유하는 것을 말한다.

(2) 성립요건
- ① 특정인(점유매개자)의 직접점유: 특정인의 직접점유가 있어야 하고, 직접점유자는 소유의 의사가 없는 타주점유를 하여야 한다.
- ② 점유매개관계(占有媒介關係)
  - ㉠ 직접점유자와 간접점유자 사이에 지상권, 전세권, 임대차, 임치 기타의 법률관계(점유매개관계)가 존재하여야 한다.
  - ㉡ 간접점유자는 직접점유자에 대하여 점유매개관계에 기초한 반환청구권을 가지고 있어야 한다.
  - ㉢ 점유매개관계는 중첩적으로 있을 수 있으며, 반드시 유효하지 않아도 된다.
  - ㉣ 명의신탁자는 무효인 명의신탁을 점유매개관계로 하여 수탁자에 대하여 간접점유를 가지는 것으로 볼 수 없다.

(3) 간접점유자의 지위

① 간접점유자도 점유권을 가진다(제194조). 따라서 간접점유자도 점유보호청구권의 주체가 되며, 상대방이 될 수도 있다. 또한 점유를 요건으로 하는 시효취득도 할 수 있다.

② 직접점유자가 그 점유를 침탈당하거나 방해받고 있는 경우에 간접점유자는 그 물건을 직접점유자에게 반환할 것을 청구할 수 있고, 직접점유자가 그 물건의 반환을 받을 수 없거나 이를 원하지 아니하는 때에는 자기에게 반환할 것을 청구할 수 있다(제207조 제2항).

5 상속인의 점유 제28회

점유권은 상속인에게 이전한다(제193조). 다만, 상속의 특성상 상속인의 점유는 피상속인의 점유와 내용상 동일하고, 상속인은 피상속인 점유의 성질과 하자를 그대로 승계한다(분리주장 ×).

Theme 18 점유의 종류

1 자주점유와 타주점유 제29회, 제30회, 제31회, 제32회, 제33회

(1) 의의

'소유의 의사'가 있는 점유가 자주점유이고, '소유의 의사'가 없는 점유가 타주점유이다.

(2) 구별기준

점유자의 점유가 소유의 의사가 있는 자주점유인지 아니면 소유의 의사가 없는 타주점유인지의 여부는 점유자의 내심의 의사에 의하여 결정되는 것이 아니라, 점유취득의 원인이 된 권원의 성질이나 점유와 관계가 있는 모든 사정에 의하여 외형적·객관적으로 결정되어야 한다.

(3) 자주점유의 추정

권원의 성질상 자주점유인지 타주점유인지 분명하지 않은 때에는 자주점유로 추정된다(제197조 제1항). 따라서 점유자는 스스로 자주점유임을 입증할 필요가 없으며, 타주점유를 주장하는 자가 이를 입증하여야 한다.

(4) 자주점유의 타주점유로 전환

① 부동산을 타인에게 매도하여 그 인도의무를 지고 있는 매도인의 점유는 특별한 사정이 없는 한 타주점유로 전환된다.

> **참고** 인도의무발생으로 인한 타주점유 전환
>
> 같은 이유로 경락에 의한 소유권이전등기가 있으면 종전 소유자는 경락인에게 경락부동산을 인도할 의무가 있으므로 종전 소유자의 점유는 자주점유에서 타주점유로 전환되며, 매매계약이 해제되었다면 매수인의 점유는 계약해제일부터 타주점유가 된다.

② 소유자가 제기한 소에서 점유자의 패소: 소유자가 자신의 소유권을 주장하면서 점유자 명의의 소유권이전등기는 원인무효의 등기임을 이유로 점유자를 상대로 토지에 관한 점유자 명의의 소유권이전등기의 말소등기청구소송을 제기하였고, 그 소송사건이 점유자의 패소로 확정되었다면 점유자의 토지에 대한 점유는 패소판결 확정 후부터 타주점유로 전환된다.

점유자가 스스로 주장한 소에서 자신이 패소한 경우에는 타주점유로 전환되지 않는다.

(5) 타주점유의 자주점유로 전환

① **새로운 권원의 취득**: 매매, 교환, 증여 등 새로운 권원을 취득하면 자주점유로 전환된다. 다만, 상속은 새로운 권원이 될 수 없다.
② **소유의 의사 표시**: 타주점유가 자주점유로 전환되기 위하여는 새로운 권원에 의하여 다시 소유의 의사로 점유하거나 자기에게 점유시킨 자에게 소유의 의사가 있음을 표시하여야 한다.

(6) 구별의 실익

취득시효(제245조)와 무주물선점(제252조)에서는 자주점유를 요구하고 있다. 또한 점유자의 회복자에 대한 책임에서 현존이익만의 배상책임을 지는 자는 선의일 뿐만 아니라 자주점유의 요건까지 갖추어야 한다.

> **참고** 자주점유를 인정한 사례와 부정한 사례
>
> | 자주점유 인정 | 자주점유 부정 |
> |---|---|
> | ① 경계선의 착오로 인접토지의 일부를 매수한 토지인 줄 알고 점유한 경우 | ① 경계선의 착오라 볼 수 없을 정도의 상당면적을 점유한 경우 |
> | ② 점유자가 스스로 권원을 주장하였으나 인정되지 않은 경우 | ② 소유자가 제기한 소에서 점유자가 패소한 경우(패소판결 확정시부터 타주점유) |
> | ③ 소유자에 대하여 소유의 의사를 표시하거나 새로운 권원을 취득한 경우 | ③ 처분권한 없는 자로부터 그 사실을 알면서 토지를 매수한 경우 |
> | ④ 점유권원의 성질이 분명하지 않은 경우 | ④ 공유자 한 사람이 공유부동산 전부를 점유하고 있는 경우 다른 공유자의 지분비율의 범위 |
> | | ⑤ 매도하여 그 인도의무를 지고 있는 매도인의 점유 |
> | | ⑥ 경락인에게 경락부동산을 인도할 의무가 있는 점유 |
> | | ⑦ 해제된 매매계약의 매수인의 점유 |
> | | ⑧ 악의의 무단점유, 수탁자의 점유, 직접 점유자의 점유, 분묘기지권 등 |

2 선의점유와 악의점유

(1) 선의점유

점유를 정당하게 하는 권리, 즉 본권(本權)이 없음에도 불구하고 본권이 있다고 오신해서 하는 점유가 선의의 점유이다.

(2) 악의점유

본권이 없음을 알면서 또는 의심을 품으면서 하는 점유가 악의의 점유이다.

Theme 19 점유권의 효력

1 점유의 추정적 효력 제28회, 제29회, 제31회, 제32회, 제33회

(1) 점유의 태양

> 제197조【점유의 태양】① 점유자는 소유의 의사로 선의·평온 및 공연하게 점유한 것으로 추정한다.
> ② 선의의 점유자라도 본권에 관한 소에 패소한 때에는 그 소가 제기된 때로부터 악의의 점유자로 본다.

① 점유자는 소유의 의사로 선의·평온·공연하게 점유한 것으로 추정한다(제197조 제1항). 그러나 무과실은 추정되지 않으므로 점유자 스스로 무과실을 입증하여야 한다.
② 선의의 점유자라도 본권에 관한 소에서 패소한 때에는 점유개시시점이나 패소판결 시점이 아니라 그 소가 제기된 때로부터 악의의 점유자로 본다(제197조 제2항).

(2) 점유계속의 추정

> 제198조【점유계속의 추정】전후 양시에 점유한 사실이 있는 때에는 그 점유는 계속한 것으로 추정한다.

점유계속의 추정은 동일인이 전후 양 시점에 점유한 것이 증명된 때에만 적용되는 것이 아니고, 전후 양 시점의 점유자가 다른 경우에도 점유의 승계가 입증되는 한 점유계속은 추정된다.

(3) 권리적법의 추정

> 제200조【권리의 적법의 추정】점유자가 점유물에 대하여 행사하는 권리는 적법하게 보유한 것으로 추정한다.

점유자의 권리적법의 추정에 관한 제200조는 동산의 점유에 한하여 적용되고 부동산에는 적용되지 않는다. 부동산은 점유가 아닌 등기에 추정력을 부여하기 때문이다.

(4) 점유의 승계

> **제199조【점유의 승계의 주장과 그 효과】** ① 점유자의 승계인은 자기의 점유만을 주장하거나 자기의 점유와 전 점유자의 점유를 아울러 주장할 수 있다.
> ② 전 점유자의 점유를 아울러 주장하는 경우에는 그 하자도 계승한다.

상속에 의하여 점유권을 취득한 경우에는 상속인은 새로운 권원에 의하여 자기 고유의 점유를 개시하지 않는 한 피상속인의 점유를 떠나 자기만의 점유를 주장할 수 없다.

📝 상속과 같은 포괄승계에는 제199조가 적용되지 않는다.

2 점유자와 회복자의 관계 제28회, 제29회, 제31회, 제32회, 제33회, 제34회

(1) 선의점유자의 과실취득

> **제201조【점유자와 과실】** ① 선의의 점유자는 점유물의 과실을 취득한다.
> ② 악의의 점유자는 수취한 과실을 반환하여야 하며, 소비하였거나 과실로 인하여 훼손 또는 수취하지 못한 경우에는 그 과실의 대가를 보상하여야 한다.
> ③ 전항의 규정은 폭력 또는 은비에 의한 점유자에 준용한다.

① 선의의 점유자는 점유물로부터 생긴 과실을 취득할 수 있다. 따라서 선의의 점유자는 그 점유·사용으로 인한 이득을 그 타인에게 반환할 의무는 없다.
② 선의의 점유자란 과실수취권을 포함하는 권원이 있다고 오신한 점유자를 말하고, 다만 그와 같은 오신을 함에는 오신할만한 정당한 근거가 있어야 한다.
③ 악의의 점유자는 수취한 과실을 반환하여야 할 뿐만 아니라, 받은 이익에 이자를 붙여 반환하고 그 이자의 이행지체로 인한 지연손해금까지 지급하여야 한다.
④ 이미 소비하였거나 과실(過失)로 인하여 훼손 또는 수취하지 못한 과실(果實)의 대가를 보상하여야 한다. 다만, 과실 없이 훼손 또는 수취하지 못한 과실(果實)의 대가에 대해서는 악의점유자라도 보상의무가 없다.
⑤ 계약의 무효나 취소시에도 선의점유자의 과실취득권은 적용된다. 다만, 해제시에는 원상회복을 우선적용하기 때문에 제201조는 적용되지 않는다.

(2) 점유자의 회복자에 대한 책임

> **제202조 【점유자의 회복자에 대한 책임】** 점유물이 점유자의 책임 있는 사유로 인하여 멸실 또는 훼손한 때에는 악의의 점유자는 그 손해의 전부를 배상하여야 하며 선의의 점유자는 이익이 현존하는 한도에서 배상하여야 한다. 소유의 의사가 없는 점유자는 선의인 경우에도 손해의 전부를 배상하여야 한다.

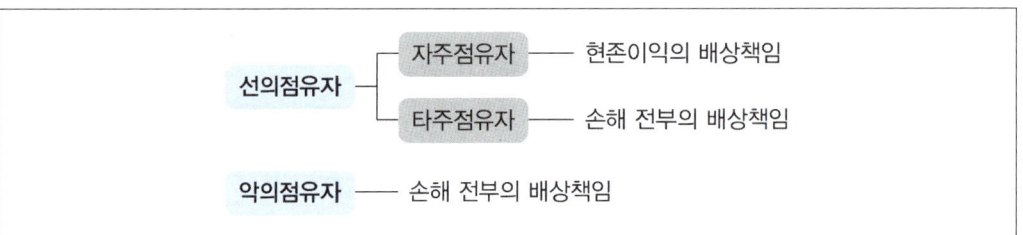

(3) 점유자의 비용상환청구권

> **제203조 【점유자의 상환청구권】** ① 점유자가 점유물을 반환할 때에는 회복자에 대하여 점유물을 보존하기 위하여 지출한 금액 기타 필요비의 상환을 청구할 수 있다. 그러나 점유자가 과실을 취득한 경우에는 통상의 필요비는 청구하지 못한다.
> ② 점유자가 점유물을 개량하기 위하여 지출한 금액 기타 유익비에 관하여는 그 가액의 증가가 현존한 경우에 한하여 회복자의 선택에 좇아 그 지출금액이나 증가액의 상환을 청구할 수 있다.
> ③ 전항의 경우에 법원은 회복자의 청구에 의하여 상당한 상환기간을 허여할 수 있다.

점유자는 선의·악의에 상관없이 비용상환청구권을 가지며, 청구권은 점유자가 회복자로부터 점유물의 반환을 청구받거나 회복자에게 점유물을 반환한 때에 비로소 행사할 수 있다.

① 필요비상환청구권: 선의의 점유자에게는 과실취득권이 인정되므로 이것과의 형평상 점유자가 과실을 취득한 경우에는 통상의 필요비를 청구할 수 없다.

② 유익비상환청구권
  ㉠ 실제 지출금액 및 현존 증가액에 관한 증명책임은 점유자에게 있으며 지출액과 증가액 중의 하나를 선택하는 자는 회복자이다.
  ㉡ 금전을 투여하였어도 가액의 증가가 없다면 유익비상환청구는 인정되지 않으며, 유익비에 대하여는 필요비와 달리 법원이 회복자의 청구에 의하여 상당한 상환기간을 허여할 수 있다(제203조 제2항·제3항). 상환기간이 허여되면 유치권은 행사할 수 없게 된다.

> **참고** 비용상환청구권 행사시기
>
> 점유자가 회복자로부터 점유물의 반환을 청구받거나 회복자에게 점유물을 반환한 때에 비로소 회복자에 대하여 행사할 수 있다.

> **판례** 적법한 계약관계 존재시 제203조의 적용 여부 – 부정
>
> 「민법」 제203조 제2항에 의한 점유자의 회복자에 대한 유익비상환청구권은 점유자가 계약관계 등 적법하게 점유할 권리를 가지지 않아 소유자의 소유물반환청구에 응하여야 할 의무가 있는 경우에 성립되는 것으로서, 이 경우 점유자는 그 비용을 지출할 당시의 소유자가 누구이었는지 관계없이 점유회복 당시의 소유자, 즉 회복자에 대하여 비용상환청구권을 행사할 수 있는 것이나, 점유자가 유익비를 지출할 당시 계약관계 등 적법한 점유의 권원을 가진 경우에 그 지출비용의 상환에 관하여는 그 계약관계를 규율하는 법조항이나 법리 등이 적용되는 것이어서, 점유자는 그 계약관계 등의 상대방에 대하여 해당 법조항이나 법리에 따른 비용상환청구권을 행사할 수 있을 뿐 계약관계 등의 상대방이 아닌 점유회복 당시의 소유자에 대하여 「민법」 제203조 제2항에 따른 지출비용의 상환을 구할 수는 없다(대판 2001다64752).

3 점유보호청구권 제30회, 제32회, 제35회

점유보호청구권이란 점유를 침해당한 경우에 점유자가 침해자에 대하여 그 목적물의 반환, 침해의 배제 또는 손해배상의 담보를 청구하는 권리로서 물권적 청구권의 일종으로 점유물반환청구권, 점유물방해제거청구권, 점유물방해예방청구권 세 가지가 있다.

(1) 점유물반환청구권

> **제204조【점유의 회수】** ① 점유자가 점유의 침탈을 당한 때에는 그 물건의 반환 및 손해의 배상을 청구할 수 있다.
> ② 전항의 청구권은 침탈자의 특별승계인에 대하여는 행사하지 못한다. 그러나 승계인이 악의인 때에는 그러하지 아니하다.
> ③ 제1항의 청구권은 침탈을 당한 날로부터 1년 내에 행사하여야 한다.

① 청구권자
  ㉠ 점유의 침탈을 당한 자가 점유물반환청구권의 청구권자이다. 주체는 점유자이며 점유를 하고 있었다면 본권이 있든 없든 상관없고, 직접점유인지 간접점유인지 묻지 않는다.

㉡ 점유를 **침탈당한 경우이어야 한다**. 따라서 자신이 스스로 교부해 주거나 잃어버린 물건(유실물)에 대하여는 점유물반환청구를 할 수 없다.

> 📝 사기의 의사표시에 의하여 건물을 명도해 준 것이라면 건물의 점유를 침탈당한 것이 아니므로 피해자는 점유회수의 소권을 가진다고 할 수 없다.

㉢ 간접점유가 성립되어 있는 경우에 침탈의 기준이 되는 자는 간접점유자가 아니라 직접점유자이다. 직접점유자가 임의로 점유를 타(他)에 양도한 경우에는 점유이전이 간접점유자의 의사에 반한다 하더라도 간접점유자의 점유가 침탈된 경우에 해당하지 않는다.

② 상대방: 상대방은 점유의 침탈자 및 그의 포괄승계인이다. 다만, 침탈자의 선의의 특별승계인에게는 행사할 수 없다(제204조 제2항).

> 📝 선의의 특별승계인이 점유를 취득하였다면 후에 악의의 특별승계인에게 점유가 이전되었더라도 그를 상대로 점유물반환을 청구하지 못한다.

③ 행사내용: 점유자가 점유를 침탈당한 때에는 그 물건의 반환 및 손해배상을 청구할 수 있다(제204조 제1항).

④ 제척기간
　㉠ 물건의 반환 및 손해배상은 침탈을 당한 날로부터 1년 이내에 행사하여야 한다(제204조 제3항).
　㉡ 1년이라는 제척기간은 반드시 그 기간 내에 소를 제기하여야 하는 이른바 **출소기간**으로 해석하는 것이 판례의 입장이다.

⑤ 상호침탈
　㉠ 甲의 점유물을 乙이 위법한 방법으로 침탈하자 다시 甲이 乙의 점유를 침탈한 경우, 乙이 甲을 상대로 점유회수를 청구할 수 있는지의 문제이다.
　㉡ 상대방으로부터 점유를 위법하게 침탈당한 점유자가 상대방으로부터 점유를 탈환하였을 경우(이른바 '점유의 상호침탈'), 특별한 사정이 없는 한 상대방은 자신의 점유가 침탈당하였음을 이유로 점유자를 상대로 「민법」 제204조 제1항에 따른 점유의 회수를 청구할 수 없다고 보는 것이 타당하다.

(2) 점유물방해제거청구권

> **제205조 【점유의 보유】** ① 점유자가 점유의 방해를 받은 때에는 그 방해의 제거 및 손해의 배상을 청구할 수 있다.
> ② 전항의 청구권은 방해가 종료한 날로부터 1년 내에 행사하여야 한다.
> ③ 공사로 인하여 점유의 방해를 받은 경우에는 공사 착수 후 1년을 경과하거나 그 공사가 완성한 때에는 방해의 제거를 청구하지 못한다.

(3) 점유물방해예방청구권

> **제206조【점유의 보전】** ① 점유자가 점유의 방해를 받을 염려가 있는 때에는 그 방해의 **예방** 또는 손해배상의 담보를 청구할 수 있다.
> ② 공사로 인하여 점유의 방해를 받을 염려가 있는 경우에는 전조 제3항의 규정을 준용한다.

Theme 20 상린관계 제28회, 제32회, 제33회

▶ 물권법

1 의의와 적용범위

(1) 의의
① 상린관계: 인접하고 있는 부동산소유자 상호간에 이용을 조절하기 위하여 그들 사이의 권리관계를 규정한 것을 말한다.
② 상린권: 상린관계로부터 발생하는 권리이며, 이는 독립한 물권이 아니고 소유권의 내용 자체이다.

(2) 적용범위
상린관계는 인접하는 토지 상호간의 이용을 조절하는 것이므로 그 규정은 지상권·전세권에 준용된다(제290조, 제319조). 부동산임대차에 관하여는 명문의 규정은 없으나 인지부동산과 이용의 조절이 필요하므로 상린관계의 규정을 유추적용하는 것이 통설이다.

2 주요 내용

(1) 인지사용청구권
① 토지소유자가 경계나 그 근방에서 담·건물을 축조하거나 수선하려는 때에는 필요한 범위 내에서 이웃토지의 사용을 청구할 수 있다. 그러나 인접지의 주거에 들어가려면 이웃사람의 승낙이 있어야 한다(제216조 제1항).
② 이웃토지의 사용에 대하여 이웃사람의 승낙을 얻지 못하면 법원의 판결로써 승낙에 갈음할 수 있으나, 주거의 출입에 대하여는 이웃사람이 거절하면 판결로써 승낙에 갈음할 수 없다. 즉, 주거에 출입하기 위하여는 반드시 승낙을 얻어야 한다.

(2) 수도 등의 시설권
① 토지소유자는 타인의 토지를 통과하지 않으면 필요한 수도·전선 등을 시설할 수 없거나 과다한 비용을 요하는 경우에는 타인의 토지를 통과하여 이를 시설할 수 있다.
② 수도 등 시설권은 법정의 요건을 갖추면 당연히 인정되는 것이고, 수도 등이 통과하는 토지소유자의 동의나 승낙을 받아야 하는 것이 아니다.

(3) 경계표나 담의 설치비용은 쌍방이 절반하여 부담하나, 측량비용은 토지의 면적에 비례한다.

(4) 토지소유자는 이웃토지로부터 자연히 흘러오는 물을 막지 못한다.

> 📝 토지소유자가 부담하는 자연유수의 승수의무(承水義務)에는 적극적으로 그 자연유수의 소통을 유지할 의무까지 포함되는 것은 아니다.

(5) 토지소유자는 처마물(낙숫물)이 이웃에 직접 낙하하지 않도록 적당한 시설을 설치하여야 한다.

(6) 경계에 설치된 경계표·담·구거 등은 상린자의 공유로 추정한다. 다만, 언제나 그러한 것은 아니며 단독비용으로 설치하였거나 경계표·담 등이 건물의 일부가 되는 경우에는 그러하지 아니한다.

(7) 인접지의 수목뿌리가 경계를 넘은 경우에는 임의로 제거할 수 있으나, 수목가지가 경계를 넘은 때에는 가지의 제거를 청구하고 이에 응하지 않은 경우에 제거할 수 있다.

(8) 건물을 축조함에는 특별한 관습이 없으면 경계로부터 그 건물의 가장 돌출된 부분까지 반미터(0.5m) 이상의 거리를 두어야 한다(임의규정). 이를 위반한 자에 대하여 건물의 변경이나 철거를 청구할 수 있으나, 건축에 착수한 후 1년을 경과하거나 건물이 완성된 후에는 손해배상만을 청구할 수 있다.

(9) 경계로부터 2m 이내의 거리에서 이웃주택의 내부를 관망할 수 있는 창이나 마루를 설치하는 경우에는 적당한 차면시설을 하여야 한다.

(10) 우물을 파거나 용수·하수 또는 오물 등을 저치할 지하시설을 하는 때에는 경계로부터 2m 이상의 거리를 두어야 하며, 저수지·구거 또는 지하실공사에는 경계로부터 그 깊이의 반 이상의 거리를 두어야 한다(임의규정).

3 주위토지통행권

제219조【주위토지통행권】① 어느 토지와 공로 사이에 그 토지의 용도에 필요한 통로가 없는 경우에 그 토지소유자는 주위의 토지를 통행 또는 통로로 하지 아니하면 공로에 출입할 수 없거나 과다한 비용을 요하는 때에는 그 주위의 토지를 통행할 수 있고 필요한 경우에는 통로를 개설할 수 있다. 그러나 이로 인한 손해가 가장 적은 장소와 방법을 선택하여야 한다.
② 전항의 통행권자는 통행지소유자의 손해를 보상하여야 한다.

제220조【분할, 일부양도와 주위통행권】① 분할로 인하여 공로에 통하지 못하는 토지가 있는 때에는 그 토지소유자는 공로에 출입하기 위하여 다른 분할자의 토지를 통행할 수 있다. 이 경우에는 보상의 의무가 없다.
② 전항의 규정은 토지소유자가 그 토지의 일부를 양도한 경우에 준용한다.

(1) 의의
    ① 토지의 용도에 필요한 통로가 없거나 과다한 비용을 요하는 경우에 이웃의 토지를 통행할 수 있고, 필요한 경우에는 통로를 개설할 수 있다.
    ② 통로의 개설비용과 유지비용은 주위토지통행권자가 부담한다.
    ③ 주위토지통행권은 배타적 권리가 아니므로 통행권자가 통행지를 통행함에 그치지 아니하고 이를 배타적으로 점유하고 있다면, 통행지소유자는 통행권자에 대하여 그 인도를 청구할 수 있다.
    ④ 주위토지통행권은 등기하지 않는 권리이다.

(2) 요건
    ① 주위토지통행권은 자신의 토지가 포위된 경우뿐 아니라 과다한 비용을 요하는 때에도 인정될 수 있다.
    ② 명의신탁자에게는 주위토지통행권이 인정되지 아니한다.
    ③ 다른 통로를 사용하는 것보다 더 편리하다는 이유만으로 다른 장소로 통행할 권리를 인정할 수는 없다.
    ④ 이미 기존의 통로가 있더라도 실제로 통로로서의 충분한 기능을 하지 못하고 있는 경우에도 인정된다.
    ⑤ 토지의 불법점유자는 토지소유권의 상린관계로서 주위토지통행권의 주장이나 통행지역권의 시효취득 주장을 할 수 없다.
    ⑥ 공로에 통할 수 있는 자기의 공유토지를 두고 남의 토지를 통행하는 것은 허용될 수 없다(구분소유적 공유인 경우에도 마찬가지이다).

(3) 내용
    ① 장차의 이용 상황까지 미리 대비하여 통행로를 정할 것은 아니다.
    ② 「건축법」에서 정하는 도로의 폭이나 면적 등과 일치하는 주위토지통행권이 바로 생긴다고 할 수 없다.
    ③ 주위토지 등의 현황이나 구체적 이용 상황에 변동이 생긴 경우에는 구체적 상황에 맞게 통행로를 변경할 수 있다.
    ④ 주위토지통행권자는 통행에 필요한 경우에는 통로를 개설할 수 있으며, 축조물이 통행에 방해가 되면 그 철거를 청구할 수 있다.
    ⑤ 토지에 접하는 공로가 개설되면 종전의 주위토지통행권은 소멸한다.
    ⑥ 행정재산인 토지에 대하여도 주위토지통행권을 인정할 수 있다.
    ⑦ 무제한 인정되어야 하는 것은 아니므로 이용상황이나 이용의 목적 등에 비추어 통행시기나 횟수, 통행방법 등을 제한할 수도 있다.

⑧ 통행권자가 보상의무를 이행하지 않더라도 손해배상책임의 문제가 생길 뿐이지 주위토지통행권 자체가 소멸하지는 않는다.

(4) 대가의 보상

① 원칙 – 유상의 통행권(제219조)
   ㉠ 통행 또는 통로개설로 인하여 통행지소유자에게 손해를 주었을 때에는 통행권자는 그 손해를 보상하여야 한다(제219조 제2항).
   ㉡ 통행권자의 허락을 얻어 사실상 통행하고 있는 자에게는 그 손해의 보상을 청구할 수 없다.

② 예외 – 무상의 통행권(제220조)
   ㉠ 토지의 분할 또는 일부양도로 공로에 통하지 못하는 경우에는 다른 분할자의 토지나 양도 당사자의 토지를 통행할 수 있으며, 이때에는 보상의무를 지지 않는다(제220조).
   ㉡ 무상통행권의 규정은 직접분할자 또는 일부양도의 당사자 사이에만 적용되고 포위된 토지 또는 피통행지의 특정승계인에게는 적용되지 않는다.

Theme 21 소유권의 취득

▶ 물권법

1 취득시효 제30회, 제31회, 제32회, 제33회, 제34회

1. 서설

(1) 의의

취득시효란 물건 또는 권리를 점유하는 사실상태가 일정한 기간 계속되는 경우에 그것이 진실한 권리관계와 일치하는가의 여부를 묻지 않고 권리취득의 효과가 생기는 것으로 하는 제도이다.

(2) 취득시효의 종류

	종류	취득시효의 요건
부동산	점유취득시효	20년간 소유의 의사로 평온·공연하게 점유를 계속할 것
	등기부 취득시효	10년간 소유의 의사로 평온·공연·선의·무과실로 등기하고 점유를 계속할 것
동산	일반취득시효	10년간 소유의 의사로 평온·공연하게 점유를 계속할 것
	단기취득시효	5년간 소유의 의사로 평온·공연·선의·무과실로 점유를 계속할 것

2. 점유취득시효

> **제245조【점유로 인한 부동산소유권의 취득기간】** ① 20년간 소유의 의사로 평온·공연하게 부동산을 점유하는 자는 등기함으로써 그 소유권을 취득한다.

(1) 점유취득시효의 주체

① 자연인은 물론 법인도 시효취득할 수 있다. 따라서 국가나 지방자치단체도 취득시효의 주체가 될 수 있다.
② 문중 또는 종중과 같이 법인 아닌 사단 또는 재단도 취득시효완성으로 인한 소유권을 취득할 수 있다.

(2) 점유취득시효의 대상

문제가 되는 것들은 다음과 같다.
① 자기소유의 부동산: 인정된다.

② 1필 토지의 일부: 인정된다(단, 객관적 징표가 계속될 것).

③ 국유재산

　㉠ 국유의 일반재산은 시효취득할 수 있으나, 행정재산은 용도폐지가 되지 아니하는 한 사법상 거래의 대상이 될 수 없어 시효취득의 대상이 아니다.

　㉡ 원래는 일반재산이었던 것이 행정재산으로 된 경우, 일반재산이었던 당시에 취득시효가 완성되었다고 하더라도 행정재산으로 된 이상 이를 원인으로 하는 소유권이전등기를 청구할 수 없다.

④ 공유지분: 인정된다. 집합건물법상 공용부분은 취득시효의 대상이 될 수 없다(판례).

(3) 점유취득시효의 요건

① 평온·공연한 자주점유

　㉠ 소유의 의사로 평온·공연하게 점유하였어야 한다.

　㉡ 자주점유이어야 한다. 자주점유의 여부는 객관적으로 결정하나, 점유권원에 의하여 자주점유인지 타주점유인지 판명되지 아니할 때에는 자주점유로 추정되므로 취득시효를 주장하는 자가 스스로 자주점유임을 입증하지 않아도 된다.

② 20년간 점유의 계속

　📝 부동산에 대한 압류 또는 가압류는 점유취득시효의 중단사유가 될 수 없다.

　㉠ 평온·공연, 점유의 계속은 추정된다. 따라서 취득시효를 주장하는 자는 20년간 점유한 사실을 입증하면 된다. 이때 점유는 간접점유라도 상관없다.

　㉡ 원칙적으로 기산점은 임의로 선택할 수 없다. 다만, 취득시효기간 중 계속해서 등기명의자가 동일한 경우에는 그 기산점을 임의로 선택할 수 있다.

③ 등기

　㉠ 등기청구권의 성질

　　ⓐ 취득시효완성을 원인으로 점유자가 소유자에 대하여 가지는 소유권이전등기청구권은 채권적 청구권으로서의 성질을 갖는다.

　　ⓑ 따라서 취득시효완성자는 완성 당시의 소유자를 상대로 하여 등기를 청구하여야 한다.

　　ⓒ 점유취득시효를 원인으로 한 등기청구권은 처분하여 점유를 상실하게 되면 바로 소멸하는 것은 아니나 점유를 상실한 때로부터 10년의 소멸시효가 진행된다.

　㉡ 취득시효완성 전에 등기명의인이 변경된 경우: 취득시효기간 만료 전에 등기명의를 넘겨받은 시효완성 당시의 등기명의자에 대하여 등기를 청구할 수 있다.

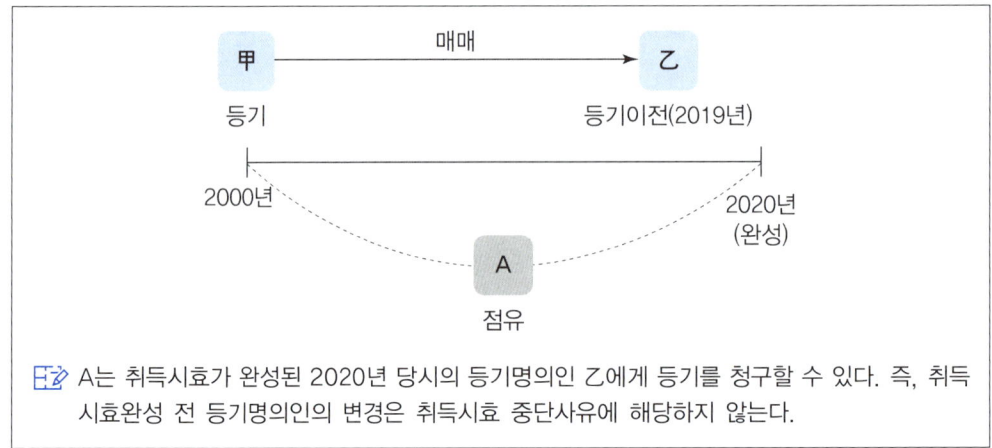

ⓒ 취득시효완성 후에 등기명의인이 변경된 경우: 취득시효완성 후에 소유자가 목적물을 제3자에게 처분한 경우에는 양수인을 상대로 취득시효를 원인으로 하여 소유권이전등기를 청구할 수 없다.

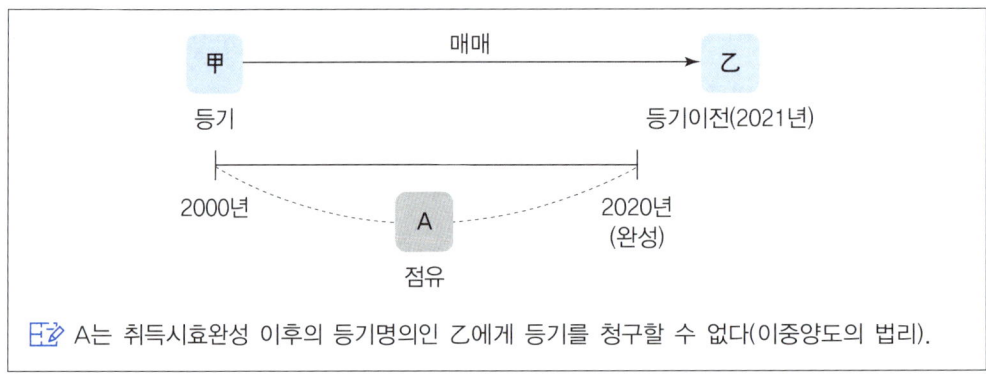

　ⓐ 다만, 등기명의인이 변경된 2021년을 새로운 기산점으로 삼을 수 있다는 것이 판례의 입장이다. 새롭게 2차 점유취득시효가 개시되어 그 취득시효기간이 경과하기 전에 등기부상 소유명의자가 변경된 경우에도 그 취득시효완성 당시의 등기부상 소유명의자에게 시효취득을 주장할 수 있다.
　ⓑ 乙은 선·악을 불문하고 소유권을 취득하는 것이 원칙이지만 乙이 甲의 배신적 행위에 적극 가담하였다면 반사회질서의 행위로서 무효가 된다. 이때 A는 甲을 대위하여 乙의 등기의 말소를 청구할 수 있다.
　ⓒ 취득시효완성 사실을 알면서 처분한 경우에는 불법행위로 인한 손해배상청구가 가능하다. 채무불이행으로 인한 손해배상청구가 아님에 주의하여야 한다.
　　⇨ 계약상 채권채무관계가 아니기 때문이다.

ⓓ 甲이 乙에게 등기를 이전해 준 경우 A가 乙에게 대항할 수 없다고 해서 A가 甲에 가지는 등기청구권이 소멸하는 것은 아니다. 따라서 어떤 사유로 소유권이 甲에게 복귀되면 A는 甲에게 등기를 청구할 수 있다.
　　ⓔ 불능(수용 등) 전에 등기를 청구하였다면 대상청구권 행사가 가능하다.

> **판례** 시효완성자의 등기청구 가능 여부
>
> 취득시효기간이 만료된 후에 등기명의인이 변경되었다면 취득시효를 완성한 자는 그에게 대항할 수 없다. 그러나 등기명의인이 변경되었더라도 실제로 처분권자가 달라진 것이 아니라면 취득시효완성자는 대항할 수 있을 것이다.
>
> 1. 취득시효완성 후 미등기 부동산에 소유권보존등기가 된 경우
>   상속인 명의로 소유권보존등기를 마친 것도 시효취득에 영향을 미치는 소유자의 변경에 해당하지 않으므로, 등기명의인에게 취득시효완성을 주장할 수 있다.
> 2. 취득시효완성 후 부동산이 명의신탁된 경우
>   제3자가 취득시효기간 만료 당시의 등기명의인으로부터 신탁 또는 명의신탁받은 경우라면 종전 등기명의인으로서는 언제든지 이를 해지하고 소유권이전등기를 청구할 수 있고, 점유시효취득자로서는 종전 등기명의인을 대위하여 이러한 권리를 행사할 수 있으므로, 그러한 제3자가 소유자로의 권리를 행사하는 경우 점유자로서는 취득시효완성을 이유로 이를 저지할 수 있다.
> 3. 취득시효완성 후 명의신탁이 해지된 경우
>   명의신탁자는 취득시효완성 후에 소유권을 취득한 자에 해당하므로 시효완성자는 명의신탁자에 대하여 취득시효를 주장할 수 없다.

3. 취득시효의 효과

(1) 등기 전의 효과

① 취득시효의 기간이 만료된 경우 등기를 이전하지 않았다면 아직 소유권을 취득한 것이 아니지만 점유할 정당한 권리가 생겼으므로 등기명의인은 완성자에게 소유물반환청구권을 행사할 수 없고, 부당이득반환청구권도 행사할 수 없다.

② 취득시효를 완성한 자로부터 양수한 자의 등기청구방법: 전(前) 점유자의 점유를 승계한 자는 그 점유 자체와 하자만을 승계하는 것이지 그 점유로 인한 법률효과까지 승계하는 것은 아니므로 전 점유자의 소유자에 대한 소유권이전등기청구권을 <u>대위행사할 수 있을 뿐</u> 전 점유자의 취득시효완성의 효과를 주장하여 직접 자기에게 소유권이전등기를 청구할 권원은 없다.

③ 매수 제의를 하였다는 사실을 가지고 점유자가 시효의 이익을 포기한다는 의사표시로 보거나 타주점유로 전환된다고 할 수 없다. 소송 계속 중 시효완성자가 그 토지에 대한 상대방의 소유를 인정하고 합의하여 소송을 취하한 것이라면 시효의 이익을 포기한 것으로 볼 수 있다(판례).

(2) 등기 후의 효과
① 취득시효로 인한 권리의 취득은 원시취득이다(통설). 따라서 종전의 제한적 권리는 모두 소멸한다. 다만, 시효완성 후에 설정된 제한적 권리는 소멸하지 않는다. 취득시효완성 후 등기 전에 원소유자가 시효완성된 토지에 저당권을 설정하였고, 등기를 마친 시효취득자가 피담보채무를 변제한 경우, 이러한 변제는 자신의 이익을 위한 것이므로 원소유자에게 구상권을 행사하거나 부당이득반환을 청구할 수 없다(판례).
② 취득시효로 인한 소유권 취득의 효력은 점유를 개시한 때로 소급한다(제247조 제1항). 따라서 취득시효기간 동안에 취득한 이익은 정당한 권원에 의한 것이므로 원소유자에 상환할 필요가 없다.

4. 등기부 취득시효

> 제245조 【점유로 인한 부동산소유권의 취득기간】 ② 부동산의 소유자로 등기한 자가 10년간 소유의 의사로 평온·공연하게 선의이며 과실 없이 그 부동산을 점유한 때에는 소유권을 취득한다.

(1) 10년의 등기 및 점유
① 등기부 취득시효의 요건으로서의 소유자로 등기한 자란 적법·유효한 등기를 마친 자일 필요는 없고, 무효의 등기를 마친 자라도 상관없다. 다만, 무효인 이중보존등기나 이에 터 잡은 이전등기를 가지고 등기부 취득시효를 주장할 수 없다.
② 등기의 승계문제: 등기와 점유기간은 10년이어야 한다. 여기서 문제는 점유와 마찬가지로 등기의 승계가 인정되는가 하는 점이다. 판례는 등기의 승계를 인정하고 있다. 등기부 취득시효에 의하여 소유권을 취득하는 자는 10년간 반드시 그의 명의로 등기되어 있어야 하는 것은 아니고 앞 사람의 등기까지 아울러 그 기간 동안 부동산의 소유자로 등기되어 있으면 된다.
③ 상속인의 등기부 취득시효: 상속인이 상속등기를 갖추지 않은 상태에서 등기부 취득시효를 할 수 있는지의 문제이다. 판례는 이를 인정하고 있다.

(2) 평온·공연·선의·무과실의 자주점유

점유자의 평온·공연·선의·자주점유는 추정되지만(제197조 제1항), 무과실은 추정되지 않으므로 시효취득을 주장하는 자가 무과실을 입증하여야 한다. 또한 선의·무과실은 등기에 관한 것이 아니고 점유취득에 관한 것을 의미한다.

5. 무주물선점, 유실물 습득, 매장물 발견

(1) 무주물선점

> **제252조【무주물의 귀속】** ① 무주의 동산을 소유의 의사로 점유한 자는 그 소유권을 취득한다.
> ② 무주의 부동산은 국유로 한다.
> ③ 야생하는 동물은 무주물로 하고 사양하는 야생동물도 다시 야생상태로 돌아가면 무주물로 한다.

① 무주물이란 현재 소유자가 없는 물건을 말한다. 무주물선점의 대상은 동산에 한하며, 무주의 부동산은 국유로 한다.
② 소유의 의사로 점유하여야 한다.

(2) 유실물 습득

> **제253조【유실물의 소유권 취득】** 유실물은 법률에 정한 바에 의하여 공고한 후 6개월 내에 그 소유자가 권리를 주장하지 아니하면 습득자가 그 소유권을 취득한다.

(3) 매장물 발견

> **제254조【매장물의 소유권 취득】** 매장물은 법률에 정한 바에 의하여 공고한 후 1년 내에 그 소유자가 권리를 주장하지 아니하면 발견자가 그 소유권을 취득한다. 그러나 타인의 토지 기타 물건으로부터 발견한 매장물은 그 토지 기타 물건의 소유자와 절반하여 취득한다.

2 첨부 제28회, 제29회, 제30회, 제32회, 제33회

1. 의의와 법률규정

(1) 의의

첨부란 부합, 혼화, 가공의 세 가지를 총칭하는 것으로, 소유자가 각기 다른 두 개 이상의 물건이 결합하여 하나의 물건으로 된 때 원상으로 회복하는 것이 불가능하거나 또는 원상회복은 가능하지만 사회·경제적으로 불이익한 경우에 한하여 한 개의 물건으로서 한 사람에게 소유권을 귀속시키려는 제도이다.

(2) 「민법」의 규정

① 첨부에 의하여 생긴 물건을 분리하여 원상복구하는 것은 인정되지 않는다. ⇨ 강행규정

② 첨부의 결과 소유권을 상실하는 자는 보상을 청구할 수 있으며, 권리를 취득한 자는 부당이득반환에 관한 문제가 발생한다. ⇨ 임의규정

2. 부합

> **제256조【부동산에의 부합】** 부동산의 소유자는 그 부동산에 부합한 물건의 소유권을 취득한다. 그러나 타인의 권원에 의하여 부속된 것은 그러하지 아니하다.

(1) 부동산에의 부합

① 요건

ㄱ) 부합물: 부합의 주된 물건은 부동산이어야 한다. 이때 부동산에 부합되는 물건이 동산에 한정되는지가 문제되는데, 판례는 부합되는 물건에 부동산도 포함된다고 본다.

ㄴ) 부합의 정도: 부합이란 훼손하지 아니하면 분리할 수 없거나 분리에 과다한 비용을 요하는 경우는 물론, 분리하게 되면 경제적 가치를 심하게 감소시키는 경우도 포함된다.

② 효과

ㄱ) 원칙: 부동산의 소유자가 그의 부동산에 부합한 물건의 소유권을 취득하는 것이므로 부합하는 물건의 가격이 부동산의 가격을 초과하는 경우라도 부동산소유권에 부합한다.

ㄴ) 예외: 부합한 물건이 타인의 권원에 의하여 부속된 것인 경우, 그것은 부속시킨 자의 것으로 된다(제256조 단서). 이때 권원이 있다 하더라도 설치한 물건이 독립성이 없다면 부동산에 부합될 뿐 제256조의 단서는 적용되지 않는다.

> 📝 토지소유자의 승낙을 받음이 없이 그 임차인의 승낙만을 받아 그 부동산 위에 나무를 심었다면 특별한 사정이 없는 한 토지소유자에 대하여 그 나무의 소유권을 주장할 수 없다(판례).

③ 관련 문제 – 건물의 부합

ㄱ) 토지와 건물은 별개의 부동산이므로 건물이 토지에 부합하는 일은 없다. 그런데 건물을 증·개축한 경우에 기존 건물과의 부합 여부가 문제된다. 원칙적으로 증·개축한 부분이 기존 건물과 독립된 별개의 건물인 경우에는 부합이 성립되지 않는다. 다만, 독립성의 여부는 구조상·기능상의 독립성 외에 소유자의 의사 등을 종합하여 판단한다.

ⓒ 부합된 물건은 저당권설정 전에 부합되었는지, 저당권설정 후에 부합되었는지를 불문하고 저당권의 효력이 미친다. 기존 건물에 대한 경매절차에서 경매목적물로 평가되지 아니하였다고 할지라도 경락인은 부합된 증축부분의 소유권을 취득한다고 한다.

(2) 동산 간의 부합

부합한 합성물의 소유권은 주된 동산의 소유자에게 속한다(제257조 전단). 그러나 주종을 구별할 수 없는 때에는 동산의 소유자는 부합 당시의 가액의 비율로 합성물을 공유한다(제257조 후단).

3. 가공

(1) 원칙

타인의 동산에 가공한 때에는 그 물건의 소유권은 원재료의 소유자에게 속한다.

(2) 예외

가공으로 인한 가액의 증가가 원재료의 가액보다 현저히 다액인 때에는 가공자의 소유로 한다.

Theme 22 소유권에 기한 물권적 청구권

▶ 물권법

1 소유물반환청구권

> **제213조 【소유물반환청구권】** 소유자는 그 소유에 속한 물건을 점유한 자에 대하여 반환을 청구할 수 있다. 그러나 점유자가 그 물건을 점유할 권리가 있는 때에는 반환을 거부할 수 있다.

(1) 청구권의 당사자
① 청구권의 주체: 소유물반환청구권을 행사할 수 있는 주체는 소유자이다. 소유권을 이전한 자는 더 이상 소유물반환청구권의 주체가 될 수 없다.
② 청구권의 상대방
  ㉠ 직접점유자·간접점유자: 청구권의 상대방은 현재 목적물을 점유하고 있는 자이다. 직접점유자뿐 아니라 간접점유자를 상대로 반환을 청구할 수 있다. 점유침탈자라 하더라도 현재 그 물건에 대한 점유를 상실한 때에는 청구의 상대방이 되지 않는다.
  ㉡ 점유보조자: 점유보조자는 점유자가 아니므로 독립된 점유를 가지고 있는 것처럼 보이는 경우라 할지라도 반환청구의 상대방이 되지 않는다.

(2) 점유할 권리의 부존재
상대방인 점유자가 자기의 점유를 정당하게 하는 권리를 가지고 있지 않아야 한다. 따라서 미등기 매수인으로서 점유하고 있는 자, 취득시효완성 후 점유하고 있는 자, 임차인, 전세권자, 지상권자, 유치권자, 동시이행의 항변권을 가지는 자 등은 점유할 권리가 있으므로 소유자는 이들에게 반환을 청구하지 못한다.

(3) 귀책사유의 불요(不要)
상대방이 점유를 취득함에 있어서 고의·과실이 있었음을 요구하지 않는다.

2 소유물방해제거청구권·소유물방해예방청구권 제33회

> **제214조 【소유물방해제거·방해예방청구권】** 소유자는 소유권을 방해하는 자에 대하여 방해의 제거를 청구할 수 있고 소유권을 방해할 염려 있는 행위를 하는 자에 대하여 그 **예방이나 손해배상의 담보**를 청구할 수 있다.

Theme 23 공동소유

▶ 물권법

1 서설

2인 이상이 한 개의 소유권을 공동으로 소유하는 관계를 '공동소유'라고 한다. 공동소유에는 그 주체 사이의 법률관계 여하에 따라 공유, 합유, 총유의 세 가지 형태가 있다.

2 공유 제28회, 제29회, 제30회, 제31회, 제32회, 제33회, 제35회

1. 의의와 성질

물건이 지분에 의하여 수인의 소유로 된 때에 이를 공유라고 한다(제262조 제1항). 지분은 하나의 소유권의 분량적 일부분이라는 견해가 통설이다(양적 분할설). 따라서 하나의 물건 위에 각자 1개의 소유권을 가지는 것이 아니라 1개의 소유권을 지분비율로 분할하여 가지는 형태가 된다.

2. 공유의 지분

(1) 지분의 내용

지분은 그 성질상 공유물 전부에 미치게 된다.
① 지분의 처분·주장: 지분은 하나의 소유권과 같은 성질로서 독립한 권리이기 때문에 그 지분을 자유롭게 처분(양도·담보제공·포기)할 수 있다.
② 공유물의 사용·수익: 공유자는 공유물 전부를 지분의 비율로 사용·수익할 수 있다.

(2) 지분의 탄력성

> 제267조【지분포기 등의 경우의 귀속】 공유자가 그 지분을 포기하거나 상속인 없이 사망한 때에는 그 지분은 다른 공유자에게 각 지분의 비율로 귀속한다.

① 지분권자가 사망한 경우에 상속인이 있으면 당연히 상속되고, 만일에 상속인이 없거나 지분권을 포기하는 경우에는 다른 공유자에게 귀속한다. 귀속될 때에는 균등하게 귀속되지 않고 각 지분의 비율로 귀속된다.
② 공유지분의 포기는 법률행위로서 등기를 하여야 공유지분 포기에 따른 물권변동의 효력이 발생한다.

3. 공유자 사이의 관계

(1) 공유물의 처분·변경

> **제264조 【공유물의 처분·변경】** 공유자는 다른 공유자의 동의 없이 공유물을 처분하거나 변경하지 못한다.

① 공유지분은 각 공유자의 개별적이며 독립한 권리이므로 자유롭게 처분할 수 있지만, 공유물은 각 공유자의 지분의 총합체이므로 전원의 동의가 있어야 처분할 수 있다.
② 공유자 중 1인이 단독으로 공유물의 매매계약을 체결하면 계약 자체가 무효가 되는 것은 아니지만, 다른 공유자의 지분범위 내에서는 타인 권리의 매매가 된다.

(2) 공유물의 관리·보존

> **제265조 【공유물의 관리·보존】** 공유물의 관리에 관한 사항은 공유자의 지분의 과반수로써 결정한다. 그러나 보존행위는 각자가 할 수 있다.

① 보존행위
  ㉠ 보존행위란 공유물을 지키고 유지하기 위한 일체의 행위를 말한다. 따라서 공유자라면 지분이 얼마든지 단독으로 보존행위를 할 수 있다.
  ㉡ 보존행위는 자신의 지분권에 근거한 것이므로 다른 공유자의 지분권을 대외적으로 주장하는 것은 보존행위에 속한다고 할 수 없다.
  > 甲의 지분에 관하여 제3자 명의로 원인무효의 등기가 이루어진 경우, 공유자 乙은 공유물의 보존행위로 그 등기의 말소를 청구할 수 없다.
  ㉢ 부동산 공유자의 1인은 당해 부동산에 관하여 제3자 명의로 원인무효의 소유권이전등기가 경료되어 있는 경우, 공유물에 관한 보존행위로서 제3자에 대하여 그 등기 전부의 말소를 구할 수 있다.
  ㉣ 공유 부동산에 대한 소유명의가 공유자 중의 한 사람 앞으로 되어 있다 하더라도 그 공유자의 지분에 관한 한 실체관계에 부합하는 것이므로 이 부분의 말소등기절차까지 청구할 수는 없다.
  ㉤ 공유물의 소수 지분권자가 목적물을 독점적으로 사용하고 있더라도 다른 소수 지분권자는 보존행위로서 목적물의 인도를 청구할 수 없다.

  > **판례** 소수 지분권자의 보존행위로서 인도청구 가능 여부
  >
  > 공유물의 소수 지분권자가 다른 공유자와 협의 없이 공유물을 독점적으로 점유하고 있는 경우에 다른 소수 지분권자가 **보존행위로서 목적물의 인도를 청구할 수 없으며**, 지분권에 기한 방해배제청구권을 행사함으로써 위법상태를 시정하여야 한다(대판 전합 2018다287522).

② 관리행위: 공유물의 관리란 처분이나 변경에 이르지 않는 정도의 이용·개량행위를 말한다. 이에 관한 사항은 지분의 과반수로써 결정한다.
  ㉠ 나대지에 새로이 건물을 건축한다든지 하는 것은 '관리'의 범위를 넘는 것이므로 전원의 동의가 있어야 한다.
  ㉡ 공유자 1인이 지분의 과반수를 가지고 있다면 단독으로 관리사항을 결정할 수 있게 된다. 따라서 甲과 乙 중 甲이 3분의 2 지분을 가지고 있다면 甲이 단독으로 목적물을 임대하는 것도 적법한 관리행위로서 허용된다.
  ㉢ 상가건물이 공유인 경우 임차인의 계약갱신요구에 대한 갱신 거절의 통지도 관리행위에 속하므로 지분의 과반수로써 결정한다.
  ㉣ 공유자들이 관리에 관한 특약을 한 경우, 그 특약은 공유지분권의 본질적 부분을 침해하지 않는 한 그들의 특정승계인에게도 효력이 미친다.

> **판례** 공유물의 관리행위
> 1. 공유토지에 관하여 과반수지분권을 가진 자가 그 공유토지의 특정된 한 부분을 배타적으로 사용·수익할 것을 정하는 것은 공유물의 관리방법으로서 적법하다.
> 2. 과반수지분의 공유자로부터 사용·수익을 허락받은 점유자에 대하여 소수지분의 공유자는 그 점유자가 사용·수익하는 건물의 철거나 퇴거 등 점유배제를 구할 수 없다.
> 3. 과반수지분의 공유자로부터 다시 그 특정부분의 사용·수익을 허락받은 제3자의 점유는 다수지분권자의 공유물관리권에 터 잡은 적법한 점유이므로 그 제3자는 소수지분권자에 대하여도 그 점유로 인하여 법률상 원인 없이 이득을 얻고 있다고는 볼 수 없다.

4. 공유물에 대한 부담

(1) 공유자는 그 지분의 비율로 공유물의 관리비용 기타 의무를 부담하며, 공유자가 1년 이상 의무이행을 지체한 때에는 다른 공유자는 상당한 가액으로 지분을 매수할 수 있다(제266조).

(2) 지분의 매수청구권을 행사할 때에는 매수대상이 되는 지분 전부의 매매대금을 제공한 다음 매수청구권을 행사하여야 한다.

5. 공유물의 분할

> **제268조【공유물의 분할청구】** ① 공유자는 공유물의 분할을 청구할 수 있다. 그러나 5년 내의 기간으로 분할하지 아니할 것을 약정할 수 있다.
> ② 전항의 계약을 갱신한 때에는 그 기간은 갱신한 날로부터 5년을 넘지 못한다.
> ③ 전 2항의 규정은 제215조, 제239조의 공유물에는 적용하지 아니한다.

(1) 분할의 자유
  ① 원칙: 각 공유자는 언제든지 자유롭게 분할을 청구하여 공유관계를 종료시킬 수 있다. 이는 인적 결합관계가 없는 공유의 본질상 당연한 것이며, 이러한 점에서 합유·총유와 구분된다.
  ② 예외
    ㉠ 당사자는 분할금지특약을 할 수 있으며 이 특약은 5년 내의 기간에서만 유효하다. 분할금지특약은 갱신할 수 있으나 갱신한 날로부터 5년을 넘지 못한다(제268조 제1항·제2항). 공유물이 부동산일 때에 분할금지특약은 등기하여야 제3자에게 대항할 수 있다.
    ㉡ 성질상 법률규정으로 분할을 금지하는 경우도 있다. 구분소유건물의 공용부분(제215조), 구분소유건물의 대지(「집합건물의 소유 및 관리에 관한 법률」제8조), 경계선상의 경계표·담·구거(제239조) 등은 분할이 금지된다.

(2) 분할의 방법

> **제269조 【분할의 방법】** ① 분할의 방법에 관하여 협의가 성립되지 아니한 때에는 공유자는 법원에 그 분할을 청구할 수 있다.
> ② 현물로 분할할 수 없거나 분할로 인하여 현저히 그 가액이 감손될 염려가 있는 때에는 법원은 물건의 경매를 명할 수 있다.

  ① 협의에 의한 분할: 공유자 중 1인이 분할을 청구하는 때에는 전원이 분할할 의무를 부담하며, 그 방법을 협의하여야 한다. 분할의 방법에는 현물분할, 대금분할, 가격배상 등이 있으며, 협의하에 자유로이 선택할 수 있다.
  ② 재판상 분할
    ㉠ 재판상 분할은 당사자의 협의가 성립하지 않았을 때에 이루어진다. 따라서 당사자의 협의가 있었다면 재판상 분할인 형성의 소를 제기하는 것이 아니라 협의에 관한 이행의 소를 제기하여야 한다.
    ㉡ 필요적 공동소송이므로 모든 공유자를 피고로 하여 소를 제기하여야 한다.
    ㉢ 재판에 의하여 공유물을 분할하는 경우에는 현물로 분할하는 것이 원칙이다.
    ㉣ 공유물분할판결은 형성판결이므로 판결이 확정되면 등기 없이 물권변동의 효력이 생긴다(제187조).

(3) 분할의 효과

① 분할의 결과로써 각 공유자는 단독소유자가 된다.
② 공유물의 분할에는 소급효가 없다. 다만, 상속재산의 분할에는 소급효가 있다.
③ 공유자는 다른 공유자가 분할로 인하여 취득한 물건에 대하여 그 지분의 비율로 매도인과 동일한 담보책임이 있다(제270조).
④ 지분에 담보물권이 설정된 후 현물분할이 된 경우: 甲, 乙의 공유인 부동산 중 甲의 지분 위에 설정된 근저당권 등 담보물권은 특단의 합의가 없는 한 공유물분할이 된 뒤에도 종전의 지분비율대로 공유물 전부의 위에 그대로 존속하고, 근저당권설정자인 甲 앞으로 분할된 부분에 당연히 집중되는 것은 아니다.

> **참고** 상호명의신탁(구분소유적 공유)
>
> 1. 의의
>   1필의 토지를 위치와 면적을 특정하여 각각 매수하였으나 분필절차의 어려움 때문에 분필등기를 하지 않고 1필지 전체에 대하여 매수한 부분의 면적에 상응하는 공유지분등기를 하는 경우가 있는데, 판례는 이를 '구분소유적 공유'라 하고 내부적으로는 각자가 특정된 매수부분을 배타적으로 사용·수익할 수 있는 것으로 본다.
>
> 2. 효력
>   ① 대내적 관계: 지분권자는 **내부관계에 있어서는 특정부분에 한하여 소유권을 취득하고** 이를 배타적으로 사용·수익할 수 있다.
>   ② 대외적 관계: **외부관계에 있어서는 1필지 전체에 관하여 공유관계가 성립**되고 공유자로서의 권리만을 주장할 수 있는 것이므로, 제3자의 방해행위가 있는 경우에는 자기의 구분소유부분뿐 아니라 전체 토지에 대하여 공유물의 보존행위로서 그 배제를 구할 수 있다.
>   ③ 공유물분할청구는 공유자의 일방이 그 공유지분권에 터 잡아서 하여야 하는 것이므로 공유지분권을 주장하지 아니하고 목적물의 특정부분을 소유한다고 주장하는 자는 그 부분에 대하여 신탁적으로 지분등기를 가지고 있는 자들을 상대로 하여 그 특정부분에 대한 **명의신탁 해지를 원인으로 한** 지분이전등기절차의 **이행만을 구하면 될 것이고 공유물분할청구를 할 수 없다** 할 것이다. 이때 상호간의 지분 이전은 동시이행관계에 있다.
>
> 3. 구분소유적 공유와 법정지상권
>   甲과 乙의 구분소유적 공유관계는 통상적인 공유관계와는 달리 당사자 내부에 있어서 각자가 특정매수한 부분이 각자의 단독소유로 되기 때문에, 乙은 위 대지 중 그가 매수하지 아니한 부분에 관하여는 甲에게 그 소유권을 주장할 수 없어 위 대지 중 **乙이 매수하지 아니한 부분지상에 있는 乙소유의 건물부분은 당초부터 건물과 토지의 소유자가 서로 다른 경우에 해당되어 그에 관하여는 관습상의 법정지상권이 성립될 여지가 없다.**

3 합유 제29회, 제33회, 제34회

(1) 합유의 성립

① 합유관계는 계약 또는 법률의 규정으로 조합이 성립하는 경우에 그 조합재산에 관하여 성립한다(제271조 제1항 전단). 부동산을 합유하는 때에는 그 취지를 등기하여야 하나, 합유지분은 등기하지 아니한다.

> 합유재산을 합유자 1인 명의로 소유권보존등기를 한 것은 자신의 지분 범위에서 유효한 등기가 되는 것이 아니라 실질관계에 부합하지 않는 원인무효의 등기이다.

② 법률의 규정에 의한 합유물로는 「신탁법」에 의한 신탁재산이 있다. 즉, 수인의 수탁자는 신탁재산을 합유하게 된다(「신탁법」 제50조).

(2) 합유관계

① 합유물의 보존·변경·처분
  ㉠ 합유물의 보존행위는 각자가 단독으로 할 수 있으나, 합유물을 처분 또는 변경하는 데에는 전원의 동의가 있어야 한다(제272조).
  ㉡ 합유물에 관하여 경료된 원인무효의 소유권이전등기의 말소를 구하는 소송은 합유물에 관한 보존행위로서 합유자 각자가 할 수 있다.

② 합유물에 대한 지분
  ㉠ 합유자는 전체로서의 조합재산에 대하여 지분을 가지며, 지분은 합유물 전부에 미친다.
  ㉡ 합유물에 대한 지분을 처분하는 경우에는 전원의 동의가 필요하다(제273조 제1항).
  ㉢ 합유지분권의 포기는 법률행위에 의한 것이므로 등기하여야 효력이 있다.
  ㉣ 합유자의 지위는 상속으로 승계되지 아니한다.

③ 합유물의 분할금지: 합유자는 합유관계가 종료하기 전까지는 합유물의 분할을 청구하지 못한다(제273조 제2항).

④ 합유관계의 종료: 합유관계가 종료하는 것은 합유물을 양도하거나 조합체가 해산하는 때이다. 조합의 해산으로 합유관계를 종료하게 되면 합유물을 분할하게 되는데, 그 분할에는 공유물의 분할에 관한 규정(제268조~제270조)이 준용된다(제274조).

4 총유 제29회, 제33회

(1) 법적 성질

총유는 법인이 아닌 사단의 사원이 집합체로서 소유하는 형태이다(제275조 제1항). 총유에는 공유나 합유와 같은 지분의 개념이 있을 수 없다.

(2) 총유관계

총유관계는 법인 아닌 사단의 정관 기타의 규약에 의하여 규율되나, 그에 정한 바가 없으면 다음에 의한다(제275조 제2항).

① 총유물의 관리 및 처분은 사원총회의 결의에 의한다(제276조 제1항). 유의할 점은 총유물의 보존행위도 사원총회의 결의를 거쳐야 한다는 것이다.

> 총유재산에 관한 소송은 법인 아닌 사단이 그 명의로 사원총회의 결의를 거쳐 하거나 또는 그 구성원 전원이 당사자가 되어 필수적 공동소송의 형태로 할 수 있을 뿐 그 사단의 구성원은 설령 그가 사단의 대표자라거나 사원총회의 결의를 거쳤다 하더라도 그 소송의 당사자가 될 수 없고, 이러한 법리는 총유재산의 보존행위로서 소를 제기하는 경우에도 마찬가지라 할 것이다(판례).

② 각 사원은 정관 기타 규약에 따라 총유물을 사용·수익할 수 있다(제276조 제2항).

Theme 24 지상권

> **참고** 용익물권
>
> 「민법」상 타인의 물건을 일정한 범위 내에서 사용·수익하는 것을 내용으로 하는 용익물권에는 지상권, 지역권, 전세권 3가지가 있다. 이러한 용익물권은 일물일권주의의 예외로서 물건의 일부에도 설정될 수 있다.

1 의의와 성질 제28회, 제29회, 제31회, 제34회

> **제279조【지상권의 내용】** 지상권자는 타인의 토지에 건물 기타 공작물이나 수목을 소유하기 위하여 그 토지를 사용하는 권리가 있다.

(1) 타인의 토지를 사용하는 물권
① 1필의 토지 일부에도 지상권설정이 가능하다. 또한 지상권은 지표(地表)에 한하지 않고 지상이나 지하에도 그 효력이 미친다.
② 지상권은 토지에 대한 권리이므로 현재 토지 위에 지상물이 없더라도 지상권은 유효하게 성립하며, 지상물이 멸실하더라도 지상권이 소멸하지 않고 그대로 존속한다.
③ 지상권은 지상물과 운명을 함께 하지 않으므로 지상권과 지상물의 분리양도가 가능하다. 따라서 지상권자와 지상물의 소유자가 동일하여야 하는 것은 아니다.

(2) 지료를 성립요소로 하지 않는 물권
토지사용의 대가인 지료의 지급은 지상권의 성립요소가 아니다. 따라서 무상의 지상권 설정이 가능하며, 지료를 가지고 대항하기 위하여는 지료를 등기하여야 한다.

2 지상권의 취득

(1) 법률행위에 의한 취득
① 지상권은 원칙적으로 당사자 간의 지상권설정계약과 그 등기에 의하여 성립한다. 법률행위에 의한 것이므로 계약뿐 아니라 등기까지 하여야 성립한다(제186조).

② 지상권설정계약에도 「민법」 제569조(타인 권리의 매매)를 준용하여 부동산의 소유자가 아닌 자라도 향후 해당 부동산에 지상권을 설정하여 줄 것을 내용으로 하는 계약을 체결할 수 있고, 단지 그 계약상 의무자는 향후 처분권한을 취득하거나 소유자의 동의를 얻어 해당 부동산에 지상권을 설정하여 줄 의무를 부담할 뿐이라고 보아야 한다. 즉, 소유자가 아닌 자도 유효하게 지상권설정계약을 체결할 수 있다.

(2) 법률행위에 의하지 않는 취득

① 등기를 요하지 않는 부동산물권 취득(제187조): 지상권은 부동산물권이므로 상속·공용징수·판결·경매 기타 법률의 규정에 의하여 취득될 수 있으며, 이때에는 그 등기 없이도 당연히 지상권을 취득한다. 다만, 점유취득시효로 지상권을 취득하는 경우에는 등기를 하여야 한다.

② 법정지상권: 일정한 요건하에 건물 또는 입목을 위하여 법률상 당연히 성립하는 지상권이다. 법률규정에 의한 것이므로 등기를 요하지 않는다.

3 지상권의 존속기간 제31회

1. 설정행위로 존속기간을 약정하는 경우

(1) 최단존속기간

> 제280조 【존속기간을 약정한 지상권】 ① 계약으로 지상권의 존속기간을 정하는 경우에는 그 기간은 다음 연한보다 단축하지 못한다.
> 1. 석조, 석회조, 연와조 또는 이와 유사한 견고한 건물이나 수목의 소유를 목적으로 하는 때에는 30년
> 2. 전호 이외의 건물의 소유를 목적으로 하는 때에는 15년
> 3. 건물 이외의 공작물의 소유를 목적으로 하는 때에는 5년
> ② 전항의 기간보다 단축한 기간을 정한 때에는 전항의 기간까지 연장한다.

지상권의 존속기간을 설정행위로써 정하는 경우에 「민법」은 지상권자를 보호하기 위하여 최단존속기간을 제한하고 있다.

> 참고 1. 최단존속기간에 관한 규정은 지상권자가 건물 등을 건축하거나 수목을 식재한 경우에만 그 적용이 있고, 기존 건물의 사용을 목적으로 지상권을 설정하는 경우에는 그 적용이 없다.
> 2. 기간 만료 후 계약을 갱신할 때에도 최단존속기간의 제한을 받는다.

(2) 최장존속기간

① 「민법」에는 최단존속기간에 대한 제한규정만 두고 있을 뿐 최장존속기간에 대한 제한규정이 없다.

② 판례는 존속기간이 영구인 지상권을 인정한다.

2. 설정행위로 존속기간을 약정하지 않은 경우

> **제281조【존속기간을 약정하지 아니한 지상권】** ① 계약으로 지상권의 존속기간을 정하지 아니한 때에는 그 기간은 전조의 최단존속기간으로 한다.
> ② 지상권설정 당시에 공작물의 종류와 구조를 정하지 아니한 때에는 지상권은 전조 제2호의 건물의 소유를 목적으로 한 것으로 본다.

(1) 존속기간의 정함이 없으면 최단기간으로 하며, 설정 당시에 공작물의 종류와 구조를 정하지 않은 경우에는 15년으로 한다.

(2) 수목의 소유를 목적으로 하는 경우에는 언제나 30년이다.

3. 계약의 갱신

(1) 지상권자의 갱신청구권과 매수청구권

> **제283조【지상권자의 갱신청구권, 매수청구권】** ① 지상권이 소멸한 경우에 건물 기타 공작물이나 수목이 현존한 때에는 지상권자는 계약의 갱신을 청구할 수 있다.
> ② 지상권설정자가 계약의 갱신을 원하지 아니하는 때에는 지상권자는 상당한 가액으로 전항의 공작물이나 수목의 매수를 청구할 수 있다.

① 갱신청구권
  ㉠ 존속기간의 만료로 소멸하는 경우에만 갱신을 청구할 수 있다(지료연체로 소멸한 경우에는 행사가 불가능하다).
  ㉡ 지상물이 현존하는 경우에 계약의 갱신을 청구할 수 있다.
  ㉢ 기간만료시에 지체 없이 행사하여야 하며 지체 없이 행사하지 않아 갱신청구권이 소멸한 경우에는 지상물매수청구권을 행사할 수 없다.

② 지상물매수청구권
  ㉠ 지상물매수청구권은 형성권에 해당한다.
  ㉡ 그 가액은 매수청구권 행사 당시의 시가 상당액이다(지상권 소멸시가 아니다).
  ㉢ 매수청구권에 관한 규정은 강행규정이므로 당사자 사이의 건물철거특약은 특별한 사정이 없는 한 무효이다.
  > 참고 1. 토지를 빌린 경우(지상권, 토지임대차, 토지전세권): 지상물매수청구
  > 2. 건물을 빌린 경우(건물전세권, 건물임대차): 부속물매수청구

(2) 계약갱신과 존속기간

> **제284조【갱신과 존속기간】** 당사자가 계약을 갱신하는 경우에는 지상권의 존속기간은 갱신한 날로부터 제280조의 최단존속기간보다 단축하지 못한다. 그러나 당사자는 이보다 장기의 기간을 정할 수 있다.

4 지상권의 처분 제28회, 제29회, 제31회, 제32회, 제34회

(1) 지상권의 양도와 임대

> **제282조【지상권의 양도, 임대】** 지상권자는 타인에게 그 권리를 양도하거나 그 권리의 존속기간 내에서 그 토지를 임대할 수 있다.

① 지상권의 양도성은 절대적이며, 이는 강행규정으로 양도 또는 임대를 금지하는 특약은 무효이다.
② 지상권을 저당권의 목적으로 할 수도 있다(제371조 제1항).

(2) 지료관계

① 지료의 지급
  ㉠ 지료의 지급은 지상권의 성립요소가 아니다. 따라서 별도 약정이 없으면 무상의 지상권으로 인정된다.
  ㉡ 지상권설정시 지료에 관한 약정이 없는 경우 지료의 지급을 청구할 수 없으며, 등기하지 않은 경우에는 제3자에게 대항할 수 없고 지료증액을 청구할 수도 없다.
② 지료증감청구권
  ㉠ 지료증감청구권은 일종의 형성권이다.
  ㉡ 지료증감청구에 다툼이 있으면 법원이 결정하며, 법원이 결정하는 지료의 증감은 결정시부터가 아니라 그 증감청구를 한 때에 소급하여 효력이 생긴다.
③ 지료체납의 효과
  ㉠ 지상권자가 2년 이상의 지료를 지급하지 아니한 때에는 지상권설정자는 지상권의 소멸을 청구할 수 있다(제287조).
  ㉡ 토지의 양수인이 지상권자의 지료 지급이 2년 이상 연체되었음을 이유로 지상권 소멸청구를 하는 경우에는 자신에게 체납된 기간이 2년 이상이어야 하며, 종전 소유자에 대한 연체기간의 합산을 주장할 수 없다.

5 지상권의 소멸 제28회, 제29회

(1) 지상권의 소멸사유

① 지상권은 물권의 공통적 소멸사유인 토지의 멸실, 존속기간의 만료, 혼동, 토지수용 등에 의한 소멸 외에도 지료체납으로 인한 지상권설정자의 소멸청구, 지상권의 포기, 약정소멸사유의 발생 등으로도 소멸한다.

② 지상권이 저당권의 목적으로 되어 있는 경우 또는 그 토지 위에 있는 건물이나 수목이 저당권의 목적으로 되어 있는 경우에 지상권설정자의 소멸청구는 저당권자에게 그것을 통지한 후 상당한 기간이 경과함으로써 비로소 그 효력이 생긴다(제288조).

(2) 지상권 소멸의 효과

① 지상물수거와 매수청구권

> **제285조【수거의무, 매수청구권】** ① 지상권이 소멸한 때에는 지상권자는 건물 기타 공작물이나 수목을 수거하여 토지를 원상에 회복하여야 한다.
> ② 전항의 경우에 지상권설정자가 상당한 가액을 제공하여 그 공작물이나 수목의 매수를 청구한 때에는 지상권자는 정당한 이유 없이 이를 거절하지 못한다.

지상권이 소멸하면 지상권자는 건물 기타의 공작물이나 수목을 수거하여 토지를 원상에 회복하여야 한다. 이 경우에 토지소유자가 상당한 가액을 제공하여 공작물이나 수목의 매수를 청구하는 때에는 지상권자는 정당한 이유 없이 이를 거절하지 못한다(제285조).

② 유익비상환청구권: 지상권자의 유익비상환청구권에 대한 명문의 규정은 없으나 해석상 이를 인정한다.

> **보충 담보지상권** 제30회, 제31회, 제32회
>
> 1. 의의
>   토지에 관하여 저당권을 취득함과 아울러 그 목적이 된 토지 위에 차후 용익권이 설정되거나 건물 또는 공작물이 축조·설치되는 등으로써 그 목적물의 담보가치가 저감하는 것을 막기 위하여 취득하는 지상권을 말한다.
>
> 2. 성질 및 효력
>   ① 피담보채권이 변제 등으로 만족을 얻어 소멸한 경우는 물론이고 시효소멸한 경우에도 그 지상권은 피담보채권에 부종하여 소멸한다(대판 2011다6342).
>   ② 목적토지를 점유·사용하기 위한 것이 아니므로 그 목적토지의 소유자 또는 제3자가 저당권 및 지상권의 목적토지를 점유·사용하였어도 손해배상이나 부당이득의 반환을 청구할 수 없다(대판 2006다586).
>   ③ 제3자가 저당권의 목적인 토지 위에 건물을 신축하는 경우에는 특별한 사정이 없는 한, 지상권자는 그 방해배제청구로서 신축 중인 건물의 철거와 대지의 인도 등을 구할 수 있다.

6 분묘기지권 제32회, 제35회

(1) 의의

타인의 토지에 분묘를 설치한 자는 일정한 요건하에 그 분묘기지에 대하여 지상권에 유사한 관습법상의 물권을 취득한다. 이를 분묘기지권이라고 한다.

(2) 성립요건

① 승낙형: 소유자의 승낙을 얻어 그의 토지에 분묘를 설치한 때에 취득한다.
② 취득시효형: 타인의 토지에 승낙 없이 분묘를 설치한 경우, 20년간 평온·공연하게 그 분묘기지를 점유한 때에 취득한다(타주점유, 등기 없이 취득). 「장사 등에 관한 법률」에 따라 2001년 1월 13일 이후에 설치된 분묘에 대해서는 더 이상 분묘기지권의 시효취득이 인정되지 않는다.
③ 양도형: 자기소유의 토지에 분묘를 설치한 자가 분묘에 관하여 별도의 특약 없이 토지만을 타인에게 처분한 때에 취득한다.

(3) 관련 판례

① 분묘기지권은 봉분 그 자체가 공시의 기능을 하므로 분묘가 평장(平葬)되거나 암장(暗葬)된 때에는 분묘기지권을 취득할 수 없다.
② 분묘기지권의 존속기간에 관하여는 「민법」의 지상권에 관한 규정에 따를 것이 아니라 당사자 사이에 약정이 있는 등 특별한 사정이 있으면 그에 따를 것이며, 그러한 사정이 없는 경우에는 권리자가 분묘의 수호와 봉사를 계속하며 그 분묘가 존속하고 있는 동안은 분묘기지권이 존속한다고 해석함이 타당하므로 제281조에 따라 5년간이라고 보아야 할 것은 아니다.
③ 분묘가 멸실된 경우라고 하더라도 유골이 존재하여 분묘의 원상회복이 가능하여 일시적인 멸실에 불과하다면 분묘기지권은 소멸하지 않고 존속하고 있다고 해석함이 상당하다.
④ 기존의 분묘 외에 새로운 분묘를 설치할 권능은 포함되지 않으므로 단분·쌍분을 불문하고 합장은 허용하지 않는다.
⑤ 분묘기지권은 권리자가 의무자에 대하여 그 권리를 포기하는 의사표시를 하는 외에 점유까지도 포기하여야만 그 권리가 소멸하는 것은 아니다.
⑥ 취득시효형의 경우 토지소유자가 지료를 청구하면 지료를 지급하여야 하며, 그 지료는 분묘를 설치한 때부터가 아니라 토지소유자가 분묘기지에 관한 지료를 청구한 날부터 지급해야 한다.

⑦ 양도형의 경우 분묘기지권자는 **분묘기지권이 성립한 때부터** 토지소유자에게 그 분묘의 기지에 대한 토지사용의 대가로서 지료를 지급할 의무가 있다.

> 승낙형 분묘기지권의 경우 성립 당시 토지소유자와 분묘의 수호·관리자가 지료 지급의 약정을 하였다면 그 약정의 효력은 분묘 기지의 승계인에게도 미친다.

7 구분지상권 제28회

> **제289조의2【구분지상권】** ① 지하 또는 지상의 공간은 상하의 범위를 정하여 건물 기타 공작물을 소유하기 위하여 지상권의 목적으로 할 수 있다. 이 경우 설정행위로써 지상권의 행사를 위하여 토지의 사용을 제한할 수 있다.
> ② 제1항의 규정에 의한 구분지상권은 제3자가 토지를 사용·수익할 권리를 가진 때에도 그 권리자 및 권리를 목적으로 하는 권리를 가진 자 전원의 승낙이 있으면 이를 설정할 수 있다. 이 경우 토지를 사용·수익할 권리를 가진 제3자는 그 지상권의 행사를 방해하여서는 아니 된다.

(1) 토지를 입체적으로 볼 때, 어느 일정 공간만을 사용하기 위하여 설정된다.

(2) 구분지상권은 수목을 소유하기 위하여는 설정할 수 없다.

(3) 객체는 토지의 일정 공간에 한정되므로 반드시 토지의 '상하(上下)의 범위'를 정해서 등기하여야 한다.

(4) 제3자가 토지를 사용·수익할 권리를 가진 때에는 그의 사용·수익을 방해하지 않는 경우에도 그의 승낙이 있어야 구분지상권을 설정할 수 있다.

8 법정지상권 제28회, 제29회, 제33회, 제34회, 제35회

1. 제305조의 법정지상권

> **제305조【건물의 전세권과 법정지상권】** ① 대지와 건물이 동일한 소유자에 속한 경우에 건물에 전세권을 설정한 때에는 그 대지소유권의 특별승계인은 전세권설정자에 대하여 지상권을 설정한 것으로 본다. 그러나 지료는 당사자의 청구에 의하여 법원이 이를 정한다.
> ② 전항의 경우에 대지소유자는 타인에게 그 대지를 임대하거나 이를 목적으로 한 지상권 또는 전세권을 설정하지 못한다.

> 제305조의 법정지상권을 취득하는 자는 전세권자가 아니라 전세권설정자(건물소유자)이다.

2. 관습법상 법정지상권

(1) 의의

동일인에게 속하고 있었던 토지와 건물 중의 어느 한쪽이 매매 기타의 원인으로 인하여 그 소유자를 각각 달리하게 될 경우에 당사자 사이에 특약이 없는 한 건물소유자는 당연히 지상권을 취득하게 된다는 것이 관습법상 인정되고 있다.

(2) 요건

① 토지와 건물이 동일인 소유에 속하였을 것: 관습법상의 법정지상권이 성립되기 위하여는 토지와 건물 중 어느 하나가 처분될 당시에 토지와 그 지상건물이 동일인의 소유에 속하였으면 족하고 원시적으로 동일인의 소유였을 필요는 없다.

　㉠ 토지 위에 건물이 존재하여야 한다. 그 건물은 건물로서의 요건을 갖추고 있는 이상 무허가 건물이거나 미등기 건물이어도 상관없다.

　㉡ 토지와 건물이 동일인 소유이어야 한다.

　　📝 타인의 토지 위에 토지소유자의 승낙을 얻어 신축한 건물을 매수한 자는 관습법상의 법정지상권을 취득할 수 없다.

> **⚖️ 판례** 관습법상 법정지상권의 성립 여부(소극) – '함께' 판례
>
> 미등기 건물을 그 대지와 함께 매도하였다면 비록 매수인에게 그 대지에 관하여만 소유권이전등기가 경료되고 건물에 관하여는 등기가 경료되지 아니하여 형식적으로 대지와 건물이 그 소유명의자를 달리하게 되었다 하더라도 매도인에게 관습상의 법정지상권을 인정할 이유가 없다.

② 매매 기타의 원인으로 소유자가 변동되었을 것: 토지와 건물이 동일한 소유자에게 속하였다가 매매, 증여, 대물변제, 강제경매, 공유지의 분할, 공매, 귀속재산의 불하 등의 사유로 소유자가 달라진 경우에 인정된다.

③ 건물철거특약이 존재하지 않을 것: 관습법상 법정지상권은 강제석인 것은 아니므로 당사자의 철거약정은 유효하다. 따라서 관습법상 법정지상권은 스스로 포기할 수도 있다.

　㉠ 대지상의 건물만을 매수하면서 대지에 관한 임대차계약을 체결하였다면 위 건물 매수로 인하여 취득하게 될 관습상의 법정지상권을 포기한 것으로 보아야 한다.

　㉡ 토지와 건물의 소유자가 토지만을 타인에게 증여한 후 구건물을 철거하되 그 지상에 자신의 이름으로 건물을 다시 신축하기로 합의한 경우, 그 건물 철거의 합의는 건물소유자가 토지의 계속 사용을 그만두고자 하는 내용의 합의로 볼 수 없어 관습상의 법정지상권의 발생을 배제하는 효력이 인정되지 않는다.

④ 등기 불필요
   ㉠ 관습상의 지상권은 법률행위로 인한 물권의 취득이 아니므로 등기를 요하지 않는다.
   ㉡ 관습상의 법정지상권은 물권으로서의 효력에 의하여 이를 취득할 당시의 토지소유자나 이로부터 소유권을 전득한 제3자에 대하여도 등기 없이 위 지상권을 주장할 수 있다.

> **판례** 관습법상 법정지상권 성립 여부
>
> 1. 매매: 인정
> 2. 토지공유자 1인이 토지지분을 전매한 경우: 부정
> 3. 나대지상에 환매특약의 등기를 마친 상태에서 대지소유자가 그 지상에 건물을 신축하였다가 환매권자가 환매권을 행사한 경우: 부정
> 4. 강제경매: 인정
>   ① 강제경매의 목적이 된 토지 또는 그 지상건물의 소유권이 강제경매로 인하여 그 절차상 매수인에게 이전된 경우, 건물 소유를 위한 관습법상 법정지상권의 성립요건인 '토지와 그 지상건물이 동일인 소유에 속하였는지'를 판단하는 기준시기는 **압류 또는 가압류의 효력발생시**이다.
>   ② 강제경매를 위한 압류나 그 압류에 선행한 가압류가 있기 이전에 저당권이 설정되어 있다가 강제경매로 저당권이 소멸한 경우, 토지와 그 지상건물이 동일인 소유에 속하였는지를 판단하는 기준시기는 저당권설정 당시이다.
> 5. 환지처분: 부정
> 6. 명의신탁의 해지: 부정
> 7. 구분소유적 공유와 법정지상권: 구별
>   甲과 乙의 구분소유적 공유관계에서 위 대지 중 乙이 매수하지 아니한 부분지상에 있는 乙소유의 건물부분은 당초부터 건물과 토지의 소유자가 서로 다른 경우에 해당되어 그에 관하여 관습상의 법정지상권이 성립될 여지가 없다.
>   > 비교: 甲과 乙이 1필지의 대지를 구분소유적으로 공유하고 乙이 자기 몫의 대지 위에 건물을 신축하여 점유하던 중 위 대지의 乙의 지분을 甲이 경락 취득한 경우 乙은 관습상의 법정지상권을 취득한다.

3. 제366조의 법정지상권

> **제366조【법정지상권】** 저당물의 경매로 인하여 토지와 그 지상건물이 다른 소유자에 속한 경우에는 토지소유자는 건물소유자에 대하여 지상권을 설정한 것으로 본다. 그러나 지료는 당사자의 청구에 의하여 법원이 이를 정한다.

(1) 의의
토지와 건물의 소유자가 동일한 상태에서 설정된 저당권의 실행으로 토지와 건물이 소유자가 서로 달라지게 되는 경우에 인정되는 법정지상권이다.

(2) 요건
① 저당권설정 당시에 건물이 존재할 것
  ㉠ 지상에 건물이 존재하면 족하고 미등기·무허가 건물이라도 상관없다.
  ㉡ 저당권설정 당시에 건물이 존재하여야 하므로 나대지상태에서 저당권이 설정된 후에 신축된 건물에 대하여는 법정지상권이 인정될 수 없다.
② 토지와 건물이 동일인 소유일 것: 저당권설정 당시에만 동일인이면 족하다. 즉, 그 이전의 동일성은 묻지 않으며, 그 이후에 소유자가 달라져도 법정지상권은 성립된다.
③ 토지와 건물의 어느 한쪽이나 양쪽에 저당권이 설정되어야 하며, 경매로 토지와 건물의 소유자가 달라져야 한다.
④ 강행규정: 제366조는 가치권과 이용권의 조절을 위한 공익상의 이유로 지상권의 설정을 강제하는 것이므로 저당권설정 당사자 간의 특약으로 저당목적물인 토지에 대하여 법정지상권을 배제하는 약정을 하더라도 그 특약은 효력이 없다.

> **판례** 법정지상권 성립 여부
> 1. 나대지에 담보권 설정 후 신축한 건물: 부정
> 2. 나대지에 근저당권이 실행될 당시 근저당권자가 건물 신축에 동의한 경우: 부정
> 3. 건물공유자의 1인이 그 건물의 부지인 토지를 단독으로 소유하면서 그 토지에 관하여만 저당권을 설정하였다가 위 저당권에 의한 경매로 토지소유자가 달라진 경우: 인정
>   비교: 공유토지상의 공유건물에서 건물공유자 중 1인이 달라진 경우에는 관습법상 법정지상권이 성립되지 않는다.
> 4. 토지의 저당권설정 당시에 존재하던 건물을 철거하고 신축한 경우: 구 건물을 기준으로 인정
> 5. 공동저당이 설정된 후 건물을 철거하고 신축한 경우: 부정

4. 법정지상권의 효과

(1) 지료

① 지상권자가 결정된 2년분 이상의 지료를 지급하지 아니하면 제287조(지상권소멸청구권)에 따른 지상권소멸청구의 의사표시에 의하여 소멸한다.

② 법정지상권에 관한 지료가 결정된 바 없다면 법정지상권자가 지료를 지급하지 아니하였다 하더라도 지료 지급을 지체한 것으로는 볼 수 없으므로, 법정지상권자가 2년 이상의 지료를 지급하지 아니하였음을 이유로 하는 토지소유자의 지상권소멸청구는 허용되지 않는다.

(2) 법정지상권이 성립한 후에 토지나 건물의 이전

① 토지가 이전된 경우: 취득할 당시의 토지소유자나 이로부터 소유권을 전득한 제3자에 대하여도 등기 없이 위 지상권을 주장할 수 있다.

② 건물이 이전된 경우

㉠ 법정지상권이 딸린 건물이 경매로 이전되는 경우: 건물 소유를 위하여 법정지상권을 취득한 자로부터 경매에 의하여 그 건물의 소유권을 이전받은 경락인은 위 지상권도 당연히 이전받았다 할 것이고 이는 그에 대한 등기가 없어도 그 후에 토지를 전득한 자에게 대항할 수 있다(대판 79다1087).

㉡ 법정지상권이 딸린 건물이 법률행위로 이전되는 경우

ⓐ 건물의 양수인은 법정지상권의 이전등기를 하여야 지상권자가 된다.

ⓑ 건물의 양도인이 등기절차에 협력하지 아니할 때 건물의 양수인은 양도인을 대위하여 대지소유자에게 법정지상권설정등기를 양도인에게 해 줄 것을 청구할 수 있고 이어서 자신 앞으로 지상권이전등기를 양도인에게 청구할 수 있다.

ⓒ 지상권의 이전등기가 없으면 아직 지상권자는 아니지만 곧 법정지상권을 취득할 지위에 있으므로 대지소유자가 건물철거를 구하는 것은 신의성실의 원칙상 허용될 수 없다. 다만, 임료 상당의 부당이득반환은 청구할 수 있다(판례).

Theme 25 지역권

1 서설 제28회, 제29회, 제30회, 제31회, 제32회, 제33회, 제34회, 제35회

1. 의의

> **제291조【지역권의 내용】** 지역권자는 일정한 목적을 위하여 타인의 토지를 자기 토지의 편익에 이용하는 권리가 있다.

(1) 지역권이란 어느 토지의 편익을 위하여 타인의 토지를 이용하는 용익물권의 일종이다. 따라서 지역권이 성립하기 위해서는 요역지가 있어야 하며 요역지가 없는 지역권은 존재할 수 없다.

(2) 어느 토지에 대하여 통행지역권을 주장하려면 그 토지의 통행으로 편익을 얻는 요역지가 있음을 주장·입증하여야 한다.

2. 성질

지역권은 지상권이나 전세권과 같은 용익물권이기는 하지만 다음의 점에서 차이가 있다.

(1) **비한정적·비배타적·공용적 성격**

토지 사용목적은 강행법규에 반하지 않는 한 제한이 없다. 또한 지역권은 배타적인 권리가 아니므로 지역권 행사에 방해가 되지 않는 한 승역지소유자도 토지를 이용할 수 있다. 즉, 공용적 성격을 가진다.

(2) **부종성**

> **제292조【부종성】** ① 지역권은 요역지소유권에 부종하여 이전하며 또는 요역지에 대한 소유권 이외의 권리의 목적이 된다. 그러나 다른 약정이 있는 때에는 그 약정에 의한다.
> ② 지역권은 요역지와 분리하여 양도하거나 다른 권리의 목적으로 하지 못한다.

① 수반성

㉠ 내용

ⓐ 지역권은 요역지의 소유권이 이전되면 당연히 함께 이전한다. 별도의 지역권 이전합의가 필요하지 않으며, 법률규정에 의하여 당연히 이전한다.

ⓑ 요역지소유권이전등기가 있으면 지역권이전등기가 없어도 지역권 이전의 효력이 생긴다(제187조).

ⓒ 배제특약: 지역권의 수반성은 당사자가 특약으로 배제할 수 있다(제292조 제1항). 이 경우에 요역지가 없는 지역권은 존재가치가 없으므로 지역권은 당연히 소멸하게 된다.

② 부종성: 지역권은 요역지에 종된 권리이기 때문에 요역지와 분리하여 지역권만을 따로 양도하거나 다른 권리의 목적으로 하지 못한다.

(3) 불가분성

① 토지공유자의 1인은 지분에 관하여 그 토지를 위한 지역권 또는 그 토지가 부담한 지역권을 소멸하게 하지 못한다(제293조 제1항).

② 토지의 분할이나 토지의 일부양도의 경우, 지역권은 요역지의 각 부분을 위하여 또는 그 승역지의 각 부분에 존속한다(제293조 제2항).

③ 공유자의 1인이 지역권을 취득한 때에는 다른 공유자도 이를 취득한다(제295조 제1항).
   - 점유로 인한 지역권취득기간의 중단은 지역권을 행사하는 모든 공유자에 대한 사유가 아니면 그 효력이 없다.

④ 요역지가 수인의 공유인 경우에 그 1인에 의한 지역권 소멸시효의 중단 또는 정지는 다른 공유자를 위하여 효력이 있다(제296조).
   - 지역권이 소멸시효로써 소멸하려면 모든 공유자의 지역권의 소멸시효가 완성되어야 한다.

3. 대가와 존속기간

「민법」은 대가와 존속기간에 대하여는 아무런 규정도 두고 있지 않지만, 판례는 영구무한의 지역권을 인정하고 있다. 또한 지료는 지역권의 성립요소가 아니므로 무상의 지역권이 인정된다.

4. 지역권에 기한 물권적 청구권

지역권자는 자신이 편익을 얻는 것에 대한 방해가 있는 경우에는 방해제거청구권 또는 방해예방청구권의 물권적 청구권을 행사할 수 있다. 그러나 반환청구권은 인정되지 않는다.

2 지역권의 취득 제28회, 제29회, 제30회, 제32회, 제33회, 제34회, 제35회

(1) 일반적 취득

① 지역권은 설정계약과 등기에 의하여 취득하는 것이 일반적이며, 그 밖에 유언·상속·양도 등에 의하여도 취득된다.
② 요역지는 1필의 토지이어야 한다. 따라서 1필 토지의 일부를 위해서는 지역권을 설정할 수 없다.
③ 승역지는 1필 토지의 일부라도 상관없다. 따라서 1필 토지의 일부에 지역권을 설정할 수 있다.

(2) 시효에 의한 취득

> **제294조 【지역권 취득기간】** 지역권은 계속되고 표현된 것에 한하여 제245조의 규정을 준용한다.

① 지역권은 계속되고 표현된 것에 한하여 취득시효의 대상이 된다. 따라서 불계속·비표현의 지역권은 시효취득할 수 없다.
② 취득시효의 기간이 만료된 경우에는 등기를 함으로써 지역권을 취득한다.
③ 통행지역권을 시효취득한 자는 승역지소유자에게 보상을 하여야 한다.

  📝 통행지역권 취득시효의 요건
    1. 요역지소유자가 스스로 통로를 개설할 것
    2. 적법한 점유일 것. 따라서 요역지의 소유자뿐 아니라 지상권자, 전세권자도 시효취득을 할 수 있다.

3 지역권의 소멸

지역권은 요역지 또는 승역지의 멸실, 존속기간의 만료, 지역권자의 포기, 소멸시효, 혼동, 약정소멸사유의 발생, 승역지의 시효취득, 승역지소유자의 위기(委棄) 등으로 소멸한다.

  📝 위기: 승역지소유자가 토지소유권을 지역권지에게 일방적으로 이전한다는 의사표시를 말하는 것으로 지역권의 특유한 소멸사유에 해당한다.

▶ 물권법

Theme 26 전세권

1 서설 제29회, 제30회, 제31회

(1) 의의

> **제303조 【전세권의 내용】** ① 전세권자는 전세금을 지급하고 타인의 부동산을 점유하여 그 부동산의 용도에 좇아 사용·수익하며, 그 부동산 전부에 대하여 후순위 권리자 기타 채권자보다 전세금의 우선변제를 받을 권리가 있다.
> ② 농경지는 전세권의 목적으로 하지 못한다.

① 전세권은 용익물권의 성질과 담보물권의 성질을 함께 갖는다.
② 전세권은 우리나라에만 존재하는 물권이다.

(2) 법적 성질

① 전세권의 객체인 부동산은 1필의 토지 또는 1동의 건물 전부일 필요는 없으며, 1필의 토지 일부 또는 1동의 건물 일부라도 상관없다. 다만, 농경지는 전세권의 목적으로 할 수 없다.
② 용익물권: 전세권은 목적부동산을 점유하여 그 부동산의 용도에 좇아 사용·수익하는 용익물권이다.
③ 담보물권: 전세권자는 그 부동산 전부에 관하여 후순위 권리자 기타 채권자보다 전세금의 우선변제를 받을 권리가 있다. 즉, 전세권은 담보물권의 성질을 가지기 때문에 경매를 청구할 수 있으며(제318조) 우선변제를 받을 권리가 인정된다. 따라서 전세권도 담보물권의 통유성인 부종성, 수반성, 불가분성, 물상대위성을 갖는다.

> **⚖️ 판례** **전세금반환청구권의 분리양도 가능 여부**
>
> 전세권이 존속하는 동안은 전세권을 존속시키기로 하면서 전세금반환채권만을 전세권과 분리하여 확정적으로 양도하는 것은 허용되지 않으며, 다만 전세권 존속 중에는 장래에 그 전세권이 소멸하는 경우에 전세금반환채권이 발생하는 것을 조건으로 그 장래의 조건부 채권을 양도할 수 있을 뿐이라 할 것이다.

2 전세권의 취득과 존속기간 제28회, 제30회, 제33회, 제34회

1. 전세권의 취득

(1) 전세권설정계약과 전세권설정등기를 함으로써 전세권을 취득한다. 또한 전세권의 양도나 상속 등에 의하여도 취득할 수 있다.

(2) 성립요건

　① 전세금의 지급
　　㉠ 전세금의 지급은 전세권의 성립요건이다.
　　㉡ 전세금은 반드시 현실로 수수될 필요는 없으며 기존의 채권으로 갈음할 수 있다. 전세금은 등기하여야 하며, 등기된 전세금은 제3자에게 대항할 수 있다.
　② 목적물의 인도 – 성립요소가 아님: 목적물을 인도하지 아니한 경우라 하더라도 장차 전세권자가 목적물을 사용·수익하는 것을 완전히 배제하는 것이 아니라면 그 전세권의 효력을 부인할 수는 없다.
　③ 전세권이 용익물권적인 성격과 담보물권적인 성격을 모두 갖추고 있는 점에 비추어 전세권 존속기간이 시작되기 전에 마친 전세권설정등기도 특별한 사정이 없는 한 유효한 것으로 추정된다.

2. 전세권의 존속기간

(1) 존속기간의 약정이 있는 경우

> **제312조【전세권의 존속기간】** ① 전세권의 존속기간은 10년을 넘지 못한다. 당사자의 약정기간이 10년을 넘는 때에는 이를 10년으로 단축한다.
> ② 건물에 대한 전세권의 존속기간을 1년 미만으로 정한 때에는 이를 1년으로 한다.
> ③ 전세권의 설정은 이를 갱신할 수 있다. 그 기간은 갱신한 날로부터 10년을 넘지 못한다.
> ④ 건물의 전세권설정자가 전세권의 존속기간 만료 전 6월부터 1월까지 사이에 전세권자에 대하여 갱신거절의 통지 또는 조건을 변경하지 아니하면 갱신하지 아니한다는 뜻의 통지를 하지 아니한 경우에는 그 기간이 만료된 때에 전 전세권과 동일한 조건으로 다시 전세권을 설정한 것으로 본다. 이 경우 전세권의 존속기간은 그 정함이 없는 것으로 본다.

　① 최장존속기간의 제한: 전세권의 존속기간은 10년을 넘지 못하며, 당사자의 약정기간이 10년을 넘는 때에는 10년으로 단축된다.
　② 최단존속기간의 제한 – 건물전세권에만 인정: 건물에 대한 전세권의 존속기간을 1년 미만으로 정한 때에는 이를 1년으로 한다.

③ 법정갱신 – **건물전세권에만** 인정

> 📝 최단기간 1년의 제한과 법정갱신은 토지전세권에는 적용이 없으며 건물전세권에만 적용된다.

㉠ 법정갱신이 되면 그 기간이 만료된 때에 전에 설정된 전세권과 동일한 조건으로 다시 전세권을 설정한 것으로 본다(동일한 기간 ×).

㉡ 법정갱신의 경우에는 등기 없이도 효력이 발생하며 제3자에게 대항할 수 있다(제187조).

㉢ 법정갱신이 되면 기간은 정함이 없는 것으로 된다. 따라서 각 당사자는 언제든지 상대방에 대하여 전세권의 소멸을 통고할 수 있고, 상대방이 이 통고를 받은 날로부터 6월이 경과하면 전세권은 소멸한다(제313조).

(2) **존속기간의 약정이 없는 경우**

전세권의 존속기간을 약정하지 아니한 때에는 각 당사자는 언제든지 상대방에 대하여 전세권의 소멸을 통고할 수 있고, 상대방이 이 통고를 받은 날로부터 6월이 경과하면 전세권은 소멸한다(제313조).

3 전세권의 효력 제32회, 제34회, 제35회

(1) **물적 범위**

타인의 토지에 있는 건물에 전세권을 설정한 때에는 전세권의 효력은 그 건물의 소유를 목적으로 한 지상권 또는 임차권에 미친다(제304조 제1항).

(2) **인적 범위 – 목적물의 소유자가 변경된 경우**

전세권이 성립된 후 목적물의 소유자가 변경된 경우에는 종전소유자는 전세금반환의무를 면하게 되고 새로운 소유자가 전세금반환의무를 부담하게 된다.

(3) **전세권자의 권리·의무**

① 사용·수익권

㉠ 전세권자는 부동산을 점유하여 그 부동산의 용도에 좇아 사용·수익할 권리를 가진다(제303조 제1항).

㉡ 전세권자가 용도에 위반한 사용·수익을 하는 경우 전세권설정자는 전세권의 소멸을 청구할 수 있으며, 이 경우에 전세권설정자는 전세권자에 대하여 원상회복 또는 손해배상을 청구할 수 있다(제311조).

② 유지·수선의무

㉠ 유지·수선의무는 전세권자가 부담한다.

ⓒ 전세권자가 통상적인 관리 및 유지를 위하여 필요비를 지출한 경우에도 그 비용의 상환을 청구할 수 없다. 다만, 유익비의 상환은 청구할 수 있다(제310조 제1항).
　③ 전세금증감청구권: 전세금이 목적부동산에 관한 조세·공과금 기타 부담의 증감이나 경제사정의 변동으로 인하여 상당하지 아니하게 된 때에는 당사자는 장래에 대하여 그 증감을 청구할 수 있다.
　④ 경매청구권과 우선변제권

4 전세권의 처분

(1) 전세권 처분의 자유와 제한
　① 전세권은 물권이므로 원칙적으로 소유자의 동의 없이 자유롭게 양도할 수 있다.
　② 다만, 당사자는 설정행위로써 처분금지특약을 할 수 있고, 이를 등기하면 제3자에게 대항할 수 있다.

(2) 전세권의 양도

> **제307조【전세권 양도의 효력】** 전세권양수인은 전세권설정자에 대하여 전세권양도인과 동일한 권리의무가 있다.

　① 전세권의 양도는 부동산물권변동의 일반원칙에 따른다. 즉, 전세권양도합의와 전세권이전등기에 의하여 전세권은 양도된다.
　② 양수인은 전세권설정자에 대하여 양도인과 동일한 권리·의무를 가지게 되므로 전세권설정자는 양수인에 대하여 전세금반환의무를 지게 된다.

(3) 전전세(轉傳貰)
　① 의의: 전전세란 기존의 전세권은 그대로 존속하면서 그 전세권을 목적으로 하는 전세권을 다시 설정하는 것을 말한다.
　② 요건
　　㉠ 전전세권의 당사자는 전세권자와 전전세권자이며, 전세권설정자는 당사자가 되지 않는다.
　　㉡ 전전세권도 하나의 전세권이므로 부동산물권변동의 일반원칙에 따라 물권적 합의와 등기를 하여야 하며, 전전세권 설정에 전세권설정자의 동의는 필요하지 않다.
　　㉢ 전전세권의 존속기간은 전세권의 존속기간 내이어야 하며, 전전세금은 전세금의 한도를 넘지 못한다.

③ 효과
- ㉠ 전전세권이 설정되더라도 전세권은 소멸하지 않는다.
- ㉡ 전세권이 소멸하면 전전세권도 소멸한다.
- ㉢ 책임의 가중: 전세권의 목적물을 전전세 또는 임대한 경우에는 전세권자는 전전세 또는 임대하지 아니하였으면 면할 수 있는 불가항력으로 인한 손해에 대하여 그 책임을 부담한다(제308조).
- ㉣ 전전세권자의 경매권: 전전세권자는 원전세권의 존속기간이 만료하고, 원전세권설정자가 원전세권자에게 전세금의 반환을 지체한 경우에 한하여 전전세권자는 경매를 청구할 수 있다.

(4) 전세권의 담보 제공

전세권을 담보로 제공할 수 있다. 전세권을 목적으로 할 수 있는 담보는 저당권뿐이므로 결국 전세권은 저당권의 목적이 될 수 있다는 의미이다.

> **판례** 전세권에 대한 저당에서 전세권이 소멸한 경우
>
> 전세권이 기간 만료로 종료된 경우 전세권은 전세권설정등기의 말소등기 없이도 당연히 소멸하고, 저당권의 목적물인 전세권이 소멸하면 저당권도 당연히 소멸하는 것이므로 전세권을 목적으로 한 저당권자는 전세권의 목적물인 부동산의 소유자에게 **더 이상 저당권을 주장할 수 없다**.
> ⇨ 이러한 경우에는 저당권의 목적물인 전세권에 갈음하여 존속하는 것으로 볼 수 있는 전세금반환채권에 대하여 압류 등을 통하여 물상대위를 행사할 수 있다.

5 전세권의 소멸 제28회, 제30회, 제32회, 제33회, 제35회

1. 전세권에 특유한 소멸사유

(1) 전세권설정자의 전세권소멸청구

전세권자가 전세권설정계약 또는 그 목적물의 성질에 의하여 정하여진 용법으로 이를 사용·수익하지 아니한 경우에는 전세권설정자는 전세권의 소멸을 청구할 수 있다(제311조).

(2) 전세권소멸통고

전세권의 존속기간을 약정하지 아니한 때에는 각 당사자는 언제든지 상대방에 대하여 전세권의 소멸을 통고할 수 있고, 상대방이 이 통고를 받은 날로부터 6월이 경과하면 전세권은 소멸한다(제313조).

(3) 목적물의 멸실

① 불가항력으로 인한 멸실

    ㉠ 전부의 멸실: 목적물의 전부가 불가항력으로 멸실한 때에는 전세권은 소멸하고 전세권자는 전세금의 반환을 청구할 수 있다.

    ㉡ 일부의 멸실

        ⓐ 멸실된 부분의 전세권은 소멸하고 잔존부분에 전세권이 존속하며, 멸실부분에 해당하는 만큼의 전세금은 감액된다.

        ⓑ 목적을 달성할 수 없는 경우에 전세권자는 전세권설정자에 대하여 전세권 전부의 소멸을 통고하고 전세금의 반환을 청구할 수 있다(당연소멸 ×).

② 전세권자의 귀책사유로 인한 멸실: 목적물의 전부 또는 일부가 전세권자의 귀책사유로 멸실한 때에는 전세권자는 손해를 배상할 책임을 진다.

2. 전세권 소멸의 효과

(1) 동시이행관계

① 전세권이 소멸하면 전세권설정자는 전세금을 반환하여야 하고, 전세권자는 목적물의 인도와 말소에 필요한 등기서류 등을 교부하여야 한다(제317조). 전세금의 반환과 목적물의 인도 및 말소에 필요한 등기서류 등의 교부는 동시이행관계에 있다.

② 전세권자인 채권자가 전세목적물에 대한 경매를 청구하려면 우선 전세권설정자에 대하여 전세목적물의 인도의무 및 전세권설정등기말소의무의 이행제공을 완료하여 전세권설정자를 이행지체에 빠뜨려야 한다.

(2) 경매청구권 및 우선변제권

① 우선변제권

    ㉠ 선순위 전세권과 후순위 저당권의 관계: 후순위 저당권자가 경매를 신청한 경우에는 전세권은 소멸하지 않는 것을 원칙으로 한다. 다만, 전세권자가 배당을 요구하면 소멸되고(즉, 언제나 존속하는 것이 아님), 이때 설정순위에 따라 전세권자가 먼저 배당을 받는다.

    ㉡ 후순위 전세권과 선순위 저당권의 관계: 누가 경매를 신청하든 양자 모두 소멸하고, 배당은 설정순위에 따라 저당권자가 먼저 받는다.

② 일부전세권의 문제: 건물 일부의 전세권자는 목적물 전부에 대하여 우선변제권은 인정되어도 전부에 대한 경매신청권은 인정될 수 없다.

3. 원상회복의무 · 부속물수거권 · 부속물매수청구권

> **제316조【원상회복의무, 매수청구권】** ① 전세권이 그 존속기간의 만료로 인하여 소멸한 때에는 전세권자는 그 목적물을 원상에 회복하여야 하며 그 목적물에 부속시킨 물건은 수거할 수 있다. 그러나 전세권설정자가 그 부속물건의 매수를 청구한 때에는 전세권자는 정당한 이유 없이 거절하지 못한다.
> ② 전항의 경우에 그 부속물건이 전세권설정자의 동의를 얻어 부속시킨 것인 때에는 전세권자는 전세권설정자에 대하여 그 부속물건의 매수를 청구할 수 있다. 그 부속물건이 전세권설정자로부터 매수한 것인 때에도 같다.

(1) 원상회복의무

(2) 부속물수거권

(3) 전세권설정자의 부속물매수청구권

전세권의 목적부동산에 부속시킨 물건을 수거하면 일반적으로 그 가치가 감소하게 된다. 따라서 「민법」은 전세권이 소멸한 경우에 전세권설정자가 그 부속물건의 매수를 청구한 때에는 전세권자는 정당한 이유 없이 거절하지 못하도록 하고 있다.

(4) 전세권자의 부속물매수청구권

전세권이 소멸한 경우, 그 부속물건이 전세권설정자의 동의를 얻어 부속시킨 것인 때와 전세권설정자로부터 매수한 것인 때에는 전세권자는 전세권설정자에 대하여 그 부속물건의 매수를 청구할 수 있다. 이러한 매수청구권은 형성권에 해당한다.

> **판례** 토지전세권자에게 지상물매수청구권이 인정될 수 있는지 여부
>
> 토지임차인의 건물 기타 공작물의 매수청구권에 관한 「민법」 제643조의 규정은 성질상 토지의 전세권에도 유추적용될 수 있다고 할 것이지만, 그 매수청구권은 토지임차권 등이 건물 기타 공작물의 소유 등을 목적으로 한 것으로서 기간이 만료되어야 하고 건물 기타 지상시설이 현존하여야만 행사할 수 있는 것이다.

4. 유익비상환청구권

(1) 전세권자는 필요비의 상환을 청구할 수 없다.

(2) 유익비에 관하여는 그 가액의 증가가 현존하는 경우에 한하여 전세권설정자의 선택에 따라 그 지출액이나 증가액의 상환을 청구할 수 있다. 이 경우 법원은 설정자의 청구에 의하여 상당한 상환기간을 허여할 수 있다(제310조).

Theme 27 담보물권의 성질 제31회, 제34회

▶ 물권법

1 부종성

(1) 담보물권은 피담보채권이 전제되어야 존재할 수 있다. 즉, 피담보채권이 소멸하면 담보물권도 당연히 소멸한다.
(2) 부종성은 법정담보물권(유치권)에서 엄격히 나타나며, 약정담보물권(근저당권)에서는 완화될 수 있다.

2 수반성

피담보채권이 그 동일성을 유지하면서 이전하게 되면 담보물권도 역시 그에 따라 이전하는 성질을 수반성이라 한다.

3 불가분성

담보물권을 가진 자는 피담보채권의 전부를 변제받을 때까지 목적물의 전부에 관하여 담보물권을 행사할 수 있다.
  유치권의 불가분성은 그 목적물이 분할 가능하거나 수개의 물건인 경우에도 적용된다.

4 물상대위성

(1) 담보물권의 목적물이 멸실·훼손·공용징수되어 그 목적물에 갈음하는 금전 기타의 물건으로 변한 경우, 담보물권이 목적물의 가치변형물 위에 존속하는 성질을 물상대위성이라 한다.
(2) 물상대위를 행사하기 위해서는 보상금 등의 지급 또는 인도 전에 압류하여야 한다. 이때 압류는 반드시 저당권자가 스스로 압류할 것을 요건으로 하지 않으며 제3자가 압류하여도 상관없다.
(3) 담보물이 매매 또는 임차된 경우에는 담보물권이 그 목적물 위에 여전히 존속하므로 그 매매대금이나 차임, 「공익사업을 위한 토지 등의 취득 및 보상에 관한 법률」에 따라 협의취득된 경우에 저당권자는 그 보상금에 대하여 물상대위권을 행사할 수 없다.
(4) 우선변제권이 없는 유치권에는 물상대위성이 인정되지 않는다.

Theme 28 유치권

1 의의와 성질

(1) 의의

유치권은 타인의 물건 또는 유가증권을 점유하는 자가 그 물건이나 유가증권에 관하여 생긴 채권이 변제기에 있는 경우에 변제를 받을 때까지 그 물건 또는 유가증권을 유치하여 채무이행을 간접적으로 강제하는 **법정담보물권**이다.

(2) 법적 성질

① 유치권은 일정한 요건을 갖추면 법률상 당연히 성립하는 법정담보물권이다.
② 유치권은 법정담보물권이므로 유치권 목적물과의 견련관계가 인정되지 않는 채권을 당사자 사이의 약정을 근거로 유치권의 피담보채권으로 인정할 수 없다.

2 유치권의 성립요건 제28회, 제29회, 제30회, 제31회, 제32회, 제33회, 제34회, 제35회

> 제320조 【유치권의 내용】 ① 타인의 물건 또는 유가증권을 점유한 자는 그 물건이나 유가증권에 관하여 생긴 채권이 변제기에 있는 경우에는 변제를 받을 때까지 그 물건 또는 유가증권을 유치할 권리가 있다.
> ② 전항의 규정은 그 점유가 불법행위로 인한 경우에 적용하지 아니한다.

(1) 유치권의 목적물

① 유치권의 목적이 될 수 있는 것은 동산·부동산 또는 유가증권이다. 유치권의 성립에 있어서 부동산유치권이라 하더라도 등기를 하지 않는다.
② **타인의 물건**이어야 한다. 타인의 물건이라면 목적물은 채무자 소유뿐만 아니라 제3자의 소유에 속한 것이라도 상관없다. 즉, 자기 물건에 대한 유치권은 인정되지 않는다. 수급인의 재료와 노력으로 건축되었고 독립한 건물에 해당되는 기성부분은 수급인의 소유라 할 것이므로 수급인은 공사대금을 지급받을 때까지 이에 대하여 유치권을 가질 수 없다(판례).

(2) 견련관계

① **채권과 목적물의 견련관계** - 채권이 목적물 자체로부터 발생한 경우: 예를 들어 목적물에 지출한 비용상환청구권, 목적물로부터 받은 손해배상청구권, 수급인이 목적물에 들인 공사금채권 등은 목적물 그 자체로부터 발생한 것으로서 견련성이 인정된다.

> **참고** 유치권이 인정되지 않는 경우
>
> 1. 임차보증금반환청구권
> 2. 권리금의 반환을 약정한 경우 권리금반환청구권
> 3. 매매계약에 따른 매매대금채권
> 4. 지상물매수·부속물매수를 위한 대금채권
> 5. 임대인의 의무 위반으로 인한 손해배상채권

② **채권과 목적물의 점유와 견련관계** - 불요
  ㉠ 판례는 채권과의 견련성이 요구되는 것은 목적물이며, 목적물의 점유와의 견련성은 요구되지 않는다고 한다.
  ㉡ 따라서 유치권이 인정되기 위한 채권은 점유 중에 발생한 채권에 한정하지 않으며, 채권이 먼저 발생하고 후에 점유를 취득한 경우에도 유치권은 성립한다.

(3) 채권 변제기의 도래

① 채권의 변제기가 도래하여야 한다(제320조 제1항).
② 유익비상환청구에 관하여 법원이 상환기간을 허여하면 유치권은 행사될 수 없다(변제기 도래 ×).

(4) 적법한 점유

① 유치권자는 반드시 목적물을 점유할 것
  ㉠ 직접점유이든 간접점유이든 상관없다. 유치권자가 어떠한 이유에서든지 점유를 상실하면 유치권은 소멸한다(1년 이내에 점유물반환청구를 행사하여 점유를 회복하면 소멸하지 않음).
    > 유치권이 존속하기 위해서는 침탈자를 상대로 점유회수의 소를 제기하여 승소한 것만으로는 부족하며 점유를 회복하여야 한다.
  ㉡ 간접점유라도 상관없으나, 채무자를 직접점유자로 한 경우에는 성립할 수 없다.
② 점유는 불법행위로 인하여 취득한 것이 아닐 것(제320조 제2항)
  ㉠ 타인의 물건을 횡령하거나 절취하여 그 물건에 수선비를 지출하더라도 유치권은 인정되지 않는다.

ⓒ 임대차계약을 체결하지 않고 점유한 경우뿐 아니라 계약이 있었다 하더라도 종료되거나 해지된 이후에 권원 없이 수선비용을 지출한 경우에는 유치권은 인정되지 않는다.

(5) 유치권배제특약의 부존재
① 유치권 발생을 배제하는 당사자 간의 특약은 유효하므로 당사자 사이에 유치권의 발생을 배제하는 특약을 하지 않았어야 한다. 임차인이 임대차 종료시에 건물을 원상으로 복구하기로 약정한 것은 건물에 지출한 각종 유익비 또는 필요비청구권을 포기하기로 한 취지의 특약이므로 임차인은 유치권을 주장할 수 없다.
② 유치권자와 유치물의 소유자 사이에 유치권을 포기하기로 특약한 경우, 제3자도 특약의 효력을 주장할 수 있다.

3 유치권의 효력 제28회, 제31회, 제33회, 제34회, 제35회

(1) 유치권자의 권리 – 유치할 권리
① 인도거절권: 유치권자는 변제를 받을 때까지 목적물 전부를 유치할 권리가 있다.
② 제3자에 대한 효력
  ㉠ 절대적(대세적) 효력
    ⓐ 유치권은 물권이므로 유치권자는 채무자뿐만 아니라 모든 사람에게 주장할 수 있다. 따라서 유치권자는 경매에 있어서 유치권을 가지고 경락인에게도 인도를 거절할 수 있다. 다만, 경락인에게 채무의 변제를 청구할 수는 없다.
    ⓑ 유치권을 가지고 경락인에게 대항하기 위해서는 경매개시결정등기 전(압류 전)까지 유치권을 취득하여야 한다. 만일 경매개시결정의 기입등기가 마쳐져 압류의 효력이 발생한 후에 유치권을 취득한 경우에는 부동산에 관한 경매절차의 매수인에게 대항할 수 없다.
      📝 가압류등기가 경료된 후 점유를 이전받아 유치권을 취득한 경우에는 매수인에게 대항할 수 있다.
  ㉡ 재판상 행사
    ⓐ 목적물인도청구의 소에 대하여 유치권자가 유치권을 행사하지 않는다면 법원도 유치권의 존재를 이유로 인도청구를 배척하지 못한다(원고전부승소판결).
      ⇨ 직권조사 ×
    ⓑ 유치권자가 자신의 유치권을 주장하였다면 원고패소판결을 할 것이 아니라 그 물건에 관하여 생긴 채권의 변제와 상환으로 그 물건의 인도를 명하여야 한다. 즉, 상환급부판결(원고일부승소판결)을 하여야 한다.

(2) 경매권과 간이변제충당권 등

> **제322조【경매, 간이변제충당】** ① 유치권자는 채권의 변제를 받기 위하여 유치물을 경매할 수 있다.
> ② 정당한 이유 있는 때에는 유치권자는 감정인의 평가에 의하여 유치물로 직접변제에 충당할 것을 법원에 청구할 수 있다. 이 경우에는 유치권자는 미리 채무자에게 통지하여야 한다.

① 경매권
  ㉠ 유치권자는 채권의 변제를 받기 위하여 유치물을 경매할 수 있다. 이 경우 유치권은 경매로써 소멸하며 유치권자에게는 우선변제권이 인정되지 않는다(우선변제가 아닌 환가를 위한 경매임).
  ㉡ 유치권자는 채권 전부의 변제를 받을 때까지 유치물 전부에 대하여 그 권리를 행사할 수 있다(불가분성, 제321조). 다세대주택의 창호 등의 공사를 완성한 하수급인이 공사대금채권 잔액을 변제받기 위하여 위 다세대주택 중 한 세대를 점유하여 유치권을 행사하는 경우, 그 유치권은 위 한 세대에 대하여 시행한 공사대금만이 아니라 다세대주택 전체에 대하여 시행한 공사대금채권의 잔액 전부를 피담보채권으로 하여 성립한다(판례).

② 간이변제충당권
  ㉠ 유치물로써 직접 자기 채권의 변제에 충당하는 것을 말한다.
  ㉡ 간이변제충당이 인정되기 위하여 정당한 이유가 있어야 하며 감정인의 평가를 거쳐야 한다. 또한 자신이 임의로 충당하는 것이 아니라 법원에 청구하여야 하며, 채무자에게 미리 그 뜻을 통지하여야 한다.

③ 과실수취권: 유치권자는 유치물의 과실을 수취하여 다른 채권보다 먼저 그 채권의 변제에 충당할 수 있다(제323조 제1항).

④ 별제권: 채무자가 파산한 경우에는 유치권자는 별제권을 갖는다.

⑤ 비용상환청구권: 유치권자는 필요비와 유익비의 상환청구권을 갖는다(제325조).

(3) 유치권자의 의무

> **제324조【유치권자의 선관의무】** ① 유치권자는 선량한 관리자의 주의로 유치물을 점유하여야 한다.
> ② 유치권자는 채무자의 승낙 없이 유치물의 사용, 대여 또는 담보제공을 하지 못한다. 그러나 유치물의 보존에 필요한 사용은 그러하지 아니하다.
> ③ 유치권자가 전 2항의 규정에 위반한 때에는 채무자는 유치권의 소멸을 청구할 수 있다.

ⓐ 선관주의의무: 유치권자는 유치물을 자기 재산과 동일한 주의의무가 아닌 선량한 관리자의 주의로 점유하여야 한다.

ⓑ 사용·대여·담보제공 금지의무: 유치권자는 채무자의 승낙 없이 사용·대여·담보제공을 할 수 없다. 다만, **보존에 필요한 사용**은 채무자의 **승낙 없이도 할 수 있다**.

> 주택을 공사한 자가 공사대금채권을 가지고 유치권을 행사하면서 그 주택을 주거용도로 사용한 것은 보존에 필요한 사용에 해당한다.

판례 보존에 필요한 사용과 부당이득의 반환

공사대금채권에 기하여 유치권을 행사하는 자가 스스로 유치물인 주택에 거주하며 사용하는 것은 특별한 사정이 없는 한 유치물인 주택의 보존에 도움이 되는 행위로서 유치물의 보존에 필요한 사용에 해당한다고 할 것이다. 그리고 유치권자가 유치물의 보존에 필요한 사용을 한 경우에도 특별한 사정이 없는 한 차임에 상당한 이득을 소유자에게 반환할 의무가 있다.

ⓒ 의무 위반의 효과
  ㉠ 유치권자가 그의 의무에 위반한 경우 채무자는 유치권의 소멸을 청구할 수 있다(제324조 제3항).
  ㉡ 이는 형성권이므로 유치권자가 채무자의 의무 위반을 이유로 유치권의 소멸을 청구하면 유치권은 소멸한다(당연소멸 ×).

4 유치권의 소멸 제28회, 제31회, 제35회

(1) 일반적 소멸사유

ⓐ 물권의 일반적 소멸사유인 목적물의 멸실·혼동·포기·토지수용으로 소멸하고, 또한 담보물권의 일반적 소멸사유인 피담보채권의 소멸 등으로 소멸한다. 유치권을 포기한 경우 곧바로 유치권은 소멸하며 유치권 포기로 인한 유치권의 소멸은 유치권 포기의 의사표시의 상대방뿐 아니라 그 이외의 사람도 주장할 수 있다(판례).

ⓑ 유치권의 행사는 **채권의 소멸시효의 진행에 영향을 미치지 아니한다**(제326조).

(2) 유치권에 특유한 소멸사유

ⓐ 의무 위반시 채무자의 소멸청구
ⓑ 다른 담보의 제공으로 인한 소멸청구

> 유치물 가액이 피담보채권액보다 많을 경우에는 피담보채권액에 해당하는 담보를 제공하면 되고, 유치물 가액이 피담보채권액보다 적을 경우에는 유치물 가액에 해당하는 담보를 제공하면 된다.

ⓒ 점유의 상실

Theme 29 저당권

▶ 물권법

1 의의와 성질

(1) 의의

> 제356조 【저당권의 내용】 저당권자는 채무자 또는 제3자가 점유를 이전하지 아니하고 채무의 담보로 제공한 부동산에 대하여 다른 채권자보다 자기채권의 우선변제를 받을 권리가 있다.

저당권은 채무자 또는 제3자(물상보증인)가 채무의 담보로 제공한 부동산 또는 부동산물권(지상권·전세권)을 채권자가 인도받지 않고서 그 목적물을 관념상으로만 지배하면서, 채무의 변제가 없는 경우에 그 목적물로부터 우선변제를 받는 약정담보물권이다(제356조).

(2) 법적 성질
① 우선변제적 효력
② 점유를 수반하지 않는 권리
③ 담보물권으로서의 통유성인 부종성·수반성·불가분성·물상대위성을 갖는다.

2 저당권의 성립요건 제31회, 제34회

(1) 저당권설정계약의 당사자
① 저당권설정자는 피담보채권의 채무자인 것이 보통이지만 제3자, 즉 물상보증인이라도 상관없다. 다만, 저당권자는 원칙적으로 채권자에 한한다.
② 채권자와 채무자 및 제3자 사이에 합의가 있었고, 나아가 제3자에게 그 채권이 실질적으로 귀속되었다고 볼 수 있는 특별한 사정이 있는 경우에는 제3자 명의의 저당권 등기도 유효하다.

(2) 저당권설정등기
① 물권변동의 일반원칙에 따라 저당권을 설정하기 위해서는 저당권설정계약 외에 등기를 하여야 한다. 등기는 효력발생요건이지 효력존속요건이 아니므로 저당권등기가 불법말소되어도 저당권은 존속한다. 따라서 말소회복을 요구할 수 있다.
② 저당권설정등기가 불법말소된 후 경매가 실행된 경우에는 말소회복등기를 할 수 없다.

(3) 저당권의 객체

저당권은 점유를 수반하지 않으므로 목적물은 반드시 등기·등록의 대상이 될 수 있는 것이어야 한다.

(4) 저당권을 설정할 수 있는 채권(피담보채권)

① 저당권에 의하여 담보될 수 있는 채권, 즉 피담보채권은 대개 금전채권이지만 반드시 금전채권에 한정되는 것은 아니다.
② 피담보채권이 금전을 목적으로 하지 아니한 채권인 때에는 피담보채권의 가액을 금전으로 산정하여 이를 등기하여야 한다.
③ 조건부 채권이나 기한부 채권처럼 아직 확정되지 아니한 장래 발생할 채권을 위하여도 저당권을 설정할 수 있으며, 장래에 발생할 불특정채권을 위한 저당권도 설정할 수 있다.

3 저당권의 효력 제28회, 제29회, 제30회, 제31회, 제32회, 제33회, 제34회, 제35회

1. 저당권의 효력이 미치는 범위

(1) 피담보채권의 범위

> **제360조 【피담보채권의 범위】** 저당권은 원본, 이자, 위약금, 채무불이행으로 인한 손해배상 및 저당권의 실행비용을 담보한다. 그러나 지연배상에 대하여는 원본의 이행기일을 경과한 후의 1년분에 한하여 저당권을 행사할 수 있다.

① 원본: 등기된 원본채권은 담보된다. 금전채권이 아닌 경우에는 그 가액을 금전으로 평가하여 등기하여야 한다.
② 이자: 등기된 이자는 무제한 담보된다.
③ 위약금: 등기된 위약금은 담보된다.
④ 채무불이행으로 인한 손해배상(지연배상): 등기하지 않아도 원본의 이행기일을 경과한 후의 1년분에 한하여 저당권에 의하여 담보된다(제360조 단서).

> **참고** 지연배상금의 한정
> 지연배상금을 1년분으로 한정한 것은 후순위 권리자 기타 제3자를 보호하기 위한 것이다. 따라서 채무자가 임의로 변제할 때에는 1년분을 초과한 지연배상도 전부 변제하여야 한다.

⑤ 실행비용: 등기하지 않아도 담보된다.
  저당물의 보존비용이나 저당물로부터 발생한 손해배상채권은 담보되지 않는다.

(2) 목적물의 범위

> **제358조【저당권의 효력의 범위】** 저당권의 효력은 저당 부동산에 부합된 물건과 종물에 미친다. 그러나 법률에 특별한 규정 또는 설정행위에 다른 약정이 있으면 그러하지 아니하다.
>
> **제359조【과실에 대한 효력】** 저당권의 효력은 저당 부동산에 대한 압류가 있은 후에 저당권설정자가 그 부동산으로부터 수취한 과실 또는 수취할 수 있는 과실에 미친다. 그러나 저당권자가 그 부동산에 대한 소유권, 지상권 또는 전세권을 취득한 제3자에 대하여는 압류한 사실을 통지한 후가 아니면 이로써 대항하지 못한다.

① 부합물·종물
  ㉠ 저당권의 효력은 저당 부동산에 부합된 물건과 종물에 미친다. 다만, 법률에 특별한 규정(제256조 단서; 권원에 의하여 설치된 독립성 있는 물건) 또는 다른 약정이 있으면 미치지 않으며, 이를 등기하면 제3자에게 대항할 수 있다.
  ㉡ 저당권설정 당시에 이미 부합된 것인지 아니면 설정 후에 부합된 것인지를 묻지 않는다.

> **⚖ 판례**   저당권 목적물의 범위
>
> 1. "저당권의 효력은 저당 부동산에 부합된 물건과 종물에 미친다."고 규정하고 있는바, 이 규정은 저당 부동산에 종된 권리에도 유추적용되어 건물에 대한 저당권의 효력은 그 건물의 소유를 목적으로 하는 지상권에도 미친다고 보아야 할 것이다.
> 2. 구분소유의 전유부분만에 관하여 설정된 저당권의 효력은 종된 권리인 대지사용권에까지 당연히 미친다.

② 과실
  ㉠ 저당 부동산의 과실에는 원칙적으로 저당권의 효력이 미치지 않는다. 저당권은 목적물의 사용·수익권을 저당권설정자에게 유보하여 두기 때문이다.
  ㉡ 저당 부동산에 대한 압류가 있은 후에는 저당권설정자가 수취한 과실 또는 수취할 수 있는 과실에 대하여 저당권의 효력이 미친다(제359조).

(3) 저당권이 설정된 토지 위의 건물

> **제365조【저당지상의 건물에 대한 경매청구권】** 토지를 목적으로 저당권을 설정한 후 그 설정자가 그 토지에 건물을 축조한 때에는 저당권자는 토지와 함께 그 건물에 대하여도 경매를 청구할 수 있다. 그러나 그 건물의 경매대가에 대하여는 우선변제를 받을 권리가 없다.

토지를 저당권의 목적으로 하는 경우에는 독립한 부동산인 건물에는 당연히 저당권의 효력이 미치지 않는다. 따라서 저당권설정자가 저당권을 설정한 후 저당목적물인 토지 상에 건물을 축조하게 되면 저당권의 실행으로 건물이 철거되어야 하며 저당목적물의 담보가치는 하락하게 되는데, 이를 방지할 필요성이 있으므로 일괄경매를 규정한다.

① 요건
  ㉠ 저당권설정 후에 저당지상에 건물이 신축된 경우이어야 한다. 따라서 저당권설정 당시에 이미 건물이 존재하고 있다면 일괄경매는 인정될 수 없다.
  ㉡ **저당권설정자가 소유하고 있어야 한다**. 따라서 저당권설정자가 아닌 제3자가 건물을 소유하고 있다면 일괄경매를 할 수 없다. 판례는 용익권자가 축조한 건물이라도 저당권설정자가 이를 매수하였다면 일괄경매를 허용한다.
  ㉢ 일괄경매는 권리이지 의무가 아니다.

② 효과
  ㉠ 일괄경매를 할지라도 저당권자는 **건물의 매각대금으로부터 우선변제를 받지 못한다**.
  ㉡ 대지만의 매각대금으로 경매비용과 피담보채권을 변제하는 데 충분하다 하더라도 건물도 이와 일괄하여 경매하였다 하여 위법하다고 할 수 없다.

2. 우선변제적 효력

(1) 채무자가 채권의 변제기가 도래하였음에도 불구하고 채무를 변제하지 않는 경우에는 저당권자는 경매를 청구할 수 있고, 이로부터 다른 채권자보다 자기 채권을 우선변제받을 권리가 있다.

(2) 저당권자가 직접 저당권을 실행하여 우선변제를 받을 수 있으며, 또한 다른 채권자의 저당목적물에 대한 경매신청에 대하여 배당에 참가하여 우선변제를 받을 수도 있다.

> **참고** 경매시 배당순위
>
> 1. 1순위: 경매실행(집행)비용(경매신청 채권자가 지출한 경매신청비용 이하 모든 비용, 즉 감정평가료, 신문공고비용, 집행관 집행수수료, 송달료, 각종 인지대 등)
> 2. 2순위: 제3취득자가 경매목적 부동산에 지출한 필요비, 유익비
> 3. 3순위
>   ① 소액임차인의 보증금 중 일정액
>   ② 최종 3개월분 임금채권
>   ③ 최종 3년분 퇴직금
>   ④ 재해보상금

4. 4순위(당해세): 당해세란 당해 부동산에 부과된 국세(상속세, 증여세 및 종합부동산세), 지방세나 가산금을 말한다.
   📝 예외: 대항력 있는 주택임차인의 확정일자가 법정기일보다 빠를 경우 임차인의 보증금을 우선 배당
5. 5순위(시간순에 의하여 우선변제)
   ① 저당권, 전세권, 담보가등기
   ② 대항요건과 확정일자를 갖춘 임차인의 임차보증금채권
   ③ 당해세 이외의 조세채권(국세, 지방세)
6. 6순위: 최종 3개월분의 임금을 제외한 임금채권
7. 7순위: 전세권이나 저당권 등의 설정일보다 법정기일이 늦은 조세채권
8. 8순위: 국민연금, 의료보험, 전기세, 수도세, 공과금 등
9. 9순위: 일반채권

3. 제3취득자의 지위

(1) 의의

① 부동산에 저당권이 설정된 후에 소유권, 지상권, 전세권 등을 취득한 자를 제3취득자라고 한다.
② 후순위 근저당권자는 제3취득자에 해당하지 않는다.

(2) 제3취득자의 보호규정

① 경매인이 될 수 있는 권리

> **제363조【저당권자의 경매청구권, 경매인】** ② 저당물의 소유권을 취득한 제3자도 경매인이 될 수 있다.

제3취득자는 저당권이 실행되면 경매인이 될 수 있다고 함으로써 권리를 보전히는 방법을 두고 있다.

② 제3취득자의 변제

> **제364조【제3취득자의 변제】** 저당 부동산에 대하여 소유권, 지상권 또는 전세권을 취득한 제3자는 저당권자에게 그 부동산으로 담보된 채권을 변제하고 저당권의 소멸을 청구할 수 있다.

㉠ 제3취득자는 보통저당권의 경우에는 담보된 채권(지연이자는 1년분까지만), 근저당권인 경우에는 최고액만을 변제하면 된다.

ⓒ 후순위 근저당권자는 제3취득자가 아니다. 따라서 후순위 근저당권자는 최고액만을 변제하고 근저당권의 말소를 청구할 수 없다.

③ 비용의 우선상환

　　㉠ 저당물의 제3취득자가 그 부동산의 보존·개량을 위하여 필요비 또는 유익비를 지출한 때에는 저당물의 경매대가에서 우선상환을 받을 수 있다.

　　ⓒ 제3취득자가 경매절차를 통하지 않고 직접 저당권설정자, 저당권자 또는 경매절차 매수인 등에 대하여 비용상환을 청구할 수 있는 권리는 인정되지 않는다. 따라서 제3취득자는「민법」제367조에 의한 비용상환청구권을 피담보채권으로 주장하면서 유치권을 행사할 수 없다(대판 2022다265093).

4. 저당권의 침해에 대한 구제

(1) 저당권의 침해

저당권은 목적물에 대한 교환가치를 파악하여 그 채권의 담보를 목적으로 하는 것이므로 교환가치를 감소시키는 것은 저당권에 대한 침해가 된다.

(2) 구제방법

① 물권적 청구권 – 침해행위의 제거·예방청구

　　㉠ 저당권의 침해가 있는 경우 방해제거나 예방을 청구할 수 있다. 이 물권적 청구권은 그 침해가 있는 한 비록 손해가 발생하지 않았다 하더라도 행사할 수 있다.

　　ⓒ 저당권은 목적물을 점유하는 것을 내용으로 하지 않기 때문에 반환청구권이 인정되지 않는다.

② 손해배상청구권

　　㉠ 고의 또는 과실에 의한 저당권의 침해로 목적물의 가액에서 피담보채권의 변제가 부족하게 되었을 때, 즉 손해가 발생한 때에는 손해배상을 청구할 수 있다.

　　ⓒ 손해가 발생하였다면 저당권 실행 전에도 손해배상을 청구할 수 있다.

③ 담보물(저당물)보충청구권

> **제362조【저당물의 보충】** 저당권설정자의 책임 있는 사유로 인하여 저당물의 가액이 현저히 감소된 때에는 저당권자는 저당권설정자에 대하여 그 원상회복 또는 상당한 담보제공을 청구할 수 있다.

　　㉠ 저당권설정자의 귀책사유가 있어야 한다.

　　ⓒ 담보물보충청구권을 행사한 경우에는 채권자는 채무자에 대하여 손해배상청구권이나 기한이익의 상실로 인한 즉시변제청구권을 행사할 수 없다.

④ 즉시변제청구권
　㉠ 채무자가 담보를 손상·감소·멸실하게 한 때에는 기한의 이익을 잃는다(제388조). 따라서 저당권자는 곧 변제를 청구하거나 저당권을 실행할 수 있다.
　㉡ 즉시변제청구권은 손해배상청구권과 함께 행사할 수 있으나, 담보물보충청구권과는 선택적으로 행사할 수 있을 뿐이다.

4 저당권의 처분과 소멸 제28회, 제29회, 제30회, 제34회

제361조【저당권의 처분제한】저당권은 그 담보한 채권과 분리하여 타인에게 양도하거나 다른 채권의 담보로 하지 못한다.
제369조【부종성】저당권으로 담보한 채권이 시효의 완성 기타 사유로 인하여 소멸한 때에는 저당권도 소멸한다.

5 공동저당 제29회

제368조【공동저당권 대가의 배당, 차순위자의 대위】① 동일한 채권의 담보로 수개의 부동산에 저당권을 설정한 경우에 그 부동산의 경매대가를 동시에 배당하는 때에는 각 부동산의 경매대가에 비례하여 그 채권의 분담을 정한다.
② 전항의 저당 부동산 중 일부의 경매대가를 먼저 배당하는 경우에는 그 대가에서 그 채권 전부의 변제를 받을 수 있다. 이 경우에는 그 경매한 부동산의 차순위 저당권자는 선순위 저당권자가 전항의 규정에 의하여 다른 부동산의 경매대가에서 변제를 받을 수 있는 금액의 한도에서 선순위자를 대위하여 저당권을 행사할 수 있다.

1. 의의와 성질

(1) 의의

동일한 채권의 담보를 위하여 수개의 부동산 위에 설정된 저당권을 공동저당이라고 한다.

(2) 성질

복수의 부동산 위에 1개의 저당권이 있는 것이 아니라 각 부동산마다 1개의 저당권이 있는 것이다.

2. 공동저당의 성립

(1) 설정계약

반드시 한 번에 모두 설정되어야 하는 것은 아니며, 때를 달리하여 추가담보로 설정될 수도 있다.

(2) 등기

① 공동저당에 의하여 각 부동산 위에 저당권이 성립하므로 각 목적물 위의 저당권마다 일반원칙에 따른 등기를 하면 된다.
② 목적 부동산의 수가 5개 이상인 때에는 공동담보목록을 첨부하여야 한다.

3. 공동저당의 실행

(1) 공동저당목적물이 모두 채무자 소유일 경우

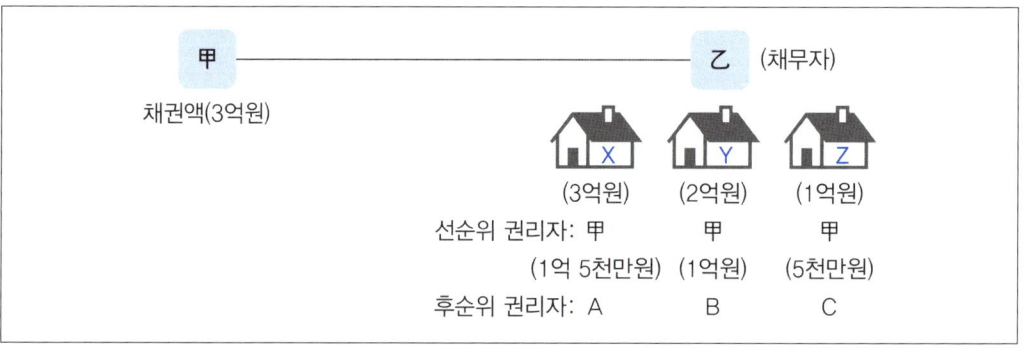

① 동시배당: 동일한 채권의 담보로 수개의 부동산에 저당권을 설정한 경우에 그 부동산의 경매대가를 동시에 배당하는 때에는 각 부동산의 경매대가에 비례하여 그 채권의 분담을 정한다(제368조 제1항).

㉠ 이 사례에서 X·Y·Z건물을 동시에 배당하는 때에는 경매대가에 비례하여 배당액을 정한다. 즉, X·Y·Z의 경매대가가 3 : 2 : 1(각각 3억원, 2억원, 1억원)의 비율이므로 선순위 권리자인 甲은 X건물에서 자신의 채권액 3억원의 6분의 3인 1억 5천만원을 배당받고, Y건물에서 6분의 2인 1억원, Z건물에서 6분의 1인 5천만원을 배당받는다. 후순위 권리자인 A·B·C는 경매대가의 잔액이 있으면 후순위로 우선변제를 받을 수 있으며, 잔액이 없으면 일반채권이 될 뿐이다.

㉡ 동시배당시에 경매대가에 비례한다는 규정은 후순위 권리자가 없는 경우에도 적용된다.

② 이시배당: 저당 부동산 중 일부의 경매대가를 먼저 배당하는 경우에는 그 대가에서 그 채권 전부의 변제를 받을 수 있다. 이 경우에는 그 경매한 부동산의 차순위 저당권자는 선순위 저당권자가 동시배당에 의하여 다른 부동산의 경매대가에서 변제를 받을 수 있는 금액의 한도에서 선순위 권리자를 대위하여 저당권을 행사할 수 있다(제368조 제2항).

㉠ 甲이 동시배당을 하였다면 X부동산에서 1억 5천만원, Y부동산에서 1억원, Z부동산에서 5천만원을 배당받게 되는데, X부동산으로부터 전액을 변제받았으므로 후순위 권리자인 A가 甲 대신 Y부동산에서 1억원을, Z부동산에서 5천만원을 대위하여 변제받게 된다.

㉡ 공동저당권자가 채권의 전부를 변제받은 경우뿐만 아니라 일부변제를 받은 경우에도 후순위 저당권자의 대위권이 인정된다.

(2) 공동저당목적물의 일부가 물상보증인 소유일 경우

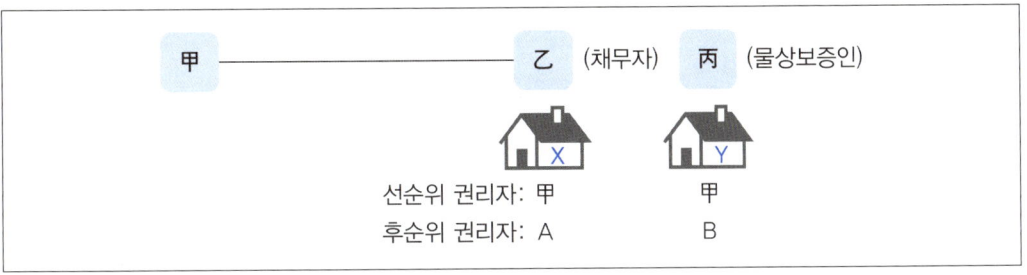

① 동시배당: 이 경우에는 "부동산의 경매대가를 동시에 배당하는 때에는 각 부동산의 경매대가에 비례하여 그 채권의 분담을 정한다."고 규정하고 있는 제368조 제1항이 적용되지 않는다. 이러한 경우 경매법원으로서는 채무자 소유 부동산의 경매대가에서 공동저당권자에게 우선적으로 배당을 하고, 부족분이 있는 경우에 한하여 물상보증인 소유 부동산의 경매대가에서 추가로 배당을 하여야 한다.

② 이시배당

㉠ 채무자 소유의 부동산이 먼저 경매된 경우: 채무자 소유인 X부동산에 대하여 먼저 경매가 이루어져 甲이 채권 전부 또는 일부를 변제받은 경우 채무자 소유 부동산의 후순위 권리자인 A는 물상보증인 소유 부동산에 대위할 수 없다.

㉡ 물상보증인 소유의 부동산이 먼저 경매된 경우: 물상보증인 소유인 Y부동산에 대하여 먼저 경매가 이루어져 甲이 채권 전부 또는 일부를 변제받은 경우 물상보증인 소유 부동산의 후순위 권리자인 B는 채무자 소유 부동산에 대위할 수 있다.

> **판례** 공동저당권의 실행

1. 「주택임대차보호법」 제8조에 규정된 소액보증금반환청구권은 임차목적 주택에 대하여 저당권에 의하여 담보된 채권, 조세 등에 우선하여 변제받을 수 있는, 이른바 법정담보물권으로서 주택임차인이 대지와 건물 모두로부터 배당을 받는 경우에는 마치 그 대지와 건물 전부에 대한 공동저당권자와 유사한 지위에 서게 되므로 대지와 건물이 동시에 매각되어 **주택임차인에게 그 경매대가를 동시에 배당하는 때에는 「민법」 제368조 제1항을 유추적용하여 대지와 건물의 경매대가에 비례하여 그 채권의 분담을 정하여야 한다.**
2. 동일한 채권의 담보로 부동산과 선박에 대하여 저당권이 설정된 경우에는 「민법」 제368조 제2항 후문의 차순위자의 대위규정이 적용 또는 유추적용되지 않는다.

   📝 제368조의 공동저당에서 후순위 권리자의 대위권을 수개의 부동산 위에 공동저당이 설정된 경우에만 적용하고 있다.

6 근저당 제28회, 제31회, 제33회, 제34회, 제35회

> **제357조【근저당】** ① 저당권은 그 담보할 채무의 최고액만을 정하고 채무의 확정을 장래에 보류하여 이를 설정할 수 있다. 이 경우에는 그 확정될 때까지의 채무의 소멸 또는 이전은 저당권에 영향을 미치지 아니한다.
> ② 전항의 경우에는 채무의 이자는 최고액 중에 산입한 것으로 본다.

(1) 의의 및 성질

① 의의: 근저당권이란 계속적인 거래관계(기본계약)로부터 발생하는 불특정한 장래의 채권을 일정한 한도액(최고액)까지 담보하기 위하여 설정하는 저당권이다.

② 성질
   ㉠ 부종성의 완화: 근저당권은 장래의 증감변동하는 불특정의 채권을 담보하므로 피담보채권이 일시소멸하더라도 기본계약이 존속하는 한 근저당권은 소멸하지 않는다.
   ㉡ 피담보채권의 불특정성: 원본이 확정될 때까지는 어느 채권이 담보되는가는 특정되지 않는다. 즉, 근저당권은 최고액의 한도 내에서 불특정의 채권을 담보하는 저당권이다.

(2) 근저당권설정등기

① 근저당권설정등기에는 등기원인이 근저당권설정이라는 취지와 채권의 최고액 및 채무자를 기재하여야 한다.

② 근저당권의 존속기간이나 기존 거래관계의 결산기에 관한 약정은 등기하지 않아도 된다.

(3) 효력

① 피담보채권의 범위

　㉠ 계속적 거래관계에서 발생한 채권이 최고액을 초과하면 최고액만을, 최고액에 미달하면 그 확정액만을 우선변제받을 수 있다.

　㉡ 채무의 이자는 최고액 중에 포함된다(제357조 제2항). 따라서 지연배상은 1년분에 한정하지 않고 최고액에 포함되는 이상 모두 담보된다.

　㉢ 근저당권 실행비용은 최고액에 포함되지 않는다.

　㉣ 채권 총액이 최고액을 초과할 경우 채무자가 임의변제할 때에는 채권액 전부를 변제하여야만 근저당의 말소를 청구할 수 있으나, 물상보증인이나 제3취득자는 최고액만을 변제하고 근저당의 말소를 청구할 수 있다.

　㉤ 최고액은 책임의 한도가 아니라 우선변제의 한도액에 해당한다.

② 근저당권의 변경: 근저당권은 피담보채무가 확정되기 이전이라면 채무의 범위 또는 채무자를 변경할 수 있는 것이고, 채무의 범위나 채무자가 변경된 경우에는 당연히 변경 후의 범위에 속하는 채권이나 채무자에 대한 채권만이 당해 근저당권에 의하여 담보된다.

③ 피담보채권의 확정

　㉠ 피담보채권이 확정되면 더 이상의 채권액의 증감변동은 없으며, 이후부터 근저당권은 부종성을 가지게 되어 보통의 저당권과 같은 취급을 받게 된다. 따라서 피담보채권이 확정된 후에 채권액이 증가하였더라도 그 부분은 담보되지 않는다.

　㉡ 확정 후에 발생하는 이자나 지연손해금채권은 최고액 범위 내에서 여전히 담보된다.

　㉢ 피담보채권의 확정사유

　　ⓐ 존속기간 만료 내지 결산기 도래

　　ⓑ 기본계약의 종료(해지)

　　ⓒ 채무자의 파산 또는 회생절차의 개시

　　ⓓ 경매신청

> **핵심** 피담보채권의 확정시기

1. 근저당권자가 스스로 경매를 신청한 경우 – 신청시 확정
   ① 근저당권자가 피담보채무의 불이행을 이유로 경매신청을 한 경우에는 경매신청시에 근저당권이 확정되고 근저당권이 확정되면 그 후에 발생한 원금채권은 그 근저당권에 의하여 담보되지 않는다 할 것이다.
   ② 경매신청을 하여 경매개시결정이 있었다면 경매신청이 취하되었다고 하더라도 채무 확정의 효과가 번복되는 것은 아니다.
2. 후순위 근저당권자가 경매를 신청한 경우 – 매각(경락)대금 완납시 확정
   후순위 근저당권자가 경매를 신청한 경우 선순위 근저당권의 피담보채권은 그 근저당권이 소멸하는 시기, 즉 경락인이 경락대금을 완납한 때에 확정된다고 보아야 한다.

(4) 근저당권의 이전

① 피담보채권이 확정되기 전(前)
  ㉠ 피담보채권이 확정되기 전에 채권의 전부·일부가 양도되거나 대위변제가 된 경우에는 이를 원인으로 근저당권이전등기를 할 수 없다.
  ㉡ 근저당권에서는 보통의 저당권과는 달리 계속적 계약관계에서 발생하는 채권을 담보하기 때문에 그 기본계약의 승계가 있어야만 근저당권의 이전도 가능하다.
② 피담보채권이 확정된 후(後): 피담보채권이 확정되면 근저당권은 일반저당권과 동일하게 되므로 채권의 전부·일부가 양도되거나 대위변제된 경우에는 양수인 또는 대위변제자에게 근저당권이 이전된다.

Theme 30 계약법 총론

1 계약의 종류 제28회, 제30회, 제31회, 제33회, 제35회

(1) 쌍무계약·편무계약

① 쌍무계약
  ㉠ 계약 당사자의 쌍방이 서로 대가적 의미를 가지는 채무를 부담하는 계약을 말한다.
  ㉡ 매매, 교환, 임대차, 고용, 도급, 조합, 화해 등이 쌍무계약에 속하고, 소비대차, 위임, 임치도 유상인 때에는 쌍무계약이 된다.

② 편무계약
  ㉠ 계약 당사자의 일방만이 채무를 부담하거나, 또는 쌍방이 채무를 부담하더라도 그 채무가 서로 대가적 의미를 갖지 않는 계약을 말한다.
  ㉡ 증여, 사용대차, 현상광고가 편무계약에 속하고, 소비대차, 위임, 임치도 무상인 때에는 편무계약이 된다.

③ **구별의 실익**: 쌍무계약에 있어서는 동시이행의 항변(제536조), 위험부담(제537조 이하)의 문제가 생기지만, 편무계약에서는 원칙적으로 이러한 문제가 생기지 않는다.

(2) 유상계약·무상계약

계약의 전과정을 통해 계약 당사자가 서로 대가적 의미를 가진 재산상 출연 내지 출재(出財)를 하느냐에 따라 유상계약과 무상계약으로 구별한다.

① 유상계약
  ㉠ 계약 당사자가 서로 대가적 의미가 있는 재산상의 출연을 하는 계약이다.
  ㉡ 매매, 임대차 등 모든 쌍무계약과 현상광고는 유상계약에 속한다.

② 무상계약
  ㉠ 당사자 일방만이 급부를 하거나 또는 당사자 쌍방이 급부를 하더라도 그 급부 사이에 대가적 의미가 없는 계약이다.
  ㉡ 증여, 사용대차 등이 무상계약에 속한다.

③ **구별의 실익**: 「민법」상 유상계약에는 매매에 관한 규정(계약금, 담보책임 등)이 준용된다(제567조).

> **Tip** 쌍무계약은 모두 유상계약이지만, 유상계약이 모두 쌍무계약인 것은 아니다.

(3) 낙성계약·요물계약

① 낙성계약: 당사자의 합의만으로 성립하는 계약이며, 「민법」상 전형계약은 현상광고를 제외하고는 모두 낙성계약에 속한다.
② 요물계약: 당사자의 합의 이외에 물건의 인도 기타의 급부를 하여야만 성립하는 계약으로, 「민법」상 전형계약 중에서 현상광고만이 요물계약이다. 비전형계약 중에는 대물변제, 계약금계약, 보증금계약 등이 요물계약에 해당한다.

2 약관에 의한 계약 제32회

1. 의의

약관이란 계약의 일방 당사자가 다수의 상대방과 계약을 체결하기 위하여 일정한 형식에 의하여 미리 마련한 계약의 내용을 말한다.

2. 약관의 구속력

(1) 구속력의 근거

약관이 구속력을 갖는 이유는 당사자 합의에 의하여 약관이 계약의 내용에 편입되었기 때문이다(계약설).

> **판례** 구속력의 근거
>
> 보통 보험약관이 계약 당사자에 대하여 구속력을 가지는 것은 그 자체가 법규범 또는 법규범적 성질을 가진 약관이기 때문이 아니라 보험계약 당사자 사이에서 계약 내용에 포함시키기로 합의하였기 때문이라고 볼 것이다.

(2) 명시·설명의무

① 원칙: 사업자는 계약을 체결할 때에는 고객에게 약관의 내용을 계약의 종류에 따라 일반적으로 예상되는 방법을 분명하게 밝히고 고객이 요구할 경우 그 약관의 사본을 고객에게 내주어 고객이 약관의 내용을 알 수 있게 하여야 한다(「약관의 규제에 관한 법률」 제3조 제2항). 이를 위반한 경우에 사업자는 그 약관을 계약의 내용으로 주장하지 못한다(「약관의 규제에 관한 법률」 제3조 제4항). 다만, 고객이 명시·설명을 받지 못한 약관의 효력을 주장하는 것은 허용된다.

② 예외
   ㉠ 일정한 업종에 해당하는 약관이나 계약의 성질상 설명이 현저하게 곤란한 경우에는 그러하지 아니하다(「약관의 규제에 관한 법률」 제3조 제2항·제3항).
   ㉡ 고객이 그 내용에 대하여 충분히 잘 알고 있는 사항에 대하여는 명시·설명의무가 면제된다. 이 경우 그 약관의 내용을 충분히 잘 알고 있다는 점은 이를 주장하는 사업자 측에서 입증하여야 한다.
   ㉢ 약관의 내용이 이미 법령에 의하여 정하여진 것을 되풀이 하는 것에 불과한 경우에는 약관 작성자에게 명시·설명의무가 없다.

(3) 약관의 해석
① 객관적 해석의 원칙: 약관은 신의성실의 원칙에 따라 공정하게 해석되어야 하며 고객에 따라 다르게 해석되어서는 아니 된다(「약관의 규제에 관한 법률」 제5조 제1항).
② 작성자 불이익의 원칙: 약관의 뜻이 명백하지 아니한 경우에는 고객에게 유리하게 해석되어야 한다(「약관의 규제에 관한 법률」 제5조 제2항).
③ 개별약정 우선의 원칙: 약관에서 정하고 있는 사항에 관하여 사업자와 고객이 약관의 내용과 다르게 합의한 사항이 있을 때에는 당해 합의사항은 약관에 우선한다(「약관의 규제에 관한 법률」 제4조).

(4) 불공정조항
무효로 한다.

(5) 일부무효의 특칙
약관의 전부 또는 일부의 조항이 무효인 경우 계약은 나머지 부분만으로 유효하게 존속한다. 다만, 유효한 부분만으로는 계약의 목적달성이 불가능하거나 그 유효한 부분이 한쪽 당사자에게 부당하게 불리한 경우에는 그 계약을 무효로 한다(「약관의 규제에 관한 법률」 제16조).

3 청약과 승낙에 의한 계약의 성립 제28회, 제29회, 제31회, 제32회, 제33회, 제35회

계약이 성립하려면 당사자의 서로 대립하는 의사표시인 청약과 승낙의 합치, 즉 '합의'가 있어야만 한다. 이러한 합의가 있기 위해서는 '객관적 합치'(내용의 합치)와 '주관적 합치'(상대방의 합치)가 있어야 한다.

1. 청약

(1) 의의

① 청약은 승낙과 결합하여 일정한 계약을 성립시킬 것을 목적으로 하는 구체적·확정적 의사표시로서 법률사실이다.

② 청약은 그에 대한 승낙에 의하여 곧바로 계약의 성립에 필요한 의사합치에 이를 수 있을 정도로 내용적으로 확정되어 있거나 해석에 의하여 확정될 수 있어야 한다.

(2) 성질과 요건

① 청약은 하나의 의사표시이다. 그러나 청약만으로 계약이 성립하지는 않으므로 청약이 법률행위에 해당하는 것은 아니다.

② 불특정 다수인에 대한 청약도 유효하다(예 자동판매기의 설치, 신문광고에 의한 청약, 버스의 정류소에서의 정차 등).

③ 청약의 유인: 청약의 유인이란 타인을 꾀어내어 자기에게 청약을 하게 하려는 행위를 말한다(예 구인광고, 분양광고, 견적서의 제시 등). 청약의 유인은 청약을 하기 전의 사전 준비행위이므로 확정적일 필요가 없다.

> 📝 광고는 일반적으로 청약의 유인에 불과하지만 그 내용이 명확하고 확정적이며 광고주가 광고의 내용대로 계약에 구속되려는 의사가 명백한 경우에는 이를 청약으로 볼 수 있다(예 분양광고에서 아파트의 외형과 재질은 계약의 내용으로 본다).

(3) 효력

① 청약의 효력발생시기(도달주의)

㉠ 청약도 하나의 의사표시이므로 원칙적으로 도달에 의하여 효력이 발생한다(제111조 제1항). 즉, 격지자·대화자를 구별하지 않고 도달시에 그 효력이 발생한다.

㉡ 청약자가 청약을 발신한 후 그것이 상대방에게 도달하기 전에 사망하거나 또는 제한능력자가 되더라도 청약의 효력에는 영향을 미치지 아니한다(제111조 제2항).

② 청약의 구속력

> **제527조【계약의 청약의 구속력】** 계약의 청약은 이를 철회하지 못한다.
>
> **제528조【승낙기간을 정한 계약의 청약】** ① 승낙의 기간을 정한 계약의 청약은 청약자가 그 기간 내에 승낙의 통지를 받지 못한 때에는 그 효력을 잃는다.
>
> **제529조【승낙기간을 정하지 아니한 계약의 청약】** 승낙의 기간을 정하지 아니한 계약의 청약은 청약자가 상당한 기간 내에 승낙의 통지를 받지 못한 때에는 그 효력을 잃는다.

㉠ 청약이 상대방에게 도달하여 효력을 발생한 때에는 임의로 이를 철회하지 못한다(제527조).

ⓒ 미리 철회권을 유보한 청약이나 승낙기간을 정하지 아니한 대화자 사이의 청약은 예외적으로 도달 후에도 철회할 수 있다. 예외적으로 근로계약의 합의해지에서는 청약의 구속력에 대한 예외를 인정하여 근로자는 사직원의 제출에 따른 사용자의 승낙의사가 형성되어 확정적으로 근로계약 종료의 효과가 발생하기 전에는 그 사직의 의사표시를 자유로이 철회할 수 있다.

2. 승낙

(1) 의의

승낙이란 청약에 응하여 계약을 성립시키려고 청약의 상대방이 청약자에 대하여 하는 의사표시이다.

① 승낙의 상대방: 승낙은 청약과 달리 **반드시 특정인, 즉 청약자에게 하여야 한다**. 또한 승낙은 청약의 내용과 객관적으로 합치하여야 한다.
② 변경을 가한 승낙: 청약에 조건 기타 변경을 붙인 승낙은 승낙으로서의 효력이 생기지 않지만 이러한 승낙을 청약의 거절과 함께 새로운 청약을 한 것으로 본다(제534조).
③ 승낙의 자유: 승낙 여부는 자유이며, 청약의 상대방은 청약에 대하여 회답할 의무를 지지 않는다. 청약자가 미리 정한 기간 내에 이의를 하지 아니하면 승낙한 것으로 간주한다는 뜻을 청약시에 표시하였다고 하더라도 이는 상대방을 구속하지 않는다(판례).

(2) 연착된 승낙

① 통상적인 연착: 승낙기간 내에 도달하지 못한 승낙은 승낙으로서의 효력을 갖지 못한다(제528조 제1항). 다만, 이러한 연착된 승낙은 새로운 청약으로 볼 수 있다.
② 사고로 인한 연착(비통상적인 연착)

> **제528조【승낙기간을 정한 계약의 청약】** ② 승낙의 통지가 전항의 기간 후에 도달한 경우에 보통 그 기간 내에 도달할 수 있는 발송인 때에는 청약자는 지체 없이 상대방에게 그 연착의 통지를 하여야 한다. 그러나 그 도달 전에 지연의 통지를 발송한 때에는 그러하지 아니하다.
> ③ 청약자가 전항의 통지를 하지 아니한 때에는 승낙의 통지는 연착되지 아니한 것으로 본다.

상대방이 승낙기간 내에 도달할 수 있도록 발송하였으나 특별한 사정으로 연착된 경우에는 청약자가 지체 없이 연착의 사실을 통지하여야 한다. 만약 통지를 하지 않은 경우에는 계약이 성립된 것으로 보게 된다(제528조 제3항).

(3) 계약의 성립시기

① 대화자 간의 승낙 – 도달주의: 대화자 간 계약의 성립시기에 관하여는 특별한 규정이 없으므로 도달주의 원칙에 따라 승낙이 청약자에게 도달한 때에 그 효력이 발생하고 계약도 성립하게 된다.

② 격지자 간의 승낙 – 발신주의

    ㉠ 격지자 간 계약의 성립시기에 관하여는 예외적으로 발신주의를 취하고 있다(제531조).

    ㉡ 승낙기간 내에 도달하지 않은 때에는 계약의 효력을 인정할 수 없다. 즉, 격지자 간의 승낙은 승낙기간 또는 상당한 기간 내에 부도달을 해제조건으로 하여 발신과 동시에 효력이 발생한다고 본다.

> 📝 승낙기간 내에 도달되지 않았다면 계약은 불성립이며 발신주의는 의미가 없는 것이고, 승낙기간 내에 도달되었어야 승낙을 발신한 때에 성립이 인정된다.

4 기타 방법에 의한 계약의 성립 제28회, 제35회

(1) 교차청약(交叉請約)에 의한 계약의 성립

> **제533조【교차청약】** 당사자 간에 동일한 내용의 청약이 상호교차된 경우에는 양 청약이 상대방에게 도달한 때에 계약이 성립한다.

① 의의: 교차청약이란 당사자들이 우연히 같은 내용의 청약을 서로 행한 경우를 말한다. 이때 계약이 성립하기 위하여는 그 청약의 내용이 완전히 일치하여야 한다.

② 계약의 성립시기: 교차청약에 의한 계약은 양 청약이 상대방에게 도달한 때에 성립한다. 즉, 나중의 청약이 도달한 때에 계약이 성립한다.

(2) 의사실현에 의한 계약의 성립

> **제532조【의사실현에 의한 계약 성립】** 청약자의 의사표시나 관습에 의하여 승낙의 통지가 필요하지 아니한 경우에는 계약은 승낙의 의사표시로 인정되는 사실이 있는 때에 성립한다.

① 의의: 의사실현이란 의사표시는 아니지만 그로부터 일정한 효과의사를 추단할 수 있는 행위를 가리킨다.

② 계약의 성립시기: 의사실현에 의한 계약은 승낙으로 인정되는 사실이 있는 때에 성립하며, 청약자가 그 사실을 인식할 것을 요구하지 않는다.

5 계약체결상의 과실책임 제29회, 제35회

> **제535조【계약체결상의 과실】** ① 목적이 불능한 계약을 체결할 때에 그 불능을 알았거나 알 수 있었을 자는 상대방이 그 계약의 유효를 믿었음으로 인하여 받은 손해를 배상하여야 한다. 그러나 그 배상액은 계약이 유효함으로 인하여 생길 이익액을 넘지 못한다.
> ② 전항의 규정은 상대방이 그 불능을 알았거나 알 수 있었을 경우에는 적용하지 아니한다.

(1) 의의

계약체결상의 과실이란 계약의 성립과정에서 당사자 일방의 귀책사유로 상대방에게 손해를 준 경우를 말한다. 그리고 이로 인한 손해의 배상책임을 '계약체결상의 과실책임'이라고 한다.

(2) 제535조(계약체결상의 과실)의 요건

① 원시적(객관적·전부) 불능: 계약의 내용이 원시적으로 불능이기 때문에 계약이 무효이어야 한다. 또한 전부가 불능이어야 계약체결상의 과실책임을 물을 수 있으며, 일부불능시에는 담보책임이 적용된다.

② 일방의 악의 또는 과실: 계약의 당사자 일방이 그 불능을 알았거나 알 수 있었어야 한다. 즉, 악의 또는 과실이 있어야 한다.

③ 상대방의 선의·무과실, 손해의 발생: 상대방은 선의임과 동시에 무과실이어야 한다. 그리고 상대방이 계약을 유효한 것으로 믿었기 때문에 손해를 입었어야 한다.

(3) 효과

위와 같은 요건을 갖춘 경우에 과실 있는 당사자는 상대방이 그 계약을 유효라고 믿었기 때문에 입은 손해(신뢰이익)를 배상하여야 한다. 그러나 그 배상액은 그 계약이 유효함으로써 상대방이 얻었을 이익액, 즉 이행이익(예 전매차익, 시세차익)을 넘지 못한다(제535조 제1항). 따라서 이행이익의 배상을 한도로 신뢰이익의 배상을 청구할 수 있다.

(4) 적용범위

판례는 제535조 이외에는 계약체결상의 과실책임을 적용하지 않고 있다.

판례는 원시적·객관적·전부불능 이외의 경우에는 계약체결상의 과실책임을 확대적용하지 않는다.

> ⚖️ **판례** 계약체결상의 과실책임 확대적용 여부

1. 부동산 매매계약에 있어서 실제면적이 계약면적에 미달하는 경우에는 그 매매가 수량지정매매에 해당할 때에 한하여 「민법」 제574조, 제572조에 의한 대금감액청구권을 행사함은 별론으로 하고, 그 매매계약이 그 미달부분만큼 일부무효임을 들어 이와 별도로 **일반 부당이득반환청구**를 하거나 그 부분의 원시적 불능을 이유로 「민법」 제535조가 규정하는 **계약체결상의 과실에 따른 책임의 이행을 구할 수 없다.**

2. [1] 어느 일방이 교섭단계에서 계약이 확실하게 체결되리라는 정당한 기대 내지 신뢰를 부여하여 상대방이 그 신뢰에 따라 행동하였음에도 상당한 이유 없이 계약의 체결을 거부하여 손해를 입혔다면 이는 신의성실의 원칙에 비추어 볼 때 계약자유원칙의 한계를 넘는 위법한 행위로서 **불법행위를 구성한다.**

    [2] 계약교섭의 부당한 중도파기가 불법행위를 구성하는 경우, 그러한 불법행위로 인한 손해는 일방이 신의에 반하여 상당한 이유 없이 계약교섭을 파기함으로써 계약체결을 신뢰한 상대방이 입게 된 **신뢰손해에 한정된다.**

    📝 판례는 계약교섭단계에서 일방의 부당파기는 채무불이행책임으로 다루지 않고, 불법행위책임으로 다룬다.

▶ 계약법

Theme 31 쌍무계약의 효력

1 동시이행의 항변권 제29회, 제31회, 제32회, 제33회, 제35회

> **제536조【동시이행의 항변권】** ① 쌍무계약의 당사자 일방은 상대방이 그 채무이행을 제공할 때까지 자기의 채무이행을 거절할 수 있다. 그러나 상대방의 채무가 변제기에 있지 아니하는 때에는 그러하지 아니하다.
> ② 당사자 일방이 상대방에게 먼저 이행하여야 할 경우에 상대방의 이행이 곤란할 현저한 사유가 있는 때에는 전항 본문과 같다.

1. 의의

(1) 쌍무계약의 당사자 일방은 상대방이 그 채무의 이행을 제공할 때까지 자기의 채무이행을 거절할 수 있다(제536조). 이와 같은 이행거절의 권능을 '동시이행의 항변권'이라고 한다.

(2) 여기서 이행이란 완전한 이행을 의미한다. 즉, 가압류등기 등이 있는 부동산의 매매계약에 있어서는 매도인의 소유권이전등기의무와 아울러 가압류등기의 말소의무도 매수인의 대금지급의무와 동시이행관계에 있다고 할 것이다.

2. 성립요건

(1) 양 채무가 서로 대가적 의미를 가지고 있을 것

① 각 당사자가 채무를 부담하더라도 그 채무가 별개의 원인으로부터 생기거나, 동일계약으로부터 생기더라도 대가적 의미를 가지지 않을 때에는 특약이 없는 한 동시이행의 항변권은 성립되지 않는다.

② 당사자가 변경되더라도 채무가 동일성을 유지한 상태로 변경되었다면(상속·채권양도·채무인수) 동시이행의 항변권은 존속한다. 다만, 경개가 이루어지면 동일성이 상실되므로 동시이행의 항변권은 소멸한다.

③ 임대인의 필요비상환의무는 임차인의 차임지급의무와 서로 대응하는 관계에 있으므로, 임차인은 지출한 필요비 금액의 한도에서 차임의 지급을 거절할 수 있다.

⊃ 동시이행의 항변권 인정 여부

동시이행의 항변권이 인정되는 경우

「민법」 및 민사특별법에서 인정하는 경우	통설·판례가 인정하는 경우
㉠ 계약해제로 인한 원상회복의무(제549조) ㉡ 매도인의 담보책임(제583조) ㉢ 전세계약의 종료시 전세금반환의무와 전세목적물 인도 및 전세권말소등기에 필요한 서류의 교부의무 ㉣ 가등기담보에 있어 청산금 지급과 목적부동산의 본등기 및 인도의무(「가등기담보 등에 관한 법률」 제4조 제3항) ㉤ 매매에 있어 목적이 된 권리의 이전과 대금지급의무(제568조 제2항)	㉠ 계약이 무효·취소된 경우 당사자 상호간의 부당이득 반환의무 ㉡ 변제와 영수증의 교부 📝 변제와 채권증서 반환은 동시이행 × ㉢ 임대차 종료시 목적물반환의무와 보증금반환의무 ㉣ 지상물매수청구에 있어 토지소유자의 대금지급과 토지이용권자의 인도 및 이전등기의무 ㉤ 동시이행관계에 있는 쌍방채무 중 한 채무가 이행불능이 됨으로 인하여 발생한 손해배상채무와 상대방의 다른 채무 ㉥ 구분소유적 공유관계가 해소되는 경우에 상호 간의 지분이전등기 ㉦ 매수인이 양도소득세를 부담하기로 하는 특약이 있는 경우, 매도인의 소유권이전등기의무와 매수인의 양도소득세액 제공의무

동시이행의 항변권이 부정되는 경우

㉠ 경매가 무효가 되어 근저당권자가 근저당채무자를 대위하여 매수인(경락인)에게 소유권이전등기말소를 청구하는 경우, 그 등기말소의무와 근저당권자의 배당금반환의무는 서로 이행의 상대방을 달리하는 것으로서 동시이행관계에 있지 않다.

㉡ 채무담보의 목적으로 경료된 채권자 명의의 소유권이전등기나 그 가등기의 말소를 구하려면 먼저 채무를 변제하여야 하고 피담보채무의 변제와 교환적으로 말소를 구할 수는 없다.
  📝 채무변제가 선이행채무이다.

㉢ 임대인의 임대차보증금의 반환의무와 임차권등기명령에 의한 임차인의 임차권등기말소의무는 동시이행관계가 아니다.
  📝 보증금반환이 선이행의무이다.

㉣ 토지거래허가구역에서 허가신청절차에 협력할 의무의 이행과 대금의 지급은 동시이행관계가 아니다.
  📝 협력의무이행이 선이행의무이다.

㉤ 채권증서반환청구권은 영수증교부의무와는 달리 변제와 동시이행관계에 있지 않다.

㉥ 권리금회수기회 방해로 인한 임대인의 손해배상의무와 임차인의 목적물반환의무는 동시이행관계가 아니다.

(2) 상대방의 채무가 변제기에 있을 것

① 원칙: 상대방의 채무가 변제기에 있어야 한다. 상대방의 채무의 변제기가 도래하기 전에 이행할 의무가 있는 자, 즉 선이행 의무자에게는 원칙적으로 동시이행의 항변권이 인정되지 않는다.

② 예외

㉠ 불안의 항변권: 후이행 의무자에게 재산상태의 악화 등으로 채무의 이행이 곤란할 현저한 사유가 있는 때에는 선이행 의무자에게도 동시이행의 항변권이 인정된다(제536조 제2항).

㉡ 선이행의무의 불이행 중 후이행채무 변제기의 도래

ⓐ 선이행 의무자가 이행을 하지 않고 있는 동안 상대방의 후이행채무의 변제기가 도래한 경우에는 동시이행의 항변권을 행사할 수 있다.

ⓑ 매수인이 선이행하여야 할 중도금 지급을 하지 아니한 채 잔대금 지급일을 경과한 경우에는 매수인의 중도금 및 이에 대한 지급일 다음 날부터 잔대금 지급일까지의 지연손해금과 잔대금의 지급채무는 매도인의 소유권이전등기의무와 특별한 사정이 없는 한 동시이행관계에 있다. 매수인은 중도금지체에 대한 책임을 잔금일까지는 져야 하지만 잔금일 이후부터는 동시이행관계가 인정되므로 잔금일 이후부터는 이행지체의 문제가 생기지 않는다.

(3) 상대방이 이행 또는 이행의 제공을 하지 않았을 것

① 상대방이 이행 또는 이행의 제공을 하였다면 자신도 반대급부를 하여야 하므로 동시이행의 항변권을 주장할 여지가 없다. 즉, 상대방이 이행 또는 이행의 제공을 하지 않고 이행을 청구하였어야 한다.

② 상대방이 이행의 제공을 하였음에도 불구하고 수령하지 않음으로써 수령지체에 빠진 당사자도 그 이행의 제공이 계속되지 않는 한 동시이행의 항변권을 행사할 수 있는지가 문제되는데, 판례는 이를 인정하고 있다.

> **판례** 쌍무계약의 당사자 일방이 한 번 현실의 제공을 하였으나 상대방의 수령을 지체한 경우, 상대방의 동시이행항변권 상실 여부(소극)
>
> 쌍무계약의 당사자 일방이 먼저 한 번 현실의 제공을 하고, 상대방을 수령지체에 빠지게 하였다고 하더라도 그 이행의 제공이 계속되지 않는 경우에는 과거에 이행의 제공이 있었다는 사실만으로 상대방이 가지는 동시이행의 항변권이 소멸하는 것은 아니다.

3. 효력

(1) 이행거절의 권능

동시이행의 항변권은 상대방의 청구권을 영구적으로 부인하는 것은 아니며 연기적 항변권이다.

(2) 이행지체책임의 면제

① 동시이행의 항변권을 가지는 자는 비록 이행기에 이행을 하지 않더라도 이행지체가 되지 않는다.

② 이행거절 의사를 구체적으로 밝히지 아니하였다고 할지라도 이행지체책임은 발생하지 않는다. 즉, 동시이행의 항변권은 존재하는 것 자체만으로 이행지체책임을 면하게 한다.

(3) 소송상의 효력

법원이 직권으로 고려할 수 없고 당사자가 주장을 하여야만 법원은 피고에 대하여 원고와 상환으로 이행할 것을 명하는 '상환급부(이행)판결'을 하게 된다. 만일 일방이 동시이행의 항변권을 주장하지 않았다면 원고일부승소인 상환급부판결이 아니라 원고전부승소판결을 하게 된다.

(4) 동시이행의 항변권이 부착된 채권을 자동채권으로 상계하지 못한다.

> 동시이행의 항변권이 붙은 채권을 수동채권으로 하는 상계는 허용된다.

(5) 동시이행의 항변권을 행사하더라도 채권의 소멸시효는 진행된다.

2 위험부담 제29회, 제30회, 제31회, 제32회, 제34회, 제35회

(1) 의의

위험부담은 쌍무계약으로부터 생기는 양 채무의 '존속상의 견련관계'를 정하는 제도이다. 즉, 쌍무계약에 있어 서로 대가적 의미의 채무를 부담하는 경우에 일방의 채무가 채무자의 책임 없는 사유로 후발적 불능이 되어 소멸한 경우, 다른 일방의 채무는 존속하는가 아니면 소멸하는가의 문제이다.

> **참고** 불능시 법률관계
>
> 1. 계약 성립 전에 목적부동산이 화재로 소실된 경우 – 원시적 불능(무효)
>   원시적 불능으로 무효에 해당한다. 일정한 요건 아래 계약체결상의 과실책임(제535조)이 문제된다.
> 2. 계약 성립 후에 목적부동산이 화재로 소실된 경우 – 후발적 불능(유효)
>   ① 채무자에게 귀책사유가 있는 경우: 채무불이행이며 위험부담의 문제는 생기지 않는다. 매수인은 채무불이행을 이유로 계약을 해제할 수 있으며, 이에 따른 손해배상을 청구할 수 있다.
>   ② 채무자에게 귀책사유가 없는 경우: 채무자에게 귀책사유가 없으므로 채무불이행이 될 수 없고, 위험부담의 문제가 발생한다. ⇨ 채무불이행이 아니므로 해제나 손해배상의 문제는 생길 수 없다.

(2) 채무자주의 – 원칙

① 요건: 채무자가 위험을 부담하기 위하여는 쌍무계약의 당사자 일방의 채무가 당사자 쌍방의 책임 없는 사유로 이행할 수 없게 되었어야 한다. 이때 불능은 후발적 불능이어야 한다.

② 효과
  ㉠ 채무자는 상대방의 이행을 청구하지 못한다(제537조). 즉, 채무자는 자기의 채무를 면하지만 동시에 채권자에 대하여 반대급부를 청구할 수 있는 권리를 잃는다.
  ㉡ 채권자는 이미 지급한 것이 있으면 부당이득반환을 청구할 수 있다.
  ㉢ 대상청구권: 채권자는 채무자의 채무가 불능이 됨으로써 발생한 가치의 변형물(예 화재로 인한 보험금, 수용으로 인한 보상금 등)에 대하여 대상청구권을 행사할 수 있다. 이 경우에 채권자도 자신의 반대급부를 이행하여야 한다.

(3) 채권자주의

① 채권자에게 책임이 있거나 채권자의 수령지체 중에 후발적으로 불능이 되었을 때에는 채권자주의로 전환되어 채무자는 반대급부를 청구할 수 있게 된다(제538조 제1항).

② 채권자가 위험을 부담하는 경우에 채무자가 자기의 채무를 면함으로써 얻은 이익은 채권자에게 반환하여야 한다(제538조 제2항).

3 제3자를 위한 계약 제28회, 제29회, 제30회, 제31회, 제32회, 제33회, 제34회, 제35회

> **제539조 【제3자를 위한 계약】** ① 계약에 의하여 당사자 일방이 제3자에게 이행할 것을 약정한 때에는 그 제3자는 채무자에게 직접 그 이행을 청구할 수 있다.
> ② 전항의 경우에 제3자의 권리는 그 제3자가 채무자에 대하여 계약의 이익을 받을 의사를 표시한 때에 생긴다.

(1) 의의

제3자를 위한 계약이란 계약 당사자의 일방이 제3자, 즉 계약 당사자 이외의 자에게 직접 채무를 부담할 것을 내용으로 하는 계약을 말한다(제539조 제1항).

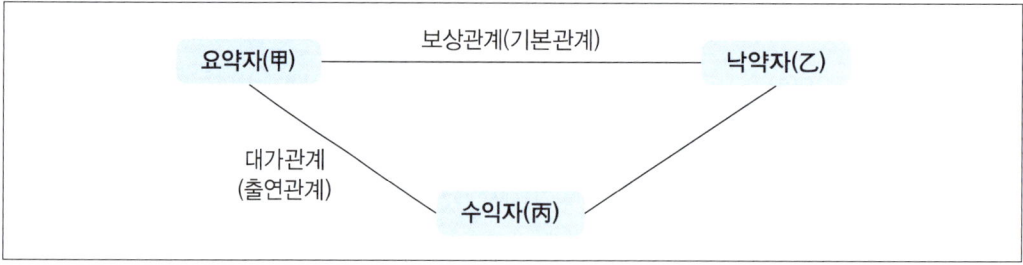

(2) 법적 성질

① 계약의 당사자
  ㉠ 제3자를 위한 계약의 당사자는 요약자와 낙약자(채무자)이며, 제3자(수익자)는 당사자가 아니다.
  ㉡ 제3자(수익자)는 계약 당시에 특정·현존하지 않아도 된다. 즉, 태아 또는 설립 중인 법인을 제3자로 하는 계약도 가능하다.
② 제3자 약관
  ㉠ 제3자에게 새로운 권리를 직접 취득하게 하는 약정이 있어야 한다.
  ㉡ 보험계약, 변제공탁, 병존적(중첩적) 채무인수 등은 제3자를 위한 계약에 해당한다.

(3) 계약의 원인관계

① 보상관계(기본관계) - 요약자와 낙약자의 관계
  ㉠ 보상관계의 흠결이나 하자는 제3자를 위한 계약에 직접 영향을 미치게 된다.
  ㉡ 제3자(수익자)는 보상관계가 무효·취소·해제되었을 때에 보호받는 제3자가 아니다. 따라서 계약의 당사자는 보상관계에서의 무효·취소·해제사유로써 수익자에게 대항할 수 있다.

② 대가관계(원인관계) – 요약자와 수익자의 관계
  ㉠ 대가관계의 흠결이나 하자는 제3자를 위한 계약에 영향을 미치지 않는다.
  ㉡ 대가관계가 무효·취소·해제되더라도 낙약자는 제3자(수익자)에게 대항할 수 없다.

(4) 계약의 효력

① 제3자는 낙약자에 대하여 계약의 이익을 받을 의사표시, 즉 수익의 의사표시를 함으로써 직접 권리를 취득한다(제539조).
② 제3자가 하는 수익의 의사표시는 제3자를 위한 계약에 있어서 제3자의 권리의 발생요건이지 계약의 성립요건이 아니다.
③ 낙약자는 상당한 기간을 정하여 계약의 이익의 향수 여부의 확답을 제3자에게 최고할 수 있고, 낙약자가 그 기간 내에 확답을 받지 못한 때에는 제3자가 계약의 이익을 받을 것을 거절한 것으로 본다(제540조).
④ 수익의 의사표시 이후에는 당사자는 합의로써 제3자의 권리를 변경 또는 소멸시키지 못한다. 그러나 당사자가 미리 변경·소멸시킬 수 있음을 유보하여 두거나 제3자가 동의한 경우에는 가능하다. 계약 당사자는 제3자의 권리가 발생한 후에는 합의해제를 할 수 없고, 설사 합의해제를 하더라도 그로써 이미 제3자가 취득한 권리에는 아무런 영향을 미치지 못한다.
⑤ 수익의 의사표시 이후라도 계약의 당사자가 되는 것은 아니므로 낙약자가 의무를 이행하지 않는 것을 이유로 계약을 해제하거나 원상회복을 요구하는 것은 허용되지 않는다. 다만, 손해배상은 청구할 수 있다.
⑥ 제3자를 위한 유상·쌍무계약의 경우, 요약자는 낙약자의 채무불이행을 이유로 제3자의 동의 없이 계약을 해제할 수 있다.
⑦ 낙약자는 계약의 당사자이므로 취소권·해제권을 가진다. 낙약자가 요약자의 불이행을 이유로 계약을 해제한 경우, 낙약자는 원상회복을 요약자에게 청구하여야 하며 수익자에게 청구할 수 없다.

Theme 32 계약의 해제와 해지

1 서설

(1) 해제의 의의

① 계약이 체결되어 일단 효력이 발생한 후에 당사자 일방의 의사표시로 계약의 효력을 소급적으로 소멸시키는 것을 계약의 해제라고 한다.
② 해제권은 해제권자의 일방적 의사표시로 효력이 발생하는 형성권에 해당한다.

> **판례** 의무를 위반한 자도 해제의 효력을 주장할 수 있는지 여부
>
> 일방 당사자의 계약 위반을 이유로 한 상대방의 계약해제 의사표시에 의하여 계약이 해제되었음에도 상대방이 계약이 존속함을 전제로 계약상 의무의 이행을 구하는 경우 **계약을 위반한 당사자도** 당해 계약이 상대방의 해제로 소멸되었음을 들어 그 이행을 거절할 수 있다.

(2) 해제권의 종류

해제에는 당사자가 미리 계약에서 해제권을 유보하였다가 그에 의하여 해제하는 약정해제와 법률의 규정에 따라 해제하는 법정해제가 있다. 법정해제는 보통 채무불이행을 원인으로 한다.

2 해제와 구별되는 제도 제29회, 제30회, 제31회, 제32회, 제35회

(1) 취소

구분		해제	취소
차이점	대상	계약에 한정	법률행위 전반
	효과	원상회복	부당이득반환
	종류	약정해제, 법정해제	법률규정(제한능력, 착오, 사기·강박)
공통점		① 형성권(단독행위) ② 소급효 인정 ③ 권리행사가 있어야 소멸(즉, 당연소멸 ×)	

(2) 해제계약(합의해제)

해제는 해제권자의 일방적인 의사표시에 의하여 성립하는 단독행위라는 점에서 계약 당사자가 체결한 계약의 효력을 합의에 의하여 소멸시키는 해제계약(합의해제)과 구별된다. 합의해제는 묵시적으로 이루어질 수 있으며, 매매계약의 합의해제시에도 소유권은 소급적으로 매도인에게 당연히 회복된다.

> 매도인이 해제를 주장하며 수령한 대금을 공탁하고 매수인이 이의 없이 수령한 경우, 특별한 사정이 없는 한 합의해제된 것으로 본다.

① 계약의 합의해제의 효력은 그 합의의 내용에 의하여 다루어지는 것이고, 이에는 해제에 관한 제543조 이하의 규정이 적용되지 않는다.
> 따라서 특약이 없는 한 손해배상을 청구할 수 없으며, 반환할 금전에 그 받은 날로부터의 이자를 가하여야 할 의무도 없다.

② 매매계약이 합의해제된 경우에도 매수인에게 이전되었던 소유권은 당연히 매도인에게 복귀되는 것이므로 합의해제에 따른 매도인의 원상회복청구권은 소유권에 기한 물권적 청구권이라 할 것이고, 이는 소멸시효의 대상이 되지 아니한다.

③ 계약의 **합의해제에 있어서도** 제548조의 해제의 경우와 같이 **제3자의 권리를 해할 수 없다.**

(3) 해제조건(실권약관)

해제는 해제권자의 의사표시(해제권의 행사)에 의하여 계약이 소급하여 소멸하나, 해제조건은 별도의 의사표시 없이 조건의 성취로 인하여 효력이 소멸하게 된다.

> **판례** 해제조건
>
> 매매계약에 있어서 매수인이 **중도금을 약정한 일자에 지급하지 아니하면 그 계약을 무효로 한다**고 하는 특약이 있는 경우, 매수인이 약정한 대로 중도금을 지급하지 아니하면(해제의 의사표시를 요하지 않고) 그 불이행 자체로써 계약은 그 일자에 **자동적으로 해제**된 것이라고 보아야 한다.
>> 비교: 부동산 매매계약에 있어서 매수인이 잔대금 지급기일까지 그 대금을 지급하지 못하면 그 계약이 자동적으로 해제된다는 취지의 약정이 있더라도 특별한 사정이 없는 한 매수인의 잔대금 지급의무와 매도인의 소유권이전등기의무는 동시이행의 관계에 있으므로 매도인이 잔대금 지급기일에 소유권이전등기에 필요한 서류를 준비하여 매수인에게 알리는 등 이행의 제공을 하여 매수인으로 하여금 이행지체에 빠지게 하였을 때에 비로소 자동적으로 매매계약이 해제된다고 보아야 하고, 매수인이 그 약정기한을 도과하였더라도 이행지체에 빠진 것이 아니라면 대금 미지급으로 계약이 자동해제된 것으로 볼 수 없다.

(4) 해지

임대차와 같은 계속적 채권관계에서 당사자 일방의 의사표시에 의하여 장래를 향하여 그 계약관계를 소멸시키는 것을 해지라고 하는데, 이는 소급효가 없다는 점에서 해제와 구별된다.

3 약정해제권의 발생

(1) 약정에 의하여 당사자는 일정한 경우에 해제권을 발생시킬 수 있고, 그 해제권을 당사자 일방이나 쌍방에게 유보할 수 있다.

(2) 약정해제권을 행사하는 경우에는 그 해제사유가 채무불이행이 아니므로 법정해제의 경우와는 달리 그 해제의 효과로서 손해배상의 청구를 할 수 없다.

(3) 「민법」상 해제에 관한 규정을 적용하므로 원상회복시 금전을 받은 자는 받은 날로부터 이자를 가산하여야 한다.

4 법정해제권의 발생 제28회, 제29회, 제31회, 제33회, 제35회

(1) 이행지체로 인한 해제권

> 제544조 【이행지체와 해제】 당사자 일방이 그 채무를 이행하지 아니하는 때에는 상대방은 상당한 기간을 정하여 그 이행을 최고하고 그 기간 내에 이행하지 아니한 때에는 계약을 해제할 수 있다. 그러나 채무자가 미리 이행하지 아니할 의사를 표시한 경우에는 최고를 요하지 아니한다.

① 보통의 이행지체(정기행위가 아닌 경우): 이행지체로 인한 해제권이 발생하기 위하여는 상당한 기간을 정하여 최고하고 그 기간 내에도 이행이 없으면 계약을 해제할 수 있다.

  ㉠ 채무자의 귀책사유로 인하여 이행하지 않을 것
  ㉡ 상당한 기간을 정한 이행을 최고할 것
    ⓐ 상당한 기간에 미달하는 최고는 최고로서의 효력은 있으나 상당한 기간이 경과한 후에 해제권이 발생한다.
      📝 이행최고는 반드시 미리 일정한 기간을 명시하여 최고하여야 하는 것은 아니다.
    ⓑ 예외
      • 채무자가 미리 이행하지 아니할 의사를 표시한 경우에는 최고를 요하지 아니한다(제544조 단서).
      • 그러나 그 이행 거절의 의사표시가 적법하게 철회된 경우 상대방으로서는 자기 채무의 이행을 제공하고 상당한 기간을 정하여 이행을 최고한 후가 아니면 채무불이행을 이유로 계약을 해제할 수 없다.
  ㉢ 최고기간 내에 이행을 하지 않을 것
    ⓐ 채무자가 최고기간 내에 이행 또는 이행의 제공을 하지 않은 경우에는 계약을 해제할 수 있다.

ⓑ 당사자의 일방이 이행을 제공하더라도 상대방이 상당한 기간 내에 그 채무를 이행할 수 없음이 객관적으로 명백한 경우에는 그 일방은 자신의 채무의 이행을 제공하지 않더라도 상대방의 이행지체를 이유로 계약을 해제할 수 있다. 이때 상대방이 채무를 이행할 수 없음이 명백한지의 여부는 계약해제시를 기준으로 하여 판단한다.

② 정기행위에서의 이행지체

> **제545조【정기행위와 해제】** 계약의 성질 또는 당사자의 의사표시에 의하여 일정한 시일 또는 일정한 기간 내에 이행하지 아니하면 계약의 목적을 달성할 수 없을 경우에 당사자 일방이 그 시기에 이행하지 아니한 때에는 상대방은 전조의 최고를 하지 아니하고 계약을 해제할 수 있다.

㉠ 정기행위에 있어서는 채무불이행이 있으면 곧 해제권이 발생하고, 보통의 계약에서와 같은 최고를 필요로 하지 않는다(제545조).

㉡ 정기행위에서 이행지체가 있으면 해제권이 발생할 뿐이고 곧 해제의 효과가 발생하는 것은 아니다. 즉, 정기행위에 있어서 최고는 필요하지 않으나 해제의 의사표시는 필요하다.

(2) (협의의) 이행불능으로 인한 해제권

① 최고를 할 필요가 없다.
② 이행기가 도래할 필요가 없다.
③ 자신의 이행 또는 이행의 제공을 할 필요가 없다.

(3) 불완전이행으로 인한 해제권

완전이행이 가능(추완 가능)한 경우에는 채권자가 상당기간을 정하여 완전이행을 최고하여야 하고, 완전이행이 불가능(추완 불가능)한 경우에는 채권자는 최고 없이 곧바로 해제권을 행사할 수 있다.

(4) 부수적 의무의 불이행으로 인한 해제권

주된 채무가 아닌 부수적 채무를 불이행한 것에 지나지 아니한 경우에는 계약을 해제할 수 없다.

(5) 채권자지체로 인한 해제

채권자지체가 성립하는 경우 그 효과로서 원칙적으로 채권자에게「민법」규정에 따른 일정한 책임이 인정되는 것 외에, 손해배상이나 계약해제를 주장할 수는 없다.

5 해제권의 불가분성 제28회, 제29회, 제31회

> **제547조【해지, 해제권의 불가분성】** ① 당사자의 일방 또는 쌍방이 수인인 경우에는 계약의 해지나 해제는 그 전원으로부터 또는 전원에 대하여 하여야 한다.
> ② 전항의 경우에 해지나 해제의 권리가 당사자 1인에 대하여 소멸한 때에는 다른 당사자에 대하여도 소멸한다.

(1) 행사상의 불가분성
① 당사자의 일방 또는 쌍방이 수인인 경우에 계약의 해지나 해제는 그 전원으로부터 또는 전원에 대하여 하여야 한다. 그러나 반드시 동시에 하지 않아도 된다.
② 해제권의 불가분성에 관한 규정은 임의규정이므로 당사자의 특약으로 이를 배제할 수 있다.

(2) 소멸상의 불가분성
해제의 권리가 당사자 1인에 대하여 소멸한 때에는 다른 당사자에 대하여도 소멸한다.

6 해제의 효과 제28회, 제29회, 제30회, 제33회, 제34회, 제35회

> **제548조【해제의 효과, 원상회복의무】** ① 당사자 일방이 계약을 해제한 때에는 각 당사자는 그 상대방에 대하여 원상회복의 의무가 있다. 그러나 제3자의 권리를 해하지 못한다.
> ② 전항의 경우에 반환할 금전에는 그 받은 날로부터 이자를 가하여야 한다.
> **제551조【해지, 해제와 손해배상】** 계약의 해지 또는 해제는 손해배상의 청구에 영향을 미치지 아니한다.

(1) 의의
당사자 일방의 채무불이행이 있는 경우 계약을 해제하면 처음부터 그러한 계약이 있지 않았던 것과 같은 상태로 되돌아가게 된다.

(2) 해제의 소급효
① 계약의 소급적 실효
  ㉠ 계약에 의하여 생긴 채권·채무는 해제에 의하여 소급하여 소멸한다.
  ㉡ 계약이 해제되면 일단 이전되었던 권리는 등기나 인도 없이 당연히 복귀한다.

② 제3자의 보호
  ㉠ 제3자란 그 해제된 계약으로부터 생긴 법률적 효과를 기초로 하여 새로운 이해관계를 가졌을 뿐 아니라 등기·인도 등으로 완전한 권리를 취득한 자를 지칭하는 것이고, 계약상의 채권을 양도받은 양수인은 특별한 사정이 없는 한 이에 포함되지 않는다. 즉, 완전한 권리가 아닌 단순히 채권에 대한 이해관계인은 제3자에서 제외한다.
  ㉡ 해제 이전은 물론이고(선·악 불문), 해제 이후라 하더라도 그 등기가 말소되기 전에 해제 사실을 모르고(선의) 권리를 취득한 경우에는 제3자로서 보호된다.

핵심 제3자의 보호 여부

계약해제시 보호되는 제3자	계약해제시 보호되지 않는 자
① 계약대상 목적물 자체를 가압류한 매수인의 채권자	① 해제에 의하여 소멸하는 **채권의 양수인**
② 계약해제로 소유권을 상실하게 된 자로부터 임대차계약을 체결하고 **대항요건을 갖춘 임차인**	② 해제에 의하여 소멸하는 **채권 자체의 가압류채권자**
③ 계약해제 후 매도인 앞으로 등기가 회복되기 전에 매수인으로부터 선의로 목적물의 **소유권(저당권, 전세권 등의 물권)을 취득한 자**	③ 매수인의 소유권이전등기청구권을 가압류한 매수인의 채권자
④ 매수인과 매매계약을 체결한 후 그에 기한 소유권이전등기청구권 보전을 위한 **가등기를 마친 자**	④ 미등기 무허가 건물에 관한 매매계약이 해제되기 전에 매수인으로부터 해당 무허가건물을 다시 매수하고 무허가건물관리대장에 소유자로 등재된 자
	⑤ **해제된** 매매계약의 목적 토지 위에 매수인이 신축한 건물의 양수인

③ 원상회복
  ㉠ 해제로 인한 원상회복시에는 상대방의 선의·악의와 현존이익 여부를 묻지 않고 급부를 전부 상대방에게 반환하여야 한다.
    📝 계약의 해제시 선의의 점유자라도 과실을 취득할 수 없다.
  ㉡ 원상회복은 원물상환을 원칙으로 한다. 그러나 수령한 원물의 멸실·훼손·소비 등으로 원물상환이 불가능하게 된 때에는 가격상환(해제 당시의 가격)을 하게 된다.
  ㉢ 채무의 이행으로 금전이 급부된 경우에는 그 받은 금액에 관하여 받은 날로부터 이자를 붙여서 반환하여야 한다(제548조 제2항).
    📝 이자는 부당이득반환의 성질을 가지는 것이지 이행지체로 인한 손해배상이 아니다.

④ 손해배상
　㉠ 해제와 손해배상은 택일적 관계에 있는 것이 아니라 양립하며 함께 행사할 수 있다.
　㉡ 채무불이행을 이유로 계약해제와 아울러 손해배상을 청구하는 경우 이행이익의 배상을 구하는 것이 원칙이지만, 선택적으로 신뢰이익의 배상을 구할 수 있다.
⑤ 해제의 효과와 동시이행: 계약 당사자가 해제한 결과로서 원상회복 및 손해배상의 의무를 상호 부담하는 경우에는 그 관계는 쌍무계약의 경우와 유사하여 동시이행의 관계가 인정된다(제536조, 제549조).

7 해제권의 소멸

해제권은 채무자의 이행 또는 이행의 제공·포기·제척기간(10년)의 경과 등에 의하여 소멸하지만, 「민법」이 규정하는 특수한 소멸원인에 의하여도 소멸한다.

(1) 상대방의 최고에 의한 소멸

해제권의 행사의 기간을 정하지 아니한 때에는 상대방은 상당한 기간을 정하여서 최고하고 그 기간 내에 해제의 통지를 받지 못하면 해제권은 소멸한다(제552조).

(2) 해제권자에 의한 목적물의 훼손 등에 의한 소멸

해제권자의 고의나 과실로 인하여 계약의 목적물이 현저히 훼손되거나 이를 반환할 수 없게 된 때 또는 가공이나 개조로 인하여 다른 종류의 물건으로 변경된 때에는 해제권은 소멸한다(제553조).

(3) 당사자가 수인 있는 경우의 소멸

당사자의 일방 또는 쌍방이 수인 있는 경우, 1인에 관하여 해제권이 소멸하면 다른 모든 자에 대한 관계에서도 소멸한다(제547조 제2항).

Theme 33 매매

▶ 계약법

1 의의와 법적 성질 제30회, 제34회

(1) 의의

매매란 당사자의 일방이 재산권의 이전을 약정하고, 상대방이 대금의 지급을 약정함으로써 성립하는 계약을 말한다. 매매의 목적은 재산권이며 물건에 한정하지 않으므로 지상권, 전세권도 매매의 목적이 될 수 있다.

(2) 법적 성질

① 매매는 낙성·쌍무·유상·불요식계약으로서, 매매에 관한 규정은 다른 유상계약에 준용된다(제567조).
② 매매는 재산권의 이전을 목적으로 하는 계약이다. 매매의 목적물인 재산권은 계약 당시에 매도인에게 귀속하고 있을 필요가 없고 현존할 것을 요구하지 않으며, 장래에 있어서 성립할 재산권도 매매의 목적이 될 수 있다.
③ 매매는 대금의 지급을 목적으로 한다. 재산권의 이전에 대한 반대급부로서 금전 이외의 다른 물건이나 권리의 이전을 약정하는 것은 매매가 아니라 교환이다(제596조).

(3) 성립

매매는 재산권의 이전에 관하여 대금을 지급하는 것을 목적으로 하는 낙성계약이므로 당사자의 청약과 승낙의 합치만 있으면 유효하게 성립한다.
① 합의는 매매계약의 본질적 구성부분인 재산권이전과 대금지급에 관하여 이루어지면 충분하다.
② 채무의 이행시기·변제장소·계약비용 등과 같은 부수적인 내용에 관하여 합의가 없더라도 매매계약은 성립한다.

> **참고** 매매계약의 성립요건으로서 목적물과 대금의 특정 정도
>
> 1. 매매계약에 있어서 그 목적물과 대금은 반드시 계약체결 당시에 구체적으로 특정될 필요는 없고 이를 사후에라도 구체적으로 특정할 수 있는 방법과 기준이 정해져 있으면 족하다(대판 96다26176).
> 2. 매매계약 체결 당시에 반드시 매매목적물과 대금을 구체적으로 특정할 필요는 없지만, 적어도 매매계약의 당사자인 매도인과 매수인이 누구인지는 구체적으로 특정되어 있어야만 매매계약이 성립할 수 있다(대판 2018다223054).

2 매매의 예약 제28회, 제33회, 제34회

(1) 예약의 의의

예약이란 본계약을 체결할 것을 약속하는 계약을 말하며, 예약도 채권계약이므로 계약의 일반원칙에 따른다.

(2) 매매의 일방예약

> **제564조 【매매의 일방예약】** ① 매매의 일방예약은 상대방이 매매를 완결할 의사를 표시하는 때에 매매의 효력이 생긴다.
> ② 전항의 의사표시의 기간을 정하지 아니한 때에는 예약자는 상당한 기간을 정하여 매매완결 여부의 확답을 상대방에게 최고할 수 있다.
> ③ 예약자가 전항의 기간 내에 확답을 받지 못한 때에는 예약은 그 효력을 잃는다.

① 예약권리자가 매매를 완결할 의사를 표시한 때, 즉 예약완결권을 행사하면 그때에 매매의 효력이 발생한다.
   - 예약체결시로 소급하여 매매의 효력이 발생하는 것이 아니다.
② 당사자의 특별한 약정이 없는 한 일방예약으로 추정된다.

(3) 예약완결권(형성권)

예약권리자가 상대방에 대하여 매매완결의 의사표시를 할 수 있는 권리를 말한다.
① 부동산물권에 대한 예약완결권은 가등기할 수 있다.
② 예약완결권은 양도할 수 있다(의무자의 승낙은 필요 없음).
③ 당사자가 예약완결권의 행사기간을 정한 경우에는 그 약정에 의하고, 예약완결권은 형성권이므로 그 기간을 정하지 않은 때에는 그 예약이 성립한 때로부터 10년의 제척기간 내에 행사하지 않으면 소멸한다.
   - 예약완결권을 행사기간 내에 행사하였는지에 관하여 당사자의 주장이 없어도 법원은 이를 고려하여야 한다.
④ 예약완결권의 존속기간을 정하지 아니한 경우, 예약의무자는 상당기간을 정하여 매매완결 여부의 확답을 최고할 수 있으며, 상당기간 내 확답을 받지 못하면 예약은 효력을 상실한다(도달주의).
⑤ 상대방이 예약목적물인 부동산을 인도받은 경우라도 예약완결권은 10년의 제척기간 경과로 인하여 소멸한다.
⑥ 매매예약이 성립한 이후 상대방의 예약완결권 행사 전에 목적물이 전부 멸실되어 이행불능이 된 경우에는 예약완결권을 행사할 수 없다.

> **참고** 약정이 있는 경우의 행사기간
>
> 당사자 사이에 약정하는 예약완결권의 행사기간에 특별한 제한은 없으므로 10년을 초과하여 행사기간을 정할 수도 있다. 다만, 기산점은 예약이 성립한 때(권리가 발생한 때)이며 당사자가 약정한 때가 아니다.

3 계약금 제28회, 제29회, 제30회, 제31회, 제34회

1. 의의

계약금이란 계약을 체결할 때에 당사자의 일방이 상대방에 대하여 교부하는 금전 기타의 유가물을 말한다.

2. 계약금계약의 성질

(1) 요물계약으로 계약금의 전부가 지급되어야 성립한다.
   - 교부자가 계약금의 잔금 또는 전부를 지급하지 아니하는 한 계약금계약은 성립하지 아니하므로 당사자가 임의로 주계약을 해제할 수는 없다(판례).

(2) 매매 기타의 계약에 부수하여 행하여지는 종된 계약이다. 따라서 주된 계약이 무효·취소·해제된 경우에는 계약금계약도 당연히 효력을 잃는다.

(3) 주된 계약과 동시에 이루어질 필요는 없다.

3. 계약금의 종류

(1) **증약금**

계약금은 합의가 있었는지의 여부가 불분명한 경우에 언제나 증약금으로서의 기능을 한다. 즉, 증약금은 계약금의 최소한으로서의 성질이다.

(2) **해약금**

계약의 해제권을 보류하는 작용을 갖는 계약금을 말한다. 계약금을 교부한 자는 계약금을 포기하고, 이를 수령한 자는 그 배액을 상환함으로써 계약을 해제할 수 있다.

(3) **손해배상액의 예정으로서 위약금**

① 계약금은 해약금으로 추정될 뿐 특약이 없는 한 손해배상액의 예정으로 볼 수 없다.
② 계약금을 교부한 자가 불이행한 경우에는 계약금을 몰수하고, 이를 교부받은 자가 불이행한 경우에는 배액을 배상할 것을 약정한 경우(즉, 특약이 있는 경우) 계약금은 손해배상액의 예정으로서의 성질을 갖는다.
   - 특약이 있으면 계약금은 해약금과 손해배상예정액의 성질을 함께 갖는다.

③ 위약금특약이 없는 경우 계약금을 몰수할 수 없고, 자신의 손해를 별도로 입증하여 배상을 청구하여야 한다.

④ 위약금특약이 있는 경우 채무자에게 채무불이행이 있으면 채권자는 실제 손해액을 증명할 필요 없이 그 예정액을 청구할 수 있는 반면에, 실제 손해액이 예정액을 초과하더라도 그 초과액을 청구할 수 없다.

⑤ 몰취한 계약금이 손해배상예정액으로서는 부당히 과다한 경우 감액될 수 있다.

⑥ 만일 일방에 대하여만 위약금의 특약을 하였다면 그 일방에 대하여는 손해배상액의 예정의 성질을 갖지만 상대방에 대하여는 인정되지 않는다.

4. 해약금(임의규정)

> 제565조 【해약금】 ① 매매의 당사자 일방이 계약 당시에 금전 기타 물건을 계약금, 보증금 등의 명목으로 상대방에게 교부한 때에는 당사자 간에 다른 약정이 없는 한 당사자의 일방이 이행에 착수할 때까지 교부자는 이를 포기하고 수령자는 그 배액을 상환하여 매매계약을 해제할 수 있다.
> ② 제551조의 규정은 전항의 경우에 이를 적용하지 아니한다.

(1) 해제의 요건

① 교부자의 계약금 포기: 계약금을 교부한 자는 이를 포기하고 일방적으로 매매계약을 해제할 수 있다.

② 수령자의 배액 상환: 계약금을 수령한 자는 그 배액을 상환하여 매매계약을 해제할 수 있다.
  ㉠ 계약해제의 의사표시는 그 의사표시만으로는 부족하고, 그 배액의 제공이 있어야 계약해제의 효과가 생긴다.
  ㉡ 상대방이 이를 수령하지 아니한다 하여 이를 공탁할 필요는 없다.
  > 계약금의 일부만 지급된 경우 계약금에 의한 해제는 할 수 없지만, 설령 할 수 있다고 하더라도 해약금의 기준이 되는 금원은 '실제 교부받은 계약금'이 아니라 '약정 계약금'으로 본다.

③ 해제 가능한 시기 – 당사자 일방이 이행에 착수하기 전까지
  ㉠ 이행에 착수한다는 것은 단순히 이행의 준비를 하는 것만으로는 부족하나, 반드시 계약 내용에 들어맞는 이행의 제공에까지 이르러야 하는 것은 아니다.
  ㉡ 보통 매수인이 중도금을 지급하면 이행에 착수한 것으로 본다. 어음을 교부한 경우에도 마찬가지이다.
  ㉢ 상대방인 매도인이 매매계약의 이행에는 전혀 착수한 바가 없다 하더라도 매수인이 중도금을 지급하여 이미 이행에 착수한 이상 매수인은 제565조에 의하여 계약금을 포기하고 매매계약을 해제할 수 없다.

ㄹ 특별한 사정이 없는 한 이행기 이전에 이행에 착수할 수도 있다.
ㅁ 토지거래허가구역에서 관할 관청으로부터 그 허가를 받았다 하더라도 그러한 사정만으로는 아직 이행의 착수가 있다고 볼 수 없어 매도인으로서는 제565조에 의하여 계약금의 배액을 상환하여 매매계약을 해제할 수 있다.
ㅂ 매도인이 매수인에게 매매계약의 이행을 최고하고 매매잔대금의 지급을 구하는 소송을 제기한 것만으로는 이행에 착수하였다고 볼 수 없다.
④ 배제특약이 없을 것: 제565조의 해약권은 당사자 간에 다른 약정이 없는 경우에 한하여 인정되는 것이고, 만일 당사자가 제565조의 해약권을 배제하기로 하는 약정을 하였다면 더 이상 그 해제권을 행사할 수 없다.

(2) 해제의 효과

① 해약금에 의한 해제도 보통의 해제와 마찬가지로 소급효가 존재한다. 다만, 이는 이행에 착수하기 전에만 할 수 있으므로 원상회복의 문제는 발생하지 않는다. 또한 해약금에 의한 해제는 약정에 의한 해제이지 채무불이행에 의한 해제가 아니므로 손해배상의 문제는 발생하지 않는다.
② 계약금이 교부되었다 하더라도 채무불이행에 의한 계약해제를 금지하는 것은 아니다. 즉, 약정해제와 법정해제는 별개로 존재한다.

4 매매의 효력 제30회, 제34회

(1) 매매계약에 관한 비용은 특약이 없으면 당사자 쌍방이 균분하여 부담한다.
(2) 매매계약이 있은 후에도 인도하지 아니한 목적물로부터 생긴 과실은 매도인에게 속한다. 매수인은 목적물의 인도를 받은 날로부터 대금의 이자를 지급하여야 한다. 그러나 대금의 지급에 대하여 기한이 있는 때에는 그러하지 아니하다(제587조).

> 매수인은 목적물을 인도받거나 대금을 완납하면 목적물로부터 과실을 취득할 수 있다.

판례 매수인이 이전등기는 하였으나 목적물을 인도받지 못하고 대금을 지급하지 않은 경우의 과실취득권자 - 매도인
부동산 매매에 있어 목적부동산을 제3자가 점유하고 있어 인도받지 아니한 매수인이 명도소송 제기의 방편으로 미리 소유권이전등기를 경료받았다고 하여도 아직 매매대금을 완급하지 않은 이상 부동산으로부터 발생하는 과실은 매수인이 아니라 매도인에게 귀속되어야 한다(대판 91다32527).

(3) 당사자 일방에 대한 의무이행의 기한이 있는 때에는 상대방의 의무이행에 대하여도 동일한 기한이 있는 것으로 추정한다(제585조).

(4) 매도인이 목적물의 인도와 동시에 대금을 지급할 경우에는 그 인도장소에서 이를 지급하여야 한다(제586조).

(5) 매매의 목적물에 대하여 권리를 주장하는 자가 있는 경우에 매수인이 매수한 권리의 전부나 일부를 잃을 염려가 있는 때에는 매수인은 그 위험의 한도에서 대금의 전부나 일부의 지급을 거절할 수 있다. 그러나 매도인이 상당한 담보를 제공한 때에는 그러하지 아니하다(제588조).

5 매도인의 담보책임 제28회, 제29회, 제31회, 제32회, 제33회, 제34회

(1) 의의

매매계약을 이행함에 있어서 매도인은 매수인에게 완전한 권리, 완전한 물건을 이전해 주어야 한다. 따라서 매수인이 취득하는 권리 또는 물건에 흠결 내지 하자가 있는 경우에는 매도인이 매수인에게 책임을 부담하게 되는데 이를 매도인의 담보책임이라고 한다.

(2) 법적 성질

① 매도인의 담보책임은 법정·무과실책임이다.
② 임의규정: 특약으로 감경·면책시킬 수 있다. 다만, 매도인이 알고 고지하지 아니한 사실 및 제3자에게 권리를 설정 또는 양도한 행위에 대하여는 책임을 면하지 못한다.
③ 유상계약에 준용한다.

(3) 담보책임의 종류

매도인 담보책임의 내용으로 ① 대금감액청구권, ② 해제권, ③ 손해배상청구권, ④ 완전물급부청구권을 규정하고 있다.

(4) 담보책임의 내용

담보책임원인		매수인의 선의·악의	담보책임의 내용			권리행사기간 (제척기간)
			대금감액 청구권	해제권	손해배상 청구권	
권리의 하자	전부 타인의 권리 (제570조)	선의	×	○	○	제한 없음
		악의	×	○	×	
	일부 타인의 권리 (제572조)	선의	○	잔존부분만이면 매수하지 아니하였을 때에 있음	○	그 사실을 안 날로부터 1년
		악의	○	×	×	계약한 날로부터 1년
	수량부족 · 일부멸실 (제574조)	선의	○	잔존부분만이면 매수하지 아니하였을 때에 있음	○	그 사실을 안 날로부터 1년
		악의	×	×	×	—
	용익적 권리에 의한 제한 (제575조)	선의	×	목적을 달성할 수 없는 때에만 있음	○	그 사실을 안 날로부터 1년
		악의	×	×	×	—
	저당권·전세권 행사에 의한 제한 (제576조)	선의	×	담보권 행사로 소유권을 취득할 수 없거나, 취득한 소유권을 잃은 때에 있음	담보권 행사로 소유권을 취득할 수 없거나, 취득한 소유권을 잃은 때, 매수인의 출재로 소유권을 보존한 때에 있음	제한 없음
		악의	×			
물건의 하자	특정물 하자 (제580조)	선의 · 무과실	×	목적을 달성할 수 없는 때에 있음	○	그 사실을 안 날로부터 6월
		악의	×	×	×	—
	종류물 하자 (제581조)	선의 · 무과실	×	목적을 달성할 수 없는 때에 있음	손해배상 또는 완전물급부청구권	그 사실을 안 날로부터 6월
		악의	×	×	×	—

(5) 권리의 하자에 대한 담보책임

① 권리의 전부가 타인에게 속하는 경우(제570조)

> 제569조【타인의 권리의 매매】매매의 목적이 된 권리가 타인에게 속한 경우에는 매도인은 그 권리를 취득하여 매수인에게 이전하여야 한다.
>
> 제570조【동전 – 매도인의 담보책임】전조의 경우에 매도인이 그 권리를 취득하여 매수인에게 이전할 수 없는 때에는 매수인은 계약을 해제할 수 있다. 그러나 매수인이 계약 당시 그 권리가 매도인에게 속하지 아니함을 안 때에는 손해배상을 청구하지 못한다.
>
> 제571조【동전 – 선의의 매도인의 담보책임】① 매도인이 계약 당시에 매매의 목적이 된 권리가 자기에게 속하지 아니함을 알지 못한 경우에 그 권리를 취득하여 매수인에게 이전할 수 없는 때에는 매도인은 손해를 배상하고 계약을 해제할 수 있다.
> ② 전항의 경우에 매수인이 계약 당시 그 권리가 매도인에게 속하지 아니함을 안 때에는 매도인은 매수인에 대하여 그 권리를 이전할 수 없음을 통지하고 계약을 해제할 수 있다.

㉠ 타인 권리의 매매계약도 유효하다.
㉡ 해제권: 매도인이 권리를 이전하지 못하는 경우, 매수인은 선·악을 불문하고 계약을 해제할 수 있다.
㉢ 손해배상청구권: 매수인은 선의인 경우에 한하여 손해배상을 청구할 수 있다.
  불능 당시를 기준으로 이행이익을 배상한다.
㉣ 제척기간: 제척기간의 제한은 없다.
㉤ 선의의 매도인에 대한 특칙: 매도인이 선의인 경우에는 매도인에게 계약의 해제권을 인정한다. 다만, 손해배상책임은 매수인의 선·악에 따라 달라진다.
  ⓐ 매수인이 선의인 경우: 선의의 매도인은 손해를 배상하고 계약을 해제할 수 있다.
  ⓑ 매수인이 악의인 경우: 선의의 매도인은 매수인에 대하여 손해를 배상할 필요 없이 그 권리를 이전할 수 없음을 통지하고 계약을 해제할 수 있다.

② 권리의 일부가 타인에게 속하는 경우(제572조)

> 제572조【권리의 일부가 타인에게 속한 경우와 매도인의 담보책임】① 매매의 목적이 된 권리의 일부가 타인에게 속함으로 인하여 매도인이 그 권리를 취득하여 매수인에게 이전할 수 없는 때에는 매수인은 그 부분의 비율로 대금의 감액을 청구할 수 있다.
> ② 전항의 경우에 잔존한 부분만이면 매수인이 이를 매수하지 아니하였을 때에는 선의의 매수인은 계약 전부를 해제할 수 있다.
> ③ 선의의 매수인은 감액청구 또는 계약해제 외에 손해배상을 청구할 수 있다.

㉠ 대금감액청구권: 선·악을 불문하고 인정된다.
㉡ 해제권: 선의자에게만 인정된다(잔존부분만이면 매수하지 않았을 경우).
㉢ 손해배상청구권: 선의자에게만 인정된다.
㉣ 제척기간: 선의인 경우에는 사실을 안 날로부터, 악의인 경우에는 계약일로부터 1년 내에 권리를 행사하여야 한다.

> **참고** '사실을 안 날'의 의미
> 단순히 권리의 일부가 타인에게 속한 사실을 안 날이 아니라, 그 때문에 매도인이 이를 취득하여 매수인에게 이전할 수 없게 되었음이 확실하게 된 사실을 안 날을 말한다.

③ 목적물의 수량부족 또는 일부멸실의 경우(제574조)

> **제574조【수량부족, 일부멸실의 경우와 매도인의 담보책임】** 전 2조의 규정은 수량을 지정한 매매의 목적물이 부족되는 경우와 매매목적물의 일부가 계약 당시에 이미 멸실된 경우에 매수인이 그 부족 또는 멸실을 알지 못한 때에 준용한다.

㉠ 대금감액청구권: 선의의 매수인에게만 인정된다.
㉡ 해제권: 선의자에게만 인정된다(잔존부분만이면 매수하지 않았을 경우).
㉢ 손해배상청구권: 선의자에게만 인정된다.
㉣ 제척기간: 그 사실을 안 날로부터 1년 내에 권리를 행사하여야 한다.

④ 용익적 권리(제한물권)에 의하여 제한되어 있는 경우(제575조)

> **제575조【제한물권 있는 경우와 매도인의 담보책임】** ① 매매의 목적물이 지상권, 지역권, 전세권, 질권 또는 유치권의 목적이 된 경우에 매수인이 이를 알지 못한 때에는 이로 인하여 계약의 목적을 달성할 수 없는 경우에 한하여 매수인은 계약을 해제할 수 있다. 기타의 경우에는 손해배상만을 청구할 수 있다.
> ② 전항의 규정은 매매의 목적이 된 부동산을 위하여 존재할 지역권이 없거나 그 부동산에 등기된 임대차계약이 있는 경우에 준용한다.
> ③ 전 2항의 권리는 매수인이 그 사실을 안 날로부터 1년 내에 행사하여야 한다.

㉠ 대금감액청구권: 성질상 인정되지 않는다(양적 제한이 아니라 질적인 제한이므로).
㉡ 해제권: 선의자에게만 인정된다(목적을 달성할 수 없는 경우).
㉢ 손해배상청구권: 선의자에게만 인정된다.
㉣ 제척기간: 그 사실을 안 날로부터 1년 내에 권리를 행사하여야 한다.

⑤ 저당권 · 전세권의 행사로 제한이 있는 경우(제576조)

> **제576조【저당권 · 전세권의 행사와 매도인의 담보책임】** ① 매매의 목적이 된 부동산에 설정된 저당권 또는 전세권의 행사로 인하여 매수인이 그 소유권을 취득할 수 없거나 취득한 소유권을 잃은 때에는 매수인은 계약을 해제할 수 있다.
> ② 전항의 경우에 매수인의 출재로 그 소유권을 보존한 때에는 매도인에 대하여 그 상환을 청구할 수 있다.
> ③ 전 2항의 경우에 매수인이 손해를 받은 때에는 그 배상을 청구할 수 있다.

㉠ 선의자와 악의자를 구별하지 않는다.
㉡ 저당권이나 전세권이 설정된 것만으로 책임을 물을 수는 없다.
　참고 실행(행사)으로 인한 책임이다.
㉢ 대금감액청구권: 성질상 인정되지 않는다.
㉣ 해제권: 선 · 악을 불문하고 인정된다.
㉤ 손해배상청구권: 선 · 악을 불문하고 인정된다.
㉥ 제척기간: 제척기간의 제한이 없다.
㉦ 저당채무를 공제하고 매수한 경우에는 담보책임을 묻거나 구상권을 행사할 수 없다.

⚖ 판례 제576조(저당권 · 전세권 행사와 매도인의 담보책임)를 준용한 사례

1. 가등기목적이 된 부동산을 매수한 사람이 그 뒤 가등기에 기한 본등기가 경료됨으로써 그 부동산의 소유권을 상실하게 된 때에는 매매의 목적부동산에 설정된 저당권 또는 전세권의 행사로 인하여 매수인이 취득한 소유권을 상실한 경우와 유사하므로, 이와 같은 경우「민법」제576조의 규정이 준용된다고 보아 같은 조 소정의 담보책임을 진다고 보는 것이 상당하고「민법」제570조에 의한 담보책임을 진다고 할 수 없다.

2. 가압류목적이 된 부동산을 매수한 사람이 그 후 가압류에 기한 강제집행으로 부동산소유권을 상실하게 되었다면 이는 매매의 목적부동산에 설정된 저당권 또는 전세권의 행사로 인하여 매수인이 취득한 소유권을 상실한 경우와 유사하므로, 이와 같은 경우 매도인의 담보책임에 관한「민법」제576조의 규정이 준용된다고 보아 매수인은 같은 조 제1항에 따라 매매계약을 해제할 수 있고, 같은 조 제3항에 따라 손해배상을 청구할 수 있다고 보아야 한다.

(6) 목적물(물건)의 하자에 대한 담보책임

① 매수인이 선의 그리고 무과실인 경우에만 해제권과 손해배상청구권을 인정한다.
② 종류물 매매의 경우에는 매수인은 계약의 해제 또는 손해배상을 청구하지 않고, 하자 없는 완전물의 급여를 청구할 수도 있다.
　참고 완전물급부청구는 해제, 손해배상과 함께 청구할 수 없다.

③ 제척기간
  ㉠ 그 사실을 안 날로부터 6월 내에 권리를 행사하여야 한다.
  ㉡ 다만, 손해배상청구권은 채권 소멸시효의 규정이 적용되므로 손해배상청구는 6월이 아닌 목적물을 인도받은 때로부터 10년 내에 청구할 수 있다.
④ 건축을 목적으로 매매된 토지에 대하여 건축허가를 받을 수 없어 건축이 불가능한 경우, 위와 같은 법률적 제한 내지 장애 역시 매매목적물의 하자에 해당한다 할 것이나, 다만 위와 같은 하자의 존부는 매매계약 성립시를 기준으로 판단하여야 할 것이다.

(7) 경매에서의 담보책임
① 경매절차 자체가 무효인 경우에는 담보책임이 문제되지 않는다.
② 경매에서의 담보책임은 권리에 하자가 있는 경우에만 물을 수 있으며, 물건의 하자의 경우에는 문제되지 않는다.
③ 1차적으로 채무자에게 계약의 해제 또는 대금감액을 청구할 수 있고, 채무자가 자력이 없는 때에는 2차적으로 대금의 배당을 받은 채권자에 대하여 그 대금 전부나 일부의 반환을 청구할 수 있다.
④ 원칙적으로 손해배상책임을 포함하지 않는다. 그러나 채무자가 물건 또는 권리의 흠결을 알고 고지하지 아니하거나, 채권자가 이를 알고 경매를 청구한 때에는 경락인은 그 흠결을 안 채무자나 채권자에 대하여 손해배상을 청구할 수 있다.

6 환매 제30회, 제32회, 제33회, 제34회

(1) 의의
환매란 매도인이 매매계약과 동시에 특약으로 환매권을 유보한 경우에 그 환매권을 일정한 기간 내에 행사하여 매매의 목적물을 다시 매수하는 것을 말한다.

(2) 요건
① 목적물: 환매의 목적물에는 제한이 없다. 즉, 동산·부동산 기타 재산권에 대하여도 환매의 특약이 가능하다.
② 시기: 환매특약은 매매계약과 반드시 동시에 하여야 한다. 그리고 환매특약은 매매계약의 종된 계약이므로 매매계약이 무효·취소되면 환매계약도 무효로 된다.
③ 환매대금(매매대금 + 매매비용)
  ㉠ 환매권자는 매매대금 및 매수인이 부담한 매매비용을 반환하고 그 목적물을 환매할 수 있다.

ⓛ 환매대금에 특별한 약정이 있으면 그 약정에 의한다.

ⓒ 목적물의 과실과 대금의 이자는 특별한 약정이 없으면 이를 상계한 것으로 본다.

④ 환매기간: 부동산은 5년, 동산은 3년을 넘지 못한다. 이 기간보다 길게 약정한 경우에는 부동산은 5년, 동산은 3년으로 단축된다. 또한 일단 정한 기간은 연장하지 못한다. 계약시 환매기간을 정하지 않은 때 환매기간은 부동산은 5년, 동산은 3년으로 한다.

⑤ 환매의 등기

ⓐ 매매의 목적물이 부동산인 경우에 매매등기와 동시에 환매권의 보류를 등기한 때에는 제3자에 대하여 효력이 있다(제592조). 등기는 매매에 의한 이전등기에 부기등기하는 형식으로 한다.

ⓑ 환매특약의 등기가 부동산의 매수인의 처분권을 금지하는 효력을 가지는 것은 아니므로 부동산의 매수인은 전득자인 제3자에 대하여 환매특약의 등기사실만으로 제3자의 소유권이전등기청구를 거절할 수 없다.

> 📝 환매권의 행사로 발생한 소유권이전등기청구권은 특별한 사정이 없는 한 그 환매기간 내에 행사하지 않았다고 하여 소멸하는 것은 아니다.

(3) 실행

① 환매권 행사방법

ⓐ 매도인이 환매기간 내에 환매대금을 제공하고 환매의 의사표시를 하여야 한다. 환매권을 행사함이 없이 환매기간을 경과하면 환매권은 소멸한다. 매도인이 환매기간 내에 환매의 의사표시만으로 권리를 취득하는 것이 아니라 그 환매에 의한 권리취득의 등기를 하여야 한다.

ⓑ 환매권은 양도할 수 있으며, 환매권의 보류를 등기한 때에는 목적물의 전득자에 대하여 환매권을 행사할 수 있다.

ⓒ 매수인이나 전득자가 목적물에 대하여 비용을 지출한 때에는 매도인은 제203조(점유자의 상환청구권)의 규정에 의하여 이를 상환하여야 한다.

② 환매권의 대위행사: 환매권은 일신전속권이 아니므로 양도성이 있고, 매도인의 채권자는 환매권을 대위행사할 수 있다.

(4) 공유지분의 환매

공유지분도 자유로이 처분할 수 있으므로 공유자는 자신의 지분에 환매권을 보류하고 매도할 수 있다.

▶ 계약법

Theme 34 교환

1 의의와 법적 성질 제32회

(1) 의의
① 교환은 당사자 쌍방이 금전 이외의 재산권을 서로 이전할 것을 약정함으로써 성립하는 계약이다.
② 매매와의 차이점: 매매는 반대급부가 금전이어야 하지만 교환은 목적물이 금전 이외의 재산권에 한한다는 점에서 다르다.

(2) 법적 성질
낙성·쌍무·유상·불요식계약이다.

2 성립 제32회

교환은 당사자 쌍방이 모두 금전 이외의 재산권을 이전하기로 하는 약정이 있어야 성립한다.

(1) 보충금
① 의의: 교환은 금전 이외의 재산권을 목적으로 하나, 당사자 일방이 일정액의 금전을 보충 지급할 것을 약정하는 경우가 있다. 이 경우에 지급되는 금전을 보충금이라고 한다.
   📝 보충금 지급의 약정이 있다고 하여 매매계약이나 혼합계약으로 성질이 변하는 것은 아니다.
② 보충금 지급의 약정이 있는 경우에는 그 보충금에 관하여는 매매대금에 관한 규정이 준용된다.
③ 보충금의 미지급은 교환계약의 해제사유가 된다.

(2) 교환은 유상·쌍무계약이므로 위험부담, 동시이행의 항변권, 담보책임에 관한 규정 등이 적용된다.

▶ 계약법

Theme 35 임대차

1 의의와 법적 성질 제32회, 제33회

(1) 임대차란 임대인이 임차인에게 목적물을 사용·수익하게 할 것을 약정하고, 임차인이 이에 대하여 차임을 지급할 것을 약정함으로써 성립하는 낙성·쌍무·유상·불요식계약이다.

(2) **사용·수익의 대가로서 차임의 지급은 임대차의 성립요소이다**
  ① 차임은 금전에 한하지 않는다.
  ② 임대차계약에서 보증금 및 임료를 지급하였다는 입증책임은 모두 임차인이 부담한다.

(3) 임대차의 목적물은 물건이다.

(4) 임대차는 채권계약에 해당하며, 임대인은 임대물에 대한 소유권 또는 처분할 권한을 가지고 있을 것을 요구하는 것은 아니다.

2 임대차의 존속기간 제34회

1. 임대차기간을 약정한 경우

(1) 기간 제한에 대한 별도의 규정은 없으며 존속기간을 영구로 하는 것도 허용된다.

(2) 영구임대라는 취지는, 임대인에게는 임대차기간의 보장이 의무가 되나 임차인에게는 권리의 성격을 갖는 것이므로 임차인으로서는 언제라도 그 권리를 포기할 수 있고, 그렇게 되면 임대차계약은 임차인에게 기간의 정함이 없는 임대차가 된다. 따라서 임차인은 언제든지 해지통고를 할 수 있다.

(3) **임대차의 갱신**
  ① 약정갱신
  ② 법정갱신(묵시의 갱신) – 강행규정
    ㉠ 임대차기간이 만료한 후에도 임차인이 임차물의 사용·수익을 계속하는 경우에 임대인이 상당한 기간 내에 이의를 제기하지 아니한 때에는 전 임대차와 동일한 조건으로 다시 임대차한 것으로 본다(제639조 제1항).

㉡ 법정갱신이 이루어지면 기간의 약정이 없는 것으로 보아 각 당사자는 언제든지 해지의 통고를 할 수 있다. 토지·건물 기타 공작물에 대하여는 임대인이 해지를 통고한 경우에는 임차인이 받은 날로부터 6월, 임차인이 해지를 통고한 경우에는 임대인이 받은 날로부터 1월이 경과하면 소멸한다(동산은 구별 없이 5일).

㉢ 법정갱신이 되면 전 임대차에 대하여 제3자가 제공한 담보는 기간의 만료로 인하여 소멸한다.

2. 임대차기간을 약정하지 않은 경우

(1) 임대차기간의 약정이 없는 때에는 당사자는 언제든지 계약해지의 통고를 할 수 있다.

(2) 토지, 건물 기타 공작물에 대하여는 임대인이 해지를 통고한 경우에는 6월, 임차인이 해지를 통고한 경우에는 1월이 경과하면 소멸하고, 동산에 대하여는 5일이 경과하면 소멸한다.

3 임대차의 효력 제29회, 제30회, 제31회, 제32회, 제33회, 제34회, 제35회

1. 임대인의 권리와 의무

(1) 임대인의 권리

① 차임지급청구권

② 차임증액청구권

㉠ 임차물에 대한 공과부담의 증가 기타 경제사정의 변동으로 인하여 약정한 차임이 상당하지 아니하게 된 때에는 임대인은 장래에 대한 차임의 증액을 청구할 수 있다(제628조). 차임의 증액을 청구하였을 때에 그 청구가 상당하다고 인정되면, 그 효력은 판결시를 표준으로 할 것이 아니고 그 청구시에 곧 발생한다.

㉡ 차임 부증액특약은 유효하나, 임대차계약에 있어서 차임 부증액의 특약이 있더라도 신의칙에 반한다고 인정될 정도의 사정변경이 있다고 보여지는 경우에는 형평의 원칙상 임대인에게 차임증액청구를 인정하여야 한다.

③ 목적물반환청구권: 임대인은 임대차 종료시에 목적물반환청구권을 갖는다.

(2) 임대인의 의무

> **제623조 【임대인의 의무】** 임대인은 목적물을 임차인에게 인도하고 계약 존속 중 그 사용·수익에 필요한 상태를 유지하게 할 의무를 부담한다.
> **제624조 【임대인의 보존행위·인용의무】** 임대인이 임대물의 보존에 필요한 행위를 하는 때에는 임차인은 이를 거절하지 못한다.

① 목적물인도의무: 임대인은 임차인이 그 목적물을 사용·수익할 수 있도록 임차인에게 인도하여야 한다(제623조).
② 사용·수익하게 할 의무
  ㉠ 수선·유지의무
    ⓐ 원칙: 수선·유지의무는 임대인에게 있다.
    ⓑ 예외: 임차목적물의 파손 또는 장애가 사소한 것이어서 사용·수익을 방해할 정도가 아니면 임대인은 수선의무를 부담하지 않는다.
    ⓒ 면제: 임대인의 수선·유지의무는 특약으로 면제할 수 있다. 그러나 이때에도 **대규모의 수선은 면제할 수 없고**, 여전히 임대인이 그 수선의무를 부담하여야 한다.
  ㉡ 비용상환의무: 임대인은 특별한 약정이 없는 한 임차인이 지출한 필요비와 유익비를 상환할 의무를 부담한다(임의규정).
  ㉢ 담보책임: 임대차는 유상계약이므로 매매에 관한 규정이 준용된다(제567조). 따라서 임대인은 매도인과 같은 담보책임을 부담한다.

> **판례** 임대인의 보호의무 인정 여부
>
> 통상의 임대차관계에 있어서는 임차인의 안전을 배려해 주거나 도난을 방지하는 등의 보호의무까지 부담한다고 볼 수 없지만, 공중접객업인 숙박업을 경영하는 자는 고객의 안전을 배려하여야 할 보호의무를 부담한다.

2. 임차인의 권리와 의무

(1) 임차인의 권리

① 임차권(사용·수익권): 임차인은 계약 또는 그 목적물의 성질에 의하여 정하여진 용법으로 임차물을 사용·수익하여야 한다(제610조 제1항, 제654조).
② 등기청구권과 건물등기 있는 차지권의 대항력

> **제621조【임대차의 등기】** ① 부동산임차인은 당사자 간에 반대약정이 없으면 임대인에 대하여 그 임대차등기절차에 협력할 것을 청구할 수 있다.
> ② 부동산임대차를 등기한 때에는 그때부터 제3자에 대하여 효력이 생긴다.
>
> **제622조【건물등기 있는 차지권의 대항력】** ① 건물의 소유를 목적으로 한 토지임대차는 이를 등기하지 아니한 경우에도 임차인이 그 지상건물을 등기한 때에는 제3자에 대하여 임대차의 효력이 생긴다.
> ② 건물이 임대차기간 만료 전에 멸실 또는 후폐한 때에는 전항의 효력을 잃는다.

㉠ 부동산임차인은 당사자 간에 반대약정이 없으면 임대인에 대하여 그 임대차등기절차에 협력할 것을 청구할 수 있다.

㉡ 토지임차인은 임차권등기를 하지 않아도 지상건물을 등기한 때에는 그때로부터 토지임차권의 대항력이 발생한다.

　　📝 토지의 물권이 임차인의 건물등기보다 빠르다면 임차인은 토지 물권자에게 대항할 수 없다.

③ 비용상환청구권

㉠ 필요비상환청구권: 임차인이 임차물의 보존에 관한 필요비를 지출한 때에는 임대차의 종료를 기다리지 않고서 즉시 그 상환을 청구할 수 있다.

㉡ 유익비상환청구권: 임차인이 유익비를 지출한 경우에는 그 가액의 증가가 현존한 때에 한하여 임대차 종료시에 청구할 수 있다.

㉢ 행사기간: 필요비 및 유익비의 상환청구권은 임대인이 목적물을 반환받은 날로부터 6월 내에 행사하여야 한다(제617조, 제654조).

㉣ 임의규정: 임차인의 비용상환청구권은 임의규정에 해당하므로 당사자 간의 약정으로 이를 포기할 수 있다.

　　📝 "임차인은 임대인의 승인하에 개축 또는 변조할 수 있으나 부동산의 반환기일 전에 임차인의 부담으로 원상복구하기로 한다."라고 약정한 경우, 이는 임차인이 임차목적물에 지출한 각종 유익비의 상환청구권을 미리 포기하기로 한 취지의 특약이라고 본다.

㉤ 임차인은 비용상환청구권을 가지고 유치권을 행사할 수 있다.

④ 부속물매수청구권

> **제646조【임차인의 부속물매수청구권】** ① 건물 기타 공작물의 임차인이 그 사용의 편익을 위하여 임대인의 동의를 얻어 이에 부속한 물건이 있는 때에는 임대차의 종료시에 임대인에 대하여 그 부속물의 매수를 청구할 수 있다.
> ② 임대인으로부터 매수한 부속물에 대하여도 전항과 같다.

㉠ 매수청구의 대상이 되는 부속물이란 반드시 독립성이 있어야 하므로, 건물의 구성부분으로는 되지 아니한 것이어야 한다.

㉡ 매수청구권은 임대차가 종료한 때에 행사할 수 있다.

㉢ 부속된 물건이 오로지 임차인의 특수목적에 사용하기 위하여 부속된 것일 때에는 이에 해당하지 않는다.

㉣ 일시사용을 위한 임대차에서는 인정되지 않는다.

㉤ 임차인의 부속물매수청구권에 관한 규정은 강행규정에 해당한다. 따라서 임차인이 매수청구권을 포기하는 특약은 임차인에게 불리한 약정으로 무효가 된다.

㉥ 임대차계약이 임차인의 채무불이행으로 인하여 해지된 경우에는 임차인은 제646조에 의한 부속물매수청구권이 없다.

⑤ 토지임차인의 계약갱신청구권과 지상물매수청구권

> **제643조【임차인의 갱신청구권·매수청구권】** 건물 기타 공작물의 소유 또는 식목, 채염, 목축을 목적으로 한 토지임대차의 기간이 만료한 경우에 건물, 수목 기타 지상시설이 현존한 때에는 제283조의 규정을 준용한다.
> **제283조【지상권자의 갱신청구권·매수청구권】** ① 지상권이 소멸한 경우에 건물 기타 공작물이나 수목이 현존한 때에는 지상권자는 계약의 갱신을 청구할 수 있다.
> ② 지상권설정자가 계약의 갱신을 원하지 아니하는 때에는 지상권자는 상당한 가액으로 전항의 공작물이나 수목의 매수를 청구할 수 있다.

토지임차인은 1차적으로 계약의 갱신을 청구하고, 임대인이 그에 응하지 않을 때에 2차적으로 그 지상물의 매수를 청구할 수 있다.

> 기간의 약정 없는 토지임대차계약에서 임대인이 해지통고를 하였다면, 계약갱신청구의 유무에 불구하고 건물매수청구권을 행사할 수 있다.

㉠ 매수청구권의 주체는 지상물의 소유자이어야 한다. 따라서 지상물의 소유권을 이전한 임차인은 행사할 수 없다. 다만, 토지임차인이 지상물의 미등기 매수인이라면 지상물의 소유자는 아니지만 예외적으로 인정된다.

㉡ 상대방은 원칙적으로 임차권 소멸 당시의 토지소유자인 임대인이다.

㉢ 임차인의 지상물매수청구권은 형성권이다. 따라서 계약갱신을 거절당한 임차인이 이를 행사하면 그 즉시 지상물에 대한 매매가 성립하는 것이지 임대인의 승낙이 있어야 성립하는 것은 아니다.

㉣ 임차인의 지상물매수청구권에 관한 규정은 강행규정이다. 따라서 특별한 사정이 없는 한 지상건물 철거특약은 무효이다.

㉤ 임대인이 임차인의 채무불이행을 이유로 임대차계약을 해지하였을 경우에는 임차인이 지상물매수청구권을 행사할 수 없다.

핵심 지상물매수청구 관련 주요 판례

1. 매수청구의 대상이 적법한 건물이어야 하는지 여부: 불요(不要)
2. 매수청구의 대상이 객관적 가치가 있어야 하는지 여부: 불요(不要)
3. 매수청구의 대상이 임대인의 동의를 얻어 신축한 것이어야 하는지 여부: 불요(不要)
4. 임대인이 지급할 대금에 기존 건물의 철거비용 등이 포함되는지 여부: 소극
5. 제3자의 토지 위에 건립된 부분도 매수청구의 대상이 되는지 여부: 소극
6. 대항력 갖춘 임차인이 새로운 토지소유자에게 매수청구를 할 수 있는지 여부: 적극
7. 건물에 근저당권이 설정되어 있는 경우에도 토지임차인의 건물매수청구권이 인정되는지 여부: 적극

(2) 임차인의 의무
 ① 차임지급의무: 차임을 2기에 달하도록 연체한 때에는 임대인은 계약을 해지할 수 있다(제640조). 연속하여 2기를 연체하여야 하는 것은 아니며, 연체액이 2기에 달하기만 하면 해지권이 발생한다.
  ㉠ 일부멸실로 인한 차임감액청구권(강행규정, 형성권): 임차물의 일부가 임차인의 과실 없이 멸실 기타 사유로 인하여 사용·수익할 수 없는 경우 임차인은 그 부분의 비율에 의한 차임의 감액을 청구할 수 있다.
  ㉡ 경제사정의 변동으로 인한 차임감액청구권: 강행규정이므로 이에 위반하는 약정으로서 임차인에게 불리한 것은 무효이다.
 ② 임차물보관의무
  ㉠ 임차인은 임대차관계의 종료로 임차물을 임대인에게 반환할 때까지 선량한 관리자의 주의를 가지고 보관할 의무가 있다(제374조).
  ㉡ 임차인의 임대차목적물반환의무가 이행불능이 된 경우 임차인이 그 이행불능으로 인한 손해배상책임을 면하려면 그 이행불능이 임차인의 귀책사유로 인한 것이 아님을 입증할 책임이 있다.

4 임차권의 양도와 전대 제28회, 제29회, 제32회

> **제629조【임차권의 양도·전대의 제한】** ① 임차인은 임대인의 동의 없이 그 권리를 양도하거나 임차물을 전대하지 못한다.
> ② 임차인이 전항의 규정에 위반한 때에는 임대인은 계약을 해지할 수 있다.

1. 의의와 제한

(1) 의의
 ① 임차권의 양도: 임차권의 동일성을 유지하면서 이를 양수인에게 이전하게 하는 계약을 말한다.
 ② 임차물의 전대: 임차인이 그 임차물을 다시 제3자로 하여금 사용·수익하게 하는 계약을 말한다.

(2) 양도·전대의 제한
 ① 원칙: 임차권의 양도 또는 임차물의 전대는 임대인의 동의를 얻어야 한다. 임대인의 동의를 얻지 않은 경우에는 임대인에게 대항할 수 없고, 임대인은 임대차계약을 해지할 수 있다(제629조). 다만, 이는 임의규정이므로 특약으로 달리 정할 수 있다.

② 예외
  ㉠ 건물의 임차인이 그 건물의 소부분을 타인에게 사용하게 하는 경우에는 임대인의 동의를 요하지 않는다(제632조).
  ㉡ 임차인의 양도행위가 임대인에 대한 배신적 행위라고 인정할 수 없는 특별한 사정이 있는 경우에 해지권은 발생하지 않는다. 임차권자가 임차건물에 동거하면서 함께 가구점을 경영하고 있는 자신의 아내에게 임차권을 양도한 것은 임대인에 대한 배신적 행위라고 인정할 수 없는 특별한 사정이 있는 경우이므로 해지사유가 될 수 없다.
③ 임대인의 동의
  ㉠ 임대인의 동의는 양도·전대의 유효요건(효력발생요건)이 아니고 대항요건에 해당한다.
  ㉡ 임대인의 동의 없이 임차권의 양도·전대계약이 이루어져도 그 계약 자체는 유효하며, 임차인은 임대인의 동의를 얻어 줄 의무를 부담한다(사후동의도 가능하다).

2. 임대인의 동의 없는 양도·전대

(1) 임차인과 양수인·전차인의 관계
① 임대인의 동의를 받지 않고 임차권을 양도(전대)한 계약도 임대인에게 대항할 수 없을 뿐이지 계약 자체는 유효하다.
② 임차인은 양수인(전차인)을 위하여 임대인의 동의를 받아 줄 의무가 있다. 동의를 얻지 못하면 임차인은 이에 대한 담보책임을 져야 한다.

(2) 임대인과 양수인·전차인의 관계
① 양수인(전차인)의 목적물에 대한 점유는 임대인에 대한 관계에서는 불법점유가 된다. 따라서 임대인은 소유권에 기하여 임차물을 반환할 것을 청구할 수 있다.
② 임대인이 임차인과의 임대차계약을 해지하기 전에는 직접점유자인 임차인에게 반환할 것을 청구할 수 있고, 해지한 후에는 직접 자신에게 반환할 것을 청구할 수 있다.
③ 임대인은 임대차계약을 해지하기 전에는 임차인으로부터 차임을 지급받으므로 양수인(전차인)에 대하여 손해배상을 청구하지 못한다. 그러나 해지한 후에는 양수인(전차인)에게 손해배상을 청구할 수 있다.
④ 임대인은 전차인에게 차임청구권을 갖지 못하나 임차인의 차임청구권을 대위행사할 수 있다.

(3) 임대인과 임차인의 관계

임대인은 임대차계약을 해지할 수 있다(제629조 제2항). 그러나 해지를 하지 않는 동안에는 임차인은 종전의 지위를 그대로 유지한다. 따라서 임대차계약이 해지되지 않는 한 임대인은 임차인에 대하여 차임청구권을 가진다.

3. 임대인의 동의 있는 임차권의 양도

양도인은 임차인으로서의 지위에서 벗어나고, 양수인이 임차인의 지위를 그대로 승계하여 동일성을 유지하면서 임차인으로서의 권리·의무를 취득하게 된다. 따라서 차임지급의무도 당연히 양수인에게 이전한다. 그러나 양도인의 연체차임채무나 다른 의무 위반으로 인한 손해배상의무는 별도의 약정이 없는 한 이전하지 않는다.

4. 임대인의 동의 있는 임차물의 전대

> **제630조【전대의 효과】** ① 임차인이 임대인의 동의를 얻어 임차물을 전대한 때에는 전차인은 직접 임대인에 대하여 의무를 부담한다. 이 경우에 전차인은 전대인에 대한 차임의 지급으로써 임대인에게 대항하지 못한다.
> ② 전항의 규정은 임대인의 임차인에 대한 권리행사에 영향을 미치지 아니한다.

(1) 임차인(전대인)과 전차인의 관계

임차인(전대인)과 전차인의 관계는 전대차계약의 내용에 의하여 결정된다.

(2) 임대인과 전차인의 관계

① 전차인은 직접 임대인에 대하여 의무를 부담한다(제630조 제1항). 따라서 전차인은 목적물보관의무, 목적물반환의무, 차임지급의무 등을 지게 된다.

② 전차인은 전대인에 대한 차임의 지급으로써 임대인에게 대항하지 못한다. 전차인이 임대인에게 대항할 수 없는 차임의 범위는 전대차계약상의 차임지급시기를 기준으로 하여 그 전에 전대인에게 지급한 차임에 한정되고, 그 이후에 지급한 차임으로는 임대인에게 대항할 수 있다.

📝 임차인에게 지급한 모든 차임에 대하여 대항할 수 없는 것은 아니다.

(3) 임대인과 임차인(전대인)의 관계

전대차의 성립은 임대인과 임차인에게 아무런 영향을 주지 않는다. 따라서 임대인이 직접 전차인에게 권리를 행사할 수 있다고 하여 임차인에게 권리를 행사할 수 없다는 것은 아니다.

(4) 전차인 보호를 위한 특별규정

① 임차인이 임대인의 동의를 얻어 임차물을 전대한 경우에는 임대인과 임차인의 합의로 계약을 종료한 때에도 전차인의 권리는 소멸하지 않는다.

② 임대차계약이 해지의 통고로 인하여 종료된 경우에 그 임차물이 적법하게 전대되었을 때에는 임대인은 전차인에 대하여 그 사유를 통지하지 아니하면 해지로써 전차인에게 대항하지 못한다.

> 임차인의 차임연체액이 2기의 차임액에 달함에 따라 임대인이 임대차계약을 해지하는 경우에는 전차인에 대하여 그 사유를 통지하지 않더라도 해지로써 전차인에게 대항할 수 있고, 해지의 의사표시가 임차인에게 도달하는 즉시 임대차관계는 해지로 종료된다.

③ 동의를 얻은 적법한 전대차이므로 토지전차인의 경우에는 임대청구권과 지상물매수청구권, 건물이나 공작물의 전차인의 경우에는 임대인의 동의를 얻어 이에 부속하였거나 임대인으로부터 매수한 경우, 또는 그의 동의를 얻어 임차인으로부터 매수한 부속물에 대하여 부속물매수청구권이 인정된다.

Theme 36 주택임대차보호법

▶ 민사특별법

1 서설

(1) 의의
「주택임대차보호법」은 경제적 약자인 임차인 중 주택임차인을 보호하여 국민의 주거생활의 안정을 도모하기 위한 법령이다.

(2) 성질
① 「민법」에 대한 특별법: 주택의 임대차에만 적용되는 「주택임대차보호법」은 일반법인 「민법」에 대한 특별법에 해당한다.
② 강행규정(편면적 강행규정): 「주택임대차보호법」은 임차인의 보호를 위한 것이므로 본법의 규정보다 임차인에게 불리한 약정은 그 효력이 없다. 따라서 본법이 규정한 것보다 임대인에게 불리한 약정은 허용된다.

2 적용범위

> 제2조【적용범위】이 법은 주거용 건물(이하 '주택'이라 한다)의 전부 또는 일부의 임대차에 관하여 적용한다. 그 임차주택(賃借住宅)의 일부가 주거 외의 목적으로 사용되는 경우에도 또한 같다.

(1) 인적 범위
원칙적으로 자연인을 보호대상으로 하나, 법률의 개정으로 일정한 범위(한국토지주택공사나 「지방공기업법」에 따라 주택사업을 목적으로 설립돼 지방공사인 경우, 「중소기업기본법」 제2조에 따른 중소기업에 해당하는 법인)의 법인도 대항력을 취득할 수 있다(「주택임대차보호법」 제3조 제2항·제3항). 따라서 외국인은 보호대상이 되지만, 일반법인은 보호대상에 포함되지 않는다.

(2) 주택의 적용범위(물적 범위)
① 주택의 전부 또는 일부의 임대차: 주택의 전부를 임대차한 경우뿐만 아니라 일부에 대한 임대차에도 「주택임대차보호법」이 적용된다.

② 임차주택의 일부가 비주거용으로 사용되는 경우: 임차주택의 일부가 주거 외의 목적으로 사용되는 경우에는 적용되나, 비주거용 건물에 주거의 목적으로 일부를 사용하는 경우에는 「주택임대차보호법」의 보호대상에서 제외된다.

(3) **미등기 전세**: 「주택임대차보호법」이 적용된다.

(4) **미등기 무허가건물**: 「주택임대차보호법」이 적용된다.

(5) **일시사용을 위한 임대차**

「주택임대차보호법」은 일시사용을 위한 임대차임이 명백한 경우에는 적용하지 아니한다(제11조).

(6) 「주택임대차보호법」이 적용되는 임대차로서는 반드시 임차인과 주택의 소유자인 임대인 사이에 임대차계약이 체결된 경우에 한정된다고 할 수는 없고, 주택의 소유자는 아니지만 적법하게 임대권한을 가진 임대인과의 사이에 임대차계약이 체결된 경우도 포함된다.

3 주택임차권의 대항력 제28회, 제29회, 제31회, 제32회, 제33회, 제34회

1. 대항요건

> 주택의 인도 + 주민등록(전입신고) ⇨ 다음 날 0시부터 대항력 발생

(1) **주택의 인도**

임차인이 직접 거주하지 않더라도 임차인과의 점유매개관계에 기하여 당해 주택에 실제로 거주하는 직접점유자(전차인)가 자신의 주민등록을 마친 경우에는 그 임차인의 임대차가 제3자에 대하여 적법하게 대항력을 취득할 수 있다.

(2) **주민등록**

주민등록의 신고는 행정청에 도달하기만 하면 신고로서의 효력이 발생하는 것이 아니라 행정청이 수리한 경우에 비로소 신고의 효력이 발생한다.

① 주소의 기재: 임차인들이 주소 또는 거소를 가진 자로 등록되어 있는지를 인식할 수 있어야 한다.

다세대주택의 경우	지번뿐만 아니라 호수까지 정확하게 기재되어야 한다.
다가구주택의 경우	지번만 기재하면 되고 호수까지 기재할 필요는 없다.

② 다가구주택이 다세대주택으로 변경된 경우: 처음에 다가구용 단독주택으로 「주택임대차보호법」 소정의 대항력을 적법하게 취득한 경우, 나중에 다가구용 단독주택이 다세대주택으로 변경되었다는 사정만으로 임차인이 이미 취득한 대항력을 상실하게 되는 것은 아니다.

③ 공무원의 실수로 잘못 기재된 경우: 담당공무원의 착오로 주민등록표상에 신 거주지 지번이 다소 틀리게 기재되었다 하여 그 대항력에 영향을 주지 않는다.

> 담당공무원이 착오로 수정을 요구하여, 잘못된 지번으로 수정하여 그대로 주민등록이 되었다면, 설령 담당공무원의 요구에 기인한 것이라 하더라도 대항력은 인정되지 않는다.

④ 제3자에 의하여 주민등록이 이전된 경우: 주택임차인에게 책임을 물을 만한 사유가 없는 경우 주택임차인이 이미 취득한 대항력은 주민등록의 이전에도 불구하고 그대로 유지된다.

⑤ 임차인 본인의 주민등록에 한정하지 않는다.

⑥ 대항요건은 일시적이어서는 안 되고 계속 존속하여야 한다.

⑦ 주민등록이 행정기관에 의하여 직권말소되면 대항력이 상실됨이 원칙이나, 후에 「주민등록법」상 적법한 이의절차에 따라 회복되었다면 종전의 대항력이 소급하여 인정된다.

> 「주민등록법」상 이의절차에 따른 것이 아니었다면 대항력의 소급효는 인정되지 않는다.

⑧ 임차인이 적법하게 전대차를 한 경우, 임차인은 직접점유자인 전차인이 주민등록을 마치면 대항력을 취득한다. 물론 임차인이 대항력을 갖춘 상태에서 전대차한 것이라면 종전 대항력이 유지된다.

⑨ 소유자가 주택을 매도하고 그 주택을 다시 임차한 경우에는 소유권이전등기 다음 날로부터 대항력을 취득한다.

⑩ 임차인이 전대차 후에 임대인으로부터 소유권을 취득하였다면 전차인은 임차인이 소유권이전등기를 하는 즉시 대항력을 취득한다.

2. 대항력의 내용

(1) 주택양수인과의 관계

① 임대인 지위의 승계

㉠ 임차주택의 양수인은 임대인의 지위를 승계한 것으로 본다(제3조 제4항). 따라서 임차보증금반환채무도 양수인에게 이전되며, 그에 따라 종전의 임대인은 그 채무를 면하게 된다. 양수인이란 주택의 소유권을 취득한 자를 말하는 것이므로 대지만을 경락받거나, 주택의 등기를 양도담보로 한 것이라면 주택의 양수인으로 볼 수 없다.

ⓒ 주택의 양수인이 임차인에게 보증금을 반환하더라도 특별한 사정이 없는 한 양도인에게 부당이득반환을 청구할 수 없다.

> 다만, 임차주택 양도 전 발생한 연체차임채권은 특별한 사정이 없는 한 양수인에게 승계되지 않는다.

ⓒ 양수인은 임대인의 지위를 승계하므로 임차인의 임대차보증금반환채권이 가압류된 상태에서 임대주택이 양도되면 양수인이 채권가압류의 제3채무자의 지위도 승계하고, 가압류권자 또한 임대주택의 양도인이 아니라 양수인에 대하여만 위 가압류의 효력을 주장할 수 있다.

② 임대인의 지위승계를 원하지 않는 경우에는 임차인이 임차주택의 양도 사실을 안 때로부터 상당한 기간 내에 이의를 제기함으로써 승계되는 임대차관계의 구속에서 벗어날 수 있다.

(2) 제3자에 대한 관계

① 후순위 저당권의 실행으로 목적 부동산이 경락되어 그 선순위 저당권이 함께 소멸한 경우라면 비록 후순위 저당권자에게는 대항할 수 있는 임차권이더라도 소멸된 선순위 저당권보다 뒤에 등기되었거나 대항력을 갖춘 임차권은 함께 소멸한다.

② 저당권설정등기 후에 건물주와의 사이에 임차보증금을 증액하기로 한 합의는 저당권자에게는 대항할 수 없다.

4 보증금의 회수 제28회, 제29회, 제30회, 제34회

(1) 우선변제권

> 대항요건(주택의 인도 + 주민등록) + 확정일자

우선변제권이 인정되기 위하여 대항요건과 임대차계약증서상의 확정일자를 갖추는 것 외에 계약 당시 임차보증금이 전액 지급되어 있을 것을 요구하지는 않는다. 보증금의 일부만을 지급하고 대항요건과 확정일자를 갖춘 다음 나머지 보증금을 나중에 지급하였다고 하더라도 대항요건과 확정일자를 갖춘 때를 기준으로 임차보증금 전액에 대해서 우선변제권이 인정된다.

① 임대차계약서에 임대차목적물을 표시하면서 아파트의 명칭과 그 전유부분의 동·호수의 기재를 누락하였다는 사유만으로 확정일자의 요건을 갖추지 못하였다고 볼 수는 없다.

② 우선변제권을 취득한 임차인이 그 계약서를 분실하거나 계약서가 멸실되었다고 하여 우선변제권이 소멸하는 것은 아니다.

③ 우선변제권의 발생시기: 주택의 임차인이 주택의 인도와 주민등록을 마친 당일 또는 그 이전에 임대차계약증서상에 확정일자를 갖춘 경우 우선변제권은 대항력과 마찬가지로 주택의 인도와 주민등록을 마친 다음 날을 기준으로 발생한다.

④ 일정한 금융기관이 임차권과 별도로 보증금채권만을 양수한 경우에도 우선변제권이 인정된다.

⑤ 대항력과 우선변제권을 겸유한 경우
  ㉠ 대항력을 주장할 수도 있고 배당에 참가하여 보증금의 우선변제를 받을 수도 있다.
  ㉡ 경매절차에서 배당요구를 하였다고 하더라도 그 순위에 따른 배당이 실시된 경우, 보증금 전액을 배당받을 수 없었던 때에는 잔액에 관하여 경락인에게 대항하여 이를 반환받을 때까지 임대차관계의 존속을 주장할 수 있다.
  ㉢ 다만, 우선변제권은 1차 경매에서 소멸하며, 후행경매절차에서는 대항력을 주장할 수 있을 뿐 우선변제권을 행사할 수 없다.

> **판례** 주택임차인이 전세권설정등기를 겸한 경우
>
> 1. 주택임차인으로서의 우선변제를 받을 수 있는 권리와 전세권자로서 우선변제를 받을 수 있는 권리는 근거규정 및 성립요건을 달리하는 별개의 것이므로, 「주택임대차보호법」상 대항력을 갖춘 임차인이 임차주택에 관하여 전세권설정등기를 경료하였다거나 전세권자로서 배당절차에 참가하여 전세금의 일부에 대하여 우선변제를 받은 사유만으로는 변제받지 못한 나머지 보증금에 기한 대항력 행사에 어떤 장애가 있다고 볼 수 없다(대판 93다39676).
> 2. 「주택임대차보호법」상 임차인으로서의 지위와 전세권자로서의 지위를 함께 가지고 있는 자가 그중 임차인으로서의 지위에 기하여 경매법원에 배당요구를 하였다면 배당요구를 하지 아니한 전세권에 관하여는 배당요구가 있는 것으로 볼 수 없다.

⑥ 배당요구
  ㉠ 원칙적으로 주택임차인은 우선변제권을 행사함에 있어서 배당요구를 하여야 하며, 배당요구를 하지 않아 배당에서 제외되었다면 후순위 채권자에게 부당이득의 반환을 청구할 수 없다.
  ㉡ 그러나 임차주택에 대하여 스스로 강제경매를 신청하였다면 우선변제권을 인정받기 위하여 배당요구의 종기까지 별도로 배당요구를 하지 않아도 된다.

(2) 소액보증금의 최우선변제(보증금 중 일정액의 보호)

① 요건: 소액임차인은 대지를 포함한 임차주택의 경매대금에서 보증금 중 일정액을 다른 담보물권자보다 우선하여 변제받을 권리가 있다. 이 경우 임차인은 주택에 대한 경매신청등기 전에 대항요건을 갖추어야 한다. 대항요건을 갖추는 것으로 족하며 확정일자는 갖추지 않아도 된다.

> **참고**
> 1. 토지에 저당권이 설정된 후에 신축된 주택의 소액임차인이 대지로부터 우선변제를 받을 수 있는지 여부: 부정
> 2. 미등기 건물의 소액임차인이 대지의 매각대금으로부터 우선변제를 받을 수 있는지 여부: 인정
> 3. 주택임대차 성립 당시 임대인의 소유였던 대지가 타인에게 양도되어 임차주택과 대지의 소유자가 서로 달라지게 된 경우, 임차인이 대지의 환가대금에 대하여 우선변제권을 행사할 수 있는지 여부: 인정
> 4. 점포 및 사무실로 사용되던 건물에 근저당권이 설정된 후 그 건물이 주거용 건물로 용도 변경된 경우, 이를 임차한 소액임차인이 근저당권자에 대하여 우선변제권이 있는지 여부: 인정

② 소액보증금을 판단함에 있어서 그 시점은 임차인이 대항요건을 갖춘 때가 아니라 건물에 대하여 담보물권이 설정된 때를 기준으로 소액임차인 및 소액보증금의 범위를 정하여야 한다.

③ 적용범위(2023년 2월 21일부터 적용)

구분	보증금의 범위	최우선변제금액
서울특별시	1억 6천5백만원 이하	5천5백만원
수도권 과밀억제권역 등	1억 4천5백만원 이하	4천8백만원
광역시 등	8천5백만원 이하	2천8백만원
그 밖의 지역	7천5백만원 이하	2천5백만원

④ 임차인의 보증금 중 일정액이 주택가액의 2분의 1을 초과하는 경우에는 주택가액의 2분의 1에 해당하는 금액까지만 우선변제권이 있다(시행령 제10조 제2항).

(3) 임차권자의 경매신청(집행개시요건의 특례)

① 임차인이 임대인에 대하여 제기하는 보증금반환청구소송에서 「소액사건심판법」의 일부조항을 준용하여 절차를 간이하게 하고 있다(제13조).

② 주택임차인은 임차물의 반환을 하지 않고도 임차주택에 대하여 강제집행을 개시할 수 있다(보증금을 수령할 때에는 양수인에게 인도하여야 한다).

(4) 임차권등기명령

① 의의: 임대차가 끝난 후 보증금이 반환되지 아니한 경우 임차인은 임차주택의 소재지를 관할하는 지방법원·지방법원지원 또는 시·군 법원에 임차권등기명령을 신청할 수 있다. 임차권등기명령의 신청을 기각하는 결정에 대하여 임차인은 항고할 수 있다(제3조의3 제1항·제4항).

② 효력
  ㉠ 임차인이 임차권등기명령에 의한 등기 이전에 이미 대항력 또는 우선변제권을 취득한 경우에는 임차권등기 이후에 대항요건을 상실하더라도, 즉 이사를 가거나 주민등록을 이전하더라도 이미 취득한 대항력 또는 우선변제권을 상실하지 아니한다(제3조의3 제5항 단서).
  ㉡ 임대차가 종료된 후 보증금을 반환받지 못한 임차인이 임차권등기명령의 집행에 의한 등기를 경료한 때에는 대항력과 보증금의 우선변제권을 취득한다(제3조의3 제5항).
  ㉢ 임차권등기명령의 집행에 의한 임차권등기가 경료된 주택을 그 이후에 임차한 임차인은 소액보증금의 최우선변제를 받을 수 없다.
    📝 최우선변제가 인정되지 않을 뿐이며 대항력과 일반 우선변제권은 인정된다.
  ㉣ 임차인은 임차권등기명령의 신청과 그에 따른 임차권등기와 관련하여 든 비용을 임대인에게 청구할 수 있다(제3조의3 제8항).
  ㉤ 임차권등기명령에 의하여 임차권등기를 한 임차인은 배당요구 없이도 당연히 배당받을 채권자에 속한다.
  ㉥ 임대인의 임대차보증금반환의무와 임차권등기명령에 의한 임차인의 임차권등기 말소의무는 동시이행관계가 아니다.
  ㉦ 임차권등기명령에 의한 등기가 보증금반환채권의 소멸시효 중단사유가 될 수 없다. 따라서 임차권등기명령에 의한 등기가 되어 있더라도 10년이 경과하면 임차인의 보증금반환채권은 소멸한다.
  ㉧ 임차권등기명령에 의한 등기는 임차권등기명령 결정이 임대인에게 송달되기 전에도 실행될 수 있다(제3조의3 제3항).

5 존속기간의 보장 제28회, 제29회, 제30회, 제32회, 제34회, 제35회

(1) 최단기간의 보장

① 기간을 정하지 아니하거나 2년 미만으로 정한 주택임대차는 그 기간을 2년으로 본다. 다만, 임차인은 2년 미만으로 정한 기간이 유효함을 주장할 수 있다.
  📝 임대인은 주장할 수 없다.
② 존속의제: 임대차기간이 끝난 경우에도 임차인이 보증금을 반환받을 때까지는 임대차관계가 존속되는 것으로 본다(제4조 제2항).

(2) 법정갱신(묵시적 갱신)

① 임대인이 임대차기간이 끝나기 6개월 전부터 2개월 전까지의 기간에 임차인에게 갱신 거절의 통지를 하지 아니하거나 계약조건을 변경하지 아니하면 갱신하지 아니한다는 뜻의 통지를 하지 아니한 경우에는 그 기간이 끝난 때에 전 임대차와 동일한 조건으로 다시 임대차한 것으로 본다. 임차인이 임대차기간이 끝나기 2개월 전까지 통지하지 아니한 때에도 또한 같다.

② 법정갱신이 되면 기간은 2년으로 간주된다. 따라서 임대인은 2년을 보장하여야 하나 임차인은 언제든지 해지의 통지를 할 수 있으며, 임대인이 해지의 통지를 받은 날부터 3개월이 지나면 임대차는 소멸한다(제6조의2 제2항).

③ 2기의 차임액에 달하도록 차임을 연체하거나 그 밖에 임차인으로서의 의무를 현저히 위반한 임차인에게는 법정갱신이 인정되지 않는다.

(3) 계약갱신요구권(계약갱신청구권)

① 임대인은 임차인이 임대차기간이 끝나기 6개월 전부터 2개월 전까지 사이에 행하는 계약갱신 요구에 대하여 정당한 사유 없이 이를 거절하지 못한다. 다만, 다음의 경우에는 갱신요구를 거절할 수 있다.

> 판례 임대차계약의 갱신을 요구하면 임대인에게 갱신거절 사유가 존재하지 않는 한 임대인에게 갱신요구가 도달한 때 갱신의 효력이 발생한다.

㉠ 임차인이 2기의 차임액에 해당하는 금액에 이르도록 차임을 연체한 사실이 있는 경우

㉡ 임차인이 거짓이나 그 밖의 부정한 방법으로 임차한 경우

㉢ 서로 합의하여 임대인이 임차인에게 상당한 보상을 제공한 경우

㉣ 임차인이 임대인의 동의 없이 목적 주택의 전부 또는 일부를 전대(轉貸)한 경우

㉤ 임차인이 임차한 주택의 전부 또는 일부를 고의나 중대한 과실로 파손한 경우

㉥ 임차한 주택의 전부 또는 일부가 멸실되어 임대차의 목적을 달성하지 못할 경우

㉦ 임대인이 다음의 어느 하나에 해당하는 사유로 목적 주택의 전부 또는 대부분을 철거하거나 재건축하기 위하여 목적 주택의 점유를 회복할 필요가 있는 경우

  ⓐ 임대차계약체결 당시 공사시기 및 소요기간 등을 포함한 철거 또는 재건축계획을 임차인에게 구체적으로 고지하고 그 계획에 따르는 경우

  ⓑ 건물이 노후·훼손 또는 일부 멸실되는 등 안전사고의 우려가 있는 경우

  ⓒ 다른 법령에 따라 철거 또는 재건축이 이루어지는 경우

- ◎ 임대인(임대인의 직계존속·직계비속을 포함한다)이 목적 주택에 실제 거주하려는 경우
  - 📝 임차인이 갱신요구를 할 당시의 임대인뿐만 아니라 임대인의 지위를 승계한 임차주택의 양수인도 그 주택에 실제 거주하려는 경우 앞의 갱신거절 기간 내에 임차인의 갱신요구를 거절할 수 있다(판례).
- ㉺ 그 밖에 임차인이 임차인으로서의 의무를 현저히 위반하거나 임대차를 계속하기 어려운 중대한 사유가 있는 경우

② 임차인의 계약갱신요구권은 1회에 한하여 행사할 수 있으며 이로 인하여 갱신되는 임대차의 존속기간은 2년으로 본다.

③ 임대인은 갱신된 임대차에 대하여 해지통지를 할 수 없으나 임차인은 언제든지 해지의 통지를 할 수 있으며 임대인이 해지의 통지를 받은 날부터 3개월이 지나면 임대차는 소멸한다.

  📝 임차인은 언제든지 계약의 해지통지를 할 수 있고, 해지통지 후 3개월이 지나면 그 효력이 발생하며, 이는 계약해지의 통지가 갱신된 임대차계약기간이 개시되기 전에 임대인에게 도달하였더라도 마찬가지이다.

④ 갱신요구권 행사에 의해 갱신되는 임대차는 전 임대차와 동일한 조건으로 다시 계약된 것으로 보며 차임과 보증금은 연 5% 범위에서 증감할 수 있다. 다만, 특별시·광역시·특별자치시·도 및 특별자치도는 관할구역 내의 지역별 임대차 시장 여건 등을 고려하여 연 5%의 범위 내에서 증액청구의 상한을 조례로 달리 정할 수 있다.

⑤ 손해배상: 임대인(임대인의 직계존속·직계비속을 포함한다)이 목적 주택에 실제 거주하려는 경우에는 임차인의 계약갱신요구를 거절할 수 있다. 다만, 이를 이유로 갱신요구를 거절한 임대인이 갱신되었을 기간이 만료되기 전에 정당한 사유 없이 제3자에게 목적 주택을 임대한 경우 임대인은 갱신거절로 인하여 임차인이 입은 손해를 배상하여야 한다.

6 기타

(1) 차임증감청구권

① 차임증감청구권은 형성권으로서 행사 후 즉시 그 효력이 발생한다.

② 차임 또는 보증금의 증액청구는 임대차계약 또는 약정한 차임 등의 증액이 있은 후 1년 이내에는 하지 못한다.
  - ㉠ 증액하는 경우에는 약정한 차임 등의 20분의 1(5%)의 금액을 초과하지 못한다.
  - ㉡ 임대차계약이 종료된 후 재계약을 하거나 또는 임대차계약 종료 전이라도 당사자의 합의로 차임 등이 증액된 경우에는 적용되지 않는다.

(2) 월차임 전환시 산정률의 제한(제7조의2)

다음의 ①과 ② 중 낮은 비율을 적용한다.

① 「은행법」에 따른 은행에서 적용하는 대출금리와 해당 지역의 경제 여건 등을 고려하여 대통령령으로 정하는 비율(연 1할)

② 한국은행에서 공시한 기준금리에 대통령령으로 정하는 이율(연 2.0%)을 더한 비율

(3) 임차권의 승계

① 사실혼관계자의 승계: 임차인이 상속인 없이 사망한 경우에는 그 주택에서 가정공동생활을 하던 사실상의 혼인관계에 있는 자가 임차인의 권리와 의무를 승계한다.

② 2촌 이내의 친족과 공동승계

㉠ 임차인이 사망한 때에 사망 당시 상속인이 그 주택에서 가정공동생활을 하고 있지 아니한 경우에는 그 주택에서 가정공동생활을 하던 사실상의 혼인관계에 있는 자와 2촌 이내의 친족이 공동으로 임차인의 권리와 의무를 승계한다.

㉡ 상속권자가 사망한 임차인과 가정공동생활을 하고 있다면 임차권은 상속권자에게 상속되고 사실혼관계자에게 승계되지 않는다.

③ 임차인이 사망한 후 1개월 이내에 임대인에 대하여 반대의사를 표시한 경우에는 사실혼관계자에게 승계되지 않는다.

▶ 민사특별법

Theme 37 상가건물 임대차보호법

1 주택임대차보호법과의 비교

구분	「주택임대차보호법」	「상가건물 임대차보호법」
적용범위	① 자연인과 일정한 범위의 법인 ② 주거용 건물의 전부 또는 일부의 임대차, 미등기 전세 ③ 일시사용을 위한 임대차에는 적용되지 않음	① 사업자등록의 대상이 되는 상가건물의 임대차 중 보증금이 일정액 이하인 경우에 적용 ② 보증금이 일정액을 초과하는 경우에도 대항력과 계약갱신요구제도, 권리금보호, 차임연체와 해지, 폐업으로 인한 임차인이 해지권에 관한 규정은 적용 ③ 일시사용을 위한 임대차에는 적용되지 않음
대항력	주택의 인도와 주민등록을 마친 다음 날부터 대항력 발생	건물의 인도와 사업자등록을 신청한 다음 날부터 대항력 발생
우선변제권	대항요건과 임대차계약증서상의 확정일자를 갖춘 경우에 인정	대항요건과 관할 세무서장으로부터 임대차계약서상의 확정일자를 갖춘 경우에 인정
집행개시 요건의 특례	경매를 신청하는 경우에 반대의무의 이행 또는 이행의 제공을 집행개시의 요건으로 하지 아니함	
임차권등기명령	임대차가 종료된 후 보증금을 반환받지 못한 임차인은 임차건물의 소재지를 관할하는 지방법원·지방법원지원 또는 시·군 법원에 신청할 수 있음	
보증금 중 일정액의 보호 (소액보증금의 최우선 변제)	① 서울: 1억 6천5백만원 ⇨ 5천5백만원 ② 과밀억제권: 1억 4천5백만원 ⇨ 4천8백만원 ③ 광역시 등: 8천5백만원 ⇨ 2천8백만원 ④ 기타 지역: 7천5백만원 ⇨ 2천5백만원	① 서울: 6천5백만원 ⇨ 2천2백만원 ② 과밀억제권: 5천5백만원 ⇨ 1천9백만원 ③ 광역시 등: 3천8백만원 ⇨ 1천3백만원 ④ 기타 지역: 3천만원 ⇨ 1천만원
	대지를 포함하는 주택가액의 2분의 1의 범위에서 인정(경매신청등기 전에 임차인이 대항요건을 갖추어야 함)	대지를 포함하는 건물가액의 2분의 1의 범위에서 인정(경매신청등기 전에 임차인이 대항요건을 갖추어야 함)

존속기간 보장	최단기간 2년 보장	최단기간 1년 보장
법정갱신	① 임대인: 만료되기 6개월 전부터 2개월 전까지 ② 임차인: 만료되기 2개월 전까지 ③ 기간: 2년, 임차인은 언제든지 해지 통고(임대인 ×) ⇨ 3개월이 지난 후 소멸	① 임대인: 만료되기 6개월 전부터 1개월 전까지 ② 임차인: 규정 없음(하루 전에도 가능) ③ 기간: 1년, 임차인은 언제든지 해지 통고(임대인 ×) ⇨ 3개월이 지난 후 소멸
계약갱신의 요구	1회에 한하여 존속기간 2년의 갱신요구권을 행사할 수 있음	최초 임대차기간을 포함한 전체 임대차기간이 10년을 초과하지 않는 범위 내에서만 행사
차임증감청구권	증액은 연 5% 이내	증액은 연 5% 이내
월차임 전환시 산정률의 제한	연 10% 또는 기준금리 + 2.0% 중 낮은 비율	연 12% 또는 기준금리 × 4.5 중 낮은 비율
임차권의 승계	사실혼관계에 있는 배우자에게 일정한 범위 내에서 임차권의 승계를 인정	규정 없음

2 주요 내용

(1) **적용범위** 제28회, 제32회, 제33회, 제34회

① 본법은 사업자등록의 대상이 되는 상가건물의 임대차에 적용한다. 친목·자선단체 사무실 등은 「상가건물 임대차보호법」의 적용대상이 아니다.

> 임차인이 임차목적물을 사실행위와 더불어 영리를 목적으로 하는 활동이 이루어지는 공장으로 사용하였다면, 「상가건물 임대차보호법」의 적용대상이 된다.

② 보증금이 일정액 이하인 경우

㉠ 「주택임대차보호법」과의 두드러진 차이는 모든 상가건물 임대차를 보호하는 것이 아니며, 사업자등록의 대상이 되는 상가건물의 임대차라 하더라도 대통령령이 정하는 보증금액을 초과하는 임대차에 대하여는 적용하지 않는다. 그 보증금의 한도는 다음과 같다.

구분	보증금의 범위
서울특별시	9억원 이하
수도권 과밀억제권역, 부산광역시	6억 9천만원 이하
광역시 등	5억 4천만원 이하
그 밖의 지역	3억 7천만원 이하

ⓒ 환산보증금: 「주택임대차보호법」과는 달리 순수하게 보증금만을 따지는 것이 아니라 보증금 외에 차임이 있는 경우에는 그 차임액에 「은행법」에 따른 은행의 대출금리 등을 고려하여 대통령령으로 정하는 비율(1분의 100)을 곱하여 환산한 금액을 포함하여야 한다.

> 예 서울에서 보증금 7억원, 차임 220만원의 상가임대차를 하고 있다면 환산한 보증금은 7억원 + (220만원 × 100) = 9억 2천만원이므로 「상가건물 임대차보호법」이 적용되지 않는다.

③ 대통령령이 정하는 보증금액을 초과하는 임대차는 본법이 적용되지 않지만, 다음의 규정에 대해서는 보증금의 액수와 상관없이 적용된다.
  ㉠ 제3조(대항력 등)에 관한 규정은 적용된다. 따라서 보증금액이 일정액을 초과해도 건물을 인도받고 사업자등록을 신청한 때에는 그 다음 날부터 제3자에 대하여 효력이 생긴다. 또한 임차건물의 양수인은 임대인의 지위를 승계한 것으로 본다.
  ㉡ 10년을 초과하지 않는 범위 내에서 인정되는 계약갱신요구제도가 적용된다.
    > 환산보증금이 일정액을 초과하는 임대차에서 기간을 정하지 않은 경우, 임차인의 계약갱신요구권은 인정되지 않는다.
  ㉢ 권리금 회수기회 보호에 관한 규정도 보증금의 액수와 상관없이 적용된다.
  ㉣ 보증금액이 일정액을 초과하더라도 임차인의 차임연체액이 2기가 아닌 3기의 차임액에 달하는 때에 임대인은 계약을 해지할 수 있다.
  ㉤ 보증금의 액수와 상관없이 제11조의2(폐업으로 인한 임차인의 해지권)가 적용된다. 따라서 임차인은 「감염병의 예방 및 관리에 관한 법률」에 따른 집합 제한 또는 금지 조치를 총 3개월 이상 받음으로써 폐업한 경우에는 임대차계약을 해지할 수 있으며, 임대인이 계약해지의 통고를 받은 날부터 3개월이 지나면 효력이 발생한다.
    > 이 5가지(㉠~㉤) 이외의 규정(예 우선변제권, 존속기간 보장, 임차권등기명령, 집행개시요건의 예외 등)은 적용되지 않는다.

④ 본법은 목적 건물의 등기하지 아니한 전세계약에 관하여 이를 준용한다.
⑤ 본법은 자연인은 물론 법인에 대하여도 적용한다.
⑥ 본법은 일시사용을 위한 임대차임이 명백한 경우에는 이를 적용하지 아니한다(제16조).

(2) 임대차는 그 등기가 없는 경우에도 임차인이 건물의 인도와 「부가가치세법」 제8조, 「소득세법」 제168조 또는 「법인세법」 제111조에 따른 사업자등록을 신청하면 그 다음 날부터 제3자에 대하여 효력이 생긴다.

> 임차인이 폐업신고를 하였다가 다시 같은 상호 및 등록번호로 사업자등록을 하였다면, 처음의 대항력은 유지되지 않고 소멸하며 새롭게 대항력이 인정된다.

(3) 임차권은 임차건물에 대하여 「민사집행법」에 따른 경매가 실시된 경우에는 그 임차건물이 매각되면 소멸한다. 다만, 보증금이 전액 변제되지 아니한 대항력이 있는 임차권은 그러하지 아니하다(제8조).

(4) **보증금의 우선변제**
① 대항요건(건물의 인도와 사업자등록의 신청)을 갖추고 관할 세무서장으로부터 임대차계약서상의 확정일자를 받은 임차인은 「민사집행법」에 따른 경매 또는 「국세징수법」에 따른 공매시 임차건물(임대인 소유의 대지를 포함한다)의 환가대금에서 후순위 권리자나 그 밖의 채권자보다 우선하여 보증금을 변제받을 권리가 있다. 사업자등록은 대항력 또는 우선변제권의 취득요건일 뿐만 아니라 존속요건이기도 하므로, 배당요구의 종기까지 존속하여야 한다.
② 임차인은 임차건물을 양수인에게 인도하지 아니하면 보증금을 받을 수 없다(제5조 제3항).

> 임차인이 보증금반환청구소송의 확정판결에 따라 경매를 신청하는 경우, 임차인의 건물명도의무 이행은 집행개시의 요건이 아니다.

판례 사업자 등록

1. 「상가건물 임대차보호법」상의 대항력 및 우선변제권을 유지하기 위하여는 건물을 직접 점유하면서 사업을 운영하는 전차인이 그 명의로 사업자등록을 하여야 한다.
2. 「상가건물 임대차보호법」상 대항력을 인정받기 위하여 사업자등록이 갖추어야 할 요건
사업자등록신청서에 첨부한 임대차계약서상의 임대차목적물 소재지가 당해 상가건물에 대한 등기부상의 표시와 불일치하는 경우에는 특별한 사정이 없는 한 그 사업자등록은 제3자에 대한 관계에서 유효한 임대차의 공시방법이 될 수 없다. 또한 건물의 일부분을 임차한 경우, 그 사업자등록이 제3자에 대한 관계에서 유효한 임대차의 공시방법이 되기 위하여는 사업자등록신청시 그 임차부분을 표시한 도면을 첨부하여야 한다. 다만, 사회통념상 도면 없이도 제3자가 해당 임차인이 임차한 부분을 구분하여 인식할 수 있을 정도로 특정이 되어 있다고 볼 수 있는 경우에는 도면을 첨부하지 않아도 된다.

(5) **소액보증금의 최우선변제(보증금 중 일정액의 보호)**
① 임차인은 보증금 중 일정액을 다른 담보물권자보다 우선하여 변제받을 권리가 있다. 이 경우 임차인은 건물에 대한 경매신청의 등기 전에 대항요건을 갖추어야 한다(제14조).

② 적용범위

구분	보증금의 범위	최우선변제금액
서울특별시	6,500만원 이하	2,200만원
수도권 과밀억제권역	5,500만원 이하	1,900만원
광역시 등	3,800만원 이하	1,300만원
그 밖의 지역	3,000만원 이하	1,000만원

③ 소액임차인의 범위를 결정하는 보증금은 순수보증금이 아니라 환산보증금을 말한다.
④ 우선변제를 받을 임차인 및 보증금 중 일정액의 범위와 기준은 임대건물가액(임대인 소유의 대지가액을 포함한다)의 2분의 1의 범위 안에서 정한다.
⑤ 임차권등기명령의 집행에 따른 임차권등기를 마친 건물을 그 이후에 임차한 소액임차인은 보증금 중 일정액을 우선변제받을 권리가 없다(제6조 제6항).

(6) 임대차기간 제30회, 제32회, 제35회

① 최단기간의 보장: 기간을 정하지 아니하거나 기간을 1년 미만으로 정한 임대차는 그 기간을 1년으로 본다. 다만, 임차인은 1년 미만으로 정한 기간이 유효함을 주장할 수 있다(제9조 제1항).
② 존속의제: 임대차가 종료한 경우에도 임차인이 보증금을 돌려받을 때까지는 임대차관계는 존속하는 것으로 본다(제9조 제2항).
  > 보증금을 반환받을 때까지 임차물을 점유하면서 사용한 임차인은 종전 임대차계약에서 정한 차임을 지급할 의무를 부담할 뿐이고, 시가에 따른 차임에 상응하는 부당이득금을 지급할 의무를 부담하는 것은 아니다.
③ 묵시의 갱신(법정갱신)
  ㉠ 임대인이 임대차기간이 만료되기 6개월 전부터 1개월 전까지 임차인에 대하여 갱신 거절의 통지 또는 조건의 변경의 통지를 하지 아니한 경우에는 그 기간이 만료된 때에 전 임대차와 동일한 조건으로 다시 임대차한 것으로 본다. 이 경우에 임대차의 존속기간은 1년으로 본다(제10조 제4항).
  ㉡ 임차인에 대해서는 별도의 갱신거절 통지의 기간의 규정이 없으므로 임차인이 임대차기간이 만료되기 1개월 전부터 만료일 사이에 갱신거절의 통지를 한 경우 해당 임대차계약은 묵시적 갱신이 인정되지 않고 임대차기간의 만료일에 종료한다고 보아야 한다.
    > 임차인이 기간 만료 하루 전에 통지를 하여도 묵시의 갱신이 인정되지 않는다.
  ㉢ 묵시의 갱신(법정갱신)이 된 경우에 임차인은 언제든지 임대인에 대하여 계약해지의 통고를 할 수 있고, 임대인이 그 통고를 받은 날부터 3개월이 지나면 효력이 발생한다(제10조 제5항).

(7) 계약갱신요구권 제30회, 제34회

① 임대인은 임차인이 임대차기간이 만료되기 6개월 전부터 1개월 전까지 사이에 계약갱신을 요구할 경우 정당한 사유 없이 거절하지 못한다. 다만, 다음의 경우에는 갱신 요구를 거절할 수 있다(제10조 제1항).

㉠ 임차인이 3기의 차임액에 해당하는 금액에 이르도록 차임을 연체한 사실이 있는 경우

> 임대차기간 중 어느 때라도 차임이 3기분에 달하도록 연체된 사실이 있다면 임대인은 계약갱신 요구를 거절할 수 있고, 반드시 임차인이 계약갱신요구권을 행사할 당시에 3기분에 이르는 차임이 연체되어 있어야 하는 것은 아니다.

㉡ 임차인이 거짓이나 그 밖의 부정한 방법으로 임차한 경우
㉢ 서로 합의하여 임대인이 임차인에게 상당한 보상을 제공한 경우
㉣ 임차인이 임대인의 동의 없이 목적 건물의 전부 또는 일부를 전대한 경우
㉤ 임차인이 임차한 건물의 전부 또는 일부를 고의 또는 중대한 과실로 파손한 경우
㉥ 임차한 건물의 전부 또는 일부가 멸실되어 임대차의 목적을 달성하지 못할 경우
㉦ 임대인이 다음의 어느 하나에 해당하는 사유로 목적 건물의 전부 또는 대부분을 철거하거나 재건축하기 위하여 목적 건물의 점유를 회복할 필요가 있는 경우

ⓐ 임대차계약체결 당시 공사시기 및 소요기간 등을 포함한 철거 또는 재건축계획을 임차인에게 구체적으로 고지하고 그 계획에 따르는 경우
ⓑ 건물이 노후·훼손 또는 일부 멸실되는 등 안전사고의 우려가 있는 경우
ⓒ 다른 법령에 따라 철거 또는 재건축이 이루어지는 경우

㉧ 그 밖에 임차인이 임차인으로서의 의무를 현저히 위반하거나 임대차를 존속하기 어려운 중대한 사유가 있는 경우

② 임차인의 계약갱신요구권은 최초의 임대차기간을 포함한 전체 임대차기간이 10년을 초과하지 않는 범위 내에서만 행사할 수 있다(제10조 제2항).
③ 갱신되는 임대차는 전 임대차와 동일한 조건으로 다시 계약된 것으로 본다.
④ 임대인의 동의를 받고 전대차계약을 체결한 전차인은 임차인의 계약갱신요구권 행사기간 이내에 임차인을 대위하여 임대인에게 계약갱신요구권을 행사할 수 있다(제13조 제2항).
⑤ 임차인의 갱신요구권에 관하여 전체 임대차기간을 10년으로 제한하는 규정은 법정갱신에 대하여는 적용되지 아니한다. 따라서 법정갱신이 되는 경우 임대차기간이 10년을 초과할 수도 있게 된다.
⑥ 임차인의 차임연체액이 3기의 차임액에 달하는 때에는 임대인은 계약을 해지할 수 있다(제10조의8).

(8) 차임의 증감청구권과 월차임 전환시 산정률의 제한

① 차임증감청구권
  ㉠ 차임 증액의 경우에는 청구 당시의 차임 또는 보증금의 100분의 5(5%)의 금액을 초과하지 못한다.
  ㉡ 임대차계약 또는 약정한 차임 등의 증액이 있은 후 1년 이내에는 증액청구를 하지 못한다.

② 월차임 전환시 산정률의 제한(㉠과 ㉡ 중 낮은 비율 적용)
  ㉠ 「은행법」에 따른 은행에서 적용하는 대출금리 및 해당 지역의 경제 여건 등을 고려하여 대통령령으로 정하는 비율(연 1할 2푼)
  ㉡ 한국은행에서 공시한 기준금리에 대통령령으로 정하는 배수(4.5배)를 곱한 비율

(9) 건물의 임대차에 이해관계가 있는 자는 건물의 소재지 관할 세무서장에게 자료의 열람 또는 제공을 요청할 수 있다. 이때 관할 세무서장은 정당한 사유 없이 이를 거부할 수 없다.

(10) 권리금의 회수기회 보호 제29회, 제30회

① 원칙
  ㉠ 임대인은 임대차기간이 끝나기 6개월 전부터 임대차 종료시까지 다음에 해당하는 행위를 함으로써 임차인이 권리금을 지급받는 것을 방해하여서는 아니 된다(제10조의4 제1항). 그러나 계약갱신요구의 거절가능사유(제10조 제1항 각 호의 사유)가 있는 경우에는 임대인은 이러한 의무를 부담하지 않는다.
    ⓐ 임차인이 주선한 신규임차인이 되려는 자에게 권리금을 요구하거나, 임차인이 주선한 신규임차인이 되려는 자로부터 권리금을 수수하는 행위
    ⓑ 임차인이 주선한 신규임차인이 되려는 자로 하여금 임차인에게 권리금을 지급하지 못하게 하는 행위
    ⓒ 임차인이 주선한 신규임차인이 되려는 자에게 상가건물에 관한 조세, 공과금, 주변 상가건물의 차임 및 보증금 그 밖의 부담에 따른 금액에 비추어 현저히 고액의 차임과 보증금을 요구하는 행위
    ⓓ 그 밖에 정당한 사유 없이 임대인이 임차인이 주선한 신규임차인이 되려는 자와 임대차계약의 체결을 거절하는 행위
  ㉡ 전대인과 전차인 사이에는 권리금의 회수기회 보호에 관한 규정이 적용되지 않는다.

② 위반시의 효과
  ㉠ 임대인이 위 ①의 ㉠의 사항을 위반하여 임차인에게 손해를 발생하게 한 때에는 그 손해를 배상할 책임이 있다. 이 경우 그 손해배상액은 신규임차인이 임차인에게 지급하기로 한 권리금과 임대차 종료 당시의 권리금 중 낮은 금액을 넘지 못한다.

ⓒ 임차인의 손해배상청구권은 임대차가 **종료한 날부터 3년 이내**에 행사하지 아니하면 시효로 소멸한다.

③ 예외: 다음의 어느 하나에 해당하는 경우에는 신규임차인과의 임대차계약의 체결을 거절할 수 있다(제10조의4 제2항).
  ㉠ 임차인이 주선한 신규임차인이 되려는 자가 보증금 또는 차임을 지급할 자력이 없는 경우
  ㉡ 임차인이 주선한 신규임차인이 되려는 자가 임차인으로서의 의무를 위반할 우려가 있거나, 그 밖에 임대차를 유지하기 어려운 상당한 사유가 있는 경우
  ㉢ 임대차목적물인 상가건물을 **1년 6개월** 이상 영리목적으로 사용하지 아니한 경우
    📝 종전 소유자인 임대인이 임대차 종료 후 상가건물을 영리목적으로 사용하지 아니한 기간이 1년 6개월에 미치지 못하는 사이에 상가건물의 소유권이 변동된 경우: 합산하여 1년 6개월이면 정당한 사유 인정
  ㉣ 임대인이 선택한 신규임차인이 임차인과 권리금계약을 체결하고 그 권리금을 지급한 경우

④ 적용 제외: 다음의 어느 하나에 해당하는 상가건물 임대차의 경우에는 권리금 보호에 관한 규정을 적용하지 아니한다(제10조의5).
  ㉠ 임대차목적물인 상가건물이 「유통산업발전법」 제2조에 따른 대규모점포 또는 준대규모점포의 일부인 경우(다만, 「전통시장 및 상점가 육성을 위한 특별법」 제2조 제1호에 따른 전통시장은 제외한다)
  ㉡ 임대차목적물인 상가건물이 「국유재산법」에 따른 국유재산 또는 「공유재산 및 물품관리법」에 따른 공유재산인 경우

> **판례** 권리금에 관한 판례
>
> 1. 최초의 임대차기간을 포함한 전체 임대차기간을 초과하여 임차인이 계약갱신요구권을 행사할 수 없는 경우에도 임대인은 권리금 회수기회 보호의무를 부담하여야 한다.
> 2. 임차인이 임대인에게 권리금 회수 방해로 인한 손해배상을 구하기 위해서 원칙적으로는 신규임차인을 주선하였어야 하지만 반드시 임차인이 신규임차인이 되려는 자를 주선하여야 하는 것은 아니다.
> 3. 권리금 회수 방해로 인한 손해배상책임이 성립하기 위하여 임차인이 신규임차인과 권리금계약을 체결하였어야 하는 것은 아니다.

▶ 민사특별법

Theme 38 집합건물의 소유 및 관리에 관한 법률

1 건물의 구분소유 제29회, 제30회, 제32회, 제33회, 제34회

1. 전유부분

(1) 의의

전유부분이란 구분소유권의 목적인 건물부분을 말한다.

(2) 요건

① 구조상·이용상의 독립성
② 소유자의 구분행위(시기나 방식의 제한이 없음): 구조상·이용상의 독립성을 갖추었다는 사유만으로 당연히 구분소유권이 성립된다고 할 수는 없고, 소유자의 구분행위가 있어야 비로소 구분소유권이 성립된다.

> 구분소유의 성립을 인정하기 위하여 반드시 집합건축물대장의 등록이나 구분건물의 표시에 관한 등기가 필요한 것은 아니다.

2. 공용부분

(1) 의의

공용부분이란 전유부분 이외의 건물부분, 즉 전유부분에 속하지 아니하는 건물의 부속물 및 규약 또는 공정증서에 의하여 공용부분으로 된 부속의 건물을 말한다. 공용부분에는 구조상(법정·당연) 공용부분과 규약상 공용부분 두 가지가 있다.

① 구조상(법정·당연) 공용부분: 건물의 구조상 공용에 제공되는 부분을 말한다. 예를 들어 건물의 승강기, 복도, 계단, 아파트지하실, 지하주차장 등이 있으며 별도의 등기는 필요하지 않다.
② 규약상 공용부분: 본래는 전유부분의 대상이 될 수 있으나 규약이나 공정증서로써 공용부분이 된 부분을 말한다. 이 경우에는 등기부에 공용부분이라는 취지를 등기하여야 한다(「집합건물의 소유 및 관리에 관한 법률」 제3조 제2항·제3항·제4항).

(2) 공용부분의 귀속

공용부분은 원칙적으로 구분소유자 전원의 공유에 속한다. 다만, 일부 구분소유자만의 공용에 제공되는 것임이 명백한 공용부분은 그들 구분소유자의 공유에 속한다.

(3) 공용부분의 사용

① 각 공유자는 공용부분을 그 용도에 따라 사용할 수 있다(제11조).

② 다른 구분소유자의 동의 없이 구분소유자가 공용부분을 배타적으로 사용하는 경우, 다른 구분소유자는 보존행위로서 그 인도를 청구할 수는 없으나 지분권에 기초하여 공용부분에 대한 방해제거를 청구할 수 있으며 부당이득의 반환을 청구할 수 있다.

(4) 공유자의 지분권

각 공유자의 지분은 그가 가지는 전유부분의 면적의 비율에 따른다(제12조 제1항). 다만, 규약으로써 달리 정할 수 있다(제10조 제2항).

(5) 전유부분과 공용부분에 대한 지분의 일체성

① 공유자의 공용부분에 대한 지분은 그가 가지는 전유부분의 처분에 따른다(제13조 제1항).

② 각 공유자는 그가 가지는 전유부분과 분리하여 공용부분에 대한 지분을 처분할 수 없다(절대적 일체성).

③ 공용부분은 전유부분과 당연히 함께 이전하므로 공용부분에 관한 물권의 득실변경은 등기가 필요하지 않다(제13조 제3항).

④ 집합건물의 공용부분은 취득시효에 의한 소유권 취득의 대상이 될 수 없다.

(6) 공용부분의 관리·변경

① 공용부분의 관리

㉠ 공용부분의 변경을 제외한 공용부분의 관리에 관한 사항은 통상의 집회결의로써 결정한다. 다만, 보존행위는 각 공유자가 단독으로 할 수 있다(제16조 제1항).

㉡ 구분소유자의 승낙을 받아 전유부분을 점유하는 자는 집회에 참석하여 그 구분소유자의 의결권을 행사할 수 있다.

② 공용부분의 변경

㉠ 원칙

ⓐ 공용부분의 변경에 관한 사항은 관리단집회에서 구분소유자의 3분의 2 이상 및 의결권의 3분의 2 이상의 결의로써 결정한다(제15조 제1항).

ⓑ 공용부분의 변경이 다른 구분소유자의 권리에 특별한 영향을 미칠 때에는 그 구분소유자의 승낙을 받아야 한다(제15조 제2항).

ⓒ 예외: 다음의 사항은 통상의 집회결의로써 결정할 수 있다.
　　　　ⓐ 공용부분의 개량을 위한 것으로서 지나치게 많은 비용이 드는 것이 아닐 경우
　　　　ⓑ 「관광진흥법」에 따른 휴양 콘도미니엄업의 운영을 위한 휴양 콘도미니엄의 공용부분 변경에 관한 사항의 경우
　　ⓒ 권리변동 있는 공용부분의 변경
　　　　ⓐ 건물의 노후화 억제 또는 기능 향상 등을 위한 것으로 구분소유권 및 대지사용권의 범위나 내용에 변동을 일으키는 공용부분의 변경에 관한 사항은 관리단집회에서 구분소유자의 5분의 4 이상 및 의결권의 5분의 4 이상의 결의로써 결정한다.
　　　　ⓑ 다만, 「관광진흥법」 제3조 제1항 제2호 나목에 따른 휴양 콘도미니엄업의 운영을 위한 휴양 콘도미니엄의 권리변동 있는 공용부분 변경에 관한 사항은 구분소유자의 3분의 2 이상 및 의결권의 3분의 2 이상의 결의로써 결정한다.

(7) 공용부분의 부담·수익과 공용부분에 발생한 채권의 효력

① 각 공유자는 규약에 달리 정한 바가 없으면 그 지분의 비율에 따라 공용부분의 관리비용과 그 밖의 의무를 부담하며 공용부분에서 생기는 이익을 취득한다(제17조).
② 또한 공유자가 공용부분에 관하여 다른 공유자에 대하여 가지는 채권은 그 특별승계인에 대하여도 행사할 수 있다(제18조).

(8) 흠(하자)의 추정

전유부분이 속하는 1동의 건물 설치 또는 보존의 흠으로 인하여 다른 자에게 손해를 입힌 경우에는 그 흠은 공용부분에 존재하는 것으로 추정한다(제6조).

⚖ 판례 관리비 관련 판례

1. 관리단은 관리비 징수에 관한 유효한 관리단규약 등이 존재하지 않더라도, 「집합건물의 소유 및 관리에 관한 법률」 제25조 제1항 등에 따라 적어도 공용부분에 대한 관리비는 이를 그 부담의무자인 구분소유자에 대하여 청구할 수 있다고 봄이 상당하다.
2. 아파트의 특별승계인은 전 입주자의 체납관리비 중 **공용부분**에 관하여는 이를 승계하여야 한다고 봄이 타당하다.
3. 구분소유권이 순차로 양도된 경우, 각 특별승계인들은 이전 구분소유권자들의 채무를 중첩적으로 인수한다고 봄이 상당하므로, 현재 구분소유권을 보유하고 있는 최종 특별승계인뿐만 아니라 그 이전의 구분소유자들도 구분소유권의 보유 여부와 상관없이 공용부분에 관한 종전 구분소유자들의 체납관리비채무를 부담한다.
4. 공용부분 관리비에 대한 **연체료**는 특별승계인에게 승계되는 공용부분 관리비에 포함되지 않는다.

3. 대지사용권

(1) 의의 및 요건

　① 대지사용권이란 구분소유자가 그의 전유부분을 소유하기 위하여 건물의 대지에 대하여 가지는 권리를 말한다(제2조 제6호).
　② 대지사용권은 통상적으로 소유권인 것이 보통이지만, 그 밖에 지상권, 임차권, 전세권 등도 대지사용권이 될 수 있다.

(2) 전유부분과 대지사용권의 일체성

　① 구분소유자의 대지사용권은 그가 가지는 전유부분의 처분에 따른다(제20조 제1항).
　② 구분소유자는 규약으로써 달리 정하는 경우가 아니라면 그가 가지는 전유부분과 분리하여 대지사용권을 처분할 수 없다(상대적 일체성).

　　　규약이나 공정증서로 다르게 정하였다는 특별한 사정이 없는 한 대지사용권을 전유부분과 분리하여 처분할 수 없으며, 이를 위반한 대지사용권의 처분은 법원의 강제경매절차에 의한 것이라 하더라도 무효이다.

　③ 이러한 분리처분금지는 그 취지를 등기하지 아니하면 선의로 물권을 취득한 제3자에 대하여 대항하지 못한다(제20조 제2항·제3항).

(3) 구분소유권매도청구권

대지사용권을 갖지 않은 구분소유자가 있는 경우에 전유부분의 철거를 청구할 권리를 가진 자는 그 구분소유자에 대하여 구분소유권을 시가로 매도할 것을 청구할 수 있다(제7조).

(4) 집합건물에서 전유부분 면적 비율에 상응하는 적정 대지지분을 가진 구분소유자는 그 대지 전부를 용도에 따라 사용·수익할 수 있는 적법한 권원을 가지므로, 구분소유자 아닌 대지 공유자는 그 대지 공유지분권에 기초하여 적정 대지지분을 가진 구분소유자를 상대로는 대지의 사용·수익에 따른 부당이득반환을 청구할 수 없다.

2 담보책임 제31회

(1) 집합건물을 건축하여 분양한 자의 담보책임에 관하여 「민법」의 수급인의 담보책임에 관한 규정을 준용한다. 「민법」이 규정한 담보책임보다 분양자에게 불리한 특약은 할 수 있으나, 매수인에게 불리한 특약은 그 효력이 없다.

　　담보책임의 기산점
　　　1. 전유부분: 구분소유자에게 인도한 날
　　　2. 공용부분: 「주택법」이나 「건축법」에 따른 사용검사일 또는 사용승인일

(2) 집합건물의 하자에 관하여 분양자 외에 시공자도 구분소유자에 대하여 직접적 담보책임을 지도록 규정하고 있다.

(3) 하자담보추급권은 집합건물의 수분양자가 집합건물을 양도한 경우 양도 당시 양도인이 이를 행사하기 위하여 유보하였다는 등의 특별한 사정이 없는 한 현재의 집합건물의 구분소유자에게 귀속한다.

(4) 수분양자는 집합건물의 완공 후에도 분양목적물의 하자로 인하여 계약의 목적을 달성할 수 없는 때에는 분양계약을 해제할 수 있다.

3 관리단 및 관리인 제29회, 제30회, 제33회, 제35회

(1) 관리단
  ① 관리단의 당연설립: 관리단은 어떠한 조직행위를 거쳐야 비로소 성립되는 단체가 아니라 구분소유관계가 성립하는 건물이 있는 경우 당연히 그 구분소유자 전원을 구성원으로 하여 성립되는 단체이다. 관리단의 법적 성질은 권리능력 없는 사단에 해당한다.
  ② 관리단의 구성원
    ㉠ 관리단은 구분소유자 전원을 구성원으로 하여 성립되며, 전세권자나 임차인은 구성원이 아니다.
    ㉡ 미분양된 전유부분의 구분소유자도 관리단의 구성원이 된다.
    ㉢ 분양대금을 완납하였음에도 분양자 측의 사정으로 소유권이전등기를 경료받지 못한 수분양자도 관리단의 구성원이 되어 의결권을 행사할 수 있다.

(2) 임시관리인
  ① 구분소유자, 그의 승낙을 받아 전유부분을 점유하는 자, 분양자 등 이해관계인은 선임된 관리인이 없는 경우에는 법원에 임시관리인의 선임을 청구할 수 있다.
  ② 임시관리인은 선임된 날부터 6개월 이내에 관리인 선임을 위하여 관리단집회 또는 관리위원회를 소집하여야 한다.
  ③ 임시관리인의 임기는 선임된 날부터 관리인이 선임될 때까지로 하되, 관리인의 임기(2년의 범위에서 규약으로 정함)를 초과할 수 없다.

(3) 관리인
  ① 구분소유자가 10인 이상일 때에는 관리인을 선임하여야 한다.
  ② 관리인은 구분소유자일 필요가 없으며, 그 임기는 2년의 범위에서 규약으로 정한다.
  ③ 관리인에게 부정한 행위나 그 밖에 그 직무를 수행하기에 적합하지 아니한 사정이 있을 때에는 각 구분소유자는 그 해임을 법원에 청구할 수 있다.

④ 관리인은 대내적으로 집합건물의 관리업무를 총괄하고 대외적으로는 관리단을 대표하는 업무집행기관이다.
⑤ 관리인의 대표권은 제한할 수 있으나, 이로써 선의의 제3자에게 대항할 수 없다.
⑥ 관리인은 매년 1회 이상 구분소유자 및 그의 승낙을 받아 전유부분을 점유하는 자에게 그 사무에 관한 보고를 하여야 한다.
⑦ 회계감사: 전유부분이 150개 이상으로서 대통령령으로 정하는 건물의 관리인은 법률이 정하는 감사인의 회계감사를 매년 1회 이상 받아야 한다. 다만, 관리단집회에서 구분소유자의 3분의 2 이상 및 의결권의 3분의 2 이상이 회계감사를 받지 아니하기로 결의한 연도에는 그러하지 아니하다.

(4) 관리위원회
① 관리단에는 규약으로 정하는 바에 따라 관리위원회를 둘 수 있으며, 관리위원회는 관리인의 사무집행을 감독한다.
② 규약으로 달리 정하지 않는 한 관리위원회의 위원은 구분소유자 중에서 관리단집회의 결의에 의하여 선출한다.
③ 규약에서 달리 정한 바가 없으면, 관리인은 관리위원회의 위원이 될 수 없다.

4 규약 및 집회 제30회

1. 규약

(1) 규약의 설정·변경·폐지

규약의 설정·변경 및 폐지는 관리단집회에서 구분소유자의 4분의 3 이상 및 의결권의 4분의 3 이상의 찬성을 얻어서 행한다(제29조 제1항). 다만, 규약의 설정·변경 및 폐지가 일부의 구분소유자의 권리에 특별한 영향을 미칠 때에는 그 구분소유자의 승낙을 받아야 한다.

(2) 규약의 효력

규약은 결의에 관여한 구분소유자뿐만이 아니라 그의 포괄승계인, 특정승계인에게도 효력이 있다. 또한 구분소유자의 승낙을 받아 전유부분을 점유하는 전세권자, 임차인 등도 구분소유자가 규약 또는 집회결의에 따라 부담하는 의무와 동일한 의무를 진다(제42조).

2. 집회

(1) 집회의 결의는 구분소유자는 물론이고 점유자와 특별승계인에게도 효력이 있다.

(2) 집회의 종류

① 정기관리단집회: 관리인은 매년 회계연도 종료 후 3개월 이내에 정기관리단집회를 소집하여야 한다(제32조).
② 임시관리단집회
  ㉠ 관리인은 필요하다고 인정한 때에는 관리단집회를 소집할 수 있으며, 또한 구분소유자의 5분의 1 이상이 회의의 목적 사항을 구체적으로 밝혀 관리단집회의 소집을 청구하면 관리인은 관리단집회를 소집하여야 한다. 이 정수(定數)는 규약으로 감경할 수 있다.
  ㉡ 청구가 있은 후 1주일 내에 관리인이 청구일부터 2주일 이내의 날을 관리단집회일로 하는 소집통지절차를 밟지 아니하면 소집을 청구한 구분소유자는 법원의 허가를 받아 관리단집회를 소집할 수 있다.

(3) 집회 소집의 통지

① 관리단집회를 소집하려면 관리단집회일 1주일 전에 회의의 목적사항을 구체적으로 밝혀 각 구분소유자에게 통지하여야 한다. 다만, 이 기간은 규약으로 달리 정할 수 있다(제34조 제1항).
② 전유부분을 여럿이 공유하는 경우에 ①의 통지는 의결권을 행사할 자(그 자가 없을 때에는 공유자 중 1인)에게 통지하여야 한다(제34조 제2항).

(4) 소집절차의 생략

관리단집회는 구분소유자 전원이 동의하면 소집절차를 거치지 아니하고 소집할 수 있다(제35조). 전원의 동의로 소집된 관리단집회는 통지되지 않은 사항에 대해서도 의결할 수 있다.

(5) 집회의 결의

관리단집회는 소집통지를 할 때에 명시한 사항에 관하여서만 결의할 수 있다(제36조 제1항).
① 의결권: 각 구분소유자의 의결권은 규약에 특별한 규정이 없는 경우에는 전유부분 면적의 지분비율에 따른다(제37조 제1항). 전유부분을 여럿이 공유하는 경우에는 공유자는 관리단집회에서 의결권을 행사할 1인을 정한다(제37조 제2항, 강행규정). 만일 1인을 정하지 못하였다면 의결권을 행사할 수 없다.
② 의결방법: 의결권은 서면이나 전자적 방법(전자정보처리조직을 사용하거나 그 밖에 정보통신기술을 이용하는 방법으로서 대통령령으로 정하는 방법을 말한다)으로 또는 대리인을 통하여 행사할 수 있다(제38조).

㉠ 통상의결정족수: 관리단집회의 의사는 「집합건물의 소유 및 관리에 관한 법률」 또는 규약에 특별한 규정이 없으면 구분소유자의 과반수 및 의결권의 과반수로써 의결한다.
㉡ 특별의결정족수

1/5 이상	2/3 이상	3/4 이상	4/5 이상
임시집회의 소집	ⓐ 공용부분의 변경 ⓑ 회계감사의 면제	ⓐ 규약의 설정·변경·폐지 ⓑ 의무위반자에 대한 조치(사용금지청구·경매명령청구·해제 및 인도청구) ⓒ 서면 또는 전자적 방법에 의한 결의(관리단집회의 결의와 동일한 효력)	ⓐ 재건축의 결의(단, 콘도는 2/3) ⓑ 재건축 결의내용의 변경 ⓒ 권리변동 있는 공용부분의 변경(단, 콘도는 2/3) ⓓ 건물가격의 1/2을 초과하는 일부멸실시 공용부분의 복구

5 의무 위반자에 대한 조치

(1) 청구권자

관리인 또는 관리단집회의 결의로 지정된 구분소유자

(2) 의무를 위반한 구분소유자에 대한 조치

① 공동의 이익에 반하는 행위의 정지 등의 청구: 소송을 제기하기 위하여는 관리단집회의 결의가 있어야 한다(제43조 제2항).
② 전유부분의 사용금지청구: 사용금지의 청구는 구분소유자의 4분의 3 이상 및 의결권의 4분의 3 이상의 관리단집회의 결의가 있어야 한다.
③ 경매명령청구: 경매를 명할 것을 법원에 청구하기 위하여는 구분소유자의 4분의 3 이상 및 의결권의 4분의 3 이상의 관리단집회의 결의가 있어야 한다.

(3) 의무를 위반한 점유자에 대한 조치

① 공동의 이익에 반하는 행위의 정지 등 청구
② 계약의 해제 및 인도청구
　㉠ 구분소유자의 4분의 3 이상 및 의결권의 4분의 3 이상의 관리단집회의 결의가 있어야 한다.
　㉡ 전유부분을 인도받은 자는 지체 없이 그 전유부분을 점유할 권원이 있는 자에게 인도하여야 한다(제46조 제3항).

6 재건축 및 복구 제28회, 제30회

(1) 재건축

① 재건축 결의

㉠ 재건축 결의는 구분소유자의 5분의 4 이상 및 의결권의 5분의 4 이상의 결의에 의한다(제47조 제2항).

㉡ 다만, 「관광진흥법」 제3조 제1항 제2호 나목에 따른 휴양 콘도미니엄업의 운영을 위한 휴양 콘도미니엄의 재건축 결의는 구분소유자의 3분의 2 이상 및 의결권의 3분의 2 이상의 결의에 따른다(제47조 제2항 단서).

㉢ 재건축은 구건물과 신건물 사이에 동일·유사성을 요구하지 않는다. 따라서 「집합건물의 소유 및 관리에 관한 법률」상 주거용 집합건물을 철거하고 상가용 집합건물을 신축하는 것과 같이 건물의 용도를 변경하는 형태의 재건축 결의도 다른 법령에 특별한 제한이 없는 한 허용된다.

② 재건축 참가 여부의 최고

㉠ 재건축 결의가 있으면 집회를 소집한 자는 지체 없이 그 결의에 찬성하지 아니한 구분소유자에 대하여 그 결의 내용에 따른 재건축에 참가할 것인지 여부를 회답할 것을 서면으로 최고하여야 한다(제48조 제1항).

㉡ 촉구(최고)를 받은 구분소유자는 촉구를 받은 날부터 2개월 이내에 회답하여야 한다. 기간 내에 회답하지 아니한 경우 그 구분소유자는 재건축에 참가하지 아니하겠다는 뜻을 회답한 것으로 본다(제48조 제2항·제3항).

③ 매도의 청구: 재건축 결의에 찬성한 각 구분소유자, 재건축의 결의 내용에 따른 재건축에 참가할 뜻을 회답한 각 구분소유자 또는 매수지정자는 재건축에 참가하지 아니하는 뜻을 회답한 구분소유자에게 구분소유권과 대지사용권을 시가로 매도할 것을 청구할 수 있다.

(2) 복구

재건축이 기존 건물을 철거하고 건물을 신축하는 것임에 비하여 복구는 일부멸실된 건물을 원상으로 회복시키는 것을 말한다.

① 건물가격의 2분의 1 이하 멸실시의 복구: 각 구분소유자는 멸실한 공용부분과 자기의 전유부분을 복구할 수 있다(제50조 제1항).

② 건물가격의 2분의 1 초과 멸실시의 복구: 관리단집회는 구분소유자의 5분의 4 이상 및 의결권의 5분의 4 이상으로 멸실한 공용부분을 복구할 것을 결의할 수 있다(제50조 제4항).

Theme 39 가등기담보 등에 관한 법률

1 가등기담보 등에 관한 법률의 적용범위 제32회, 제33회, 제34회

(1) 「가등기담보 등에 관한 법률」은 차주가 차용물에 갈음하여 다른 재산권을 이전할 것을 예약한 모든 비전형담보계약에 적용된다. 따라서 비전형담보계약이라면 가등기담보뿐만 아니라 양도담보, 매도담보(환매, 재매매예약) 등 어떠한 명목을 불문하고 이 법률의 규율을 받는다.

(2) 소비대차에 부수해서 비전형담보를 설정한 경우에 한하여 「가등기담보 등에 관한 법률」 적용
① 소비대차가 아닌 매매대금채권, 공사대금채권 등을 담보하기 위하여 가등기 또는 소유권이전등기가 된 경우에는 적용되지 아니한다.
② 소비대차로 인한 차용금채권과 매매대금채권을 함께 담보할 목적으로 가등기가 설정되었으나, 후에 매매대금채권이 변제되고 차용금반환채권만이 남게 되면 「가등기담보 등에 관한 법률」이 적용된다.

(3) 담보부동산에 대한 예약 당시 가액이 차용액과 이에 붙인 이자를 합산한 액수를 초과하는 경우에만 적용된다. 만일 목적물에 선순위 저당권이 있는 때에는 예약 당시의 목적물의 가액은 그 저당권의 피담보채권액을 공제한 나머지 액수를 기준으로 한다.

(4) 「가등기담보 등에 관한 법률」은 부동산소유권 이외에 등기·등록할 수 있는 권리의 취득을 목적으로 하는 담보계약에도 적용된다. 그러나 전세권·저당권·질권을 목적으로 하는 경우에는 적용되지 아니한다(「가등기담보 등에 관한 법률」 제18조).

(5) 채권담보의 목적으로 등기·등록이 되지 않은 경우에는 「가등기담보 등에 관한 법률」이 적용되지 않는다.

2 가등기담보권의 실행 제28회, 제29회, 제30회, 제32회, 제33회, 제35회

가등기담보권의 실행에는 권리취득에 의한 실행과 경매에 의한 실행의 두 가지 방법이 있고, 가등기담보권자는 둘 중 하나를 임의로 선택할 수 있다.

1. 경매에 의한 실행(공적 실행)

(1) 경매가 실행된 경우 그 순위에 관하여는 가등기담보권을 저당권으로 보고, 그 가등기를 마친 때에 저당권설정등기가 행하여진 것으로 본다(제13조).

(2) 경매가 실행되면 가등기담보권은 순위에 따라 우선변제를 받으므로 당연히 소멸한다.

(3) 피담보채권의 범위는 저당권의 피담보채권 범위와 동일하다.

(4) 법원은 부동산에 대한 강제경매 등의 개시결정이 있는 경우에는 해당 가등기가 담보가등기인 때에는 그 내용과 채권의 존부, 원인 및 금액을, 담보가등기가 아닌 때에는 해당 내용을 법원에 신고하도록 적당한 기간을 정하여 최고하여야 한다.

(5) 집행법원이 정한 기간 안에 채권신고를 하지 않은 가등기담보권자는 매각대금을 배당받지 못한다.

2. 권리취득에 의한 실행(사적 실행)

가등기담보권의 사적 실행에 있어서 채권자가 청산금의 지급 이전에 본등기와 담보목적물의 인도를 받을 수 있다거나 청산기간이나 동시이행관계를 인정하지 아니하는 '처분정산'형의 담보권 실행은 「가등기담보 등에 관한 법률」상 허용되지 아니한다.

(1) 실행절차

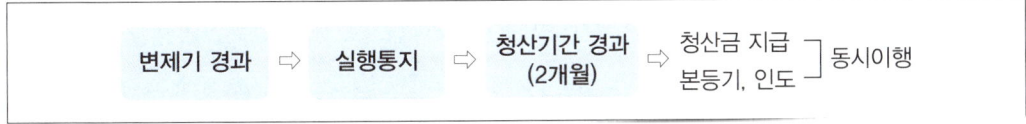

(2) 실행통지

① 통지사항: 청산금의 평가액을 통지하여야 한다.
㉠ 채권자는 그가 통지한 청산금의 금액에 관하여 다툴 수 없다(제9조). 또한 평가한 결과 청산금이 없다고 인정되는 경우에는 그 뜻을 통지하여야 한다(제3조 제1항).
㉡ 채권자가 나름대로 평가한 청산금의 액수가 객관적인 청산금의 평가액에 미치지 못한다고 하더라도 담보권 실행의 통지로서의 효력이나 청산기간의 진행에는 아무런 영향이 없다.

② 통지의 시기·상대방 및 방법
  ㉠ 통지의 시기: 변제기 이후이어야 하며, 변제기 이후라면 언제라도 상관없다.
  ㉡ 통지의 상대방: 청산금의 평가액을 채무자 등에게 통지하여야 한다. 이때 채무자 등이란 채무자, 물상보증인, 담보가등기 후에 소유권을 취득한 제3자(제3취득자)를 말하며, 이들 모두에게 통지하여야 한다(제2조 제2호, 제3조 제1항).
  ㉢ 통지의 방법: 제한 없다(서면이나 구두 모두 가능).
③ 채무자 등 이외의 권리자에 대한 통지: 채권자는 실행통지가 채무자 등에게 도달하면 지체 없이 후순위 권리자(담보가등기 후에 등기된 전세권자, 저당권자, 가등기담보권자, 등기담보권자)와 담보가등기 후에 등기한 제3자(대항력 있는 임차권자 포함)에게 실행통지의 사실·내용 및 그 도달일을 통지하여야 한다(제6조 제1항·제2항).

(3) 청산

① 청산의무: 가등기담보권자(채권자)는 실행통지 당시의 목적물가액에서 채권액을 뺀 금액을 청산금으로써 채무자 등에게 지급하여야 한다(제4조 제1항). 청산의무의 발생시기는 청산기간이 만료한 때이다. 즉, 실행통지가 채무자 등에게 도달한 날로부터 2개월이 지난 때이다.
② 청산방법: 채권자가 목적물의 가액에서 채권액을 공제한 나머지를 반환하고 그 목적물의 소유권을 취득하는 귀속청산방법을 인정하며, 처분청산은 인정하지 않는다.
③ 청산금

> 청산금 = 실행통지 당시의 목적물의 객관적 가액 − (피담보채권액 + 선순위 담보권의 채권액 + 선순위 대항력 있는 임차권의 보증금)

  ㉠ 청산금액은 실행통지 당시의 목적부동산의 가액에서 그 시점의 피담보채권액을 뺀 차액이다.
  ㉡ 목적부동산의 가액에서 공제할 것은 피담보채권액뿐만 아니라 선순위 담보권자의 채권과 선순위 대항력이 있는 임차권의 보증금도 포함된다. 다만, 후순위 담보권자의 채권액은 고려할 필요가 없다.
④ 청산금의 면제특약: 채무자 등이 채권자에 대하여 청산금의 지급을 면제하거나 청산절차를 배제하는 특약은 무효이다. 다만, 청산기간이 지난 후에 하는 청산금면제특약은 제3자의 권리를 침해하지 않는 것이라면 유효하다(제4조 제4항).

(4) 청산금의 청구권자

채무자, 물상보증인, 제3취득자, 후순위 권리자 등이 청산금의 청구권자이다.

① 후순위 권리자는 청산기간이 지난 후 청산금이 채무자에게 지급되기 전에 자기 채권의 명세와 증서를 제시하여 그 변제를 가등기담보권자에게 청구할 수 있다(제5조 제1항).

② 청산금채권이 압류되거나 가압류된 경우에 채권자는 청산기간이 지난 후 이에 해당하는 청산금을 채무이행지를 관할하는 지방법원이나 지원에 공탁하여 그 범위에서 채무를 면할 수 있다(제8조 제1항).

③ 후순위 권리자는 청산기간에 한정하여 그 피담보채권의 변제기 도래 전이라도 담보목적 부동산의 경매를 청구할 수 있다(제12조 제2항).

④ 담보가등기 후에 대항력 있는 임차권을 취득한 자에게는 청산금의 범위에서 동시이행의 항변권에 관한 「민법」제536조를 준용한다(제5조 제5항).

(5) 채무자 등의 말소청구권

① 원칙: 채무자 등은 청산금채권을 변제받을 때까지 그 채무액(반환할 때까지의 이자와 손해금을 포함한다)을 채권자에게 지급하고 그 채권담보의 목적으로 마친 소유권이전등기나 가등기의 말소를 청구할 수 있다.

② 예외: 그 채무의 변제기가 지난 때부터 10년이 지나거나 또는 선의의 제3자가 소유권을 취득한 경우에는 말소를 청구할 수 없다(제11조).

(6) 소유권의 취득

청산절차를 완료하기 전까지 사용·수익권은 가등기담보(양도담보)설정자에게 있다.

① 양도담보
   ㉠ 청산금이 없는 경우: 청산기간 만료시에 소유권을 취득한다.
   ㉡ 청산금이 있는 경우: 청산기간이 지난 후 청산금을 지급하거나 또는 공탁함으로써 소유권을 취득한다.

② 가등기담보
   ㉠ 청산금이 없는 경우: 채권자는 청산기간이 지난 후에 즉시 가등기에 기한 본등기를 청구할 수 있다.
   ㉡ 청산금이 있는 경우: 청산금을 그 청구권자에게 지급하거나 공탁함으로써 가등기에 기한 본등기를 청구할 수 있다.

(7) 가등기담보권의 소멸

① 소유권 이전에 의한 소멸: 청산절차를 거쳐 목적 부동산의 소유권이 채권자에게 이전한 때에는 가등기담보권은 소멸한다.

② 경매에 의한 소멸: 가등기담보권이 설정되어 있는 부동산에 관하여 강제경매 또는 담보권실행경매가 행하여지는 경우에는 그 매각으로 가등기담보권은 소멸한다(제15조).

③ 기타의 원인에 의한 소멸: 채무의 변제, 목적물의 멸실에 의해서도 가등기담보권은 소멸한다. 또한 피담보채권이 시효로 소멸하면 가등기담보권도 소멸한다. 그러나 가등기담보권이 독립해서 시효로 소멸하지는 않는다.

> **판례** 청산과정에서의 문제
>
> 1. 가등기담보채권자가 가등기담보권을 실행하기 이전에 그의 계약상의 권리를 보전하기 위하여 가등기담보채무자의 제3자에 대한 선순위 가등기담보채무를 대위변제하여 구상권이 발생하였다면 특별한 사정이 없는 한 이 구상권도 가등기담보계약에 의하여 담보된다고 보는 것이 상당하다.
> 2. 청산절차를 위반하고 경료한 본등기는 무효이나, 후에 청산절차를 완료하면 유효등기가 될 수 있다.
> 3. 채무자 등에게 실행통지를 하였다는 사실을 후순위 권리자에게 통지하지 않은 것은 후순위 권리자에게 대항할 수 없다는 의미이지, 청산절차가 무효가 된다는 것을 의미하는 것은 아니다.

▶ 민사특별법

Theme 40 부동산 실권리자명의 등기에 관한 법률

1 의의

명의신탁약정은 부동산에 관한 소유권 기타 물권을 보유한 자 또는 사실상 취득하거나 취득하려고 하는 자(실권리자)와 타인과의 사이에서 대내적으로 실권리자가 부동산에 관한 물권을 보유하거나 보유하기로 하고 그에 관한 등기는 그 타인의 명의로 하기로 하는 약정을 말한다.

2 무효인 명의신탁 제29회, 제30회, 제31회, 제32회, 제33회, 제34회, 제35회

(1) 명의신탁약정은 무효로 하며, 명의신탁약정에 따라 행하여진 등기에 의한 부동산 관련 물권변동은 무효로 한다.

(2) 위 무효는 제3자에게 대항하지 못한다. 제3자란 수탁자 명의의 등기에 기초하여 이해관계를 맺은 자를 말하며, 선의·악의를 불문한다.

(3) 양자 간(이전형) 명의신탁

신탁자(甲)가 자기 명의로 되어 있는 부동산을 명의신탁약정에 의하여 수탁자(乙)에게 소유권이전등기를 해주는 경우를 말한다.

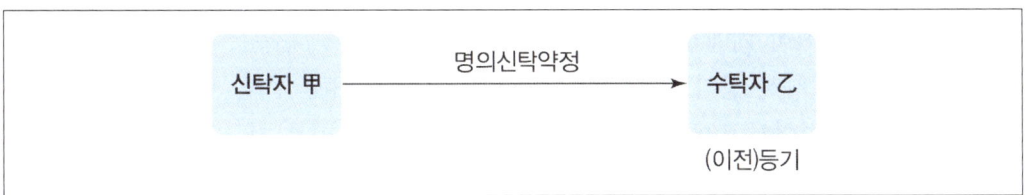

① 명의신탁약정과 수탁자 명의의 이전등기는 무효이다.
  ㉠ 甲은 乙에게 등기의 말소를 청구하거나, 진정명의회복을 원인으로 한 이전등기를 청구할 수 있다.
    📝 甲은 乙에게 부당이득반환을 원인으로 이전등기를 청구할 수 없다.
  ㉡ 명의신탁을 해지하고 등기의 말소를 청구할 수는 없다(무효인 명의신탁이므로).

② 「부동산 실권리자명의 등기에 관한 법률」이 규정하는 명의신탁약정은 그 자체로 선량한 풍속 기타 사회질서에 위반하는 경우에 해당한다고 단정할 수 없다. 따라서 무효인 명의신탁약정에 기하여 타인명의의 등기가 마쳐졌다는 이유만으로 그것이 당연히 불법원인급여에 해당한다고 볼 수 없다(대판 2003다41722).

(4) 3자 간 등기명의신탁(중간생략형 명의신탁)

신탁자(甲)가 매도인(丙)으로부터 부동산을 매수하면서 자신 앞으로 등기를 이전하지 않고 미리 약정한대로 수탁자(乙)에게로의 이전등기를 매도인(丙)에게 부탁하여 매도인(丙)에서 직접 수탁자(乙)에게로 이전등기가 경료되는 경우를 말한다.

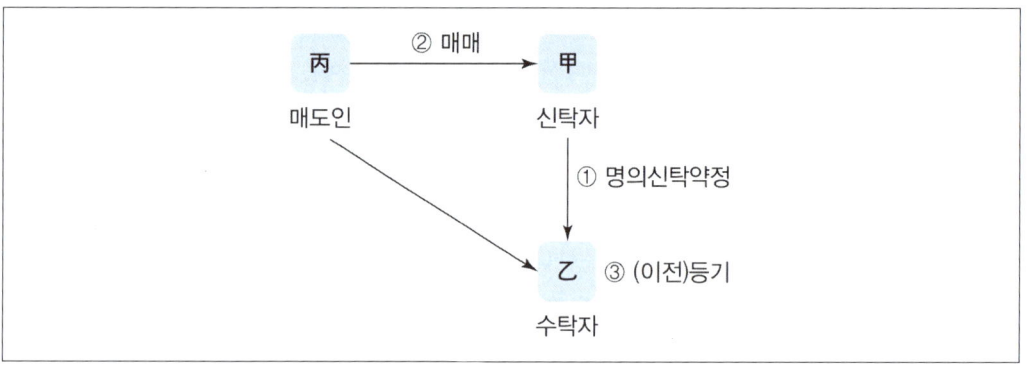

① 甲과 乙의 명의신탁약정은 무효이다.
② 甲과 丙의 매매계약 자체는 유효하다.
③ 丙에서 乙로의 소유권이전등기는 실체관계 없이 이전된 것으로 무효이다. 따라서 소유권은 여전히 丙에게 있다.
④ 결국 甲은 자신 명의로 등기를 받아와야 하는데, 甲은 丙을 대위하여 乙의 등기를 말소하고 이어서 丙에게 매매를 원인으로 한 이전등기를 청구하여 자신 앞으로 등기를 하게 된다.
⑤ 甲은 乙을 상대로 부당이득반환을 원인으로 하는 소유권이전등기를 청구할 수 없다.
⑥ 명의수탁자인 乙이 자의로 명의신탁자인 甲에게 바로 경료해 준 소유권이전등기는 실체관계에 부합하는 등기로서 유효하다.

(5) 3자 간 계약명의신탁(위임형 명의신탁)

신탁자(甲)가 수탁자(乙)에게 명의신탁약정을 하고 매수자금을 지급한 후에 수탁자(乙)가 자신의 이름으로 매도인(丙)과 매매계약을 하고 이전등기를 하는 경우이다.

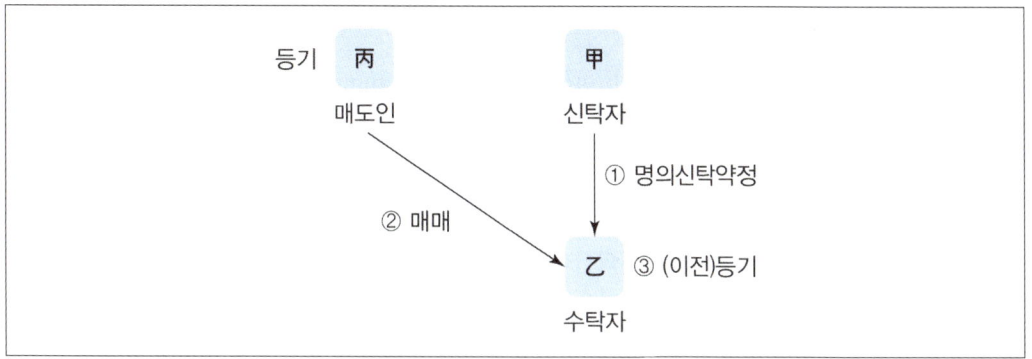

① 매도인이 악의인 경우
  ㉠ **매도인이 악의**였던 경우에는 **물권변동이 무효**로 된다. 따라서 乙 앞으로의 등기는 무효이다.
  ㉡ 丙의 동의 내지 승낙이 없는 한 매수인의 지위가 당연히 甲에게 귀속되는 것은 아니다.

② 매도인이 선의인 경우
  ㉠ 甲과 乙의 명의신탁약정은 무효이다.
  ㉡ 乙 앞으로의 **이전등기는 유효**하다.
  ㉢ 乙의 등기가 유효하므로 乙에게 소유권이 귀속되는데, 이 경우에 甲은 명의신탁약정이 무효임을 이유로 부당이득반환으로 등기를 이전받을 수 있는지가 문제된다.
    ⓐ 「부동산 실권리자명의 등기에 관한 법률」 시행 전에 이루어진 명의신탁의 경우: **법 시행 전**에 이른바 계약명의신탁에 따라 선의의 소유자로부터 명의수탁자 앞으로 소유권이전등기가 경료되고, 같은 법 소정의 유예기간이 경과하여 명의수탁자가 당해 부동산의 완전한 소유권을 취득한 경우, 명의신탁자는 수탁자에게 **부동산 자체의 부당이득반환**을 청구할 수 있다는 것이 판례의 태도이다.
    ⓑ 「부동산 실권리자명의 등기에 관한 법률」 시행 후에 이루어진 명의신탁의 경우: 계약명의신탁약정이 **법 시행 후**인 경우에는 명의신탁자는 애초부터 당해 부동산의 소유권을 취득할 수 없었으므로 위 명의신탁약정의 무효로 인하여 명의신탁자가 입은 손해는 당해 **부동산 자체가 아니라 명의수탁자에게 제공한 매수자금**이라는 것이 판례의 태도이다.

> **판례** 계약형 명의신탁에서 주요 판례
>
> 1. 부동산경매절차에서 부동산을 매수하려는 사람이 매수대금을 자신이 부담하면서 다른 사람의 명의로 매각허가결정을 받기로 약정하여 그에 따라 매각허가가 이루어진 경우, 경매목적 부동산의 소유권을 취득하는 자는 명의인이며, 매수대금의 실질적 부담자와 명의인 간에 명의신탁관계가 성립한다.
>   - 이때에 경매목적물의 소유자가 명의신탁약정 사실을 알았다고 하더라도 그 사정만으로 명의인의 소유권 취득이 무효가 되는 것은 아니다.
> 2. 경매대금의 부담자와 경락받은 수탁자와의 소유명의이전약정 또는 처분대금반환약정은 무효이다.
> 3. 이른바 계약명의신탁에 있어 명의신탁자가 명의수탁자에 대하여 가지는 매매대금 상당의 부당이득반환청구권에 기하여 유치권을 행사할 수 없다.

3 적용의 배제와 특례 제28회

(1) 적용의 배제

다음의 경우에는 명의신탁약정으로 보지 않는다(「부동산 실권리자명의 등기에 관한 법률」 제2조 제1호).

① 채무의 변제를 담보하기 위하여 채권자가 부동산에 관한 물권을 이전받거나 가등기하는 경우(양도담보, 가등기담보)
② 부동산의 위치와 면적을 특정하여 2인 이상이 구분소유하기로 하는 약정을 하고 그 구분소유자의 공유로 등기하는 경우(상호명의신탁)
③ 「신탁법」 또는 「자본시장과 금융투자업에 관한 법률」에 따른 신탁재산인 사실을 등기한 경우

(2) 적용의 특례

종교단체와 종중재산의 명의신탁, 법률혼관계인 부부 간의 명의신탁에 있어서는 그것이 조세포탈, 강제집행의 면탈 또는 법령상 제한의 회피를 목적으로 하지 않는 경우에는 명의신탁약정의 무효, 과징금, 이행강제금, 벌칙 등에 관한 규정을 적용하지 아니한다(제8조). 즉, 종교단체와 종중, 부부 간의 명의신탁은 종래의 판례이론에 따라 명의신탁약정이 유효하고 이로 인한 등기의 효력도 인정된다.

> **판례** 「부동산 실권리자명의 등기에 관한 법률」 적용의 특례

1. 부부 간의 명의신탁의 특례에 사실혼 배우자도 포함되는지 여부 – 부정
   「부동산 실권리자명의 등기에 관한 법률」 제5조에 의하여 부과되는 과징금에 대한 특례를 규정한 같은 법 제8조 제2호 소정의 '배우자'에는 사실혼관계에 있는 배우자는 포함되지 아니한다.
2. 명의신탁등기가 「부동산 실권리자명의 등기에 관한 법률」에 따라 무효가 된 후 신탁자와 수탁자가 혼인하여 그 등기명의자가 배우자로 된 경우, 제8조 제2호의 특례가 적용되는지 여부 – 인정
   어떠한 명의신탁등기가 「부동산 실권리자명의 등기에 관한 법률」에 따라 무효가 되었다고 할지라도 그 후 신탁자와 수탁자가 혼인하여 그 등기의 명의자가 배우자로 된 경우에는 조세포탈, 강제집행의 면탈 또는 법령상 제한의 회피를 목적으로 하지 아니하는 한 이 경우에도 특례를 적용하여 그 명의신탁의 등기는 당사자가 혼인한 때로부터 유효하게 된다고 보아야 한다.

(3) 유효한 명의신탁의 법률관계

① 적법한 명의신탁에 있어서 내부적으로는 명의신탁자에게 소유권이 있고, 외부적으로는 명의수탁자에게 소유권이 있다. 따라서 신탁자는 등기 없이도 수탁자에 대해 소유권을 주장할 수 있다. 그러나 수탁자는 신탁자에 대하여 소유권을 주장할 수 없다.

② 신탁자는 그 부동산을 처분할 권한이 있으므로 이를 매도한 경우에 「민법」 제569조 소정의 타인의 권리의 매매라고 할 수 없다.

③ 재산을 타인에게 신탁한 경우 대외적인 관계에 있어서는 수탁자만이 소유권자로서 그 재산에 대한 제3자의 침해에 대하여 배제를 구할 수 있으며, 신탁자는 수탁자를 대위하여 수탁자의 권리를 행사할 수 있을 뿐 직접 제3자에게 신탁재산에 대한 침해의 배제를 구할 수 없다.

④ 명의수탁자가 처분한 경우에 원칙적으로 제3자는 선의·악의를 묻지 않고 소유권을 취득한다. 그러나 제3자가 명의수탁자의 배임행위에 적극 가담한 경우에는 「민법」 제103조의 반사회질서의 법률행위에 해당하여 무효가 되며, 이 경우에 명의신탁자는 직접 말소등기를 청구할 수 없고 수탁자를 대위하여 제3자에게 말소등기를 청구할 수 있다(이중매매의 법리 확대).

PART 2

www.megaland.co.kr

기출문제

실제 공인중개사 시험에 출제된 문제들을 꼼꼼히 분석하여 꼭 필요한 문제만 수록하였습니다. 또한, 제35회 기출문제를 통해 최신 출제경향을 파악할 수 있도록 하였으며 지문의 오류가 있거나 해당 법령에 개정이 있는 문제는 변형하여 수록함으로써 시험에 철저히 대비할 수 있도록 하였습니다.

PART 02 기출문제

민법총칙

1 권리변동과 법률행위

01 다음 중 서로 잘못 짝지어진 것은? 　　　　　　　　　　　　　　　　제28회
① 저당권의 설정 – 이전적 승계
② 소유권의 포기 – 상대방 없는 단독행위
③ 청약자가 하는 승낙연착의 통지 – 관념의 통지
④ 무주물의 선점 – 원시취득
⑤ 무권대리에서 추인 여부에 대한 확답의 최고 – 의사의 통지

해설 ① 저당권의 설정은 이전적 승계가 아니라 설정적 승계에 해당한다.

02 상대방 있는 단독행위에 해당하지 않는 것은? (다툼이 있으면 판례에 따름) 　제32회
① 공유지분의 포기　　　　② 무권대리행위의 추인
③ 상계의 의사표시　　　　④ 취득시효이익의 포기
⑤ 재단법인의 설립행위

해설 ⑤ 유언·유증, 재단법인 설립행위, 소유권의 포기는 상대방 없는 단독행위에 해당한다. 나머지는 상대방 있는 단독행위이다.

상대방 있는 단독행위	취소, 취소, 철회, 동의, 추인, 해제, 해지, 채무면제, 상계, 공유지분의 포기, 취득시효이익의 포기, 제한물권의 포기
상대방 없는 단독행위	유언(유증), 재단법인의 설립행위, 소유권(점유권)의 포기

정답 01 ①　　02 ⑤

03 다음 중 의무부담행위가 아닌 것은? 제23회

① 교환
② 임대차
③ 재매매예약
④ 주택분양계약
⑤ 채권양도

해설 ⑤ 채권양도는 의무부담행위인 채권행위가 아니라 이행의 문제를 남기지 않는 처분행위(준물권행위)에 해당한다.

04 다음 중 무효가 아닌 것은? (다툼이 있으면 판례에 따름) 제28회

① 상대방과 통정하여 허위로 체결한 매매계약
② 「주택법」의 전매행위제한을 위반하여 한 전매약정
③ 관할관청의 허가 없이 한 학교법인의 기본재산처분
④ 도박채무를 변제하기 위하여 그 채무자와 체결한 토지양도계약
⑤ 공무원의 직무에 관하여 청탁하고 그 대가로 돈을 지급할 것을 내용으로 한 약정

해설 ② 구 「주택법」 제39조 제1항(전매금지)의 금지규정은 단순한 단속규정에 불과할 뿐 효력규정이라고 할 수는 없어 당사자가 이에 위반한 약정을 하였다고 하더라도 약정이 당연히 무효가 되는 것은 아니다 (대판 2010다102991).

05 효력규정이 아닌 것을 모두 고른 것은? (다툼이 있으면 판례에 따름) 제32회

㉠ 「부동산등기 특별조치법」상 중간생략등기를 금지하는 규정
㉡ 「공인중개사법」상 개업공인중개사가 중개의뢰인과 직접 거래를 하는 행위를 금지하는 규정
㉢ 「공인중개사법」상 개업공인중개사가 법령에 규정된 중개보수 등을 초과하여 금품을 받는 행위를 금지하는 규정

① ㉠
② ㉡
③ ㉢
④ ㉠, ㉡
⑤ ㉡, ㉢

정답 03 ⑤ 04 ② 05 ④

해설 ㉠ (단속규정) 「부동산등기 특별조치법」상 조세포탈과 부동산투기 등을 방지하기 위하여 위 법률 제2조 제2항 및 제8조 제1호에서 등기하지 아니하고 제3자에게 전매하는 행위를 일정 목적 범위 내에서 형사처벌하도록 되어 있으나, 이로써 순차매도한 당사자 사이의 중간생략등기합의에 관한 사법상 효력까지 무효로 한다는 취지는 아니다(대판 92다39112).

㉡ (단속규정) 개업공인중개사 등이 중개의뢰인과 직접 거래를 하는 행위를 금지하는 「공인중개사법」 제33조 제6호의 규정은 사법상의 효력까지도 부인하지 않으면 안 될 정도로 현저히 반사회성, 반도덕성을 지닌 것이라고 할 수 없으므로 단속규정이라는 것이 판례의 입장이다(대판 2016다259677).

㉢ (효력규정) 「공인중개사법」 제32조 제1항 본문은 "개업 공인중개사는 중개업무에 관하여 중개의뢰인으로부터 소정의 보수를 받는다."라고 정하고 있고, 제32조 제4항과 같은 법 시행규칙 제20조 제1항·제4항은 중개대상물별로 공인중개사가 중개업무에 관하여 중개의뢰인으로부터 받을 수 있는 보수의 한도를 정하고 있다. 부동산 중개보수 제한에 관한 위 규정들은 중개보수약정 중 소정의 한도를 초과하는 부분에 대한 사법상의 효력을 제한하는 이른바 강행법규에 해당한다. 따라서 「공인중개사법」 등 관련 법령에서 정한 한도를 초과하는 부동산 중개보수약정은 한도를 초과하는 범위 내에서 무효이다(대판 2017다243723).

06 법률행위 등에 관한 설명으로 틀린 것은? (다툼이 있으면 판례에 따름) 제28회

① 기성조건을 정지조건으로 한 법률행위는 무효이다.
② 의사표시가 발송된 후라도 도달하기 전에 표의자는 그 의사표시를 철회할 수 있다.
③ 어떤 해악의 고지 없이 단순히 각서에 서명날인할 것만을 강력히 요구한 행위는 강박에 의한 의사표시의 강박행위가 아니다.
④ 표의자가 과실 없이 상대방의 소재를 알지 못한 경우에는 「민사소송법」의 공시송달규정에 의하여 의사표시를 송달할 수 있다.
⑤ 농지취득자격증명은 농지취득의 원인이 되는 매매계약의 효력발생요건이 아니다.

해설 ① 조건이 법률행위의 당시 이미 성취한 것인 경우에는 그 조건이 정지조건이면 조건 없는 법률행위로 하고 해제조건이면 그 법률행위는 무효로 한다(제151조 제2항). 즉, 기성조건을 정지조건으로 한 법률행위는 조건 없는 법률행위로서 유효하다.

정답 06 ①

2 반사회적 법률행위·불공정한 법률행위

07 반사회질서의 법률행위에 해당하지 않는 것을 모두 고른 것은? (다툼이 있으면 판례에 따름)

제34회

> ㉠ 2023년 체결된 형사사건에 관한 성공보수약정
> ㉡ 반사회적 행위에 의해 조성된 비자금을 소극적으로 은닉하기 위해 체결한 임치약정
> ㉢ 산모가 우연한 사고로 인한 태아의 상해에 대비하기 위해 자신을 보험수익자로, 태아를 피보험자로 하여 체결한 상해보험계약

① ㉠
② ㉢
③ ㉠, ㉡
④ ㉡, ㉢
⑤ ㉠, ㉡, ㉢

해설 ㉡ (×) 반사회적 행위에 의하여 조성된 비자금을 소극적으로 은닉하기 위하여 임치한 행위는 반사회질서의 법률행위에 해당하지 않는다(대판 2000다49343).

㉢ (×) 상해보험은 피보험자가 보험기간 중에 급격하고 우연한 외래의 사고로 인하여 신체에 손상을 입는 것을 보험사고로 하는 인보험이므로, 피보험자는 신체를 가진 사람(人)임을 전제로 한다(「상법」 제737조). 그러나 「상법」상 상해보험계약 체결에서 태아의 피보험자 적격이 명시적으로 금지되어 있지 않다. 인보험인 상해보험에서 피보험자는 '보험사고의 객체'에 해당하여 그 신체가 보험의 목적이 되는 자로서 보호받아야 할 대상을 의미한다. 헌법상 생명권의 주체가 되는 태아의 형성 중인 신체도 그 자체로 보호해야 할 법익이 존재하고 보호의 필요성도 본질적으로 사람과 다르지 않다는 점에서 보험보호의 대상이 될 수 있다. 이처럼 약관이나 개별 약정으로 출생 전 상태인 태아의 신체에 대한 상해를 보험의 담보범위에 포함하는 것이 보험제도의 목적과 취지에 부합하고 보험계약자나 피보험자에게 불리하지 않으므로 「상법」 제663조에 반하지 아니하고 「민법」 제103조의 공서양속에도 반하지 않는다(대판 2016다211224).

㉠ (○) 형사사건에서의 성공보수약정은 수사·재판의 결과를 금전적인 대가와 결부시킴으로써, 기본적 인권의 옹호와 사회정의의 실현을 그 사명으로 하는 변호사 직무의 공공성을 저해하고, 의뢰인과 일반 국민의 사법제도에 대한 신뢰를 현저히 떨어뜨릴 위험이 있으므로, 선량한 풍속 기타 사회질서에 위반되는 것으로 평가할 수 있다(대판 2015다200111).

정답 07 ④

08 반사회질서의 법률행위에 해당하는 것은? (다툼이 있으면 판례에 따름) 제35회

① 법령에서 정한 한도를 초과하는 부동산 중개수수료약정
② 강제집행을 면할 목적으로 허위의 근저당권을 설정하는 행위
③ 다수의 보험계약을 통해 보험금을 부정취득할 목적으로 체결한 보험계약
④ 반사회적 행위에 의하여 조성된 비자금을 소극적으로 은닉하기 위한 임치계약
⑤ 양도소득세를 회피할 목적으로 실제 거래가액보다 낮은 금액을 대금으로 기재한 매매계약

해설 ③ 보험계약자가 다수의 보험계약을 통하여 보험금을 부정취득할 목적으로 체결한 보험계약은 반사회질서의 법률행위에 해당한다(대판 2005다23858).

09 반사회질서의 법률행위에 관한 설명으로 틀린 것은? (다툼이 있으면 판례에 따름) 제30회

① 반사회질서의 법률행위에 해당하는지 여부는 해당 법률행위가 이루어진 때를 기준으로 판단해야 한다.
② 반사회질서의 법률행위의 무효는 이를 주장할 이익이 있는 자는 누구든지 주장할 수 있다.
③ 법률행위가 사회질서에 반한다는 판단은 부단히 변천하는 가치관념을 반영한다.
④ 다수의 보험계약을 통하여 보험금을 부정취득할 목적으로 체결한 보험계약은 반사회질서의 법률행위이다.
⑤ 대리인이 매도인의 배임행위에 적극 가담하여 이루어진 부동산의 이중매매는 본인인 매수인이 그러한 사정을 몰랐다면 반사회질서의 법률행위가 되지 않는다.

해설 ⑤ 대리인이 본인을 대리하여 매매계약을 체결함에 있어서 매매대상 토지에 관한 저간의 사정을 잘 알고 그 배임행위에 가담하였다면, 대리행위의 하자 유무는 대리인을 표준으로 판단하여야 하므로, 설사 본인이 미리 그러한 사정을 몰랐거나 반사회성을 야기한 것이 아니라고 할지라도 그로 인하여 매매계약이 가지는 사회질서에 반한다는 장애사유가 부정되는 것은 아니다(대판 97다45532).

정답 08 ③   09 ⑤

10 甲은 자신의 X부동산을 乙에게 매도하고 계약금과 중도금을 지급받았다. 그 후 丙이 甲의 배임행위에 적극 가담하여 甲과 X부동산에 대한 매매계약을 체결하고 자신의 명의로 소유권이전등기를 마쳤다. 다음 설명으로 <u>틀린</u> 것은? (다툼이 있으면 판례에 따름) 제28회

① 乙은 丙에게 소유권이전등기를 직접 청구할 수 없다.
② 乙은 丙에 대하여 불법행위를 이유로 손해배상을 청구할 수 있다.
③ 甲은 계약금 배액을 상환하고 乙과 체결한 매매계약을 해제할 수 없다.
④ 丙 명의의 등기는 甲이 추인하더라도 유효가 될 수 없다.
⑤ 만약 선의의 丁이 X부동산을 丙으로부터 매수하여 이전등기를 받은 경우, 丁은 甲과 丙의 매매계약의 유효를 주장할 수 있다.

해설 ⑤ 반사회적 무효는 절대적 무효로서 제2매수인으로부터 다시 취득한 제3자는 선의라 하더라도 권리를 취득할 수 없다(대판 96다29151). 즉, 丁은 甲과 丙의 매매계약의 유효를 주장할 수 없다.
① 제1매수인은 매도인을 대위하여 등기의 말소를 청구할 수는 있으나 제2매수인에게 직접 등기의 말소를 청구할 수는 없다(대판 83다카57).
② 丙이 乙의 등기청구권을 침해한 경우로서 제3자의 채권침해에 해당한다. 丙이 乙의 채권이 존재함을 알면서도 침해하였으므로 乙은 丙에 대하여 불법행위를 이유로 손해배상을 청구할 수 있다.
③ 乙이 중도금을 지급한 것은 이행에 착수한 것이므로 더 이상 계약금의 배액을 상환하고 계약을 해제할 수 없다(제565조).
④ 반사회적 행위나 불공정행위는 추인하여도 효력이 인정되지 않는다(대판 94다10900).

11 부동산이중매매에 관한 설명으로 <u>틀린</u> 것은? (다툼이 있으면 판례에 따름) 제32회

① 반사회적 법률행위에 해당하는 제2매매계약에 기초하여 제2매수인으로부터 그 부동산을 매수하여 등기한 선의의 제3자는 제2매매계약의 유효를 주장할 수 있다.
② 제2매수인이 이중매매사실을 알았다는 사정만으로 제2매매계약을 반사회적 법률행위에 해당한다고 볼 수 없다.
③ 특별한 사정이 없는 한, 먼저 등기한 매수인이 목적 부동산의 소유권을 취득한다.
④ 반사회적 법률행위에 해당하는 이중매매의 경우, 제1매수인은 제2매수인에 대하여 직접 소유권이전등기말소를 청구할 수 없다.
⑤ 부동산이중매매의 법리는 이중으로 부동산임대차계약이 체결되는 경우에도 적용될 수 있다.

해설 ① 부동산의 이중매매가 반사회적 법률행위에 해당하는 경우에는 이중매매계약은 절대적으로 무효이므로, 당해 부동산을 제2매수인으로부터 다시 취득한 제3자는 설사 제2매수인이 당해 부동산의 소유권을 유효하게 취득한 것으로 믿었더라도 이중매매계약이 유효하다고 주장할 수 없다(대판 96다29151).

정답 10 ⑤ 11 ①

12 법률행위의 효력에 관한 설명으로 틀린 것은? (다툼이 있으면 판례에 따름) 제31회

① 무효행위 전환에 관한 규정은 불공정한 법률행위에 적용될 수 있다.
② 경매에는 불공정한 법률행위에 관한 규정이 적용되지 않는다.
③ 강제집행을 면할 목적으로 허위의 근저당권을 설정하는 행위는 반사회질서의 법률행위로 무효이다.
④ 상대방에게 표시되거나 알려진 법률행위의 동기가 반사회적인 경우, 그 법률행위는 무효이다.
⑤ 소송에서 증언할 것을 조건으로 통상 용인되는 수준을 넘는 대가를 지급하기로 하는 약정은 무효이다.

해설 ③ 강제집행을 면할 목적으로 부동산에 허위의 근저당권설정등기를 경료하는 행위는 「민법」 제103조의 선량한 풍속 기타 사회질서에 위반한 사항을 내용으로 하는 법률행위로 볼 수 없다(대판 2003다70041).

13 불공정한 법률행위에 관한 설명으로 틀린 것은? (다툼이 있으면 판례에 따름) 제29회

① 궁박은 정신적·심리적 원인에 기인할 수도 있다.
② 무경험은 거래일반에 대한 경험의 부족을 의미한다.
③ 대리인에 의해 법률행위가 이루어진 경우, 궁박 상태는 본인을 기준으로 판단하여야 한다.
④ 급부와 반대급부 사이에 현저한 불균형이 존재하는지는 특별한 사정이 없는 한 법률행위 당시를 기준으로 판단하여야 한다.
⑤ 급부와 반대급부 사이의 현저한 불균형은 피해자의 궁박·경솔·무경험의 정도를 고려하여 당사자의 주관적 가치에 따라 판단한다.

해설 ⑤ 급부와 반대급부 사이의 현저한 불균형은 단순히 시가와의 차액 또는 시가와의 배율로 판단할 수 있는 것은 아니고 구체적·개별적 사안에 있어서 일반인의 사회통념에 따라 결정하여야 한다. 판단할 때에는 피해 당사자의 궁박·경솔·무경험의 정도가 아울러 고려되어야 하고, 당사자의 주관적 가치가 아닌 거래상의 객관적 가치에 의하여야 한다(대판 2009다50308).

정답 12 ③ 13 ⑤

14 불공정한 법률행위(「민법」 제104조)에 관한 설명으로 **틀린** 것은? (다툼이 있으면 판례에 따름)   제28회

① 경매에는 적용되지 않는다.
② 무상계약에는 적용되지 않는다.
③ 불공정한 법률행위에 무효행위 전환의 법리가 적용될 수 있다.
④ 법률행위가 대리인에 의하여 행해진 경우, 궁박상태는 대리인을 기준으로 판단하여야 한다.
⑤ 매매계약이 불공정한 법률행위에 해당하는지는 계약체결 당시를 기준으로 판단하여야 한다.

> **해설** ④ 매도인의 대리인이 매매한 경우에 있어서 그 매매가 「민법」 제104조의 불공정한 법률행위인가를 판단함에는 매도인의 경솔, 무경험은 그 대리인을 기준으로 하여 판단하여야 하고 궁박상태에 있었는지의 여부는 매도인 본인의 입장에서 판단되어야 한다(대판 71다2255).

15 불공정한 법률행위에 관한 설명으로 옳은 것은? (다툼이 있으면 판례에 따름)   제34회

① 불공정한 법률행위에도 무효행위의 전환에 관한 법리가 적용될 수 있다.
② 경락대금과 목적물의 시가에 현저한 차이가 있는 경우에도 불공정한 법률행위가 성립할 수 있다.
③ 급부와 반대급부 사이에 현저한 불균형이 있는 경우, 원칙적으로 그 불균형 부분에 한하여 무효가 된다.
④ 대리인에 의한 법률행위에서 궁박과 무경험은 대리인을 기준으로 판단한다.
⑤ 계약의 피해당사자가 급박한 곤궁상태에 있었다면 그 상대방에게 폭리행위의 악의가 없었더라도 불공정한 법률행위는 성립한다.

> **해설** ① 매매계약이 약정된 매매대금의 과다로 말미암아 「민법」 제104조에서 정하는 '불공정한 법률행위'에 해당하여 무효인 경우에도 무효행위의 전환에 관한 「민법」 제138조가 적용될 수 있다(대판 2009다50308).
> ② 강제경매는 집행법원에 의하여 법적 절차에 따라 집행되는 매각행위로 법률행위인 일반매매와는 달라서 사법적 자치를 규제하는 제104조는 적용될 여지가 없다(대판 66마1189).
> ③ 법률행위의 무효는 전부무효가 원칙이므로(제137조) 다른 특별한 사정이 없는 한 계약 전체가 무효로 된다.

정답 14 ④ 15 ①

④ 매도인의 대리인이 매매한 경우에 있어서 그 매매가 「민법」 제104조의 불공정한 법률행위인가를 판단함에는 매도인의 경솔, 무경험은 그 대리인을 기준으로 하여 판단하여야 하고 궁박상태에 있었는지의 여부는 매도인 본인의 입장에서 판단되어야 한다(대판 71다2255).

⑤ 「민법」 제104조에 규정된 불공정한 법률행위는 객관적으로 급부와 반대급부 사이에 현저한 불균형이 존재하고, 주관적으로 그와 같이 균형을 잃은 거래가 피해 당사자의 궁박, 경솔 또는 무경험을 이용하여 이루어진 경우에 성립하는 것으로서, 약자적 지위에 있는 자의 궁박, 경솔 또는 무경험을 이용한 폭리행위를 규제하려는 데 그 목적이 있는바, 피해 당사자가 궁박, 경솔 또는 무경험의 상태에 있었다고 하더라도 그 상대방 당사자에게 위와 같은 피해 당사자 측의 사정을 알면서 이를 이용하려는 의사, 즉 폭리행위의 악의가 없었다면 불공정 법률행위는 성립하지 않는다(대판 2009다21058).

3 법률행위 해석

16 甲이 자기 소유의 고화(古畵) 한 점을 乙에게 960만 원에 매도할 의사로 청약하였는데 청약서에는 690만 원으로 기재되어 매매계약이 체결되었다. 甲의 진의를 알 수 있는 다른 해석 자료가 없어서 690만에 매매계약이 성립한 것으로 보는 법률행위의 해석방법은? (단, 甲의 착오로 인한 취소가능성은 논외로 함)   제22회

① 예문해석
② 유추해석
③ 자연적 해석
④ 규범적 해석
⑤ 보충적 해석

해설 ④ 표의자의 내심의 의사보다 외부로 표시된 바를 강조하는 해석방법을 규범적 해석이라고 한다.

17 甲은 乙 소유의 X토지를 임차하여 사용하던 중 이를 매수하기로 乙과 합의하였으나, 계약서에는 Y토지로 잘못 기재하였다. 다음 설명 중 옳은 것은? (다툼이 있으면 판례에 따름)   제27회

① 매매계약은 X토지에 대하여 유효하게 성립한다.
② 매매계약은 Y토지에 대하여 유효하게 성립한다.
③ X토지에 대하여 매매계약이 성립하지만, 당사자는 착오를 이유로 취소할 수 있다.
④ Y토지에 대하여 매매계약이 성립하지만, 당사자는 착오를 이유로 취소할 수 있다.
⑤ X와 Y 어느 토지에 대해서도 매매계약이 성립하지 않는다.

정답 16 ④ 17 ①

해설 ①②⑤ 부동산의 매매계약에 있어 쌍방 당사자가 모두 특정의 甲 토지를 계약의 목적물로 삼았으나 그 목적물의 지번 등에 관하여 착오를 일으켜 계약을 체결함에 있어서는 계약서상 그 목적물을 X토지와는 별개인 Y토지로 표시하였다 하여도, X토지에 관하여 이를 매매의 목적물로 한다는 쌍방 당사자의 의사합치가 있는 이상 그 매매계약은 X토지에 관하여 성립한 것으로 보아야 하고 Y토지에 관하여 매매계약이 체결된 것으로 보아서는 안 될 것이며, 만일 Y토지에 관하여 그 매매계약을 원인으로 하여 매수인 명의로 소유권이전등기가 경료되었다면 이는 원인 없이 경료된 것으로서 무효이다(대판 96다19581).

③④ 이른바 오표시 무해의 원칙과 관련해서는 착오취소가 인정되지 않는다. X토지에 대해서는 당사자의 완전한 의사합치가 있었으므로 착오의 문제가 생기지 않으며, Y토지에 대해서는 애초부터 계약자체가 성립하지 않았으므로 취소의 문제가 생길 여지가 없다.

4 비진의표시와 통정허위표시

18 진의 아닌 의사표시에 관한 설명으로 틀린 것은? (다툼이 있으면 판례에 따름) 제27회

① 진의란 특정한 내용의 의사표시를 하고자 하는 표의자의 생각을 말하는 것이지 표의자가 진정으로 마음속에서 바라는 사항을 뜻하는 것은 아니다.
② 상대방이 표의자의 진의 아님을 알았을 경우, 표의자는 진의 아닌 의사표시를 취소할 수 있다.
③ 대리행위에 있어서 진의 아닌 의사표시인지 여부는 대리인을 표준으로 결정한다.
④ 진의 아닌 의사표시의 효력이 없는 경우, 법률행위의 당사자는 진의 아닌 의사표시를 기초로 새로운 이해관계를 맺은 선의의 제3자에게 대항하지 못한다.
⑤ 진의 아닌 의사표시는 상대방과 통정이 없다는 점에서 통정허위표시와 구별된다.

해설 ② 의사표시는 표의자가 진의 아님을 알고 한 것이라도 그 효력이 있다. 그러나 상대방이 표의자의 진의 아님을 알았거나 이를 알 수 있었을 경우에는 무효로 한다(제107조 제1항). 즉, 비진의표시는 상대방이 알았거나 알 수 있었을 경우에는 취소가 아니라 무효가 된다.

정답 18 ②

19 비진의표시에 관한 설명으로 틀린 것은? (다툼이 있으면 판례에 의함)   제25회

① 대출절차상 편의를 위하여 명의를 빌려준 자가 채무부담의 의사를 가졌더라도 그 의사표시는 비진의표시이다.
② 비진의표시에 관한 규정은 원칙적으로 상대방 있는 단독행위에 적용된다.
③ 매매계약에서 비진의표시는 상대방이 선의이며 과실이 없는 경우에 한하여 유효하다.
④ 사직의사 없는 사기업의 근로자가 사용자의 지시로 어쩔 수 없이 일괄사직서를 제출하는 형태의 의사표시는 비진의표시이다.
⑤ 상대방이 표의자의 진의 아님을 알았다는 것은 무효를 주장하는 자가 증명하여야 한다.

해설 ① 법률상 또는 사실상의 장애로 자기 명의로 대출받을 수 없는 자를 위하여 대출금채무자로서의 명의를 빌려준 자에게 그와 같은 채무부담의 의사가 없는 것이라고는 할 수 없으므로 그 의사표시를 비진의표시에 해당한다고 볼 수 없고, 설령 명의대여자의 의사표시가 비진의표시에 해당한다고 하더라도 그 의사표시의 상대방인 상호신용금고로서는 명의대여자가 전혀 채무를 부담할 의사 없이 진의에 반한 의사표시를 하였다는 것까지 알았다거나 알 수 있었다고 볼 수도 없다고 보아, 그 명의대여자는 표시행위에 나타난 대로 대출금채무를 부담한다(대판 96다18182). 즉, 진의에 해당한다.

20 의사와 표시가 불일치하는 경우에 관한 설명으로 옳은 것은? (다툼이 있으면 판례에 따름)   제32회

① 통정허위표시의 무효로 대항할 수 없는 제3자에 해당하는지를 판단할 때, 파산관재인은 파산채권자 일부가 선의라면 선의로 다루어진다.
② 비진의 의사표시는 상대방이 표의자의 진의 아님을 알 수 있었을 경우 취소할 수 있다.
③ 비진의 의사표시는 상대방과 통정이 없었다는 점에서 착오와 구분된다.
④ 통정허위표시의 무효에 대항하려는 제3자는 자신이 선의라는 것을 증명하여야 한다.
⑤ 매수인의 채무불이행을 이유로 매도인이 계약을 적법하게 해제했다면, 착오를 이유로 한 매수인의 취소권은 소멸한다.

해설 ① 가장소비대차의 대주가 파산선고를 받은 경우, 그 파산관재인은 통정허위표시의 제3자에 해당한다. 이때에 선의·악의는 파산관재인 개인의 선의·악의를 기준으로 할 수는 없고, 총파산채권자를 기준으로 하여 파산채권자 모두가 악의로 되지 않는 한 파산관재인은 선의의 제3자라고 할 수밖에 없다(대판 2009다96083).
② 비진의표시는 원칙적으로 유효하나 상대방이 표의자의 진의 아님을 알았거나 알 수 있었을 경우에는 취소할 수 있는 것이 아니라 무효로 한다(제107조 제1항).
③ 비진의 의사표시는 상대방과 통정이 없었다는 점에서 통정허위표시와 구분되며, 표의자가 의사와 표시의 불일치를 알고 있다는 점에서 착오와 구분된다.

정답 19 ①   20 ①

④ 제3자는 특별한 사정이 없는 한 선의로 추정할 것이므로 제3자가 악의라는 사실에 관한 주장·입증책임은 그 허위표시의 무효를 주장하는 자에게 있다(대판 2002다1321).
⑤ 매도인이 매수인의 중도금 지급채무불이행을 이유로 매매계약을 적법하게 해제한 후라도 매수인으로서는 상대방이 한 계약해제의 효과로서 발생하는 손해배상책임을 지거나 매매계약에 따른 계약금의 반환을 받을 수 없는 불이익을 면하기 위하여 착오를 이유로 한 취소권을 행사하여 위 매매계약 전체를 무효로 돌리게 할 수 있다(대판 91다11308).

21

甲은 강제집행을 피하기 위해 자신의 X부동산을 乙에게 가장매도하여 소유권이전등기를 해 주었는데, 乙이 이를 丙에게 매도하고 소유권이전등기를 해 주었다. 다음 설명 중 틀린 것은? (다툼이 있으면 판례에 따름) 제35회

① 甲과 乙 사이의 계약은 무효이다.
② 甲과 乙 사이의 계약은 채권자취소권의 대상이 될 수 있다.
③ 丙이 선의인 경우, 선의에 대한 과실의 유무를 묻지 않고 丙이 소유권을 취득한다.
④ 丙이 악의라는 사실에 관한 증명책임은 허위표시의 무효를 주장하는 자에게 있다.
⑤ 만약 악의의 丙이 선의의 丁에게 X부동산을 매도하고 소유권이전등기를 해 주더라도 丁은 소유권을 취득하지 못한다.

해설 ⑤ 선의의 제3자가 보호될 수 있는 법률상 이해관계는 계약의 당사자를 상대로 하여 직접 법률상 이해관계를 가지는 경우 외에도, 그 법률상 이해관계를 바탕으로 하여 다시 새로이 법률상 이해관계를 가지게 되는 경우도 포함된다(대판 2012다49292). 즉, 전득자도 제3자에 해당한다. 따라서 악의의 丙에게 매수한 丁도 제3자이므로 선의인 경우에 제108조 제2항에 따라 소유권을 취득할 수 있다.

22

통정허위표시(「민법」 제108조)에 관한 설명으로 옳은 것은? (다툼이 있으면 판례에 따름) 제33회

① 통정허위표시는 표의자가 의식적으로 진의와 다른 표시를 한다는 것을 상대방이 알았다면 성립한다.
② 가장행위가 무효이면 당연히 은닉행위도 무효이다.
③ 대리인이 본인 몰래 대리권의 범위 안에서 상대방과 통정허위표시를 한 경우, 본인은 선의의 제3자로서 그 유효를 주장할 수 있다.
④ 「민법」 제108조 제2항에 따라 보호받는 선의의 제3자에 대해서는 그 누구도 통정허위표시의 무효로써 대항할 수 없다.
⑤ 가장소비대차에 따른 대여금채권의 선의의 양수인은 「민법」 제108조 제2항에 따라 보호받는 제3자가 아니다.

정답 21 ⑤ 22 ④

해설 ④ 허위표시에 의하여 외형상 형성된 법률관계를 토대로 실질적으로 새로운 법률상 이해관계를 맺은 선의의 제3자에 대하여는 허위표시의 당사자뿐만 아니라 그 누구도 허위표시의 무효를 대항하지 못하는 것이다(대판 2019다280375).
① 통정허위표시가 성립하기 위해서는 표의자의 의사와 표시가 일치하지 않음을 단지 상대방이 알았다는 것만으로는 부족하며 당사자가 서로 합의(양해)가 있어야 한다.
② 통정허위표시와 구별되는 개념으로서 은닉행위는 그 숨겨진 행위가 그에 요구되는 성립요건과 효력발생요건을 구비한 때에는 유효하다. 예를 들어 세금을 적게 낼 목적으로 증여를 숨기기 위하여 외부에는 매매를 한 것으로 가장하는 경우이다. 이 경우 매매는 통정허위표시로 무효이지만 증여는 은닉행위로서 실체관계가 존재하므로 유효가 된다.
③ 대리행위의 하자는 대리인을 기준으로 하는 것이므로(제116조 제1항) 대리인이 통정허위표시를 하였다면 본인의 선·악을 불문하고 무효이다. 또한 본인은 대리인과 동일시하는 자이므로 제3자에 해당하지 않는 것이어서 대리인이 통정허위표시를 하여 무효가 된 경우 본인은 자신이 선의의 제3자임을 내세워 유효를 주장할 수 없다.
⑤ 통정허위표시에서 무효로 대항할 수 없는 제3자라 함은 당사자와 그의 포괄승계인 이외의 자 중에서 허위표시행위를 기초로 하여 별개의 법률원인에 의하여 새로운 법률상의 이해관계를 맺은 자를 말한다. 따라서 가장소비대차에 따른 대여금채권의 선의의 양수인은 새로운 이해관계인으로서 제3자에 해당한다.

23

통정허위표시를 기초로 새로운 법률상 이해관계를 맺은 제3자에 해당하지 않는 자는? (다툼이 있으면 판례에 따름) 제31회

① 가장채권을 가압류한 자
② 가장전세권에 저당권을 취득한 자
③ 채권의 가장양도에서 변제 전 채무자
④ 파산선고를 받은 가장채권자의 파산관재인
⑤ 가장채무를 보증하고 그 보증채무를 이행한 보증인

해설 ③ 「민법」 제108조 제2항에서 말하는 제3자는 허위표시의 당사자와 그의 포괄승계인 이외의 자 모두를 가리키는 것이 아니고 그 가운데서 허위표시행위를 기초로 하여 새로운 이해관계를 맺은 자를 한정해서 가리키는 것으로 새겨야 할 것이므로 이 사건 퇴직금 채무자인 피고는 원채권자인 소외 甲이 소외 乙에게 퇴직금채권을 양도했다고 하더라도 그 퇴직금을 양수인에게 지급하지 않고 있는 동안에 위 양도계약이 허위표시란 것이 밝혀진 이상 위 허위표시의 선의의 제3자임을 내세워 진정한 퇴직금 전부 채권자인 원고에게 그 지급을 거절할 수 없다(대판 82다594).

정답 23 ③

통정허위표시에서 보호되는 제3자	
제3자에 해당하는 경우	**제3자에 해당하지 않는 경우**
1. 가장매매의 매수인으로부터 목적물을 매수한 자 2. 가장매매의 매수인으로부터 저당권을 취득하거나 가등기를 한 자 3. 가장매매에 기한 대금채권의 양수인 4. 가장소비대차에 기한 채권의 양수인 5. 가장저당권의 설정행위에 기한 저당권의 실행으로 경락을 받은 자 6. 가장소비대차의 대주가 파산선고를 받은 경우, 그 파산관재인 ⇨ 이 경우 선·악의 기준은 파산관재인 개인이 아니라 총파산채권자를 기준으로 하여 파산채권자 모두가 악의로 되지 않는 한 파산관재인은 선의의 제3자라고 할 수밖에 없다.	1. 가장매매에서 매도인의 채권자 2. 채권의 가장양도에서 채무자 3. 대리행위에서 대리인 4. 제3자를 위한 계약에서 수익자 5. 가장저당권포기에서 기존의 후순위 권리자 6. 가장매매의 매수인으로부터 그 지위를 상속받은 자(포괄승계인), 7. 계약상 당사자의 지위를 양수한 자(계약을 인수한 자)

24 통정허위표시를 기초로 새로운 법률상 이해관계를 맺은 제3자에 해당하는 자를 모두 고른 것은? (다툼이 있으면 판례에 따름) 제34회

㉠ 파산선고를 받은 가장채권자의 파산관재인
㉡ 가장채무를 보증하고 그 보증채무를 이행하여 구상권을 취득한 보증인
㉢ 차주와 통정하여 가장소비대차계약을 체결한 금융기관으로부터 그 계약을 인수한 자

① ㉠   ② ㉢   ③ ㉠, ㉡
④ ㉡, ㉢   ⑤ ㉠, ㉡, ㉢

해설 ㉠ (○) 파산관재인은 그 허위표시에 따라 외형상 형성된 법률관계를 토대로 실질적으로 새로운 법률상 이해관계를 가지게 된 「민법」제108조 제2항의 제3자에 해당하고, 그 선의·악의도 파산관재인 개인의 선의·악의를 기준으로 할 수는 없고, 총파산채권자를 기준으로 하여 파산채권자 모두가 악의로 되지 않는 한 파산관재인은 선의의 제3자라고 할 수밖에 없다(대판 2013다1952).
㉡ (○) 보증인이 주채무자의 기망행위에 의하여 주채무가 있는 것으로 믿고 주채무자와 보증계약을 체결한 다음 그에 따라 보증채무자로서 그 채무까지 이행한 경우, 그 보증인은 주채무자에 대한 구상권 취득에 관하여 법률상의 이해관계를 가지게 되었고 그 구상권 취득에는 보증의 부종성으로 인하여 주채무가 유효하게 존재할 것을 필요로 한다는 이유로 결국 그 보증인은 주채무자의 채권자에 대한 채무부담행위라는 허위표시에 기초하여 구상권 취득에 관한 법률상 이해관계를 가지게 되었다고 보아 「민법」제108조 제2항 소정의 '제3자'에 해당한다고 한 사례이다(대판 99다51258).

정답 24 ③

ⓒ (×) 계약이전은 금융거래에서 발생한 계약상의 지위가 이전되는 사법상의 법률효과를 가져오는 것이므로, 계약이전을 받은 금융기관은 계약이전을 요구받은 금융기관과 대출채무자 사이의 통정허위표시에 따라 형성된 법률관계를 기초로 하여 새로운 법률상 이해관계를 가지게 된 「민법」 제108조 제2항의 제3자에 해당하지 않는다(대판 2002다31537).

25

甲은 자신의 X토지를 乙에게 증여하고, 세금을 아끼기 위해 이를 매매로 가장하여 乙명의로 소유권이전등기를 마쳤다. 그 후 乙은 X토지를 丙에게 매도하고 소유권이전등기를 마쳤다. 다음 설명 중 옳은 것을 모두 고른 것은? (다툼이 있으면 판례에 따름) 제29회

> ㉠ 甲과 乙 사이의 매매계약은 무효이다.
> ㉡ 甲과 乙 사이의 증여계약은 유효이다.
> ㉢ 甲은 丙에게 X토지의 소유권이전등기말소를 청구할 수 없다.
> ㉣ 丙이 甲과 乙 사이의 증여계약이 체결된 사실을 알지 못한데 과실이 있더라도 丙은 소유권을 취득한다.

① ㉠
② ㉠, ㉢
③ ㉡, ㉣
④ ㉡, ㉢, ㉣
⑤ ㉠, ㉡, ㉢, ㉣

해설 ⑤ 은닉행위는 그 숨겨진 행위가 그에 요구되는 성립요건과 효력발생요건을 구비한 때에는 유효하다. 즉, 매매는 허위표시로 무효가 되지만 증여는 은닉행위로서 유효하다(㉠㉡). 따라서 乙 명의의 등기는 실체관계에 부합하므로 유효하며 이로부터 이전받은 丙은 권리자로부터 이전받은 것이므로 그의 선·악, 과실유무와 상관없이 소유권을 취득한다(㉢㉣).

정답 25 ⑤

5 착오와 사기·강박에 의한 의사표시

26 착오에 관한 설명으로 틀린 것은? (다툼이 있으면 판례에 따름) 제28회

① 당사자가 착오를 이유로 의사표시를 취소하지 않기로 약정한 경우, 표의자는 의사표시를 취소할 수 없다.
② 건물과 그 부지를 현상대로 매수한 경우에 부지의 지분이 미미하게 부족하다면, 그 매매계약의 중요부분의 착오가 되지 아니한다.
③ 부동산거래계약서에 서명·날인한 착각에 빠진 상태로 연대보증의 서면에 서명·날인한 경우에는 표시상의 착오에 해당한다.
④ 상대방이 표의자의 착오를 알고 이용한 경우에도 의사표시에 중대한 과실이 있는 표의자는 착오에 의한 의사표시를 취소할 수 없다.
⑤ 상대방에 의해 유발된 동기의 착오는 동기가 표시되지 않았더라도 중요부분의 착오가 될 수 있다.

해설 ④ 「민법」 제109조 제1항 단서는 의사표시의 착오가 표의자의 중대한 과실로 인한 때에는 그 의사표시를 취소하지 못한다고 규정하고 있는데, 위 단서 규정은 표의자의 상대방의 이익을 보호하기 위한 것이므로, 상대방이 표의자의 착오를 알고 이를 이용한 경우에는 착오가 표의자의 중대한 과실로 인한 것이라고 하더라도 표의자는 의사표시를 취소할 수 있다(대판 2013다49794).

27 착오에 관한 설명으로 옳은 것을 모두 고른 것은? (다툼이 있으면 판례에 따름) 제31회

> ㉠ 매도인의 하자담보책임이 성립하더라도 착오를 이유로 한 매수인의 취소권은 배제되지 않는다.
> ㉡ 경과실로 인해 착오에 빠진 표의자가 착오를 이유로 의사표시를 취소한 경우, 상대방에 대하여 불법행위로 인한 손해배상책임을 진다.
> ㉢ 상대방이 표의자의 착오를 알고 이용한 경우, 표의자는 착오가 중대한 과실로 인한 것이더라도 의사표시를 취소할 수 있다.
> ㉣ 매도인이 매수인의 채무불이행을 이유로 계약을 적법하게 해제한 후에는 매수인은 착오를 이유로 취소권을 행사할 수 없다.

① ㉠, ㉡
② ㉠, ㉢
③ ㉠, ㉣
④ ㉡, ㉢
⑤ ㉡, ㉣

정답 26 ④ 27 ②

해설 ㉠ (○) 착오로 인한 취소제도와 매도인의 하자담보책임 제도는 취지가 서로 다르고, 요건과 효과도 구별된다. 따라서 매매계약 내용의 중요 부분에 착오가 있는 경우 매수인은 매도인의 하자담보책임이 성립하는지와 상관없이 착오를 이유로 매매계약을 취소할 수 있다(대판 2015다78703).
㉢ (○) 상대방이 표의자의 착오를 알고 이를 이용한 경우에는 착오가 표의자의 중대한 과실로 인한 것이라고 하더라도 표의자는 의사표시를 취소할 수 있다(대판 2013다49794).
㉡ (×) 「민법」제109조가 중과실이 없는 착오자의 착오를 이유로 한 의사표시의 취소를 허용하고 있는 이상 표의자가 과실로 인하여 착오에 빠져 의사표시를 한 것이나 그 착오를 이유로 의사표시를 취소한 것이 위법하다고 할 수는 없으므로, 착오를 이유로 의사표시를 취소한 자는 불법행위책임을 지지 않는다(대판 97다13023).
㉣ (×) 매도인이 매수인의 중도금 지급채무불이행을 이유로 매매계약을 적법하게 해제한 후라도 매수인으로서는 상대방이 한 계약해제의 효과로서 발생하는 손해배상책임을 지거나 매매계약에 따른 계약금의 반환을 받을 수 없는 불이익을 면하기 위하여 착오를 이유로 한 취소권을 행사하여 위 매매계약 전체를 무효로 돌리게 할 수 있다(대판 91다11308).

28

사기·강박에 의한 의사표시에 관한 설명으로 옳은 것을 모두 고른 것은? (다툼이 있으면 판례에 따름)   제35회

㉠ 아파트분양자가 아파트단지 인근에 대규모 공동묘지가 조성된 사실을 알면서 수분양자에게 고지하지 않은 경우, 이는 기망행위에 해당한다.
㉡ 교환계약의 당사자가 목적물의 시가를 묵비한 것은 원칙적으로 기망행위에 해당한다.
㉢ '제3자의 강박'에 의한 의사표시에서 상대방의 대리인은 제3자에 포함되지 않는다.

① ㉠
② ㉡
③ ㉠, ㉢
④ ㉡, ㉢
⑤ ㉠, ㉡, ㉢

해설 ㉠ (○) 아파트분양자는 아파트단지 인근에 공동묘지가 조성되어 있는 사실을 수분양자에게 고지할 신의칙상의 의무를 부담한다(대판 2005다5812). 따라서 이를 알리지 않은 경우에는 부작위에 의한 기망이 성립한다.
㉢ (○) 상대방의 대리인 등 상대방과 동일시할 수 있는 자는 제110조 제2항의 제3자에 해당하지 않는다(대판 96다41496). 따라서 대리인의 기망이나 강박으로 법률행위를 한 자는 본인이 그 사실을 알았는지 여부와 관계없이 취소할 수 있다.
㉡ (×) 교환계약의 당사자가 목적물의 시가를 묵비하거나 허위로 시가보다 높은 가액을 시가라고 고지하였다 하더라도 기망행위에 해당하지 않는다(대판 2000다54406, 54413).

정답 28 ③

29 사기에 의한 의사표시에 관한 설명으로 <u>틀린</u> 것은? (다툼이 있으면 판례에 따름) 제27회

① 아파트분양자가 아파트단지 인근에 공동묘지가 조성되어 있다는 사실을 분양계약자에게 고지하지 않은 경우에는 기망행위에 해당한다.
② 아파트분양자에게 기망행위가 인정된다면, 분양계약자는 기망을 이유로 분양계약을 취소하거나 취소를 원하지 않을 경우 손해배상만을 청구할 수도 있다.
③ 분양회사가 상가를 분양하면서 그 곳에 첨단 오락타운을 조성하여 수익을 보장한다는 다소 과장된 선전광고를 하는 것은 기망행위에 해당한다.
④ 제3자의 사기에 의해 의사표시를 한 표의자는 상대방이 그 사실을 알았거나 알 수 있었을 경우에 그 의사표시를 취소할 수 있다.
⑤ 대리인의 기망행위에 의해 계약이 체결된 경우, 계약의 상대방은 본인이 선의이더라도 계약을 취소할 수 있다.

해설 ③ 그 선전광고에 다소의 과장 허위가 수반되는 것은 그것이 일반 상거래의 관행과 신의칙에 비추어 시인될 수 있는 한 기망성이 결여된다고 할 것이고, 또한 용도가 특정된 특수시설을 분양받을 경우 그 운영을 어떻게 하고, 그 수익은 얼마나 될 것인지와 같은 사항은 투자자들의 책임과 판단하에 결정될 성질의 것이므로 위와 같은 경우 사기나 착오를 이유로 취소할 수 없다(대판 99다55601, 55618).

30 甲은 A(제3자를 위한 계약의 수익자가 아님)의 기망행위로 자기 소유의 건물을 乙에게 매도하고 소유권을 이전하였다. 옳은 것은? 제18회

① 甲이 사기 당한 사실을 乙이 알 수 있었을 경우에 甲은 乙과의 매매계약을 취소할 수 없다.
② 만약 A가 乙의 대리인이었다면 乙이 선의·무과실이더라도 甲은 乙과의 매매계약을 취소할 수 있다.
③ 甲이 A를 상대로 불법행위를 원인으로 하는 손해배상을 청구하기 위해서는 먼저 乙과의 매매계약을 취소하여야 한다.
④ 乙이 건물의 하자에 관하여 계약체결 당시에 선의·무과실이더라도 甲에 대하여 하자담보책임을 물을 수 없다.
⑤ 乙이 丙에게 건물을 양도한 경우, 甲이 乙과의 매매계약을 취소하면 그 효과를 선의의 丙에게 주장할 수 있다.

정답 29 ③   30 ②

해설 ② 상대방 있는 의사표시에 관하여 제3자가 사기나 강박을 한 경우에는 상대방이 그 사실을 알았거나 알 수 있었을 경우에 한하여 그 의사표시를 취소할 수 있으나, 상대방의 대리인 등 상대방과 동일시할 수 있는 자의 사기나 강박은 제3자의 사기·강박에 해당하지 아니한다(대판 98다60828, 60835).
① 상대방 있는 의사표시에 관하여 제3자가 사기나 강박을 행한 경우에는 상대방이 그 사실을 알았거나 알 수 있었을 경우에 한하여 그 의사표시를 취소할 수 있다(제110조 제2항). 따라서 상대방 乙이 사기 사실을 알 수 있었다면 甲은 계약을 취소할 수 있다.
③ 제3자의 사기행위로 인하여 피해자가 주택건설사와 사이에 주택에 관한 분양계약을 체결하였다고 하더라도 제3자의 사기행위 자체가 불법행위를 구성하는 이상, 제3자로서는 그 불법행위로 인하여 피해자가 입은 손해를 배상할 책임을 부담하는 것이므로, 피해자가 제3자를 상대로 손해배상청구를 하기 위하여 반드시 그 분양계약을 취소할 필요는 없다(대판 97다55829).
④ 매매의 목적물에 하자가 있는 때에는 제575조(제한물권있는 경우와 매도인의 담보책임) 제1항의 규정을 준용한다. 그러나 매수인이 하자있는 것을 알았거나 과실로 인하여 이를 알지 못한 때에는 그러하지 아니하다(제580조). 따라서 선의·무과실인 乙은 甲에 대하여 하자담보책임을 물을 수 있다.
⑤ 사기나 강박으로 인한 취소는 선의의 제3자에게 대항하지 못한다(제110조 제3항).

31

甲의 乙에 대한 의사표시에 관한 설명으로 옳은 것은? (다툼이 있으면 판례에 따름)

제35회

① 甲이 부동산 매수청약의 의사표시를 발송한 후 사망하였다면 그 효력은 발생하지 않는다.
② 乙이 의사표시를 받은 때에 제한능력자이더라도 甲은 원칙적으로 그 의사표시의 효력을 주장할 수 있다.
③ 甲의 의사표시가 乙에게 도달되었다고 보기 위해서는 乙이 그 내용을 알았을 것을 요한다.
④ 甲의 의사표시가 등기우편의 방법으로 발송된 경우, 상당한 기간 내에 도달되었다고 추정할 수 없다.
⑤ 乙이 정당한 사유 없이 계약해지 통지의 수령을 거절한 경우, 乙이 그 통지의 내용을 알 수 있는 객관적 상태에 놓여 있는 때에 의사표시의 효력이 생긴다.

해설 ⑤ 상대방이 정당한 사유 없이 통지의 수령을 거절한 경우에는 상대방이 그 통지의 내용을 알 수 있는 객관적 상태에 놓여 있는 때에 의사표시의 효력이 생기는 것으로 보아야 한다(대판 2008다19973).
① 의사표시자가 그 통지를 발송한 후 사망하거나 제한능력자가 되어도 의사표시의 효력에 영향을 미치지 아니한다(제111조 제2항).
② 의사표시의 상대방이 의사표시를 받은 때에 제한능력자인 경우에는 의사표시자는 그 의사표시로써 대항할 수 없다. 다만, 그 상대방의 법정대리인이 의사표시가 도달한 사실을 안 후에는 그러하지 아니하다(제112조).
③ 도달은 사회관념상 채무자가 통지의 내용을 알 수 있는 객관적 상태에 놓여졌을 때를 지칭하고 상대방이 이를 현실적으로 수령하였거나 그 통지의 내용을 알았을 것까지는 필요하지 않다(대판 82다카439).
④ 우편물이 등기취급의 방법으로 발송되고 반송되지 않은 경우에는 그 무렵에 도달한 것으로 볼 수 있다(대판 91누3819).

정답 31 ⑤

32 甲은 乙과 체결한 매매계약에 대한 적법한 해제의 의사표시를 내용증명우편을 통하여 乙에게 발송하였다. 다음 설명 중 옳은 것은? (다툼이 있으면 판례에 따름) 제30회

① 甲이 그 후 사망하면 해제의 의사표시는 효력을 잃는다.
② 乙이 甲의 해제의 의사표시를 실제로 알아야 해제의 효력이 발생한다.
③ 甲은 내용증명우편이 乙에게 도달한 후에도 일방적으로 해제의 의사표시를 철회할 수 있다.
④ 甲의 내용증명우편이 반송되지 않았다면, 특별한 사정이 없는 한 그 무렵에 乙에게 송달되었다고 봄이 상당하다.
⑤ 甲의 내용증명우편이 乙에게 도달한 후 乙이 성년후견개시의 심판을 받은 경우, 甲의 해제의 의사표시는 효력을 잃는다.

해설 ④ 우편물이 등기취급의 방법이나 내용증명우편으로 발송된 경우 반송되는 등의 특별한 사정이 없는 한 그 무렵 수취인에게 도달되었다고 보아야 한다(대판 91누3819).
① 의사표시자가 그 통지를 발송한 후 사망하거나 제한능력자가 되어도 의사표시의 효력에 영향을 미치지 아니한다(제111조 제2항). 즉, 해제의 의사표시는 유효하게 효력이 발생한다.
② 상대방이 있는 의사표시는 상대방에게 도달한 때에 그 효력이 생긴다(제111조 제1항). 즉, 도달하면 효력이 발생하는 것이지 상대방이 그 통지를 현실적으로 수령하였거나 그 통지의 내용을 알았을 것까지는 필요하지 않다(대판 82다카439).
③ 도달주의에 따라 의사표시가 도달된 이후에는 의사표시자는 임의로 의사표시를 철회할 수 없다.
⑤ 의사표시의 상대방이 의사표시를 받은 때에 제한능력자인 경우에는 의사표시자는 그 의사표시로써 대항할 수 없다(제112조 본문). 따라서 의사표시가 도달된 이후에 상대방이 제한능력자가 된 경우에는 의사표시에 영향을 미치지 않는다.

6 법률행위의 대리

33 법률행위의 대리에 관한 설명으로 틀린 것은? 제29회

① 임의대리인은 원칙적으로 복임권이 없다.
② 복대리인은 그 권한 내에서 대리인을 대리한다.
③ 대리인이 다수인 경우에 원칙적으로 각자가 본인을 대리한다.
④ 대리권의 범위를 정하지 않은 경우, 대리인은 보존행위를 할 수 있다.
⑤ 제한능력자인 대리인이 법정대리인의 동의 없이 대리행위를 하더라도 법정대리인은 그 대리행위를 취소할 수 없다.

해설 ② 복대리인이란 대리인이 자신의 이름과 책임으로 선임한 본인의 대리인을 말한다. 즉, 복대리인은 '본인의 대리인'이지 대리인의 대리인이 아니다.

정답 32 ④   33 ②

34 甲은 자신의 X토지를 매도하기 위하여 乙에게 대리권을 수여하였다. 다음 설명 중 **틀린** 것은? (다툼이 있으면 판례에 따름) 제30회

① 乙이 한정후견개시의 심판을 받은 경우, 특별한 사정이 없는 한 乙의 대리권은 소멸한다.
② 乙은 甲의 허락이 있으면 甲을 대리하여 자신이 X토지를 매수하는 계약을 체결할 수 있다.
③ 甲은 특별한 사정이 없는 한 언제든지 乙에 대한 수권행위를 철회할 수 있다.
④ 甲의 수권행위는 불요식행위로서 묵시적인 방법에 의해서도 가능하다.
⑤ 乙은 특별한 사정이 없는 한 대리행위를 통하여 체결된 X토지 매매계약에 따른 잔금을 수령할 권한도 있다.

> **해설** ① 대리권은 본인의 사망, 대리인의 사망·성년후견의 개시 또는 파산의 경우에 소멸한다(제127조). 한정후견의 개시로는 대리권이 소멸하지 않으며 성년후견의 개시가 있어야 대리권이 소멸하게 된다.

35 甲은 그 소유의 X건물을 매도하기 위하여 乙에게 대리권을 수여하였다. 이에 관한 설명으로 **틀린** 것은? (다툼이 있으면 판례에 따름) 제33회

① 乙이 사망하면 특별한 사정이 없는 한 乙의 상속인에게 그 대리권이 승계된다.
② 乙은 특별한 사정이 없는 한 X건물의 매매계약에서 약정한 중도금이나 잔금을 수령할 수 있다.
③ 甲의 수권행위는 묵시적인 의사표시에 의하여도 할 수 있다.
④ 乙이 대리행위를 하기 전에 甲이 그 수권행위를 철회한 경우, 특별한 사정이 없는 한 乙의 대리권은 소멸한다.
⑤ 乙은 甲의 허락이 있으면 甲을 대리하여 자신을 X건물의 매수인으로 하는 계약을 체결할 수 있다.

> **해설** ① 대리인이 사망하게 되면 대리권은 소멸한다(제127조). 또한 대리권은 대리할 수 있는 자격, 즉 권한이지 권리가 아니므로 상속될 여지가 없다.

정답 34 ① 35 ①

36 甲은 자신의 토지에 관한 매매계약체결을 위해 乙에게 대리권을 수여하였고, 乙은 甲의 대리인으로서 丙과 매매계약을 체결하였다. 다음 설명 중 옳은 것을 모두 고른 것은? (다툼이 있으면 판례에 따름)

제35회

> ㉠ 乙은 원칙적으로 복대리인을 선임할 수 있다.
> ㉡ 乙은 특별한 사정이 없는 한 계약을 해제할 권한이 없다.
> ㉢ 乙이 丙에게 甲의 위임장을 제시하고 계약을 체결하면서 계약서상 매도인을 乙로 기재한 경우, 특별한 사정이 없는 한 甲에게 그 계약의 효력이 미치지 않는다.

① ㉡
② ㉢
③ ㉠, ㉡
④ ㉠, ㉢
⑤ ㉡, ㉢

해설 ㉡ (O) 매매계약체결의 대리권에는 계약해제권 등의 처분권을 포함한다고 볼 수 없다(대판 85다카971).
㉠ (×) 대리권이 법률행위에 의하여 부여된 경우에는 대리인은 본인의 승낙이 있거나 부득이한 사유있는 때가 아니면 복대리인을 선임하지 못한다(제120조). 즉, 임의대리인 을은 원칙적으로 복대리인을 선임할 수 없다.
㉢ (×) 매매위임장을 제시하고 매매계약서에 대리관계의 표시없이 그 자신의 이름을 기재하였더라도 특단의 사정이 없는 한 소유자를 대리하는 것으로 보아야 한다(대판 81다카1349). 따라서 甲에게 계약의 효력이 미친다.

37 대리에 관한 설명으로 틀린 것은? (다툼이 있으면 판례에 따름)

제28회

① 대리행위가 강행법규에 위반하여 무효가 된 경우에는 표현대리가 적용되지 아니한다.
② 본인의 허락이 없는 자기계약이라도 본인이 추인하면 유효한 대리행위로 될 수 있다.
③ 상대방 없는 단독행위의 무권대리는 본인이 추인 여부와 관계없이 확정적으로 유효하다.
④ 대리인이 자기의 이익을 위한 배임적 의사표시를 하였고 상대방도 이를 안 경우, 본인은 그 대리인의 행위에 대하여 책임이 없다.
⑤ 권한을 정하지 아니한 임의대리인은 본인의 미등기부동산에 관한 보존등기를 할 수 있다.

해설 ③ 무권대리인에 의한 상대방 없는 단독행위는 언제나 무효이며, 본인의 추인이 있더라도 아무런 효력이 생기지 않는다.

정답 36 ① 37 ③

38

甲은 자신의 X부동산의 매매계약체결에 관한 대리권을 乙에게 수여하였고, 乙은 甲을 대리하여 丙과 매매계약을 체결하였다. 이에 관한 설명으로 옳은 것은? (다툼이 있으면 판례에 따름)

제31회

① 계약이 불공정한 법률행위인지가 문제된 경우, 매도인의 경솔, 무경험 및 궁박 상태의 여부는 乙을 기준으로 판단한다.
② 乙은 甲의 승낙이나 부득이한 사유가 없더라도 복대리인을 선임할 수 있다.
③ 乙이 丙으로부터 대금 전부를 지급받고 아직 甲에게 전달하지 않았더라도 특별한 사정이 없는 한 丙의 대금지급의무는 변제로 소멸한다.
④ 乙의 대리권은 특별한 사정이 없는 한 丙과의 계약을 해제할 권한을 포함한다.
⑤ 乙이 미성년자인 경우, 甲은 乙이 제한능력자임을 이유로 계약을 취소할 수 있다.

해설 ③ 부동산의 소유자로부터 매매계약을 체결할 대리권을 수여받은 대리인은 특별한 사정이 없는 한 그 매매계약에서 약정한 바에 따라 중도금이나 잔금을 수령할 권한도 있다고 보아야 한다(대판 93다39379). 따라서 대리인 乙에게 대금을 지급하였다면 乙이 甲에게 그 대금을 전달했는지 여부와 상관없이 丙의 대금지급의무는 변제로 소멸하게 된다.
① 매도인의 대리인이 매매한 경우에 있어서 그 매매가 불공정한 법률행위인가를 판단함에는 매도인의 경솔, 무경험은 그 대리인(乙)을 기준으로 하여 판단하여야 하고 궁박상태에 있었는지의 여부는 매도인 본인(甲)의 입장에서 판단되어야 한다(대판 71다2255).
② 임의대리인은 본인의 승낙이 있거나 부득이한 사유가 있는 때가 아니면 복대리인을 선임하지 못한다(제120조 제1항).
④ 어떠한 계약의 체결에 관한 대리권을 수여받은 대리인이 수권된 법률행위를 하게 되면 그것으로 대리권의 원인된 법률관계는 원칙적으로 목적을 달성하여 종료하는 것이고, 법률행위에 의하여 수여된 대리권은 그 원인된 법률관계의 종료에 의하여 소멸하는 것이므로(「민법」제128조), 그 계약을 대리하여 체결하였던 대리인이 체결된 계약의 해제 등 일체의 처분권과 상대방의 의사를 수령할 권한까지 가지고 있다고 볼 수는 없다(대판 2008다11276).
⑤ 대리인은 행위능력자임을 요하지 않으므로(제117조) 제한능력자인 대리인이 상대방과 한 대리행위도 완전한 대리행위가 된다. 따라서 본인이나 대리인은 제한능력을 이유로 그 대리행위를 취소할 수 없다.

정답 38 ③

39

甲은 자신의 X토지를 매도하기 위해 乙에게 대리권을 수여하였고, 乙은 甲을 위한 것임을 표시하고 X토지에 대하여 丙과 매매계약을 체결하였다. 다음 설명 중 <u>틀린</u> 것은? (다툼이 있으면 판례에 따름)

제29회

① 乙은 특별한 사정이 없는 한 丙으로부터 매매계약에 따른 중도금이나 잔금을 수령할 수 있다.
② 丙이 매매계약을 적법하게 해제한 경우, 丙은 乙에게 손해배상을 청구할 수 있다.
③ 丙의 채무불이행이 있는 경우, 乙은 특별한 사정이 없는 한 계약을 해제할 수 없다.
④ 丙이 매매계약을 적법하게 해제한 경우, 그 해제로 인한 원상회복의무는 甲과 丙이 부담한다.
⑤ 만약 甲이 매매계약의 체결과 이행에 관하여 포괄적 대리권을 수여한 경우, 乙은 특별한 사정이 없는 한 약정된 매매대금 지급기일을 연기해 줄 권한도 가진다.

해설 ②④ 대리인이 그 권한에 기하여 계약상 급부를 수령한 경우에, 그 법률효과는 계약 자체에서와 마찬가지로 직접 본인에게 귀속되고 대리인에게 돌아가지 아니한다. 따라서 계약상 채무의 불이행을 이유로 계약이 상대방 당사자에 의하여 유효하게 해제되었다면, 해제로 인한 원상회복의무는 대리인이 아니라 계약의 당사자인 본인이 부담한다. 이는 본인이 대리인으로부터 그 수령한 급부를 현실적으로 인도받지 못하였다거나 해제의 원인이 된 계약상 채무의 불이행에 관하여 대리인에게 책임 있는 사유가 있다고 하여도 다른 특별한 사정이 없는 한 마찬가지라고 할 것이다(대판 2011다30871). 즉, 법률효과는 본인인 甲에게 귀속되므로 丙은 乙에게 원상회복이나 손해배상을 청구할 수 없다.

40

甲으로부터 甲 소유 X토지의 매도 대리권을 수여받은 乙은 甲을 대리하여 丙과 X토지에 대한 매매계약을 체결하였다. 다음 설명 중 <u>틀린</u> 것은? (다툼이 있으면 판례에 따름)

제34회

① 乙은 특별한 사정이 없는 한 매매잔금의 수령 권한을 가진다.
② 丙의 채무불이행이 있는 경우, 특별한 사정이 없는 한 乙은 매매계약을 해제할 수 없다.
③ 매매계약의 해제로 인한 원상회복의무는 甲과 丙이 부담한다.
④ 丙이 매매계약을 해제한 경우, 丙은 乙에게 채무불이행으로 인한 손해배상을 청구할 수 없다.
⑤ 乙이 자기의 이익을 위하여 배임적 대리행위를 하였고 丙도 이를 안 경우, 乙의 대리행위는 甲에게 효력을 미친다.

정답 39 ② 40 ⑤

해설 ⑤ 대리인이 자신이나 제3자를 위하여 배임적 대리행위를 하는 것(즉, 대리권의 남용)이라는 사실을 상대방이 알았거나 알 수 있었을 때는 「민법」 제107조 제1항 단서를 유추적용하여 본인에게 효력이 없게 된다(대판 86다카1004). 즉, 상대방 丙이 이를 알고 있었으므로 乙의 대리행위는 甲에게 효력이 미치지 않는다.

41

「민법」상 대리에 관한 설명으로 옳은 것은? (다툼이 있으면 판례에 따름)   제33회

① 임의대리인이 수인(數人)인 경우, 대리인은 원칙적으로 공동으로 대리해야 한다.
② 대리행위의 하자로 인한 취소권은 원칙적으로 대리인에게 귀속된다.
③ 대리인을 통한 부동산거래에서 상대방 앞으로 소유권이전등기가 마쳐진 경우, 대리권 유무에 대한 증명책임은 대리행위의 유효를 주장하는 상대방에게 있다.
④ 복대리인은 대리인이 자신의 이름으로 선임한 대리인의 대리인이다.
⑤ 법정대리인은 특별한 사정이 없는 한 그 책임으로 복대리인을 선임할 수 있다.

해설 ⑤ 법정대리인은 그 책임으로 복대리인을 선임할 수 있다(제122조 본문). 다만, 임의대리인은 본인의 승낙이나 부득이한 사유가 있는 경우에 한하여 복대리인을 선임할 수 있다.
① 대리인이 수인인 때에는 각자가 본인을 대리한다. 그러나 법률 또는 수권행위에 다른 정한 바가 있는 때에는 그러하지 아니하다(제119조). 즉, 각자대리를 원칙으로 한다.
② 대리행위로부터 발생하는 직접적인 효과는 물론이고 부수적인 효과도 모두 본인에게 귀속되는 것이 원칙이다. 따라서 취소권도 본인에게 귀속하게 된다.
③ 전등기명의인의 직접적인 처분행위에 의한 것이 아니라 제3자가 그 처분행위에 개입된 경우 현등기명의인이 그 제3자가 전등기명의인의 대리인이라고 주장하더라도 현 소유명의인의 등기가 적법히 이루어진 것으로 추정된다 할 것이므로 위 등기가 원인무효임을 이유로 그 말소를 청구하는 전 소유명의인으로서는 그 반대사실 즉, 그 제3자에게 전 소유명의인을 대리할 권한이 없었다든지, 또는 제3자가 전 소유명의인의 등기서류를 위조하였다는 등의 무효사실에 대한 입증책임을 진다(대판 91다26379). 즉, 등기에는 대리권이 존재한다는 사실까지 추정되므로 상대방이 행위자에게 대리권이 있었음을 입증하는 것이 아니라 등기의 말소를 청구하는 본인이 행위자에게 대리권이 없었음을 입증하여야 한다는 의미이다.
④ 복대리인이란 대리인이 자신의 이름과 책임으로 선임한 본인의 대리인을 말한다.

정답 41 ⑤

42 복대리에 관한 설명으로 틀린 것은? (다툼이 있으면 판례에 따름) 제30회

① 복대리인은 본인의 대리인이다.
② 임의대리인이 본인의 승낙을 얻어서 복대리인을 선임한 경우, 본인에 대하여 그 선임감독에 관한 책임이 없다.
③ 대리인이 복대리인을 선임한 후 사망한 경우, 특별한 사정이 없는 한 그 복대리권도 소멸한다.
④ 복대리인의 대리행위에 대하여도 표현대리에 관한 규정이 적용될 수 있다.
⑤ 법정대리인은 부득이한 사유가 없더라도 복대리인을 선임할 수 있다.

해설 ② 임의대리인은 본인의 승낙이 있거나 부득이한 사유가 있는 경우에 한하여 복대리인을 선임할 수 있으며, 선임한 경우에는 본인에 대하여 선임·감독상의 책임을 진다(제120조, 제121조).

43 복대리에 관한 설명으로 틀린 것은? (특별한 사정은 없으며, 다툼이 있으면 판례에 따름) 제34회

① 복대리인은 행위능력자임을 요하지 않는다.
② 복대리인은 본인에 대하여 대리인과 동일한 권리의무가 있다.
③ 법정대리인은 그 책임으로 복대리인을 선임할 수 있다.
④ 대리인의 능력에 따라 사업의 성공 여부가 결정되는 사무에 대해 대리권을 수여받은 자는 본인의 묵시적 승낙으로도 복대리인을 선임할 수 있다.
⑤ 대리인이 대리권 소멸 후 선임한 복대리인과 상대방 사이의 법률행위에도 「민법」 제129조의 표현대리가 성립할 수 있다.

해설 ④ 임의대리인은 본인의 승낙이 있거나 부득이한 사유가 있지 아니하면 복대리인을 선임할 수 없는 것인바, 아파트 분양업무는 그 성질상 분양 위임을 받은 수임인의 능력에 따라 그 분양사업의 성공 여부가 결정되는 사무로서, 본인의 명시적인 승낙 없이는 복대리인의 선임이 허용되지 아니하는 경우로 보아야 한다(대판 97다56099).

정답 42 ② 43 ④

44 甲은 자기 소유 X토지를 매도하기 위해 乙에게 대리권을 수여하였다. 이후 乙은 丙을 복대리인으로 선임하였고, 丙은 甲을 대리하여 X토지를 매도하였다. 이에 관한 설명으로 옳은 것은? (다툼이 있으면 판례에 따름)

제32회

① 丙은 甲의 대리인임과 동시에 乙의 대리인이다.
② X토지의 매매계약이 갖는 성질상 乙에 의한 처리가 필요하지 않다면, 특별한 사정이 없는 한 丙의 선임에 관하여 묵시적 승낙이 있는 것으로 보는 것이 타당하다.
③ 乙이 甲의 승낙을 얻어 丙을 선임한 경우 乙은 甲에 대하여 그 선임감독에 관한 책임이 없다.
④ 丙을 적법하게 선임한 후 X토지 매매계약 전에 甲이 사망한 경우, 특별한 사정이 없다면 丙의 대리권은 소멸하지 않는다.
⑤ 만일 대리권이 소멸된 乙이 丙을 선임하였다면, X토지 매매에 대하여 「민법」 제129조에 의한 표현대리의 법리가 적용될 여지가 없다.

해설 ② 대리의 목적인 법률행위의 성질상 대리인 자신에 의한 처리가 필요하지 아니한 경우에는 본인이 복대리 금지의 의사를 명시하지 아니하는 한 복대리인의 선임에 관하여 묵시적인 승낙이 있는 것으로 보는 것이 타당하다(대판 94다30690). 그러나 아파트나 오피스텔 분양업무는 수임인의 능력에 따라 분양사업의 성공 여부가 결정되므로 이러한 경우에는 명시적인 승낙을 받아야 한다.
① 복대리인은 본인의 대리인이지 대리인의 대리인이 아니다. 따라서 丙은 甲의 대리인이지 乙의 대리인이 아니다.
③ 임의대리인은 본인의 승낙이 있거나 부득이한 사유가 있는 경우에 한하여 선임할 수 있으며, 선임시에는 선임·감독상의 책임을 져야 한다(제121조 제1항).
④ 복대리인의 대리권은 대리인의 대리권의 존재에 의존한다. 따라서 본인 甲이 사망하여 乙의 대리권이 소멸하게 되면 당연히 복대리인 丙의 대리권도 소멸하게 된다.
⑤ 대리인이 대리권 소멸 후 직접 상대방과 사이에 대리행위를 하는 경우는 물론 대리인이 대리권 소멸 후 복대리인을 선임하여 복대리인으로 하여금 상대방과 사이에 대리행위를 하도록 한 경우에도, 상대방이 대리권 소멸 사실을 알지 못하여 복대리인에게 적법한 대리권이 있는 것으로 믿었고 그와 같이 믿은 데 과실이 없다면 「민법」 제129조에 의한 표현대리가 성립할 수 있다(대판 97다55317).

정답 44 ②

7 표현대리

45 표현대리에 관한 설명으로 옳은 것은? (다툼이 있으면 판례에 따름) 제32회

① 본인이 타인에게 대리권을 수여하지 않았지만 수여하였다고 상대방에게 통보한 경우, 그 타인이 통보받은 상대방 외의 자와 본인을 대리하여 행위를 한 때는「민법」제125조의 표현대리가 적용된다.
② 표현대리가 성립하는 경우, 과실상계의 법리를 유추적용하여 본인의 책임을 경감할 수 있다.
③ 「민법」제129조의 표현대리를 기본대리권으로 하는「민법」제126조의 표현대리는 성립될 수 없다.
④ 대리행위가 강행법규에 위반하여 무효인 경우에는 표현대리의 법리가 적용되지 않는다.
⑤ 유권대리의 주장 속에는 표현대리의 주장이 포함되어 있다.

해설 ④ 강행법규에 위반되어 무효인 행위에 대해서는 표현대리의 법리가 적용될 여지가 없다(대판 94다38199). 표현대리가 적용되면 본인이 이에 대한 이행책임을 져야 하는데 강행법규에 위반된 경우에는 이를 이행할 수 없기 때문이다.
① 표현대리는 대리행위의 직접 상대방에 한하여 적용되므로 대리권 수여표시를 받은 상대방에 대해서만 표현대리가 적용된다. 따라서 특정인에게 대리권 수여표시가 되었음을 우연히 알게 된 제3자에게는 표현대리가 적용되지 않는다. 다만, 광고와 같이 불특정 다수인에게 대리권수여 표시가 된 때에는 그 광고를 본 다수인도 표현대리의 적용을 받을 수 있다.
② 표현대리행위가 성립하는 경우에 그 본인은 표현대리행위에 의하여 전적인 책임을 져야 하고, 상대방에게 과실이 있다고 하더라도 과실상계의 법리를 유추적용하여 본인의 책임을 경감할 수 없다(대판 95다49554).
③ 제129조의 표현대리가 성립하는 범위를 넘는 경우에 제126조의 표현대리가 성립한다(대판 79다234). 즉, 표현대리도 권한을 넘은 표현대리(제126조)에서 기본대리권이 될 수 있다.
⑤ 표현대리는 무권대리이므로 유권대리의 주장 속에 표현대리의 주장이 포함되었다고 볼 수 없다. 따라서 유권대리에 관한 주장을 한 경우 법원은 따로 표현대리가 성립되는지 여부를 조사할 필요가 없다(대판 83다카1489).

정답 45 ④

46 甲은 乙에게 자신의 X토지에 대한 담보권설정의 대리권만을 수여하였으나, 乙은 X토지를 丙에게 매도하는 계약을 체결하였다. 다음 설명 중 옳은 것은? (다툼이 있으면 판례에 따름)

제29회

① 乙은 표현대리의 성립을 주장할 수 있다.
② 표현대리가 성립한 경우, 丙에게 과실이 있으면 과실상계하여 甲의 책임을 경감할 수 있다.
③ 丙은 계약체결 당시 乙에게 그 계약을 체결할 대리권이 없음을 알았더라도 계약을 철회할 수 있다.
④ X토지가 토지거래허가구역 내에 있는 경우, 토지거래허가를 받지 못해 계약이 확정적 무효가 되더라도 표현대리가 성립할 수 있다.
⑤ 乙이 X토지에 대한 매매계약을 甲 명의가 아니라 자신의 명의로 丙과 체결한 경우, 丙이 선의·무과실이더라도 표현대리가 성립할 여지가 없다.

해설 ⑤ 표현대리가 성립하기 위해서는 반드시 현명이 있어야 한다. 현명을 하지 않고 자신의 이름으로 법률행위를 한 경우에는 표현대리가 아니라 무권리자의 처분행위의 문제가 된다(대판 72다1530).
① 표현대리는 표현대리인과 거래한 직접 상대방만이 주장할 수 있으며 표현대리인, 전득자 등은 주장할 수 없다. 또한 권한을 넘은 표현대리가 성립하기 위해서는 상대방이 대리인에게 그 권한이 있다고 믿을 만한 정당한 이유가 있어야 한다.
② 표현대리행위가 성립하는 경우에 그 본인은 표현대리행위에 의하여 전적인 책임을 져야 하고, 상대방에게 과실이 있다고 하더라도 과실상계의 법리를 유추적용하여 본인의 책임을 경감할 수 없다(대판 95다49554).
③ 대리권 없는 자가 한 계약은 본인의 추인이 있을 때까지 상대방은 본인이나 그 대리인에 대하여 이를 철회할 수 있다. 그러나 계약 당시에 상대방이 대리권 없음을 안 때에는 그러하지 아니하다(제134조). 즉, 철회권은 선의인 경우에만 행사할 수 있다.
④ 표현대리가 성립하기 위해서는 법률행위가 반드시 유효하여야 하며, 강행법규에 위반하여 무효가 된 경우에는 표현대리가 적용될 여지가 없다(대판 94다38199).

47 권한을 넘은 표현대리에 관한 설명으로 옳은 것은? (다툼이 있으면 판례에 따름) 제33회

① 기본대리권이 처음부터 존재하지 않는 경우에도 표현대리는 성립할 수 있다.
② 복임권이 없는 대리인이 선임한 복대리인의 권한은 기본대리권이 될 수 없다.
③ 대리행위가 강행규정을 위반하여 무효인 경우에도 표현대리는 성립할 수 있다.
④ 법정대리권을 기본대리권으로 하는 표현대리는 성립할 수 없다.
⑤ 상대방이 대리인에게 대리권이 있다고 믿을 만한 정당한 이유가 있는지의 여부는 대리행위 당시를 기준으로 판정한다.

정답 46 ⑤　47 ⑤

해설 ⑤ 「민법」 제126조의 표현대리에 있어서 무권대리인에게 그 권한이 있다고 믿을 만한 정당한 이유가 있는가의 여부는 대리행위인 매매계약 당시를 기준으로 결정하여야 하고 매매계약 성립 이후의 사정은 고려할 것이 아니다(대판 2017다2472).
① 기본적인 어떠한 대리권도 없는 자에 대하여 권한을 넘는 표현대리는 성립할 여지가 없다(대판 84다카780).
② 복대리인 선임권이 없는 대리인에 의하여 선임된 복대리인의 권한도 기본대리권이 될 수 있으므로 「민법」 제126조를 적용함에 있어서 기본대리권의 흠결 문제는 생기지 않는다(대판 97다48982).
③ 강행법규에 위반되어 무효인 행위에 대해서는 표현대리의 법리가 적용될 여지가 없다(대판 94다38199).
④ 법정대리권을 기본대리권으로 하는 표현대리도 성립할 수 있다(대판 80다2077).

8 협의의 무권대리

48 계약의 무권대리에 관한 설명으로 옳은 것은? (다툼이 있으면 판례에 따름) 제35회

① 본인이 추인하면 특별한 사정이 없는 한 그때부터 계약의 효력이 생긴다.
② 본인의 추인의 의사표시는 무권대리행위로 인한 권리의 승계인에 대하여는 할 수 없다.
③ 계약 당시 무권대리행위임을 알았던 상대방은 본인의 추인이 있을 때까지 의사표시를 철회할 수 있다.
④ 무권대리의 상대방은 상당한 시간을 정하여 본인에게 추인 여부의 확답을 최고할 수 있고, 본인이 그 기간 내에 확답을 발하지 않으면 추인한 것으로 본다.
⑤ 본인이 무권대리행위를 안 후 그것이 자기에게 효력이 없다고 이의를 제기하지 않고 이를 장시간 방치한 사실만으로는 추인하였다고 볼 수 없다.

해설 ⑤ 무권대리행위에 대하여 본인이 그 직후에 그것이 자기에게 효력이 없다고 이의를 제기하지 아니하고 이를 장시간에 걸쳐 방치하였다고 하여 무권대리행위를 추인하였다고 볼 수 없다(대판 88다카181).
① 추인은 다른 의사표시가 없는 때에는 계약시에 소급하여 그 효력이 생긴다. 그러나 제3자의 권리를 해하지 못한다(제133조).
② 무권대리행위의 추인은 무권대리인, 무권대리행위의 직접의 상대방 및 그 무권대리행위로 인한 권리 또는 법률관계의 승계인에 대하여도 할 수 있다(대판 80다2314).
③ 최고는 상대방의 선의·악의를 묻지 않고 인정되지만 철회는 선의의 상대방에게만 인정된다(제134조).
④ 대리권 없는 자가 타인의 대리인으로 계약을 한 경우에 상대방은 상당한 기간을 정하여 본인에게 그 추인 여부의 확답을 최고할 수 있다. 본인이 그 기간 내에 확답을 발하지 아니한 때에는 추인을 거절한 것으로 본다(제131조).

정답 48 ⑤

49 대리권 없는 乙이 甲을 대리하여 甲의 토지에 대한 임대차계약을 丙과 체결하였다. 다음 설명 중 틀린 것은? (다툼이 있으면 판례에 따름) 제30회

① 위 임대차계약은 甲이 추인하지 아니하면, 특별한 사정이 없는 한 甲에 대하여 효력이 없다.
② 甲은 위 임대차계약을 묵시적으로 추인할 수 있다.
③ 丙이 계약 당시에 乙에게 대리권 없음을 알았던 경우에는 丙의 甲에 대한 최고권이 인정되지 않는다.
④ 甲이 임대기간을 단축하여 위 임대차계약을 추인한 경우, 丙의 동의가 없는 한 그 추인은 무효이다.
⑤ 甲이 추인하면, 특별한 사정이 없는 한 위 임대차계약은 계약시에 소급하여 효력이 생긴다.

> **해설** ③ 무권대리인의 상대방이 행사할 수 있는 최고권은 선의·악의를 불문하고 인정되며, 철회권이 선의의 상대방에게만 인정되는 것과 비교된다. 따라서 丙이 계약 당시에 乙에게 대리권 없음을 알았던 경우라도 丙의 甲에 대한 최고권이 인정된다.

50 대리권 없는 乙이 甲을 대리하여 丙에게 甲 소유의 토지를 매도하였다. 다음 설명 중 틀린 것은? (다툼이 있으면 판례에 따름) 제28회

① 乙이 甲을 단독상속한 경우, 乙은 본인의 지위에서 추인거절권을 행사할 수 없다.
② 乙과 계약을 체결한 丙은 甲의 추인의 상대방이 될 수 없다.
③ 甲의 추인은 그 무권대리행위가 있음을 알고 이를 추인하여야 그 행위의 효과가 甲에게 귀속된다.
④ 甲이 乙에게 추인한 경우에 丙이 추인이 있었던 사실을 알지 못한 때에는 甲은 丙에게 추인의 효과를 주장하지 못한다.
⑤ 만약 乙이 미성년자라면, 甲이 乙의 대리행위에 대해 추인을 거절하더라도 丙은 乙에 대해 계약의 이행이나 손해배상을 청구할 수 없다.

> **해설** ② 추인은 무권대리인, 무권대리행위의 직접의 상대방 및 그 무권대리행위로 인한 권리 또는 법률관계의 승계인에 대하여도 할 수 있다(대판 80다2314). 즉, 丙은 甲의 추인의 상대방이 될 수 있다.

정답 49 ③ 50 ②

51

무권대리인 乙이 甲을 대리하여 甲 소유의 X부동산을 丙에게 매도하는 계약을 체결하였다. 이에 관한 설명으로 옳은 것을 모두 고른 것은? (다툼이 있으면 판례에 따름) 제31회

> ㉠ 乙이 甲을 단독상속 한 경우, 본인 甲의 지위에서 추인을 거절하는 것은 신의성실의 원칙에 반한다.
> ㉡ 丙이 상당한 기간을 정하여 甲에게 추인 여부의 확답을 최고한 경우, 甲이 그 기간 내에 확답을 발하지 않은 때에는 추인을 거절한 것으로 본다.
> ㉢ 丙이 甲을 상대로 제기한 매매계약의 이행청구소송에서 丙이 乙의 유권대리를 주장한 경우, 그 주장 속에는 표현대리의 주장도 포함된다.
> ㉣ 매매계약을 원인으로 丙 명의로 소유권이전등기가 된 경우, 甲이 무권대리를 이유로 그 등기의 말소를 청구하는 때에는 丙은 乙의 대리권의 존재를 증명할 책임이 있다.

① ㉠, ㉡
② ㉠, ㉢
③ ㉢, ㉣
④ ㉠, ㉡, ㉣
⑤ ㉡, ㉢, ㉣

해설 ㉠ (○) 대리권한 없이 타인의 부동산을 매도한 자가 그 부동산을 상속한 후 소유자의 지위에서 자신의 대리행위가 무권대리로 무효임을 주장하여 등기의 말소를 청구하거나 부동산의 점유로 인한 부당이득금의 반환을 구하는 것은 금반언원칙이나 신의칙에 반하므로 허용될 수 없다(대판 94다20617).
㉡ (○) 대리권 없는 자가 타인의 대리인으로 계약을 한 경우에 상대방은 상당한 기간을 정하여 본인에게 그 추인 여부의 확답을 최고할 수 있다. 본인이 그 기간 내에 확답을 발하지 아니한 때에는 추인을 거절한 것으로 본다(제131조).
㉢ (×) 표현대리가 성립된다고 하여 무권대리의 성질이 유권대리로 전환되는 것은 아니므로 유권대리에 관한 주장 속에 무권대리에 속하는 표현대리의 주장이 포함되어 있다고 볼 수 없다(대판 전합 83다카1489).
㉣ (×) 전등기명의인의 직접적인 처분행위에 의한 것이 아니라 제3자가 그 처분행위에 개입된 경우 현 등기명의인이 그 제3자가 전등기명의인의 대리인이라고 주장하더라도 현 소유명의인의 등기가 적법히 이루어진 것으로 추정된다 할 것이므로 위 등기가 원인무효임을 이유로 그 말소를 청구하는 전 소유명의인으로서는 그 반대사실 즉, 그 제3자에게 전 소유명의인을 대리할 권한이 없었다든지, 또는 제3자가 전 소유명의인의 등기서류를 위조하였다는 등의 무효사실에 대한 입증책임을 진다(대판 91다26379). 즉, 등기에는 내리권이 존재한다는 사실까지 추정되므로 등기의 말소를 청구하는 甲이 乙에게 대리권이 없음을 입증하여야 한다는 의미이다.

정답 51 ①

52 대리권 없는 甲은 乙 소유의 X부동산에 관하여 乙을 대리하여 丙과 매매계약을 체결하였고, 丙은 甲이 무권대리인이라는 사실에 대하여 선의·무과실이었다. 이에 관한 설명으로 틀린 것은? (다툼이 있으면 판례에 따름) 제33회

① 丙이 乙에 대하여 상당한 기간을 정하여 추인 여부를 최고하였으나 그 기간 내에 乙이 확답을 발하지 않은 때에는 乙이 추인한 것으로 본다.
② 乙이 甲에 대해서만 추인의 의사표시를 하였더라도 丙은 乙의 甲에 대한 추인이 있었음을 주장할 수 있다.
③ 乙이 甲에게 매매계약을 추인하더라도 그 사실을 알지 못하고 있는 丙은 매매계약을 철회할 수 있다.
④ 乙이 丙에 대하여 추인하면 특별한 사정이 없는 한, 추인은 매매계약체결시에 소급하여 그 효력이 생긴다.
⑤ 乙이 丙에게 추인을 거절한 경우, 甲이 제한능력자가 아니라면 甲은 丙의 선택에 따라 계약을 이행할 책임 또는 손해를 배상할 책임이 있다.

해설 ① 대리권 없는 자가 타인의 대리인으로 계약을 한 경우에 상대방은 상당한 기간을 정하여 본인에게 그 추인 여부의 확답을 최고할 수 있다. 본인이 그 기간 내에 확답을 발하지 아니한 때에는 추인을 거절한 것으로 본다(제131조).

9 법률행위의 무효와 취소

53 토지거래허가구역 내의 토지에 대한 매매계약이 체결된 경우(유동적 무효)에 관한 설명으로 옳은 것을 모두 고른 것은? (다툼이 있으면 판례에 따름) 제33회

㉠ 해약금으로서 계약금만 지급된 상태에서 당사자가 관할관청에 허가를 신청하였다면 이는 이행의 착수이므로 더 이상 계약금에 기한 해제는 허용되지 않는다.
㉡ 당사자 일방이 토지거래허가 신청절차에 협력할 의무를 이행하지 않는다면 다른 일방은 그 이행을 소구할 수 있다.
㉢ 매도인의 채무가 이행불능임이 명백하고 매수인도 거래의 존속을 바라지 않는 경우, 위 매매계약은 확정적 무효로 된다.
㉣ 위 매매계약 후 토지거래허가구역 지정이 해제되었다고 해도 그 계약은 여전히 유동적 무효이다.

① ㉠, ㉡ ② ㉠, ㉣ ③ ㉡, ㉢
④ ㉢, ㉣ ⑤ ㉠, ㉡, ㉢

정답 52 ① 53 ③

해설 ⓒ (O) 유동적 무효상태에 있어 계약을 체결한 당사자 쌍방은 그 계약이 효력 있는 것으로 완성될 수 있도록 서로 협력할 의무가 있으므로, 어느 일방이 허가신청 협력의무의 이행거절 의사를 분명히 하였다 하더라도 그 상대방은 소로써 허가신청절차에 협력해 줄 것을 청구할 수 있음은 당연하다(대판 95다28236).

ⓒ (O) 유동적 무효상태의 계약은 관할 관청의 불허가처분이 있을 때뿐만 아니라 당사자 쌍방이 허가신청협력의무의 이행거절 의사를 명백히 표시한 경우에는 허가 전 거래계약관계, 즉 계약의 유동적 무효상태가 더 이상 지속된다고 볼 수 없으므로, 계약관계는 확정적으로 무효가 된다고 할 것이고, 그와 같은 법리는 거래계약상 일방의 채무가 이행불능임이 명백하고 나아가 상대방이 거래계약의 존속을 더 이상 바라지 않고 있는 경우에도 마찬가지라고 보아야 하며, 거래계약이 확정적으로 무효가 된 경우에는 거래계약이 확정적으로 무효로 됨에 있어서 귀책사유가 있는 자라고 하더라도 그 계약의 무효를 주장할 수 있다(대판 97다4357, 4364).

㉠ (×) 토지거래계약에 관한 허가구역에서 당사자가 토지거래허가신청을 하고 이에 따라 관할 관청으로부터 그 허가를 받았다 하더라도, 그러한 사정만으로는 아직 이행의 착수가 있다고 볼 수 없어 매도인으로서는 「민법」 제565조에 의하여 계약금의 배액을 상환하여 매매계약을 해제할 수 있다(대판 2008다62427). 따라서 허가신청을 한 것만으로는 이행의 착수라고 볼 수 없다.

㉣ (×) 허가구역 지정기간 중에 허가구역 안의 토지에 대하여 토지거래허가를 받지 아니하고 토지거래계약을 체결한 후 허가구역 지정해제 등이 된 때에는 더 이상 관할 행정청으로부터 토지거래허가를 받을 필요가 없이 확정적으로 유효가 된다(대판 98다40459).

54

甲은 토지거래허가구역 내에 있는 그 소유 X토지에 관하여 乙과 매매계약을 체결하였다. 비록 이 계약이 토지거래허가를 받지는 않았으나 확정적으로 무효가 아닌 경우, 다음 설명 중 **틀린** 것은? (다툼이 있으면 판례에 따름) 제30회

① 위 계약은 유동적 무효의 상태이다.
② 乙이 계약내용에 따른 채무를 이행하지 않더라도 甲은 이를 이유로 위 계약을 해제할 수 없다.
③ 甲은 乙의 매매대금 이행제공이 없음을 이유로 토지거래허가신청에 대한 협력의무의 이행을 거절할 수 없다.
④ 토지거래허가구역 지정기간이 만료되었으니 재지정이 없는 경우, 위 계약은 확정적으로 유효로 된다.
⑤ 乙이 丙에게 X토지를 전매하고 丙이 자신과 甲을 매매당사자로 하는 허가를 받아 甲으로부터 곧바로 등기를 이전받았다면 그 등기는 유효하다.

해설 ⑤ 토지거래허가구역 내의 토지를 토지거래허가 없이 순차로 매매한 후, 최종 매수인이 중간생략등기의 합의하에 자신과 최초 매도인을 매매 당사자로 하는 토지거래허가를 받아 경료한 소유권이전등기의 효력은 무효이다(대판 97다33218).

정답 54 ⑤

55 甲은 허가받을 것을 전제로 토지거래허가구역 내 자신의 토지에 대해 乙과 매매계약을 체결하였다. 다음 설명 중 옳은 것을 모두 고른 것은? (다툼이 있으면 판례에 따름) 제34회

> ㉠ 甲은 특별한 사정이 없는 한 乙의 매매대금 이행제공이 있을 때까지 허가신청절차 협력의무의 이행을 거절할 수 있다.
> ㉡ 乙이 계약금 전액을 지급한 후, 당사자의 일방이 이행에 착수하기 전이라면 특별한 사정이 없는 한 甲은 계약금의 배액을 상환하고 계약을 해제할 수 있다.
> ㉢ 일정기간 내 허가를 받기로 약정한 경우, 특별한 사정이 없는 한 그 허가를 받지 못하고 약정기간이 경과하였다는 사정만으로도 매매계약은 확정적 무효가 된다.

① ㉠
② ㉡
③ ㉠, ㉢
④ ㉡, ㉢
⑤ ㉠, ㉡, ㉢

해설 ㉡ (○) 특별한 사정이 없는 한 토지거래허가를 받지 않아 유동적 무효상태인 매매계약에 있어서도 당사자 사이의 매매계약은 매도인이 계약금의 배액을 상환하고 계약을 해제함으로써 적법하게 해제된다(대판 97다9369).
㉠ (×) 협력의무의 이행과 대금의 지급은 동시이행관계가 아니며 협력의무의 이행이 선이행의무이다(대판 96다23825). 따라서 대금의 미지급을 이유로 협력의무의 이행을 거절할 수 없다.
㉢ (×) 매매계약체결 당시 일정한 기간 안에 토지거래허가를 받기로 약정하였다고 하더라도, 그 약정된 기간 내에 토지거래허가를 받지 못할 경우 계약해제 등의 절차 없이 곧바로 매매계약을 무효로 하기로 약정한 취지라는 등의 특별한 사정이 없는 한, 이를 쌍무계약에서 이행기를 정한 것과 달리 볼 것이 아니므로 위 약정기간이 경과하였다는 사정만으로 곧바로 매매계약이 확정적으로 무효가 된다고 할 수 없다(대판 2008다50615).

56 법률행위의 무효에 관한 설명으로 틀린 것은? (다툼이 있으면 판례에 따름) 제29회

① 불공정한 법률행위로서 무효인 경우, 무효행위 전환의 법리가 적용될 수 있다.
② 토지거래허가구역 내의 토지매매계약은 관할관청의 불허가처분이 있으면 확정적 무효이다.
③ 매도인이 통정한 허위의 매매를 추인한 경우, 다른 약정이 없으면 계약을 체결한 때로부터 유효로 된다.
④ 이미 매도된 부동산에 관하여, 매도인의 채권자가 매도인의 배임행위에 적극 가담하여 설정된 저당권은 무효이다.
⑤ 토지거래허가구역 내의 토지거래계약이 확정적으로 무효가 된 경우, 그 계약이 무효로 되는데 책임 있는 사유가 있는 자도 무효를 주장할 수 있다.

정답 55 ② 56 ③

해설 ③ 무효인 법률행위는 추인하여도 그 효력이 생기지 아니한다. 그러나 당사자가 그 무효임을 알고 추인한 때에는 새로운 법률행위로 본다(제139조). 즉, 무효행위의 추인은 소급효가 없으므로 통정한 허위의 매매를 추인한 경우에 계약체결시가 아니라 추인시부터 새로운 행위로 인정된다.

57 법률행위의 무효에 관한 설명으로 옳은 것은? (다툼이 있으면 판례에 따름) 제32회

① 무효인 법률행위의 추인은 그 무효의 원인이 소멸한 후에 하여야 그 효력이 인정된다.
② 무효인 법률행위는 무효임을 안 날로부터 3년이 지나면 추인할 수 없다.
③ 법률행위의 일부분이 무효일 때, 그 나머지 부분의 유효성을 판단함에 있어 나머지 부분을 유효로 하려는 당사자의 가정적 의사는 고려되지 않는다.
④ 무효인 법률행위의 추인은 묵시적인 방법으로 할 수는 없다.
⑤ 강행법규 위반으로 무효인 법률행위를 추인한 때에는 다른 정함이 없으면 그 법률행위는 처음부터 유효한 법률행위가 된다.

해설 ① 추인의 대상이 되기 위해서는 종전의 무효사유가 제거되었어야 하며, 여전히 무효사유가 남아 있다면 추인으로써 효력이 인정될 수 없다.
② 취소권은 추인할 수 있는 날로부터 3년 내에 법률행위를 한 날로부터 10년 내에 행사해야 한다고 규정하고 있지만 무효행위의 추인에 대해서는 별도의 제척기간이 없다.
③ 법률행위의 일부분이 유효가 되기 위해서는 그 일부가 무효임을 알았더라면 당사자가 나머지 부분만이라도 법률행위를 하였을 것이라는 가상적(가정적) 의사가 있어야 한다.
④ 추인은 명시적이든 묵시적이든 상관없다(대판 2010다83199, 83205).
⑤ 강행법규 위반의 행위나 반사회질서의 행위 또는 불공정한 행위로서 무효인 경우에는 특별한 사정이 없는 한 추인에 의하여 유효가 될 수 없다. 또한 무효행위의 추인은 새로운 법률행위로 인정되는 것이며 소급효가 없는 것을 원칙으로 한다.

58 추인할 수 있는 법률행위가 아닌 것은? (다툼이 있으면 판례에 따름) 제31회

① 통정허위표시에 의한 부동산매매계약
② 상대방의 강박으로 체결한 교환계약
③ 무권대리인이 본인을 대리하여 상대방과 체결한 임대차계약
④ 미성년자가 법정대리인의 동의나 허락 없이 자신의 부동산을 매도하는 계약
⑤ 처음부터 허가를 잠탈할 목적으로 체결된 토지거래허가구역 내의 토지거래계약

정답 57 ① 58 ⑤

해설 ⑤ 강행법규 위반의 행위나 반사회질서의 행위 또는 불공정한 행위로서 무효인 경우에는 추인에 의하여 유효가 될 수 없다.
① 무효행위의 추인이 가능하다. 이 경우 새로운 매매계약을 체결한 것으로 본다.
②④ 취소할 수 있는 행위의 추인이 가능하다.
③ 무권대리인의 법률행위로서 본인의 추인이 가능하다.

59 법률행위의 무효와 추인에 관한 설명으로 옳은 것을 모두 고른 것은? (다툼이 있으면 판례에 따름)

㉠ 무효인 법률행위의 추인은 무효원인이 소멸된 후 본인이 무효임을 알고 추인해야 그 효력이 인정된다.
㉡ 무권리자의 처분이 계약으로 이루어진 경우, 권리자가 추인하면 원칙적으로 계약의 효과는 계약체결시에 소급하여 권리자에게 귀속된다.
㉢ 양도금지특약에 위반하여 무효인 채권양도에 대해 양도대상이 된 채권의 채무자가 승낙하면 다른 약정이 없는 한 양도의 효과는 승낙시부터 발생한다.

① ㉠   ② ㉡   ③ ㉠, ㉢
④ ㉡, ㉢   ⑤ ㉠, ㉡, ㉢

해설 ㉠ (○) 추인의 대상이 되기 위해서는 종전의 무효사유가 제거되었어야 하며, 여전히 무효사유가 남아있다면 추인으로써 효력이 인정될 수 없다 또한 무효임을 알고 추인하여야 한다.
㉡ (○) 권리자가 무권리자의 처분을 추인하면 무권대리에 대해 본인이 추인을 한 경우와 당사자들 사이의 이익상황이 유사하므로, 무권대리의 추인에 관한 「민법」 제130조, 제133조 등을 무권리자의 추인에 유추 적용할 수 있다. 따라서 무권리자의 처분이 계약으로 이루어진 경우에 권리자가 이를 추인하면 원칙적으로 계약의 효과가 계약을 체결했을 때에 소급하여 권리자에게 귀속된다고 보아야 한다(대판 2017다3499).
㉢ (○) 당사자의 양도금지의 의사표시로써 채권은 양도성을 상실하며 양도금지의 특약에 위반해서 채권을 제3자에게 양도한 경우에 악의 또는 중과실의 채권양수인에 대하여는 채권 이전의 효과가 생기지 아니하나, 악의 또는 중과실로 채권양수를 받은 후 채무자가 그 양도에 대하여 승낙을 한 때에는 채무자의 사후승낙에 의하여 무효인 채권양도행위가 추인되어 유효하게 되며 이 경우 다른 약정이 없는 한 소급효가 인정되지 않고 양도의 효과는 승낙시부터 발생한다(대판 2009다47685).

정답 59 ⑤

60 甲은 乙의 모친으로서 X토지의 소유자이다. 권한 없는 乙이 丙은행과 공모하여 대출계약서, X토지에 대한 근저당권설정계약서를 甲 명의로 위조한 다음, X토지에 丙 앞으로 근저당권설정등기를 하고 1억원을 대출받았다. 이에 관한 설명으로 틀린 것은? (다툼이 있으면 판례에 따름)   제31회

① 甲과 丙 사이의 대출계약은 무효이다.
② 丙명의의 근저당권설정등기는 무효이다.
③ 甲은 丙에게 소유권에 기한 방해배제를 청구할 수 있다.
④ 甲이 乙의 처분행위를 추인하면, 원칙적으로 그때부터 새로운 법률행위를 한 것으로 본다.
⑤ 甲이 자신의 피담보채무를 인정하고 변제한 경우, 甲은 乙에게 부당이득반환을 청구할 수 있다.

해설 ④ 권리자가 무권리자의 처분을 추인하면 무권대리에 대해 본인이 추인을 한 경우와 당사자들 사이의 이익상황이 유사하므로, 무권대리의 추인에 관한 「민법」 제130조, 제133조 등을 무권리자의 추인에 유추적용할 수 있다. 따라서 무권리자의 처분이 계약으로 이루어진 경우에 권리자가 이를 추인하면 원칙적으로 계약의 효과가 계약을 체결했을 때에 소급하여 권리자에게 귀속된다고 보아야 한다(대판 2017다3499).

61 무효와 취소에 관한 설명으로 틀린 것은? (다툼이 있으면 판례에 따름)   제28회

① 무효인 가등기를 유효한 등기로 전용하기로 약정하면 그 가등기는 소급하여 유효한 등기가 된다.
② 취소권은 추인할 수 있는 날로부터 3년 내에, 법률행위를 한 날로부터 10년 내에 행사하여야 한다.
③ 무효인 법률행위를 사후에 적법하게 추인한 때에는 다른 정함이 없으면 새로운 법률행위를 한 것으로 보아야 한다.
④ 무권리자가 甲의 권리를 자기의 이름으로 처분한 경우, 甲이 그 처분을 추인하면 처분행위의 효력이 甲에게 미친다.
⑤ 무효행위의 추인은 그 무효원인이 소멸한 후에 하여야 그 효력이 있다.

해설 ① 무효인 법률행위는 당사자가 무효임을 알고 추인할 경우 새로운 법률행위를 한 것으로 간주할 뿐이고 소급효가 없는 것이므로 무효인 가등기를 유효한 등기로 전용키로 한 약정은 그때부터 유효하고 이로써 위 가등기가 소급하여 유효한 등기로 전환될 수 없다(대판 91다26546).

정답 60 ④   61 ①

62 취소원인이 있는 법률행위는? 제31회

① 불공정한 법률행위
② 불법조건이 붙는 증여계약
③ 강행법규에 위반한 매매계약
④ 상대방의 사기로 체결한 교환계약
⑤ 원시적·객관적 전부불능인 임대차계약

해설 ④ 제한능력자의 법률행위, 착오로 인한 법률행위, 사기나 강박으로 인한 법률행위는 취소할 수 있다.
①②③⑤ 취소원인이 아닌 무효사유에 해당한다.

63 법률행위의 취소에 관한 설명으로 **틀린** 것은? (다툼이 있으면 판례에 따름) 제33회

① 제한능력자가 제한능력을 이유로 자신의 법률행위를 취소하기 위해서는 법정대리인의 동의를 받아야 한다.
② 취소권은 추인할 수 있는 날로부터 3년 내에, 법률행위를 한 날로부터 10년 내에 행사하여야 한다.
③ 취소된 법률행위는 특별한 사정이 없는 한 처음부터 무효인 것으로 본다.
④ 제한능력을 이유로 법률행위가 취소된 경우, 제한능력자는 그 법률행위에 의해 받은 급부를 이익이 현존하는 한도에서 상환할 책임이 있다.
⑤ 취소할 수 있는 법률행위에 대해 취소권자가 적법하게 추인하면 그의 취소권은 소멸한다.

해설 ① 미성년자·피한정후견인·피성년후견인 등 제한능력자는 그가 한 법률행위를 법정대리인의 동의 없이 단독으로 취소할 수 있다(제140조).

정답 62 ④ 63 ①

64. 의사표시의 취소에 관한 설명으로 옳은 것을 모두 고른 것은?

제35회

> ㉠ 취소권은 추인할 수 있는 날로부터 10년이 경과하더라도 행사할 수 있다.
> ㉡ 강박에 의한 의사표시를 한 자는 강박상태를 벗어나기 전에도 이를 취소할 수 있다.
> ㉢ 취소할 수 있는 법률행위의 상대방이 확정되었더라도 상대방이 그 법률행위로부터 취득한 권리를 제3자에게 양도하였다면 취소의 의사표시는 그 제3자에게 해야 한다.

① ㉠
② ㉡
③ ㉢
④ ㉠, ㉡
⑤ ㉡, ㉢

해설 ㉡ (○) 취소의 원인이 소멸한 후에 하여야 하는 것은 취소할 수 있는 행위의 추인이며 취소는 그 원인이 소멸하기 전에도 할 수 있다. 따라서 제한능력자도 제한능력상태에서 단독으로 법률행위를 취소할 수 있으며 강박을 당한 자는 강박상태를 벗어나기 전에도 취소할 수 있다.
㉠ (×) 취소권은 추인할 수 있는 날로부터 3년 내에 법률행위를 한 날로부터 10년 내에 행사하여야 한다(제146조).
㉢ (×) 취소할 수 있는 법률행위의 상대방이 확정된 경우에는 그 취소는 그 상대방에 대한 의사표시로 하여야 한다(제142조). 이때 취소의 상대방은 법률행위의 직접 상대방을 말하는 것이고, 전득자와 같은 현재 권리자를 의미하는 것이 아니다. 예를 들어 미성년자 甲이 乙에게 부동산을 매도하였고, 후에 乙은 이를 다시 丙에게 전매한 경우에 취소권의 행사는 丙이 아니라 상대방인 乙에게 하여야 한다.

65. 취소할 수 있는 법률행위에 관한 설명으로 틀린 것은?

제29회

① 취소된 법률행위는 처음부터 무효인 것으로 본다.
② 제한능력자는 취소할 수 있는 법률행위를 단독으로 취소할 수 있다.
③ 제한능력자의 법률행위에 대한 법정대리인의 추인은 취소의 원인이 소멸된 후에 하여야 그 효력이 있다.
④ 제한능력자가 취소의 원인이 소멸된 후에 이의를 보류하지 않고 채무 일부를 이행하면 추인한 것으로 본다.
⑤ 취소할 수 있는 법률행위의 상대방이 확정된 경우에는 그 취소는 그 상대방에 대한 의사표시로 하여야 한다.

해설 ③ 취소할 수 있는 법률행위의 추인은 취소의 원인이 소멸한 후에 하여야 한다. 그러나 법정대리인 또는 후견인은 언제든지 할 수 있다(제144조 제1항·제2항).

정답 64 ② 65 ③

66 법률행위의 취소에 관한 설명으로 틀린 것은? 제32회

① 취소권은 추인할 수 있는 날로부터 3년 내에, 법률행위를 한 날로부터 10년 내에 행사해야 한다.
② 취소할 수 있는 법률행위에 관하여 법정추인이 되려면 취소권자가 취소권의 존재를 인식해야 한다.
③ 취소된 법률행위는 처음부터 무효인 것으로 본다.
④ 취소권의 법적성질은 형성권이다.
⑤ 취소할 수 있는 법률행위의 상대방이 확정된 경우, 그 취소는 그 상대방에 대한 의사표시로 하여야 한다.

해설 ② 법정추인이란 취소할 수 있는 법률행위에 관하여 일정한 사유가 있는 때에는 취소권자의 의사를 불문하고 법률상 당연히 추인한 것으로 보는 것을 말한다. 따라서 법정추인은 임의추인과 달리 취소권에 관한 인식을 필요로 하지 않는다.

67 취소할 수 있는 법률행위의 법정추인사유가 아닌 것은? 제35회

① 혼동
② 경개
③ 취소권자의 이행청구
④ 취소권자의 강제집행
⑤ 취소권자인 채무자의 담보제공

해설 ① 혼동은 권리의 소멸사유이지 법정추인사유가 아니다.
②③④⑤ 제145조

> 제145조 【법정추인】 취소할 수 있는 법률행위에 관하여 전조의 규정에 의하여 추인할 수 있는 후에 다음 각 호의 사유가 있으면 추인한 것으로 본다. 그러나 이의를 보류한 때에는 그러하지 아니하다.
> 1. 전부나 일부의 이행
> 2. 이행의 청구
> 3. 경개
> 4. 담보의 제공
> 5. 취소할 수 있는 행위로 취득한 권리의 전부나 일부의 양도
> 6. 강제집행

정답 66 ② 67 ①

68 법정추인이 인정되는 경우가 아닌 것은? (단, 취소권자는 추인할 수 있는 상태이며, 행위자가 취소할 수 있는 법률행위에 관하여 이의보류 없이 한 행위임을 전제함) 제30회

① 취소권자가 상대방에게 채무를 이행한 경우
② 취소권자가 상대방에게 담보를 제공한 경우
③ 상대방이 취소권자에게 이행을 청구한 경우
④ 취소할 수 있는 행위로 취득한 권리를 취소권자가 타인에게 양도한 경우
⑤ 취소권자가 상대방과 경개계약을 체결한 경우

해설 ③ 법정추인사유는 전부나 일부의 이행, 이행의 청구, 경개, 담보의 제공, 취소할 수 있는 행위로 취득한 권리의 전부나 일부의 양도, 강제집행이 있다(제145조). 그러나 주의할 점은 이 중에서 이행의 청구와 권리의 양도는 취소권자가 한 경우에 한하여 법정추인이 되고 상대방이 한 때에는 법정추인이 되지 않는다. 즉, 취소권자가 상대방에게 이행을 청구한 경우에는 법정추인이 되지만 ③과 같이 상대방이 취소권자에게 이행을 청구한 경우에는 법정추인이 되지 않는다.

69 취소권은 법률행위를 한 날부터 (㉠) 내에, 추인할 수 있는 날부터 (㉡) 내에 행사하여야 한다. ( )에 들어갈 것은? 제29회

① ㉠ 1년, ㉡ 5년
② ㉠ 3년, ㉡ 5년
③ ㉠ 3년, ㉡ 10년
④ ㉠ 5년, ㉡ 1년
⑤ ㉠ 10년, ㉡ 3년

해설 ⑤ 취소권은 추인할 수 있는 날로부터 3년 내에, 법률행위를 한 날로부터 10년 내에 행사하여야 한다(제146조).

> 「민법」 제146조는 취소권은 추인할 수 있는 날로부터 3년 내에 행사하여야 한다고 규정하고 있는바, 이때의 3년이라는 기간은 일반 소멸시효기간이 아니라 제척기간으로서, 제척기간이 도과하였는지 여부는 당사자의 주장에 관계없이 법원이 당연히 조사하여 고려하여야 할 사항이다(대판 96다25371).

정답 68 ③ 69 ⑤

10 조건과 기한

70 법률행위의 조건과 기한에 관한 설명으로 <u>틀린</u> 것은? 제32회

① 법정조건은 법률행위의 부관으로서의 조건이 아니다.
② 조건이 선량한 풍속 기타 사회질서에 위반한 것이면 그 법률행위는 무효이다.
③ 조건부 법률행위는 조건이 성취되었을 때에 비로소 그 법률행위가 성립한다.
④ 조건부 법률행위에서 불능조건이 정지조건이면 그 법률행위는 무효이다.
⑤ 과거의 사실은 법률행위의 부관으로서의 조건으로 되지 못한다.

해설 ③ 조건은 법률행위의 효력의 발생 또는 소멸에 관한 것이며, 법률행위의 성립에 관한 것이 아니다.
① 조건은 법률행위의 효력의 발생 또는 소멸을 장래의 불확실한 사실의 성부에 의존케 하는 법률행위의 부관으로서 당해 법률행위를 구성하는 의사표시의 일체적인 내용을 이루는 것이므로, 의사표시의 일반원칙에 따라 조건을 붙이고자 하는 의사, 즉 조건의사와 그 표시가 필요하며, 조건의사가 있더라도 그것이 외부에 표시되지 않으면 법률행위의 동기에 불과할 뿐이고 그것만으로는 법률행위의 부관으로서의 조건이 되는 것은 아니다(대판 2003다10797). 따라서 법률로써 정하는 '법정조건(法定條件)'은 법률행위 부관으로서의 조건이 아니다.

71 조건부 법률행위에 관한 설명으로 <u>틀린</u> 것은? (다툼이 있으면 판례에 따름) 제28회

① 상대방이 동의하면 채무면제에 조건을 붙일 수 있다.
② 정지조건부 법률행위는 조건이 불성취로 확정되면 무효로 된다.
③ 조건을 붙이는 것이 허용되지 않는 법률행위에 조건을 붙인 경우, 다른 정함이 없으면 그 조건만 분리하여 무효로 할 수 있다.
④ 당사자가 조건성취의 효력을 그 성취 전에 소급하게 할 의사를 표시한 때에는 그 의사에 의한다.
⑤ 정지조건의 경우에는 권리를 취득한 자가 조건성취에 대한 증명책임을 부담한다.

해설 ③ 조건부 법률행위에 있어 조건의 내용 자체가 불법적인 것이어서 무효일 경우 또는 조건을 붙이는 것이 허용되지 아니하는 법률행위에 조건을 붙인 경우 그 조건만 분리하여 무효로 할 수는 없고 그 법률행위 전부가 무효로 된다(대결 자 2005마541).

정답 70 ③ 71 ③

72 법률행위의 조건과 기한에 관한 설명으로 옳은 것은? 제29회

① 정지조건 있는 법률행위는 조건이 성취한 때로부터 그 효력을 잃는다.
② 기한은 채권자의 이익을 위한 것으로 추정하며, 기한의 이익은 포기할 수 있다.
③ 기한의 도래가 미정한 권리의무는 일반규정에 의하여 처분하거나 담보로 할 수 없다.
④ 조건이 법률행위 당시 이미 성취한 것인 경우, 그 조건이 해제조건이면 그 법률행위는 무효로 한다.
⑤ 당사자가 조건성취의 효력을 그 성취 전에 소급하게 할 의사를 표시한 경우에도 그 효력은 조건이 성취된 때부터 발생한다.

해설 ④ 조건이 법률행위의 당시 이미 성취한 것인 경우에는 그 조건이 정지조건이면 조건 없는 법률행위로 하고 해제조건이면 그 법률행위는 무효로 한다(제151조 제2항).
① 정지조건 있는 법률행위는 조건이 성취한 때로부터 그 효력이 생긴다(제147조 제1항).
② 기한은 채무자의 이익을 위한 것으로 추정한다(제153조 제1항).
③ 기한의 도래가 미정한 권리의무는 일반규정에 의하여 처분, 상속, 보존 또는 담보로 할 수 있다(제149조, 제154조).
⑤ 당사자가 조건성취의 효력을 그 성취 전에 소급하게 할 의사를 표시한 때에는 그 의사에 의한다(제147조 제3항).

73 법률행위의 부관에 관한 설명으로 틀린 것은? (다툼이 있으면 판례에 따름) 제34회

① 조건이 선량한 풍속 기타 사회질서에 위반한 경우, 그 조건만 무효이고 법률행위는 유효하다.
② 법률행위에 조건이 붙어 있는지 여부는 조건의 존재를 주장하는 자에게 증명책임이 있다.
③ 기한은 특별한 사정이 없는 한 채무자의 이익을 위한 것으로 추정한다.
④ 조건부 법률행위에서 기성조건이 해제조건이면 그 법률행위는 무효이다.
⑤ 종기(終期) 있는 법률행위는 기한이 도래한 때로부터 그 효력을 잃는다.

해설 ① 조건이 선량한 풍속 기타 사회질서에 위반한 것인 때에는 그 법률행위는 무효로 한다(제151조 제1항). 즉, 불법조건이 부착된 법률행위는 조건뿐 아니라 법률행위도 무효가 된다.

정답 72 ④   73 ①

74 조건에 관한 설명으로 틀린 것은? (다툼이 있으면 판례에 따름) 제33회

① 조건성취의 효력은 특별한 사정이 없는 한 소급하지 않는다.
② 해제조건이 선량한 풍속 기타 사회질서에 위반한 것인 때에는 특별한 사정이 없는 한 조건 없는 법률행위로 된다.
③ 정지조건과 이행기로서의 불확정기한은 표시된 사실이 발생하지 않는 것으로 확정된 때에 채무를 이행하여야 하는지 여부로 구별될 수 있다.
④ 이행지체의 경우 채권자는 상당한 기간을 정한 최고와 함께 그 기간 내에 이행이 없을 것을 정지조건으로 하여 계약을 해제할 수 있다.
⑤ 신의성실에 반하는 방해로 말미암아 조건이 성취된 것으로 의제되는 경우, 성취의 의제시점은 그 방해가 없었더라면 조건이 성취되었으리라고 추산되는 시점이다.

해설 ② 부첩관계의 종료를 해제조건으로 하는 증여계약은 그 조건만이 무효가 아니라 증여계약 자체가 무효이다(대판 66다530). 즉, 불법조건이 부착된 법률행위는 조건뿐 아니라 법률행위도 무효가 된다.
① 조건성취의 효력은 원칙적으로 소급하지 않는다. 다만, 당사자의 특약으로 소급효를 인정할 수 있다. 다만, 주의할 점은 기한은 조건과 달리 당사자 특약으로도 소급효를 인정할 수 없다.

> **제147조【조건성취의 효과】** ① 정지조건 있는 법률행위는 조건이 성취한 때로부터 그 효력이 생긴다.
> ② 해제조건 있는 법률행위는 조건이 성취한 때로부터 그 효력을 잃는다.
> ③ 당사자가 조건성취의 효력을 그 성취 전에 소급하게 할 의사를 표시한 때에는 그 의사에 의한다.

③ 부관이 붙은 법률행위에 있어서 부관에 표시된 사실이 발생하지 아니하면 채무를 이행하지 아니하여도 된다고 보는 것이 상당한 경우에는 조건으로 보아야 하고, 표시된 사실이 발생한 때에는 물론이고 반대로 발생하지 아니하는 것이 확정된 때에도 그 채무를 이행하여야 한다고 보는 것이 상당한 경우에는 표시된 사실의 발생 여부가 확정되는 것을 불확정기한으로 정한 것으로 보아야 한다(대판 2003다10797).
④ 계약당사자의 일방이 상대방에게 대하여 일정한 기간을 정하여 그 기간 내에 이행이 없을 때에는 계약을 해제하겠다는 의사표시를 한 경우에는 위의 기간경과로 그 계약은 해제된 것으로 해석하여야 할 것이다(대판 70다1508). 즉, 정지조건부 해제가 인정된다.
⑤ 조건의 성취로 인하여 불이익을 받을 당사자가 신의성실에 반하여 조건의 성취를 방해한 경우, 조건이 성취된 것으로 의제되는 시점은 이러한 신의성실에 반하는 행위가 없었더라면 조건이 성취되었으리라고 추산되는 시점이다(대판 98다42356). 조건 성취의 의제시점이 방해 즉시가 아님을 주의해야 한다.

정답 74 ②

75 법률행위의 부관에 관한 설명으로 <u>틀린</u> 것은? (다툼이 있으면 판례에 따름)   제35회

① 조건의사가 있더라도 외부에 표시되지 않으면 그것만으로는 조건이 되지 않는다.
② 기한이익 상실특약은 특별한 사정이 없는 한 정지조건부 기한이익 상실특약으로 추정한다.
③ 조건을 붙일 수 없는 법률행위에 조건을 붙인 경우, 다른 정함이 없으면 그 법률행위 전부가 무효로 된다.
④ '정지조건부 법률행위에 해당한다는 사실'에 대한 증명책임은 그 법률행위로 인한 법률효과의 발생을 다투는 자에게 있다.
⑤ 불확정한 사실이 발생한 때를 이행기한으로 정한 경우, 그 사실의 발생이 불가능하게 된 때에도 기한이 도래한 것으로 보아야 한다.

> **해설** ② 기한이익 상실특약은 정지조건부 기한이익 상실특약으로 볼 만한 특별한 사정이 없는 한 형성권적 기한이익 상실특약으로 추정된다(대판 2002다28340).

76 조건과 기한에 관한 설명으로 옳은 것은? (다툼이 있으면 판례에 따름)   제30회

① 해제조건 있는 법률행위는 조건이 성취한 때로부터 그 효력이 발생한다.
② 기한이익 상실특약은 특별한 사정이 없는 한 정지조건부 기한이익 상실특약으로 추정한다.
③ 조건이 법률행위 당시에 이미 성취할 수 없는 것인 경우, 그 조건이 정지조건이면 그 법률행위는 무효로 한다.
④ 불확정한 사실의 발생시기를 이행기한으로 정한 경우, 그 사실의 발생이 불가능하게 되었다고 하여 이행기한이 도래한 것으로 볼 수는 없다.
⑤ 상계의 의사표시에는 시기(始期)를 붙일 수 있다.

> **해설** ③ 조건이 법률행위의 당시에 이미 성취할 수 없는 것인 경우에는 그 조건이 해제조건이면 조건 없는 법률행위로 하고 정지조건이면 그 법률행위는 무효로 한다(제151조 제3항).
> ① 해제조건 있는 법률행위는 조건이 성취한 때로부터 그 효력을 잃는다(제147조 제2항).
> ② 기한이익 상실의 특약은 그 내용에 의하여 일정한 사유가 발생하면 채권자의 청구 등을 요함이 없이 당연히 기한의 이익이 상실되어 이행기가 도래하는 것으로 하는 정지조건부 기한이익 상실의 특약과 일정한 사유가 발생한 후 채권자의 통지나 청구 등 채권자의 의사행위를 기다려 비로소 이행기가 도래하는 것으로 하는 형성권적 기한이익 상실의 특약의 두 가지로 대별할 수 있고, 기한이익 상실의 특약이 위의 양자 중 어느 것에 해당하느냐는 당사자의 의사해석의 문제이지만 일반적으로 기한이익 상실의 특약이 채권자를 위하여 둔 것인 점에 비추어 명백히 정지조건부 기한이익 상실의 특약이라고 볼 만한 특별한 사정이 없는 이상 형성권적 기한이익 상실의 특약으로 추정하는 것이 타당하다(대판 2002다28340).

정답 75 ② 76 ③

④ 당사자가 불확정한 사실이 발생한 때를 이행기한으로 정한 경우에는 그 사실이 발생한 때에는 물론 그 사실의 발생이 불가능하게 된 때에도 이행기한은 도래한 것으로 보아야 한다(대판 2001다41766).
⑤ 단독행위에는 조건이나 기한을 붙일 수 없다. 또한 상계와 같이 소급효가 인정되는 것은 성질상 기한을 붙일 수 없다. 조건이나 기한을 붙이는 것이 허용되지 않는 법률행위에 이를 붙인 경우에는 법률행위까지도 무효가 된다.

물권법

11 물권의 객체, 물권법정주의

77 토지를 점유할 수 있는 물권을 모두 고른 것은? 제33회

| ㉠ 전세권 | ㉡ 지상권 |
| ㉢ 저당권 | ㉣ 임차권 |

① ㉠
② ㉠, ㉡
③ ㉠, ㉣
④ ㉢, ㉣
⑤ ㉠, ㉡, ㉢

해설 ㉠㉡ (○) 전세권과 지상권은 용익물권으로서 토지를 점유할 권리가 있다.
㉢ (×) 저당권이 설정된 경우에 부동산을 점유하는 자는 저당권설정자이며 저당권자는 부동산을 점유할 수 없다.
㉣ (×) 임차권은 목적물을 점유할 수 있는 권리이지만 물권이 아닌 채권에 해당한다.

78 1필의 토지의 일부를 객체로 할 수 <u>없는</u> 권리는? (다툼이 있으면 판례에 따름) 제33회

① 저당권
② 전세권
③ 지상권
④ 임차권
⑤ 점유권

해설 ① 저당권은 1필 토지의 일부에 설정될 수 없으며 또한 구분소유권의 객체가 아니라면 1동 건물의 일부 위에 설정될 수 없다.
②③④ 지상권, 지역권, 전세권, 임차권과 같은 용익적 권리는 1필 토지 일부 위에 설정될 수 있다.
⑤ 점유권은 물건을 사실상 지배함으로써 인정되는 권리로서 1필 토지의 일부에 점유권이 성립할 수 있다.

정답 77 ② 78 ①

79 물권에 관한 설명으로 옳은 것은? (다툼이 있으면 판례에 따름) 제35회

① 관습법에 의한 물권은 인정되지 않는다.
② 저당권은 법률규정에 의해 성립할 수 없다.
③ 부동산 물권변동에 관해서 공신의 원칙이 인정된다.
④ 1필 토지의 일부에 대해서는 저당권이 성립할 수 없다.
⑤ 물건의 집단에 대해서는 하나의 물권이 성립하는 경우가 없다.

해설 ④ 저당권은 원칙적으로 1동 건물의 일부나 분필되지 않은 1필 토지 일부위에 성립할 수 없다.
① 물권은 법률 또는 관습법에 의하는 외에는 임의로 창설하지 못한다(제185조).
② 저당권은 기본적으로 약정담보물권이지만 법률규정에 의한 법정저당권도 존재한다.

> **제649조 【임차지상의 건물에 대한 법정저당권】** 토지임대인이 변제기를 경과한 최후 2년의 차임 채권에 의하여 그 지상에 있는 임차인소유의 건물을 압류한 때에는 저당권과 동일한 효력이 있다.

③ 부동산 물권변동에 관해서 등기의 공신력은 인정되지 않는다.
⑤ 성장을 계속하는 어류일지라도 그 종류, 장소 또는 수량지정 등의 방법에 의하여 특정되어 있으면 그 전부를 하나의 물건으로 보아 이에 대한 양도담보계약은 유효하게 성립되었다 할 것이다(대판 88다카20224).

80 물권에 관한 설명으로 틀린 것은? (다툼이 있으면 판례에 따름) 제32회

① 「민법」제185조에서의 '법률'은 국회가 제정한 형식적 의미의 법률을 의미한다.
② 사용·수익 권능을 대세적·영구적으로 포기한 소유권도 존재한다.
③ 처분권능이 없는 소유권은 인정되지 않는다.
④ 근린공원을 자유롭게 이용한 사정만으로 공원이용권이라는 배타적 권리를 취득하였다고 볼 수는 없다.
⑤ 온천에 관한 권리를 관습법상의 물권이라고 볼 수는 없다.

해설 ② 물건에 대한 배타적인 사용·수익권은 소유권의 핵심적 권능이므로, 소유자가 제3자와의 채권관계에서 소유물에 대한 사용·수익의 권능을 포기하거나 사용·수익권의 행사에 제한을 설정하는 것을 넘어 이를 대세적·영구적으로 포기하는 것은 법률에 의하지 않고 새로운 물권을 창설하는 것과 다를 바 없어 허용되지 않는다(대판 2012다54133).

정답 79 ④ 80 ②

81. 물권에 관한 설명으로 옳은 것은? (다툼이 있으면 판례에 따름) 제34회

① 물건 이외의 재산권은 물권의 객체가 될 수 없다.
② 물권은 「부동산등기규칙」에 의해 창설될 수 있다.
③ 구분소유의 목적이 되는 건물의 등기부상 표시에서 전유부분의 면적 표시가 잘못된 경우, 그 잘못 표시된 면적만큼의 소유권보존등기를 말소할 수 없다.
④ 1필의 토지의 일부를 객체로 하여 지상권을 설정할 수 없다.
⑤ 기술적인 착오로 지적도의 경계선이 실제 경계선과 다르게 작성된 경우, 토지의 경계는 지적도의 경계선에 의해 확정된다.

해설 ③ 일물일권주의 원칙상 구분소유의 목적이 되는 하나의 부동산에 대한 등기부상 표시 중 전유부분의 면적 표시가 잘못된 경우, 이는 경정등기의 방법으로 바로 잡아야 하는 것이고 그 잘못 표시된 면적만큼의 소유권보존등기의 말소를 구하는 소는 법률상 허용되지 아니하여 부적법하다(대판 2000다39582).

① 물권의 객체는 물건이나, 예외적으로 권리를 물권의 객체로 하는 경우도 있다. 즉, 재산권의 준점유(제210조), 재산권을 목적으로 하는 권리질권(제345조 이하), 지상권과 전세권을 목적으로 하는 저당권(제371조) 등은 권리를 대상으로 하는 물권이다.

② 물권은 법률 또는 관습법에 의하는 외에는 임의로 창설하지 못한다(제185조). 여기서 법률이란 국회가 제정한 형식적 의미의 법률만을 의미하고, 명령이나 규칙은 물권 성립의 근거가 될 수 없다.

④ 물권의 객체는 원칙적으로 독립한 물건이어야 하지만 예외적으로 용익물권(지상권, 지역권, 전세권)은 토지나 건물의 일부에 설정될 수 있다.

⑤ 어떤 토지가 지적공부에 1필지의 토지로 등록되면 경계 등은 다른 특별한 사정이 없는 한 이 등록으로써 특정되고 그 소유권의 범위는 현실의 경계와 관계없이 공부상의 경계에 의하여 확정되는 것이다. 다만, 지적도를 작성함에 있어서 그 기점을 잘못 선택하는 등 기술적인 착오로 말미암아 지적도상의 경계선이 진실한 경계선과 다르게 작성되었기 때문에 경계와 지적이 실제의 것과 일치하지 않게 되었다는 특별한 사정이 있는 경우에는 그 토지의 경계는 실제의 경계에 의하여야 할 것이다(대판 93다22845).

정답 81 ③

12 물권적 청구권

82 물권적 청구권에 관한 설명으로 옳은 것은? (다툼이 있으면 판례에 따름) 제32회

① 소유권을 양도한 전소유자가 물권적 청구권만을 분리, 유보하여 불법점유자에 대해 그 물권적 청구권에 의한 방해배제를 할 수 있다.
② 물권적 청구권을 행사하기 위해서는 그 상대방에게 귀책사유가 있어야 한다.
③ 소유권에 기한 방해배제청구권에 있어서 방해에는 과거에 이미 종결된 손해가 포함된다.
④ 소유권에 기한 물권적 청구권은 그 소유권과 분리하여 별도의 소멸시효의 대상이 된다.
⑤ 소유권에 기한 물권적 청구권은 그 소유자가 소유권을 상실하면 더 이상 인정되지 않는다.

해설 ⑤① 소유권에 기한 물권적 청구권을 소유권과 분리하여 이를 소유권 없는 전(前) 소유자에게 유보하여 행사시킬 수는 없는 것이므로 소유권을 상실한 전 소유자는 제3자인 불법점유자에 대하여 소유권에 기한 물권적 청구권에 의한 방해배제를 구할 수 없다(대판 80다7). 즉, 물권적 청구권은 물권에 의존하는 권리이므로 물권과 그 운명을 같이 하는 것이므로 소유자가 소유권을 상실하면 소유권에 기한 물권적 청구권은 더 이상 인정되지 않는다.
② 불법행위로 인한 손해배상청구권에 있어서는 가해자의 귀책사유(고의·과실)가 요구되나, 물권적 청구권에 있어서는 방해자의 귀책사유(고의·과실)을 요구하지 않는다.
③ '방해'라 함은 현재에도 지속되고 있는 침해를 의미하고, 법익 침해가 과거에 일어나서 이미 종결된 경우에 해당하는 '손해'의 개념과는 다르다 할 것이어서, 소유권에 기한 방해배제청구권은 방해결과의 제거를 내용으로 하는 것이 되어서는 아니 되며(이는 손해배상의 영역에 해당한다 할 것이다) 현재 계속되고 있는 방해의 원인을 제거하는 것을 내용으로 한다(대판 2003다5917).
④ 매매계약이 합의해제된 경우에도 매수인에게 이전되었던 소유권은 당연히 매도인에게 복귀하는 것이므로 합의해제에 따른 매도인의 원상회복청구권은 소유권에 기한 물권적 청구권이라고 할 것이고 이는 소멸시효의 대상이 되지 아니한다(대판 80다2968).

정답 82 ⑤

83. 물권적 청구권에 관한 설명으로 옳은 것은? (다툼이 있으면 판례에 따름) 제29회

① 소유자는 물권적 청구권에 의하여 방해제거비용 또는 방해예방비용을 청구할 수 없다.
② 불법원인으로 물건을 급여한 사람은 원칙적으로 소유권에 기하여 반환청구를 할 수 있다.
③ 소유자는 소유물을 불법점유한 사람의 특별승계인에 대하여는 그 반환을 청구하지 못한다.
④ 소유권에 기한 방해제거청구권은 현재 계속되고 있는 방해의 원인과 함께 방해결과의 제거를 내용으로 한다.
⑤ 소유권에 기한 물권적 청구권이 발생한 후에는 소유자가 소유권을 상실하더라도 그 청구권을 행사할 수 있다.

해설
① 「민법」제214조의 규정에 의하면, 소유자는 소유권을 방해하는 자에 대하여 그 방해제거행위를 청구할 수 있고, 소유권을 방해할 염려가 있는 행위를 하는 자에 대하여 그 방해예방 행위를 청구하거나 소유권을 방해할 염려가 있는 행위로 인하여 발생하리라고 예상되는 손해의 배상에 대한 담보를 지급할 것을 청구할 수 있으나, 소유자가 침해자에 대하여 방해제거 행위 또는 방해예방 행위를 하는 데 드는 비용을 청구할 수 있는 권리는 위 규정에 포함되어 있지 않으므로, 소유자가 「민법」제214조에 기하여 방해배제비용 또는 방해예방비용을 청구할 수는 없다(대판 2014다52612).
② 「민법」제746조는 단지 부당이득제도만을 제한하는 것이 아니라 동법 제103조와 함께 사법의 기본이념으로서, 결국 사회적 타당성이 없는 행위를 한 사람은 스스로 불법한 행위를 주장하여 복구를 그 형식 여하에 불구하고 소구할 수 없다는 이상을 표현한 것이므로, 급여를 한 사람은 그 원인행위가 법률상 무효라 하여 상대방에게 부당이득반환청구를 할 수 없음은 물론 급여한 물건의 소유권은 여전히 자기에게 있다고 하여 소유권에 기한 반환청구도 할 수 없고 따라서 급여한 물건의 소유권은 급여를 받은 상대방에게 귀속된다(대판 79다483).
③ 점유물반환청구는 침탈자의 선의의 특별승계인에게 행사할 수 없지만 소유물반환청구권은 그러한 제한이 없으므로 불법점유자의 특별승계인에게도 할 수 있다.
④ 소유권에 기한 방해배제청구권에 있어서 '방해'라 함은 현재에도 지속되고 있는 침해를 의미하고, 법익 침해가 과거에 일어나서 이미 종결된 경우에 해당하는 '손해'의 개념과는 다르다 할 것이어서, 소유권에 기한 방해배제청구권은 방해결과의 제거를 내용으로 하는 것이 되어서는 아니 되며(이는 손해배상의 영역에 해당한다 할 것이다) 현재 계속되고 있는 방해의 원인을 제거하는 것을 내용으로 한다(대판 2003다5917).
⑤ 소유권을 상실한 자는 소유권에 기한 물권적 청구권으로서의 방해배제를 청구할 수 없다(대판 전합 68다725).

정답 83 ①

84 물권적 청구권에 관한 설명으로 틀린 것은? (다툼이 있으면 판례에 따름) 제30회

① 소유권에 기한 물권적 청구권은 소멸시효에 걸리지 않는다.
② 상대방의 귀책사유는 물권적 청구권의 행사요건이 아니다.
③ 물권적 방해배제청구권의 요건으로 요구되는 방해는 개념상 손해와 구별된다.
④ 임차인은 임차목적물에 관한 임대인의 소유권에 기한 물권적 청구권을 대위행사할 수 없다.
⑤ 유치권자는 점유권에 기한 물권적 청구권을 행사할 수 있다.

해설 ④ 임차권은 채권인 관계로 원칙적으로 임차권에 기한 방해배제를 청구할 수는 없으며 소유자인 임대인을 대위하여 소유권에 기한 방해배제를 청구할 수 있다. 다만, 유의할 점은 등기하여 대항력을 갖춘 임차인은 임차권 자체에 기한 방해배제청구권을 행사할 수 있다는 것이 판례의 입장이다(대판 99다67079).

85 물권적 청구권에 관한 설명으로 옳은 것을 모두 고른 것은? (다툼이 있으면 판례에 따름) 제33회

> ㉠ 지상권을 설정한 토지의 소유자는 그 토지 일부의 불법점유자에 대하여 소유권에 기한 방해배제를 청구할 수 없다.
> ㉡ 토지의 소유권을 양도하여 소유권을 상실한 전(前) 소유자도 그 토지 일부의 불법점유자에 대하여 소유권에 기한 방해배제를 청구할 수 있다.
> ㉢ 소유자는 자신의 소유권을 방해할 염려 있는 행위를 하는 자에 대하여 그 예방이나 손해배상의 담보를 청구할 수 있다.

① ㉠ ② ㉢ ③ ㉠, ㉡
④ ㉡, ㉢ ⑤ ㉠, ㉡, ㉢

해설 ㉢ (○) 소유자는 소유권을 방해하는 자에 대하여 방해의 제거를 청구할 수 있고 소유권을 방해할 염려 있는 행위를 하는 자에 대하여 그 예방이나 손해배상의 담보를 청구할 수 있다(제214조).
㉠ (×) 토지소유권은 그 토지에 대한 지상권설정이 있어도 이로 인하여 그 권리의 전부 또는 일부가 소멸하는 것도 아니고 단지 지상권의 범위에서 그 권리행사가 제한되는 것에 불과하며, 일단 지상권이 소멸되면 토지소유권은 다시 자동적으로 완전한 제한 없는 권리로 회복되는 법리라 할 것이므로 소유자가 그 소유토지에 대하여 지상권을 설정하여도 그 소유자는 그 토지를 불법으로 점유하는 자에게 대하여 방해배제를 구할 수 있는 물권적 청구권이 있다(대판 74다1150). 다만, 지상권을 설정한 토지 소유권자는 지상권이 존속하는 한 토지를 사용·수익할 수 없으므로 특별한 사정이 없는 한 불법점유자에게 손해배상을 청구할 수 없다.
㉡ (×) 소유권에 기한 물권적 청구권은 소유권과 분리하여 양도할 수 없으므로 소유권을 상실한 전 소유자는 소유권에 기한 물권적 청구권을 행사하지 못한다(대판 68다725).

정답 84 ④ 85 ②

86 물권적 청구권에 관한 설명으로 틀린 것은? (다툼이 있으면 관례에 따름) 제34회

① 저당권자는 목적물에서 임의로 분리, 반출된 물건을 자신에게 반환할 것을 청구할 수 있다.
② 진정명의회복을 원인으로 한 소유권이전등기청구권의 법적 성질은 소유권에 기한 방해배제청구권이다.
③ 소유자는 소유권을 방해하는 자에 대해 「민법」 제214조에 기해 방해배제비용을 청구할 수 없다.
④ 미등기 무허가건물의 양수인은 소유권에 기한 방해배제 청구권을 행사할 수 없다.
⑤ 소유권에 기한 방해배제청구권은 현재 계속되고 있는 방해원인의 제거를 내용으로 한다.

> **해설** ① 저당권자는 물권에 기하여 그 침해가 있는 때에는 그 제거나 예방을 청구할 수 있다고 할 것인바, 공장저당권의 목적동산이 저당권자의 동의를 얻지 아니하고 설치된 공장으로부터 반출된 경우에는 저당권자는 점유권이 없기 때문에 설정자로부터 일탈한 저당목적물을 저당권자 자신에게 반환할 것을 청구할 수는 없지만, 저당목적물이 제3자에게 선의취득되지 아니하는 한 원래의 설치 장소에 원상회복할 것을 청구함은 저당권의 성질에 반하지 아니함은 물론 저당권자가 가지는 방해배제권의 당연한 행사에 해당한다(대판 95다55184). 즉, 저당권은 물권적 청구권 중 방해제거와 예방청구만 인정되고 반환청구는 인정되지 않는다.

87 甲 소유 토지에 乙이 무단으로 건물을 신축한 뒤 丙에게 임대하여 丙이 현재 그 건물을 점유하고 있다. 다음 설명 중 틀린 것은? (다툼이 있으면 판례에 따름) 제35회

① 甲은 丙을 상대로 건물에서의 퇴거를 청구할 수 없다.
② 甲은 乙을 상대로 건물의 철거 및 토지의 인도를 청구할 수 있다.
③ 甲은 乙을 상대로 토지의 무단 사용을 이유로 부당이득반환청구권을 행사할 수 있다.
④ 만약 乙이 임대하지 않고 스스로 점유하고 있다면, 甲은 乙을 상대로 건물에서의 퇴거를 청구할 수 없다.
⑤ 만약 丙이 무단으로 건물을 점유하고 있다면, 乙은 丙을 상대로 건물의 인도를 청구할 수 있다.

> **해설** ① 무단으로 건축한 건물을 임대차한 경우에 임차인은 처분권자가 아니므로 토지의 소유자는 임차인에게 건물의 철거를 구할 수 없다. 다만, 불법건물에 거주하고 있는 임차인(전세권자)에게는 퇴출을 요구할 수 있다. 이때에 임차인은 대항력을 갖추었더라도 토지소유자에게 대항할 수 없다(대판 2010다43801).

정답 86 ① 87 ①

13 부동산물권변동

88 법률행위에 의하지 않은 부동산물권의 변동에 관한 설명으로 틀린 것은? (다툼이 있으면 판례에 따름)
제31회

① 관습상 법정지상권은 설정등기 없이 취득한다.
② 이행판결에 기한 부동산물권의 변동시기는 확정판결시이다.
③ 상속인은 등기 없이 상속받은 부동산의 소유권을 취득한다.
④ 경매로 인한 부동산소유권의 취득시기는 매각대금을 완납할 때이다.
⑤ 건물의 신축에 의한 소유권취득은 소유권보존등기를 필요로 하지 않는다.

해설 ② 판결에 의한 부동산물권취득은 등기할 필요가 없으나 이때의 판결이란 판결 자체에 의하여 부동산물권취득의 형식적 효력이 발생하는 경우를 말하는 것이고 당사자 사이에 이루어진 어떠한 법률행위를 원인으로 하여 부동산소유권이전등기절차의 이행을 명하는 것과 같은 내용의 판결은 이에 포함되지 아니한다(대판 70다568). 즉, 이행판결의 경우에는 등기를 하여야 물권이 변동된다.

89 「민법」제187조(등기를 요하지 아니하는 부동산물권취득)에 관한 설명으로 틀린 것은? (다툼이 있으면 판례에 따름)
제34회

① 상속인은 상속 부동산의 소유권을 등기 없이 취득한다.
② 「민법」제187조 소정의 판결은 형성판결을 의미한다.
③ 부동산 강제경매에서 매수인이 매각 목적인 권리를 취득하는 시기는 매각대금 완납시이다.
④ 부동산소유권이전을 내용으로 하는 화해조서에 기한 소유권취득에는 등기를 요하지 않는다.
⑤ 신축에 의한 건물소유권취득에는 소유권보존등기를 요하지 않는다.

해설 ④ 「민법」제187조에 소위 판결이라고 함은 판결자체에 의하여 부동산물권취득의 형성적 효력이 발생하는 경우를 말하는 것이고 당사자 사이에 이루어진 어떠한 법률행위를 원인으로 하여 부동산소유권이전등기절차의 이행을 명하는 것과 같은 내용의 판결 또는 소유권이전의 약정을 내용으로 하는 화해조서는 이에 포함되지 않는다고 할 것이다(대판 64다1721).

정답 88 ② 89 ④

90 부동산물권변동에 관한 설명으로 틀린 것은? (다툼이 있으면 판례에 따름) 제30회

① 부동산물권변동 후 그 등기가 원인 없이 말소되었더라도 그 물권변동의 효력에는 영향이 없다.
② 등기를 요하지 않은 물권취득의 원인인 판결이란 이행판결을 의미한다.
③ 소유권이전등기청구권의 보전을 위한 가등기에 기하여 본등기가 행해지면 물권변동의 효력은 본등기가 행해진 때 발생한다.
④ 매수한 토지를 인도받아 점유하고 있는 미등기 매수인으로부터 그 토지를 다시 매수한 자는 특별한 사정이 없는 한 최초 매도인에 대하여 직접 자신에게로의 소유권이전등기를 청구할 수 없다.
⑤ 강제경매로 인해 성립한 관습상 법정지상권을 법률행위에 의해 양도하기 위해서는 등기가 필요하다.

해설 ② 판결에 의한 부동산물권취득은 등기할 필요가 없으나 이때의 판결이란 판결 자체에 의하여 부동산물권취득의 형식적 효력이 발생하는 경우를 말하는 것이고 당사자 사이에 이루어진 어떠한 법률행위를 원인으로 하여 부동산소유권이전등기절차의 이행을 명하는 것과 같은 내용의 판결은 이에 포함되지 아니한다(대판 70다568). 즉, 형성판결을 의미하는 것이며 이행판결은 이에 해당하지 않는다.

91 물권변동에 관한 설명으로 틀린 것은? (다툼이 있으면 판례에 따름) 제28회

① 상속에 의하여 피상속인의 점유권은 상속인에게 이전된다.
② 물권에 관한 등기가 원인 없이 말소된 경우에 그 물권의 효력에는 아무런 영향을 미치지 않는다.
③ 신축건물의 보존등기를 건물 완성 전에 하였더라도 그 후 그 건물이 곧 완성된 이상 등기를 무효라고 볼 수 없다.
④ 부동산 공유자 중 1인은 공유물에 관한 보존행위로서 그 공유물에 마쳐진 제3자 명의의 원인무효등기 전부의 말소를 구할 수 없다.
⑤ 부동산에 관하여 적법·유효한 등기를 하여 소유권을 취득한 사람이 부동산을 점유하는 경우, 사실상태를 권리관계로 높여 보호할 필요가 없다면 그 점유는 취득시효의 기초가 되는 점유라고 할 수 없다.

해설 ④ 부동산의 공유자의 1인은 당해 부동산에 관하여 제3자 명의로 원인무효의 소유권이전등기가 경료되어 있는 경우 공유물에 관한 보존행위로서 제3자에 대하여 그 등기 전부의 말소를 구할 수 있다(대판 92다52870).

정답 90 ② 91 ④

92 등기에 관한 설명으로 틀린 것은? (다툼이 있으면 판례에 따름) 제29회

① 중간생략등기의 합의는 적법한 등기원인이 될 수 없다.
② 종전건물의 등기를 신축건물의 등기로 유용하지 못한다.
③ 전세권존속기간이 시작되기 전에 마친 전세권설정등기는 원칙적으로 무효이다.
④ 미등기 건물의 양수인이 그 건물을 신축한 양도인의 동의를 얻어 직접 자기명의로 보존등기를 한 경우, 그 등기는 유효하다.
⑤ 중간생략등기를 합의한 최초매도인은 그와 거래한 매수인의 대금미지급을 들어 최종매수인 명의로의 소유권이전등기의무의 이행을 거절할 수 있다.

해설 ③ 전세권이 용익물권적인 성격과 담보물권적인 성격을 모두 갖추고 있는 점에 비추어 전세권 존속기간이 시작되기 전에 마친 전세권설정등기도 특별한 사정이 없는 한 유효한 것으로 추정된다(대결 자 2017마1093).

93 X토지는 甲 ⇨ 乙 ⇨ 丙으로 순차 매도되고, 3자 간에 중간생략등기의 합의를 하였다. 이에 대한 설명으로 틀린 것은? (다툼이 있으면 판례에 따름) 제31회

① 丙은 甲에게 직접 소유권이전등기를 청구할 수 있다.
② 乙의 甲에 대한 소유권이전등기청구권은 소멸하지 않는다.
③ 甲의 乙에 대한 매매대금채권의 행사는 제한받지 않는다.
④ 만약 X토지가 토지거래허가구역에 소재한다면, 丙은 직접 甲에게 허가신청절차의 협력을 구할 수 없다.
⑤ 만약 중간생략등기의 합의가 없다면, 丙은 甲의 동의나 승낙 없이 乙의 소유권이전등기청구권을 양도받아 甲에게 소유권이전등기를 청구할 수 있다.

해설 ⑤ 최종 양수인이 중간자로부터 소유권이전등기청구권을 양도받았다 하더라도 최초 양도인이 그 양도에 대하여 동의하지 않고 있다면 최종 양수인은 최초 양도인에 대하여 채권양도를 원인으로 하여 소유권이전등기절차 이행을 청구할 수 없다(대판 97다485).

정답 92 ③　93 ⑤

94 甲은 자신의 토지를 乙에게 매도하여 인도하였고, 乙은 그 토지를 점유·사용하다가 다시 丙에게 매도하여 인도하였다. 甲과 乙은 모두 대금 전부를 수령하였고, 甲·乙·丙 사이에 중간생략등기의 합의가 있었다. 다음 설명 중 옳은 것은? (다툼이 있으면 판례에 따름)

제35회

① 甲은 丙을 상대로 소유물반환을 청구할 수 있다.
② 甲은 乙을 상대로 소유물반환을 청구할 수 없다.
③ 丙은 직접 甲을 상대로 소유권이전등기를 청구할 수 없다.
④ 丙은 乙을 대위하여 甲을 상대로 소유권이전등기를 청구할 수 없다.
⑤ 만약 乙이 인도받은 후 현재 10년이 지났다면, 乙은 甲에 대해 소유권이전등기를 청구할 수 없다.

해설 ② 토지의 매수인이 아직 소유권이전등기를 경료받지 아니하였다 하여도 매매계약의 이행으로 그 토지를 인도받은 때에는 매매계약의 효력으로서 이를 점유·사용할 권리가 생기게 된 것으로 甲은 乙을 상대로 소유물반환을 청구할 수 없다(대판 87다카1682). 또한 설령 乙이 점유할 권리가 없었다고 하더라도 乙은 현재 점유자가 아니므로 乙을 상대로 반환청구 할 수 없다.
① 토지의 매수인이 아직 소유권이전등기를 경료받지 아니하였다 하여도 매매계약의 이행으로 그 토지를 인도받은 때에는 매매계약의 효력으로서 이를 점유·사용할 권리가 생기게 된 것으로 보아야 하고, 또 매수인으로부터 위 토지를 다시 매수한 자는 위와 같은 토지의 점유·사용권을 취득한 것으로 봄이 상당하므로 매도인은 매수인으로부터 다시 위 토지를 매수한 자에 대하여 토지 소유권에 기한 물권적 청구권을 행사할 수 없다(대판 97다42823). 즉, 甲은 丙을 상대로 소유물반환을 청구할 수 없다.
③ 부동산의 소유권매매계약이 차례로 여러 사람들 사이에 전전 이루어진 경우에 그 최종 매수인이 등기부상의 현 명의자로부터 직접 그 소유권 명의를 넘겨오려면 중간생략등기에 관하여 관계 당사자 전원의 합의가 있어야 한다(대판 67다588). 3자 간 합의가 있었으므로 丙은 직접 甲을 상대로 소유권이전등기를 청구할 수 있다.
④ 중간생략등기의 합의가 있었다 하더라도 중간 매수인의 소유권이전등기청구권이 소멸된다거나 첫 매도인의 그 매수인에 대한 소유권이전등기의무가 소멸되는 것은 아니다(대판 91다18316). 따라서 丙은 직접 甲에게 등기를 청구할 수도 있으며 乙을 대위하여 甲을 상대로 소유권이전등기를 청구할 수 있다.
⑤ 부동산의 매수인이 부동산을 인도받아 사용·수익하고 있다가 '보다 적극적인 권리행사의 일환'으로 제3자에게 그 부동산을 처분하고 점유를 승계하여 준 경우에도 소유권이전등기청구권의 소멸시효는 진행하지 않는다(대판 98다32175).

정답 94 ②

95 등기청구권의 법적 성질이 다른 것은? (다툼이 있으면 판례에 의함) 　제22회

① 매수인의 매도인에 대한 등기청구권
② 청구권 보전을 위한 가등기에 기한 본등기청구권
③ 매매계약의 취소로 인한 매도인의 매수인에 대한 등기청구권
④ 시효취득에 의한 등기청구권
⑤ 중간생략등기에 있어서 최종양수인의 최초양도인에 대한 등기청구권

해설 ③ 계약의 취소로 인한 매도인의 매수인에 대한 등기청구권의 성질은 물권적 청구권이며, 나머지는 등기청구권의 성질이 채권적이다.

96 등기청구권에 관한 설명으로 옳은 것은? (다툼이 있으면 판례에 따름) 　제30회

① 점유취득시효의 완성으로 점유자가 소유자에 대해 갖는 소유권이전등기청구권은 통상의 채권양도 법리에 따라 양도될 수 있다.
② 부동산을 매수하여 인도받아 사용·수익하는 자의 매도인에 대한 소유권이전등기청구권은 소멸시효에 걸린다.
③ 부동산 매수인이 매도인에 대해 갖는 소유권이전등기청구권은 물권적 청구권이다.
④ 가등기에 기한 소유권이전등기청구권이 시효완성으로 소멸된 후 그 부동산을 취득한 제3자가 가등기권자에 대해 갖는 등기말소청구권은 채권적 청구권이다.
⑤ 등기청구권과 등기신청권은 동일한 내용의 권리이다.

해설 ① 매매로 인한 소유권이전등기청구권의 양도는 특별한 사정이 없는 이상 양도가 제한되고 양도에 채무자의 승낙이나 동의를 요한다고 할 것이므로 통상의 채권양도와 달리 양도인의 채무자에 대한 통지만으로는 채무자에 대한 대항력이 생기지 않으며 반드시 채무자의 동의나 승낙을 받아야 대항력이 생긴다. 그러나 취득시효완성으로 인한 소유권이전등기청구권은 채권자와 채무자 사이에 아무런 계약관계나 신뢰관계가 없고, 그에 따라 채권자가 채무자에게 반대급부로 부담하여야 하는 의무도 없다. 따라서 취득시효완성으로 인한 소유권이전등기청구권의 양도의 경우에는 매매로 인한 소유권이전등기청구권에 관한 양도제한의 법리가 적용되지 않는다(대판 2015다36167). 결국 취득시효완성으로 인한 소유권이전등기청구권의 양도는 매매로 인한 소유권이전등기청구권의 양도와는 달리 통상의 채권양도 법리에 따라 양도될 수 있다.
② 매수인이 목적부동산을 인도받아 계속 점유하는 경우에는 그 소유권이전등기청구권의 소멸시효가 진행하지 않는다. 이때의 점유는 간접점유라도 마찬가지이며, 부동산을 인도받아 점유하고 있는 이상 매매대금의 지급 여부와는 관계없이 그 소멸시효가 진행되지 아니한다(대판 90다9797).
③ 법률행위로 인한 등기청구권은 등기청구권자가 아직 물권을 취득한 바가 없으므로 채권적 청구권의 성질을 가진다.

정답 95 ③　96 ①

④ 부동산을 취득한 제3자, 즉 소유자가 행사하는 권리이므로 소유권에 기한 물권적 청구권이 된다.
⑤ 당사자가 국가기관인 등기소에 등기사항을 등기할 것을 요구하는 권리를 등기신청권이라고 하며 등기신청권은 공법상·절차법상의 권리에 해당한다. 따라서 사법상·실체법상의 권리인 등기청구권과는 구별된다.

97 부동산 소유권이전등기청구권에 관한 설명으로 옳은 것은? (다툼이 있으면 판례에 따름)

제34회

① 교환으로 인한 이전등기청구권은 물권적 청구권이다.
② 점유취득시효 완성으로 인한 이전등기청구권의 양도는 특별한 사정이 없는 한 양도인의 채무자에 대한 통지만으로는 대항력이 생기지 않는다.
③ 매수인이 부동산을 인도받아 사용·수익하고 있는 이상 매수인의 이전등기청구권은 시효로 소멸하지 않는다.
④ 점유취득시효 완성으로 인한 이전등기청구권은 점유가 계속되더라도 시효로 소멸한다.
⑤ 매매로 인한 이전등기청구권의 양도는 특별한 사정이 없는 한 양도인의 채무자에 대한 통지만으로 대항력이 생긴다.

해설 ③ 매수인이 목적부동산을 인도받아 계속 점유하는 경우에는 그 소유권이전등기청구권의 소멸시효가 진행하지 않는다. 이때의 점유는 간접점유라도 마찬가지이며, 부동산을 인도받아 점유하고 있는 이상 매매대금의 지급 여부와는 관계없이 그 소멸시효가 진행되지 아니한다(대판 90다9797).
① 법률행위를 원인으로 하는 등기청구권은 채권적 청구권이다.
② 취득시효완성으로 인한 소유권이전등기청구권은 채권자와 채무자 사이에 아무런 계약관계나 신뢰관계가 없으므로 취득시효완성으로 인한 소유권이전등기청구권의 양도의 경우에는 매매로 인한 소유권이전등기청구권에 관한 양도제한의 법리가 적용되지 않는다(대판 2015다36167). 즉, 취득시효완성으로 인한 소유권이전등기청구권의 양도는 채무자의 동의나 승낙을 받지 않아도 채무자에 대한 통지만으로 대항력이 생긴다.
④ 토지에 대한 취득시효완성으로 인한 소유권이전등기청구권은 그 토지에 대한 점유가 계속되는 한 시효로 소멸하지 아니하고, 그 후 점유를 상실하였다고 하더라도 이를 시효이익의 포기로 볼 수 있는 경우가 아닌 한 이미 취득한 소유권이전등기청구권은 바로 소멸되는 것은 아니나, 취득시효가 완성된 점유자가 점유를 상실한 경우 취득시효 완성으로 인한 소유권이전등기청구권의 소멸시효는 이와 별개의 문제로서, 그 점유자가 점유를 상실한 때로부터 10년간 등기청구권을 행사하지 아니하면 소멸시효가 완성한다(대판 95다34866, 34873).
⑤ 매매로 인한 소유권이전등기청구권의 양도는 특별한 사정이 없는 이상 양도가 제한되고 양도에 채무자의 승낙이나 동의를 요한다고 할 것이므로 통상의 채권양도와 달리 양도인의 채무자에 대한 통지만으로는 채무자에 대한 대항력이 생기지 않으며 반드시 채무자의 동의나 승낙을 받아야 대항력이 생긴다(대판 2015다36167).

정답 97 ③

98 등기청구권에 관한 설명으로 옳은 것을 모두 고른 것은? (다툼이 있으면 판례에 따름)

제32회

> ㉠ 등기청구권이란 등기권리자와 등기의무자가 함께 국가에 등기를 신청하는 「공법」상의 권리이다.
> ㉡ 부동산 매수인이 그 목적물을 인도받아 이를 사용수익하고 있는 이상 그 매수인의 등기청구권은 시효로 소멸하지 않는다.
> ㉢ 취득시효완성으로 인한 소유권이전등기청구권은 시효완성 당시의 등기명의인이 동의해야만 양도할 수 있다.

① ㉠ ② ㉡ ③ ㉢
④ ㉠, ㉡ ⑤ ㉡, ㉢

해설 ㉡ (○) 매수인이 목적부동산을 인도받아 계속 점유하는 경우에는 그 소유권이전등기청구권의 소멸시효가 진행하지 않는다. 이때의 점유는 간접점유라도 마찬가지이며, 부동산을 인도받아 점유하고 있는 이상 매매대금의 지급 여부와는 관계없이 그 소멸시효가 진행되지 아니한다(대판 90다9797).
㉠ (×) 등기청구권이란 등기권리자가 등기의무자에 대하여 등기신청에 협력할 것을 요구하는 사법상의 권리를 말한다. 지문은 등기신청권에 관한 설명이다.
㉢ (×) 취득시효완성으로 인한 소유권이전등기청구권은 채권자와 채무자 사이에 아무런 계약관계나 신뢰관계가 없으므로 취득시효완성으로 인한 소유권이전등기청구권의 양도의 경우에는 매매로 인한 소유권이전등기청구권에 관한 양도제한의 법리가 적용되지 않는다(대판 2015다36167). 즉, 매매로 인한 등기청구권과는 달리 통지만으로 채무자에 대한 대항력이 생기는 것이며 반드시 채무자의 동의나 승낙을 받아야 대항력이 생기는 것은 아니다.

99 청구권보전을 위한 가등기에 관한 설명으로 <u>틀린</u> 것은? (다툼이 있으면 판례에 따름)

제32회

① 가등기된 소유권이전청구권은 가등기에 대한 부기등기의 방법으로 타인에게 양도될 수 있다.
② 정지조건부 청구권을 보전하기 위한 가등기도 허용된다.
③ 가등기에 기한 본등기 절차에 의하지 않고 별도의 본등기를 경료받은 경우, 제3자 명의로 중간처분의 등기가 있어도 가등기에 기한 본등기 절차의 이행을 구할 수 없다.
④ 가등기는 물권적 청구권을 보전하기 위해서는 할 수 없다.
⑤ 소유권이전청구권을 보전하기 위한 가등기에 기한 본등기를 청구하는 경우, 가등기 후 소유자가 변경되더라도 가등기 당시의 등기명의인을 상대로 하여야 한다.

정답 98 ② 99 ③

해설 ③ 부동산에 관한 소유권이전청구권 보전을 위한 가등기 경료 이후에 다른 가압류등기가 경료되었다면, 그 가등기에 기한 본등기 절차에 의하지 아니하고 별도로 가등기권자 명의의 소유권이전등기가 경료되었다고 하여 가등기 권리자와 의무자 사이의 가등기 약정상의 채무의 본지에 따른 이행이 완료되었다고 할 수는 없으니, 특별한 사정이 없는 한, 가등기권자는 가등기의무자에 대하여 그 가등기에 기한 본등기 절차의 이행을 구할 수도 있다(대판 95다29888). 본등기를 하여야 중간등기를 말소시킬 수 있기 때문이다.

100
甲 소유의 토지에 乙명의로 소유권이전청구권 보전을 위한 가등기가 경료되어 있다. 다음 설명 중 옳은 것은? (다툼이 있으면 판례에 의함) 제21회

① 가등기가 있다고 해서 乙이 甲에게 소유권이전등기를 청구할 법률관계의 존재가 추정되지는 않는다.
② 乙이 가등기에 기한 본등기를 하면 乙은 가등기를 경료한 때부터 토지에 대한 소유권을 취득한다.
③ 甲이 토지에 대한 소유권을 丙에게 이전한 뒤 乙이 본등기를 하려면 丙에게 등기청구권을 행사하여야 한다.
④ 乙의 가등기 후 甲이 丁에게 저당권을 설정해주고, 乙이 본등기를 하면 乙은 丁을 위한 물상보증인의 지위에 있게 된다.
⑤ 乙은 가등기된 소유권이전등기청구권을 가등기에 대한 부기등기의 방법으로 타인에게 양도할 수 없다.

해설 ① 가등기가 되어 있다고 하여 가등기원인에 대한 적법추정력이 인정되는 것은 아니다(대판 79다239).
② 가등기는 그 성질상 본등기의 순위보전에 효력만이 있고 후일 본등기가 경료된 때에는 본등기의 순위가 가등기한 때로 소급함으로써 가등기 후 본등기 전에 이루어진 중간처분이 본등기보다 후순위로 되어 실효될 뿐이고 본등기에 의한 물권변동의 효력이 가등기한 때로 소급하여 발생하는 것은 아니다(대판 81다1298).
③ 가등기권자는 가등기의무자인 전소유자를 상대로 본등기청구권을 행사할 것이고 제3자를 상대로 할 것이 아니다(대판 4294민재항675). 즉, 丙이 아니라 甲에게 하여야 한다.
④ 중간처분 등기인 丁의 저당권은 직권말소된다.
⑤ 가등기는 원래 순위를 확보하는 데에 그 목적이 있으나, 순위 보전의 대상이 되는 물권변동의 청구권은 그 성질상 양도될 수 있는 재산권일 뿐만 아니라 가등기로 인하여 그 권리가 공시되어 결과적으로 공시방법까지 마련된 셈이므로, 이를 양도한 경우에는 양도인과 양수인의 공동신청으로 그 가등기상의 권리의 이전등기를 가등기에 대한 부기등기의 형식으로 경료할 수 있다고 보아야 한다(대판 98다24105).

정답 100 ①

101 등기의 추정력에 관한 설명으로 틀린 것은? (다툼이 있으면 판례에 의함) 제25회

① 소유권이전등기가 된 경우, 특별한 사정이 없는 한 이전등기에 필요한 적법한 절차를 거친 것으로 추정된다.
② 소유권이전등기가 된 경우, 등기명의인은 전 소유자에 대하여 적법한 등기원인에 기한 소유권을 취득한 것으로 추정된다.
③ 소유권이전등기가 불법말소된 경우, 말소된 등기의 최종명의인은 그 회복등기가 경료되기 전이라도 적법한 권리자로 추정된다.
④ 등기명의인이 등기원인행위의 태양이나 과정을 다소 다르게 주장한다고 하여 이로써 추정력이 깨어지는 것은 아니다.
⑤ 소유권이전청구권 보전을 위한 가등기가 있으면, 소유권이전등기를 청구할 어떠한 법률관계가 있다고 추정된다.

해설 ⑤ 가등기가 되어 있다고 하여 가등기원인에 대한 적법추정력이 인정되는 것은 아니다(대판 79다239).

102 등기의 추정력에 관한 설명으로 옳은 것을 모두 고른 것은? (다툼이 있으면 판례에 따름) 제30회

㉠ 사망자 명의로 신청하여 이루어진 이전등기에는 특별한 사정이 없는 한 추정력이 인정되지 않는다.
㉡ 대리에 의한 매매계약을 원인으로 소유권이전등기가 이루어진 경우, 대리권의 존재는 추정된다.
㉢ 근저당권등기가 행해지면 피담보채권뿐만 아니라 그 피담보채권을 성립시키는 기본계약의 존재도 추정된다.
㉣ 건물 소유권보존등기 명의자가 전(前)소유자로부터 그 건물을 양수하였다고 주장하는 경우, 전(前)소유자가 양도사실을 부인하더라도 그 보존등기의 추정력은 깨어지지 않는다.

① ㉠, ㉡
② ㉠, ㉢
③ ㉡, ㉢
④ ㉡, ㉣
⑤ ㉢, ㉣

정답 101 ⑤   102 ①

해설 ㉠ (○) 전(前) 소유자가 사망한 후에 그의 신청에 의하여 이전등기가 이루어진 경우, 추정력은 깨진다. 따라서 사망자 명의로 신청하여 이루어진 이전등기는 일단 원인무효의 등기라고 볼 것이어서 등기의 추정력을 인정할 여지가 없으므로, 등기의 유효를 주장하는 자가 현재의 실체관계와 부합함을 증명할 책임이 있다(대판 2018다200730).
㉡ (○) 등기가 경료된 경우 대리권의 존재 사실도 추정된다. 즉, 전 등기명의인의 처분행위에 제3자가 개입되고 현 등기명의인이 그 제3자가 전 등기명의인의 대리인이라고 주장하는 경우에, 그 등기가 원인무효임을 이유로 말소를 청구하는 전 소유명의인이 그 제3자에게 대리권이 없었다든지, 제3자가 등기서류를 위조하였다는 등의 무효 사실에 대한 입증책임을 져야 한다(대판 91다26379, 26386).
㉢ (×) 근저당권설정행위와는 별도로 근저당권의 피담보채권을 성립시키는 법률행위가 있어야 하고, 근저당권의 성립 당시 근저당권의 피담보채권을 성립시키는 법률행위가 있었는지 여부에 대한 증명책임은 그 존재를 주장하는 측에 있다(대판 2010다107408). 즉, 피담보채권을 성립시키는 기본계약의 존재는 추정되지 않는다.
㉣ (×) 부동산소유권보존등기가 경료되어 있는 이상 그 보존등기명의자에게 소유권이 있음이 추정된다 하더라도 그 보존등기명의자가 보존등기하기 이전의 소유자로부터 부동산을 양수한 것이라고 주장하고 전 소유자는 양도 사실을 부인하는 경우에는 그 보존등기의 추정력은 깨지고 그 보존등기명의자 측에서 그 양수 사실을 입증할 책임이 있다(대판 82다카707).

103 혼동으로 인해 밑줄 친 권리가 확정적으로 소멸하는 경우는? (다툼이 있으면 판례에 의함)

제19회

① 지상권자가 <u>지상권</u>이 설정된 토지의 소유권을 단독상속한 경우
② <u>저당권</u>의 목적물을 저당권자가 매수하였으나 그 매매계약이 원인무효인 경우
③ <u>저당권</u>이 설정된 부동산에 가압류등기가 된 후 그 저당권자가 부동산의 소유권을 취득한 경우
④ 甲의 지상권에 대해 乙이 <u>1번 저당권</u>, 丙이 2번 저당권을 취득한 후 乙이 그 지상권을 취득한 경우
⑤ 주택임차인이 대항력 및 우선변제권이 있는 <u>임차권</u>을 취득한 다음에 그 주택에 제3자의 저당권이 설정된 후 임차인이 이를 매수하여 소유권을 취득한 경우

해설 ① 제191조 제1항
② 근저당권자가 소유권을 취득하면 그 근저당권은 혼동에 의하여 소멸하지만 그 뒤 그 소유권 취득이 무효인 것이 밝혀지면 소멸하였던 근저당권은 당연히 부활한다(대판 71다1368).
③ 어느 부동산에 관해 자신의 근저당권보다 열위의 가압류채권자가 있는 경우에 그 근저당권자가 위 부동산을 매수하여 소유권을 취득하였다 하더라도 근저당권은 혼동으로 소멸하지 않는다(대판 98다18463).
④ 소유권을 취득하는 乙보다 열위의 권리가 존재하는 경우에는 소멸하지 않는다.
⑤ 후순위 근저당권보다 먼저 대항력을 갖춘 임차권자가 소유권을 취득한 경우「민법」제191조 제1항 단서를 준용하여 임차권은 소멸하지 않는다.

정답 103 ①

104 혼동에 의한 물권소멸에 관한 설명으로 옳은 것을 모두 고른 것은? (다툼이 있으면 판례에 의함)
제22회

> ㉠ 甲의 토지 위에 乙이 1번 저당권, 丙이 2번 저당권을 가지고 있다가 乙이 증여를 받아 토지소유권을 취득하면 1번 저당권은 소멸한다.
> ㉡ 乙이 甲의 토지 위에 지상권을 설정받고, 丙이 그 지상권 위에 저당권을 취득한 후 乙이 甲으로부터 그 토지를 매수한 경우, 乙의 지상권은 소멸한다.
> ㉢ 甲의 토지를 乙이 점유하다가 乙이 이 토지의 소유권을 취득하더라도 乙의 점유권은 소멸하지 않는다.
> ㉣ 甲의 토지 위에 乙이 지상권, 丙이 저당권을 가지고 있는 경우, 丙이 그 소유권을 취득하면 丙의 저당권은 소멸한다.

① ㉠, ㉡   ② ㉡, ㉢   ③ ㉢, ㉣
④ ㉠, ㉣   ⑤ ㉠, ㉢

해설 ㉢ (○) 점유권은 소유권과 병존할 수 있으며, 혼동으로 소멸하지 않는다.
㉣ (○) 자신보다 열위의 권리가 없는 경우에는 원칙대로 혼동으로 소멸한다.
㉠ (×) 자신보다 열위의 권리가 있는 경우에는 소유권을 취득한 본인의 보호를 위하여 혼동으로 소멸하지 않는다.
㉡ (×) 혼동으로 소멸할 권리가 제3자 권리의 목적인 경우에는 혼동으로 소멸하지 않는다.

14 점유권

105 간접점유에 관한 설명으로 <u>틀린</u> 것은? (다툼이 있으면 판례에 따름)
제30회

① 「주택임대차보호법」상의 대항요건인 인도(引渡)는 임차인이 주택의 간접점유를 취득하는 경우에도 인정될 수 있다.
② 점유취득시효의 기초인 점유에는 간접점유도 포함된다.
③ 직접점유자가 그 점유를 임의로 양도한 경우, 그 점유 이전이 간접점유자의 의사에 반하더라도 간접점유가 침탈된 것은 아니다.
④ 간접점유자에게는 점유보호청구권이 인정되지 않는다.
⑤ 점유매개관계를 발생시키는 법률행위가 무효라 하더라도 간접점유는 인정될 수 있다.

해설 ④② 직접점유자뿐만 아니라 간접점유자도 점유자이므로(제194조) 간접점유자도 점유보호청구권의 주체가 되며, 상대방이 될 수도 있다. 또한 점유를 요건으로 하는 시효취득도 할 수 있다(대판 92다5300, 97다49053).

정답 104 ③   105 ④

106 점유에 관한 설명으로 옳은 것은? (다툼이 있으면 판례에 따름) 제29회

① 점유매개관계의 직접점유자는 타주점유자이다.
② 점유자는 소유의 의사로 과실 없이 점유한 것으로 추정한다.
③ 甲이 乙로부터 임차한 건물을 乙의 동의 없이 丙에게 전대한 경우, 乙만이 간접점유자이다.
④ 甲이 乙과의 명의신탁약정에 따라 자신의 부동산소유권을 乙명의로 등기한 경우, 乙의 점유는 자주점유이다.
⑤ 실제 면적이 등기된 면적을 상당히 초과하는 토지를 매수하여 인도받은 때에는 특별한 사정이 없으면 초과부분의 점유는 자주점유이다.

해설
① 간접점유가 성립하기 위해서는 특정인의 직접점유가 있어야 하고, 점유매개자인 직접점유자는 소유의 의사가 없는 타주점유를 하여야 한다.
② 점유자는 소유의 의사로 선의, 평온 및 공연하게 점유한 것으로 추정한다(제197조 제1항). 즉, 무과실은 추정되지 않는다.
③ 甲이 乙로부터 임차한 건물을 乙의 동의 없이 丙에게 전대한 경우, 乙뿐만 아니라 甲도 간접점유자이다.
④ 등기명의가 신탁되었다면 특별한 사정이 없는 한 명의수탁자의 부동산에 관한 점유는 그 권원의 성질상 자주점유라고 할 수 없다(대판 96다7403).
⑤ 자신 소유의 대지 위에 건축한 건물이 인접 토지를 침범하게 된 경우, 그 침범 면적이 통상 있을 수 있는 시공상의 착오 정도를 넘어 상당한 정도에까지 이르는 경우에는 그 토지의 점유는 소유의 의사가 있는 점유라고 할 수 없다(대판 99다58570, 58587).

107 점유에 관한 설명으로 옳은 것은? (다툼이 있으면 판례에 따름) 제26회

① 점유자의 점유가 자주점유인지 타주점유인지의 여부는 점유자 내심의 의사에 의하여 결정된다.
② 점유자의 점유권원에 관한 주장이 인정되지 않는다는 것만으로도 자주점유의 추정이 깨진다.
③ 점유물이 멸실·훼손된 경우, 선의의 타주점유자는 이익이 현존하는 한도 내에서 회복자에게 배상책임을 진다.
④ 악의의 점유자는 과실(過失) 없이 과실(果實)을 수취하지 못한 때에도 그 과실(果實)의 대가를 회복자에게 보상하여야 한다.
⑤ 점유자의 특정승계인이 자기의 점유와 전(前) 점유자의 점유를 아울러 주장하는 경우, 그 하자도 승계한다.

정답 106 ① 107 ⑤

해설 ① 점유자의 점유가 소유의 의사가 있는 자주점유인지 아니면 소유의 의사가 없는 타주점유인지의 여부는 점유자의 내심의 의사에 의하여 결정되는 것이 아니라 점유취득의 원인이 된 권원의 성질이나 점유와 관계가 있는 모든 사정에 의하여 외형적·객관적으로 결정되어야 한다(대판 95다28625).
② 점유자가 스스로 매매 또는 증여와 같은 자주점유의 권원을 주장하였으나 이것이 인정되지 않은 경우에도 원래 이와 같은 자주점유의 권원에 관한 입증책임이 점유자에게 있지 아니한 이상 그 점유권원이 인정되지 않는다는 사유만으로 자주점유의 추정이 번복된다거나 또는 점유권원의 성질상 타주점유라고는 볼 수 없다(대판 82다708).
③ 현존이익만을 배상하면 되는 자는 선의이면서 자주점유여야 하며, 소유의 의사가 없는 점유자는 선의인 경우에도 손해 전부를 배상하여야 한다.
④ 악의의 점유자는 수취한 과실을 반환하여야 하며 소비하였거나 과실(過失)로 인하여 훼손 또는 수취하지 못한 경우에는 그 과실(果實)의 대가를 보상하여야 한다(제201조 제2항). 즉, 악의의 점유자라도 고의나 과실(過失)이 없는 경우에는 대가를 보상하는 것이 아니며, 과실(過失)로 인하여 훼손 또는 수취하지 못한 경우에 대가보상책임이 인정된다.

108 점유권에 관한 설명으로 틀린 것은? (다툼이 있으면 판례에 따름) 제32회

① 특별한 사정이 없는 한, 건물의 부지가 된 토지는 그 건물의 소유자가 점유하는 것으로 보아야 한다.
② 전후 양 시점의 점유자가 다른 경우 점유승계가 증명되면 점유계속은 추정된다.
③ 적법하게 과실을 취득한 선의의 점유자는 회복자에게 통상의 필요비의 상환을 청구하지 못한다.
④ 점유자가 상대방의 사기에 의해 물건을 인도한 경우 점유침탈을 이유로 한 점유물반환청구권은 발생하지 않는다.
⑤ 선의의 점유자가 본권의 소에서 패소하면 패소 확정시부터 악의의 점유자로 본다.

해설 ⑤ 선의의 점유자라도 본권에 관한 소에 패소한 때에는 그 소가 제기된 때로부터 악의의 점유자로 본다(제197조 제2항).
① 사회통념상 건물은 그 부지를 떠나서는 존재할 수 없는 것이므로 건물의 부지가 된 토지는 그 건물의 소유자가 점유하는 것으로 볼 것이고, 이 경우 건물의 소유자가 현실적으로 건물이나 그 부지를 점거하고 있지 아니하고 있더라도 그 건물의 소유를 위하여 그 부지를 점유한다고 보아야 한다(대판 95다47282).

정답 108 ⑤

109 점유에 관한 설명으로 옳은 것은? (다툼이 있으면 판례에 따름) 제33회

① 제3자가 직접점유자의 점유를 방해한 경우, 특별한 사정이 없는 한 간접점유자에게는 점유권에 기한 방해배제청구권이 인정되지 않는다.
② 취득시효의 요건인 점유에는 간접점유가 포함되지 않는다.
③ 소유권의 시효취득을 주장하는 점유자는 특별한 사정이 없는 한 자신의 점유가 자주점유에 해당함을 증명하여야 한다.
④ 선의의 점유자가 본권에 관한 소에 패소한 경우, 그 자는 패소가 확정된 때부터 악의의 점유자로 본다.
⑤ 양도인이 등기부상의 명의인과 동일인이며 그 명의를 의심할 만한 특별한 사정이 없는 경우, 그 부동산을 양수하여 인도받은 자는 과실(過失) 없는 점유자에 해당한다.

해설 ⑤ 부동산을 매수하는 사람으로서는 매도인에게 부동산을 처분할 권한이 있는지 여부를 조사하여야 하므로, 이를 조사하였더라면 매도인에게 처분권한이 없음을 알 수 있었음에도 불구하고 그러한 조사를 하지 않고 매수하였다면 부동산의 점유에 대하여 과실이 있다고 보아야 한다. 매도인이 등기부상의 소유명의자와 동일인인 경우에는 일반적으로는 등기부의 기재가 유효한 것으로 믿고 매수한 사람에게 과실이 있다고 할 수 없을 것이다. 그러나 만일 등기부의 기재 또는 다른 사정에 의하여 매도인의 처분권한에 대하여 의심할 만한 사정이 있거나, 매도인과 매수인의 관계 등에 비추어 매수인이 매도인에게 처분권한이 있는지 여부를 조사하였더라면 별다른 사정이 없는 한 그 처분권한이 없음을 쉽게 알 수 있었을 것으로 보이는 경우에는, 매수인이 매도인 명의로 된 등기를 믿고 매수하였다 하여 그것만으로 과실이 없다고 할 수 없다(대판 2016다248424).
①② 간접점유자도 점유권을 가진다(제194조). 따라서 간접점유자도 점유보호청구권의 주체가 되며, 상대방이 될 수도 있다. 또한 점유를 요건으로 하는 시효취득도 할 수 있다.
③ 점유자의 점유는 자주점유로 추정된다(제197조 제1항). 따라서 점유자는 스스로 자주점유임을 입증할 필요가 없으며 타주점유를 주장하는 자가 이를 입증하여야 한다.
④ 선의의 점유자라도 본권에 관한 소에 패소한 때에는 그 소가 제기된 때로부터 악의의 점유자로 본다(제197조 제2항).

정답 109 ⑤

15 점유자와 회복자의 관계

110 점유자와 회복자의 관계 등에 관한 설명으로 틀린 것은? 제28회

① 선의의 점유자는 점유물의 과실을 취득한다.
② 점유자가 점유물반환청구권을 행사하는 경우, 그 침탈된 날로부터 1년 내에 행사하여야 한다.
③ 점유자가 필요비를 지출한 경우, 그 가액의 증가가 현존한 경우에 한하여 상환을 청구할 수 있다.
④ 점유자가 점유의 방해를 받을 염려가 있는 때에는 그 방해의 예방 또는 손해배상의 담보를 청구할 수 있다.
⑤ 점유물이 점유자의 책임 있는 사유로 멸실된 경우, 소유의 의사가 없는 점유자는 선의인 경우에도 손해의 전부를 배상해야 한다.

해설 ③ 가액의 증가가 현존한 경우에 한하여 상환을 청구할 수 있는 것은 필요비에 관한 내용이 아니라 유익비에 대한 내용에 해당한다(제203조 제2항).

111 점유자와 회복자의 관계에 관한 설명으로 옳은 것은? (다툼이 있으면 판례에 따름) 제34회

① 점유물이 점유자의 책임 있는 사유로 멸실된 경우, 선의의 타주점유자는 이익이 현존하는 한도에서 배상해야 한다.
② 악의의 점유자는 특별한 사정이 없는 한 통상의 필요비를 청구할 수 있다.
③ 점유자의 필요비상환청구에 대해 법원은 회복자의 청구에 의해 상당한 상환기간을 허여할 수 있다.
④ 이행지체로 인해 매매계약이 해제된 경우, 선의의 점유자인 매수인에게 과실취득권이 인정된다.
⑤ 은비(隱祕)에 의한 점유자는 점유물의 과실을 취득한다.

해설 ② 비용상환청구권은 점유자의 선·악을 불문하고 인정된다.
① 점유물이 점유자의 책임 있는 사유로 인하여 멸실 또는 훼손한 때에는 악의의 점유자는 그 손해의 전부를 배상하여야 하며, 선의의 점유자는 이익이 현존하는 한도에서 배상하여야 한다. 소유의 의사가 없는 점유자는 선의인 경우에도 손해의 전부를 배상하여야 한다(제202조). 따라서 선의의 타주 점유자는 손해의 전부를 배상하여야 한다.

정답 110 ③ 111 ②

③ 점유자의 청구에 대해 법원이 상당한 상환기간을 허여할 수 있는 것은 유익비이며, 필요비에 대해서는 상환기간의 허여가 인정되지 않는다(제203조 제3항).
④ 계약해제의 효과로서의 원상회복의무를 규정한「민법」제548조 제1항 본문은 부당이득에 관한 특별 규정의 성격을 가진 것이라 할 것이어서, 그 이익 반환의 범위는 이익의 현존 여부나 선의·악의에 불문하고 특단의 사유가 없는 한 받은 이익의 전부라고 할 것이다(대판 98다43175). 즉, 해제시에는 선의의 점유자라도 과실을 취득할 수 없다.
⑤ 폭력·은비에 의한 점유자는 악의의 점유자와 마찬가지로 다루어지므로 과실취득권이 부인된다(제201조 제2항·제3항).

112 점유자와 회복자의 관계에 관한 설명으로 틀린 것은? (다툼이 있으면 판례에 따름)

제29회

① 점유물의 과실을 취득한 선의의 점유자는 통상의 필요비의 상환을 청구하지 못한다.
② 악의의 점유자가 책임 있는 사유로 점유물을 멸실한 때에는 그는 현존이익의 범위 내에서 배상하여야 한다.
③ 악의의 점유자는 받은 이익에 이자를 붙여 반환하고 그 이자의 이행지체로 인한 지연손해금까지 지급하여야 한다.
④ 유익비는 점유물의 가액 증가가 현존한 때에 한하여 상환을 청구할 수 있다.
⑤ 법원이 유익비의 상환을 위하여 상당한 기간을 허여한 경우, 유치권은 성립하지 않는다.

해설 ② 점유물이 점유자의 책임 있는 사유로 인하여 멸실 또는 훼손한 때에는 악의의 점유자는 그 손해의 전부를 배상하여야 하며, 선의의 점유자는 이익이 현존하는 한도에서 배상하여야 한다. 소유의 의사가 없는 점유자는 선의인 경우에도 손해의 전부를 배상하여야 한다(제202조).

정답 112 ②

113 점유자와 회복자의 관계에 관한 설명으로 옳은 것은? (다툼이 있으면 판례에 따름)

제31회

① 선의의 점유자는 과실을 취득하더라도 통상의 필요비의 상환을 청구할 수 있다.
② 이행지체로 인해 매매계약이 해제된 경우, 선의의 점유자인 매수인에게 과실취득권이 인정된다.
③ 악의의 점유자가 책임 있는 사유로 점유물을 훼손한 경우, 이익이 현존하는 한도에서 배상해야 한다.
④ 점유자가 유익비를 지출한 경우, 점유자의 선택에 좇아 그 지출금액이나 증가액의 상환을 청구할 수 있다.
⑤ 무효인 매매계약의 매수인이 점유목적물에 필요비 등을 지출한 후 매도인이 그 목적물을 제3자에게 양도한 경우, 점유자인 매수인은 양수인에게 비용상환을 청구할 수 있다.

해설 ⑤ 「민법」제203조 제2항에 의한 점유자의 회복자에 대한 유익비상환청구권은 점유자가 계약관계 등 적법하게 점유할 권리를 가지지 않아 소유자의 소유물반환청구에 응하여야 할 의무가 있는 경우에 성립되는 것으로서, 이 경우 점유자는 그 비용을 지출할 당시의 소유자가 누구이었는지에 관계없이 점유회복 당시의 소유자 즉, 회복자에 대하여 비용상환청구권을 행사할 수 있다(대판 2011다101209). 따라서 점유자인 매수인은 점유 회복당시의 소유자인 양수인에게 비용상환을 청구할 수 있다.

① 점유자가 점유물을 반환할 때에는 회복자에 대하여 점유물을 보존하기 위하여 지출한 금액 기타 필요비의 상환을 청구할 수 있다. 그러나 점유자가 과실을 취득한 경우에는 통상의 필요비는 청구하지 못한다(제203조 제1항).

② 계약해제로 인하여 계약당사자가 원상회복의무를 부담함에 있어서 계약당사자 일방이 목적물을 이용한 경우에는 그 사용에 의한 이익을 상대방에게 반환하여야 한다(대판 91다13267). 즉, 계약의 해제시에는 원상회복(제548조)이 우선적용되어 제201조가 적용되지 않으므로 해제시에는 선의의 점유자라도 과실을 취득할 수 없다.

③ 점유물이 점유자의 책임 있는 사유로 인하여 멸실 또는 훼손한 때에는 악의의 점유자는 그 손해의 전부를 배상하여야 하며, 선의의 점유자는 이익이 현존하는 한도에서 배상하여야 한다. 소유의 의사가 없는 점유자는 선의인 경우에도 손해의 전부를 배상하여야 한다(제202조). 따라서 악의의 점유자는 손해의 전부를 배상하여야 한다.

④ 점유자가 점유물을 개량하기 위하여 지출한 금액 기타 유익비에 관하여는 그 가액의 증가가 현존한 경우에 한하여 회복자의 선택에 좇아 그 지출금액이나 증가액의 상환을 청구할 수 있다(제203조 제2항).

정답 113 ⑤

16 점유보호청구권

114 점유물반환청구권에 관한 설명으로 틀린 것은? 　　제21회

① 乙의 점유보조자 甲은 원칙적으로 점유물반환청구권을 행사할 수 없다.
② 乙이 甲을 기망하여 甲으로부터 점유물을 인도받은 경우, 甲은 乙에게 점유물반환청구권을 행사할 수 있다.
③ 甲이 점유하는 물건을 乙이 침탈한 경우, 甲은 침탈당한 날로부터 1년 내에 점유물의 반환을 청구하여야 한다.
④ 직접점유자 乙이 간접점유자 甲의 의사에 반하여 점유물을 丙에게 인도한 경우, 甲은 丙에게 점유물반환청구권을 행사할 수 없다.
⑤ 甲이 점유하는 물건을 乙이 침탈한 후 乙이 이를 선의의 丙에게 임대하여 인도한 경우, 甲은 丙에게 점유물반환청구권을 행사할 수 없다.

> **해설** ② 사기의 의사표시에 의해 건물을 명도해 준 것이라면 건물의 점유를 침탈당한 것이 아니므로 피해자는 점유회수의 소권을 가진다고 할 수 없다(대판 91다17443).

115 점유보호청구권에 관한 설명으로 틀린 것은? (다툼이 있으면 판례에 따름) 　　제35회

① 점유권에 기인한 소는 본권에 관한 이유로 재판하지 못한다.
② 과실 없이 점유를 방해하는 자에 대해서도 방해배제를 청구할 수 있다.
③ 점유자가 사기를 당해 점유를 이전한 경우, 점유물반환을 청구할 수 없다.
④ 공사로 인하여 점유의 방해를 받은 경우, 그 공사가 완성한 때에는 방해의 제거를 청구하지 못한다.
⑤ 타인의 점유를 침탈한 뒤 제3자에 의해 점유를 침탈당한 자는 점유물반환청구권의 상대방이 될 수 있다.

> **해설** ⑤ 불법점유를 이유로 하여 그 명도 또는 인도를 청구하려면 현실적으로 그 목적물을 점유하고 있는 자를 상대로 하여야 하고 불법점유자라 하여도 그 물건을 다른 사람에게 인도하여 현실적으로 점유를 하고 있지 않은 이상, 그 자를 상대로 한 인도 또는 명도청구는 부당하다(대판 98다9045).

정답 114 ② 　 115 ⑤

17 소유권 – 상린관계

116 소유권에 관한 설명으로 틀린 것은? (다툼이 있으면 판례에 따름) 제32회

① 기술적 착오로 지적도상의 경계선이 진실한 경계선과 다르게 작성된 경우, 그 토지의 경계는 실제의 경계에 따른다.
② 토지가 포락되어 원상복구가 불가능한 경우, 그 토지에 대한 종전 소유권은 소멸한다.
③ 타인의 토지를 통과하지 않으면 필요한 수도를 설치할 수 없는 토지의 소유자는 그 타인의 승낙 없이도 수도를 시설할 수 있다.
④ 포위된 토지가 공로를 접하게 되어 주위토지통행권을 인정할 필요성이 없어진 경우에도 그 통행권은 존속한다.
⑤ 증축된 부분이 기존의 건물과 구조상·이용상 독립성이 없는 경우, 그 부분은 기존의 건물에 부합한다.

해설 ④ 포위된 토지가 공로에 접하게 된 경우에는 특단의 사정이 없는 한 종전의 주위토지통행권은 소멸한다(대판 97다47118).
① 어떤 토지가 지적공부에 1필지의 토지로 등록되면 경계 등은 다른 특별한 사정이 없는 한 이 등록으로써 특정되고 그 소유권의 범위는 현실의 경계와 관계없이 공부상의 경계에 의하여 확정되는 것이다. 다만 지적도를 작성함에 있어서 그 기점을 잘못 선택하는 등 기술적인 착오로 말미암아 지적도상의 경계선이 진실한 경계선과 다르게 작성되었기 때문에 경계와 지적이 실제의 것과 일치하지 않게 되었다는 특별한 사정이 있는 경우에는 그 토지의 경계는 실제의 경계에 의하여야 할 것이다(대판 93다22845). 즉, 원칙적으로는 공부상 경계에 따르지만 기술적 착오로 인해 다르게 작성된 경우에는 실제의 경계에 따른다.

정답 116 ④

117 甲과 乙의 대지 및 주택은 이웃하고 있다. 상린관계에 관한 설명 중 옳은 것은? 제17회

① 乙 소유 주택의 일부는 甲 소유 대지와 乙 소유 대지의 경계표인 담이 될 수 없다.
② 甲 소유의 감나무뿌리가 乙소유 대지를 침범한 경우, 乙은 甲의 의사에 반해서도 임의로 그 뿌리를 제거할 수 있다.
③ 甲이 乙 소유 주택에 들어갈 필요가 있는 경우에는 乙의 승낙을 받아야 하고, 乙이 거절하면 판결로 이에 갈음할 수 있다.
④ 甲이 건물을 건축하기 위해서 乙 소유 대지의 사용이 필수적인 경우, 필요한 범위 내에서 그 대지를 임의로 사용할 수 있다.
⑤ 甲이 乙 소유 대지와의 경계로부터 반미터 이상의 거리를 두지 않고 건물을 완성하였더라도 그 건물착공일로부터 1년이 경과되지 않았다면, 乙은 甲에게 그 철거를 청구할 수 있다.

해설 ② 인접지의 수목가지가 경계를 넘은 때에는 그 소유자에 대하여 가지의 제거를 청구할 수 있고, 상대방이 이에 응하지 않는 때에는 청구자가 그 가지를 제거할 수 있다(제240조 제1항·제2항). 한편, 인접지의 수목뿌리가 경계를 넘은 때에는 임의로 제거할 수 있다(제240조 제3항).
① 경계에 설치된 경계표 담, 구거 등은 상린자의 공유로 추정한다. 그러나 경계표, 담, 구거 등이 상린자 일방의 단독비용으로 설치되었거나 담이 건물의 일부의 경우에는 그러하지 아니하다(제237조). 즉, 주택의 일부가 담이 될 수 있다.
③ 주거에 들어가기 위해서는 반드시 승낙을 얻어야 하며 법원의 판결로써 갈음할 수 없다.
④ 이웃 토지의 사용을 위해서 승낙을 얻지 못한 경우, 법원의 판결로써 갈음할 수 있다는 것이지 임의로 사용할 수 있는 것은 아니다.
⑤ 건축에 착수한 후 1년이 경과하거나 건물이 완성된 후에는 손해배상만을 청구할 수 있다(제242조 제2항 단서).

정답 117 ②

118 「민법」상 상린관계에 관한 설명으로 옳은 것을 모두 고른 것은? (다툼이 있으면 판례에 따름)

제33회

> ㉠ 토지 주변의 소음이 사회통념상 수인한도를 넘지 않은 경우에도 그 토지소유자는 소유권에 기하여 소음피해의 제거를 청구할 수 있다.
> ㉡ 우물을 파는 경우에 경계로부터 2미터 이상의 거리를 두어야 하지만, 당사자 사이에 이와 다른 특약이 있으면 그 특약이 우선한다.
> ㉢ 토지소유자가 부담하는 자연유수의 승수의무(承水義務)에는 적극적으로 그 자연유수의 소통을 유지할 의무가 포함된다.

① ㉠
② ㉡
③ ㉢
④ ㉠, ㉡
⑤ ㉡, ㉢

해설 ㉡ (○) 지하시설을 하는 경우에 있어서 경계로부터 두어야 할 거리에 관한 사항 등을 규정한 「민법」 제244조는 강행규정이라고는 볼 수 없으므로 이와 다른 내용의 당사자 간의 특약을 무효라고 할 수 없다(대판 80다1634).
㉠ (×) 건물의 소유자 또는 점유자가 인근의 소음으로 인하여 정온하고 쾌적한 일상생활을 영유할 수 있는 생활이익이 침해되고 그 침해가 사회통념상 수인한도를 넘어서는 경우에 건물의 소유자 또는 점유자는 그 소유권 또는 점유권에 기하여 소음피해의 제거나 예방을 위한 유지청구를 할 수 있다(대판 2004다37904, 37911).
㉢ (×) 「민법」 제221조 제1항 소정의 자연유수의 승수의무란 토지소유자는 다만 소극적으로 이웃 토지로부터 자연히 흘러오는 물을 막지 못한다는 것뿐이지 적극적으로 그 자연유수의 소통을 유지할 의무까지 토지소유자로 하여금 부담케 하려는 것은 아니다(대판 77다1588).

정답 118 ②

119 주위토지통행권에 관한 설명으로 **틀린** 것은? (다툼이 있으면 판례에 따름) 제27회

① 주위토지통행권은 토지와 공로 사이에 기존의 통로가 있더라도 그것이 그 토지의 이용에 부적합하여 실제로 통로로서의 충분한 기능을 하지 못하는 경우에도 인정된다.
② 주위토지통행권의 범위를 장차 건립될 아파트의 건축을 위한 이용상황까지 미리 대비하여 정할 수 있다.
③ 주위토지통행권이 인정되는 경우 통로개설비용은 원칙적으로 주위토지통행권자가 부담하여야 한다.
④ 통행지소유자가 주위토지통행권에 기한 통행에 방해가 되는 축조물을 설치한 경우 주위토지통행권의 본래적 기능발휘를 위하여 통행지소유자가 그 철거의무를 부담한다.
⑤ 주위토지통행권의 성립에는 등기가 필요 없다.

> **해설** ② 주위토지통행권은 현재의 토지의 용법에 따른 이용의 범위에서 인정되는 것이지 더 나아가 장차의 이용상황까지 미리 대비하여 통행로를 정할 것은 아니다(대판 2004다10268).

120 주위토지통행권에 관한 설명으로 옳은 것은? (다툼이 있으면 판례에 의함) 제24회

① 주위토지통행권자는 담장과 같은 축조물이 통행에 방해가 되더라도 그 철거를 청구할 수 없다.
② 토지분할로 무상주위토지통행권을 취득한 분할토지의 소유자가 그 토지를 양도한 경우, 양수인에게는 무상주위토지통행권이 인정되지 않는다.
③ 소유 토지의 용도에 필요한 통로가 이미 있더라도 그 통로를 사용하는 것보다 더 편리하다면 다른 장소로 통행할 권리가 인정된다.
④ 기존의 통로가 있으면, 그것이 당해 토지의 이용에 부적합하여 실제로 통로로서의 충분한 기능을 하지 못할 때에도 주위토지통행권은 인정되지 않는다.
⑤ 주위토지통행권은 일단 발생하면 나중에 그 토지에 접하는 공로가 개설되어 그 통행권을 인정할 필요가 없어지더라도 소멸하지 않는다.

> **해설** ② 분할 또는 토지의 일부 양도로 인하여 공로에 통하지 못하는 토지가 생긴 경우에 그 포위된 토지를 위한 통행권은 분할 또는 일부 양도 전의 종전 토지에만 있고 그 경우 통행에 대한 보상의 의무가 없다고 하는 「민법」 제220조의 규정은 직접분자 또는 일부 양도의 당사자 사이에만 적용되고 포위된 토지 또는 피통행지의 특정승계인에게는 적용되지 않는다(대판 96다34333).
> ① 주위토지통행권의 본래적 기능발휘를 위해서는 그 통행에 방해가 되는 담장과 같은 축조물도 위 통행권의 행사에 의하여 철거되어야 한다(대판 2005다70144).

정답 119 ②   120 ②

③ 주위토지통행권은 그 소유토지와 공로 사이에 그 토지의 용도에 필요한 통로가 없는 경우에 한하여 인정되는 것이므로 이미 그 소유토지의 용도에 필요한 통로가 있는 경우에는 이 통로를 사용하는 것보다 더 편리하다는 이유만으로 다른 장소로 통행할 권리를 인정할 수는 없다(대판 82다카102).
④ 주위토지통행권은 어느 토지가 타인 소유의 토지에 둘러싸여 공로에 통할 수 없는 경우뿐만 아니라, 이미 기존의 통로가 있더라도 그것이 당해 토지의 이용에 부적합하여 실제로 통로로서의 충분한 기능을 하지 못하고 있는 경우에도 인정된다(대판 2002다53469).
⑤ 일단 주위토지통행권이 발생하였다고 하더라도 나중에 그 토지에 접하는 공로가 개설됨으로써 주위토지통행권을 인정할 필요성이 없어진 때에는 그 통행권은 소멸한다(대판 97다47118).

18 부동산의 취득시효

121 시효취득을 할 수 없는 것은? (다툼이 있으면 판례에 따름) 제26회

① 저당권
② 계속되고 표현된 지역권
③ 지상권
④ 국유재산 중 일반재산
⑤ 성명불상자(姓名不詳者)의 토지

해설 ① 저당권은 점유를 수반하지 않는 권리이므로 일정기간의 점유를 요건으로 하는 취득시효의 대상이 될 여지가 없다.

122 부동산의 점유취득시효에 관한 설명으로 틀린 것은? (다툼이 있으면 판례에 따름) 제32회

① 성명불상자(姓名不詳者)의 소유물에 대하여 시효취득을 인정할 수 있다.
② 국유재산도 취득시효기간 동안 계속하여 일반재산인 경우 취득시효의 대상이 된다.
③ 점유자가 자주점유의 권원을 주장하였으나 이것이 인정되지 않는 경우, 특별한 사정이 없는 한 자주점유의 추정은 번복된다.
④ 점유의 승계가 있는 경우 시효이익을 받으려는 자는 자기 또는 전(前)점유자의 점유개시일 중 임의로 점유기산점을 선택할 수 있다.
⑤ 취득시효완성 후 소유권이전등기를 마치지 않은 시효완성자는 소유자에 대하여 취득시효 기간 중의 점유로 발생한 부당이득의 반환의무가 없다.

해설 ③ 점유자가 스스로 매매 또는 증여와 같은 자주점유의 권원을 주장하였으나 이것이 인정되지 않은 경우에도 원래 이와 같은 자주점유의 권원에 관한 입증책임이 점유자에게 있지 아니한 이상 그 점유권원이 인정되지 않는다는 사유만으로 자주점유의 추정이 번복된다거나 점유권원의 성질상 타주점유라고는 볼 수 없다(대판 전합 82다708).

정답 121 ① 122 ③

123. 점유취득시효에 관한 설명으로 옳은 것은? (다툼이 있으면 판례에 따름) 제30회

① 부동산에 대한 악의의 무단점유는 점유취득시효의 기초인 자주점유로 추정된다.
② 집합건물의 공용부분은 별도로 취득시효의 대상이 되지 않는다.
③ 1필의 토지 일부에 대한 점유취득시효는 인정될 여지가 없다.
④ 아직 등기하지 않은 시효완성자는 그 완성 전에 이미 설정되어 있던 가등기에 기하여 시효완성 후에 소유권 이전의 본등기를 마친 자에 대하여 시효완성을 주장할 수 있다.
⑤ 부동산에 대한 압류 또는 가압류는 점유취득시효를 중단시킨다.

해설 ② 공용부분에 대하여 취득시효의 완성을 인정하여 그 부분에 대한 소유권 취득을 인정한다면 전유부분과 분리하여 공용부분의 처분을 허용하고 일정 기간의 점유로 인하여 공용부분이 전유부분으로 변경되는 결과가 되어 「집합건물의 소유 및 관리에 관한 법률」의 취지에 어긋나게 된다. 따라서 집합건물의 공용부분은 취득시효에 의한 소유권 취득의 대상이 될 수 없다고 봄이 타당하다(대판 2011다78200, 78217).

① 점유자가 점유개시 당시에 소유권 취득의 원인이 될 수 있는 법률행위 기타 법률요건이 없이 그와 같은 법률요건이 없다는 사실을 잘 알면서 타인 소유의 부동산을 무단점유한 것이 입증된 경우에는 특별한 사정이 없는 한 그 점유자는 타인의 소유권을 배척하고 점유할 의사를 갖고 있지 않다고 보아야 하므로 이로써 소유의 의사가 있는 점유라는 추정은 깨어진다(대판 97다55447). 즉, 악의의 무단점유임이 드러나면 자주점유의 추정이 깨어진다.

③ 1필 토지의 일부에 대한 시효취득도 인정이 된다. 다만, 1필의 토지의 일부에 대한 시효취득을 인정하기 위하여는 그 부분이 다른 부분과 구분되어 시효취득자의 점유에 속한다는 것을 인식하기에 족한 객관적인 징표가 계속하여 존재할 것을 요한다(대판 93다5581).

④ 취득시효완성에 의한 등기를 하기 전에 먼저 소유권이전등기를 경료하여 부동산소유권을 취득한 제3자에 대하여는 그 제3자 명의의 등기가 무효가 아닌 한 시효취득을 주장할 수 없다고 함이 당원의 판례이고, 한편 가등기는 그 성질상 본등기의 순위보전의 효력만이 있어 후일 본 등기가 경료된 때에는 본등기의 순위가 가등기한 때로 소급하는 것 뿐이지 본등기에 의한 물권변동의 효력이 가등기한 때로 소급하여 발생하는 것은 아니므로 이 사건 토지에 관한 취득시효가 완성된 후 그 등기를 하기 전에 이미 설정되어 있던 가등기에 기하여 소유권이전의 본등기를 경료하였다면 원고들은 시효완성 후 부동산소유권을 취득한 제3자에 대하여 시효취득을 주장할 수 없다(대판 92다21258). 즉, 시효완성 후 제3자의 본등기가 이루어졌다면 제3자의 소유권 취득의 시기는 시효완성 전인 가등기시가 아니라 시효완성 후인 본등기시이므로 시효완성자는 시효완성 후에 소유권을 취득한 제3자에게 시효완성을 주장할 수 없다.

⑤ 점유로 인한 부동산소유권의 시효취득에 있어 취득시효의 중단사유는 종래의 점유상태의 계속을 파괴하는 것으로 인정될 수 있는 사유이어야 하는데, 「민법」 제168조 제2호에서 정하는 '압류 또는 가압류'는 금전채권의 강제집행을 위한 수단이거나 그 보전수단에 불과하여 취득시효기간의 완성 전에 부동산에 압류 또는 가압류 조치가 이루어졌다고 하더라도 이로써 종래의 점유상태의 계속이 파괴되었다고는 할 수 없으므로 이는 취득시효의 중단사유가 될 수 없다(대판 2018다296878).

정답 123 ②

124 부동산 점유취득시효에 관한 설명으로 옳은 것은? (다툼이 있으면 판례에 따름) 제34회

① 국유재산 중 일반재산이 시효완성 후 행정재산으로 되더라도 시효완성을 원인으로 한 소유권이전등기를 청구할 수 있다.
② 시효완성 당시의 소유권보존등기가 무효라면 그 등기명의인은 원칙적으로 시효완성을 원인으로 한 소유권이전등기청구의 상대방이 될 수 없다.
③ 시효완성 후 점유자 명의로 소유권이전등기가 경료되기 전에 부동산 소유명의자는 점유자에 대해 점유로 인한 부당이득반환청구를 할 수 있다.
④ 미등기부동산에 대한 시효가 완성된 경우, 점유자는 등기 없이도 소유권을 취득한다.
⑤ 시효완성 전에 부동산이 압류되면 시효는 중단된다.

해설 ② 점유취득시효완성을 원인으로 한 소유권이전등기청구는 시효완성 당시의 소유자를 상대로 하여야 하므로 시효완성 당시의 소유권보존등기 또는 이전등기가 무효라면 원칙적으로 그 등기명의인은 시효취득을 원인으로 한 소유권이전등기청구의 상대방이 될 수 없고, 이 경우 시효취득자는 소유자를 대위하여 위 무효등기의 말소를 구하고 다시 위 소유자를 상대로 취득시효완성을 이유로 한 소유권이전등기를 구하여야 한다(대판 2002다43417).

① 원래는 일반재산이던 것이 행정재산으로 된 경우 일반재산일 당시에 취득시효가 완성되었다고 하더라도 행정재산으로 된 이상 이를 원인으로 하는 소유권이전등기를 청구할 수 없다(대판 96다10782).
③ 부동산에 대한 취득시효가 완성되면 점유자는 소유명의자에 대하여 취득시효완성을 원인으로 한 소유권이전등기절차의 이행을 청구할 수 있고 소유명의자는 이에 응할 의무가 있으므로 점유자가 그 명의로 소유권이전등기를 경료하지 아니하여 아직 소유권을 취득하지 못하였다고 하더라도 소유명의자는 점유자에 대하여 점유로 인한 부당이득반환청구를 할 수 없다(대판 92다51280).
④ 「민법」제245조 제1항의 취득시효기간의 완성만으로는 소유권취득의 효력이 바로 생기는 것이 아니라, 다만 이를 원인으로 하여 소유권취득을 위한 등기청구권이 발생할 뿐이고, 미등기 부동산의 경우라고 하여 취득시효기간의 완성만으로 등기 없이도 점유자가 소유권을 취득한다고 볼 수 없다(대판 2006다22074, 22081).
⑤ 점유로 인한 부동산소유권의 시효취득에 있어 취득시효의 중단사유는 종래의 점유상태의 계속을 파괴하는 것으로 인정될 수 있는 사유이어야 하는데, 「민법」제168조 제2호에서 정하는 '압류 또는 가압류'는 금전채권의 강제집행을 위한 수단이거나 그 보전수단에 불과하여 취득시효기간의 완성 전에 부동산에 압류 또는 가압류 조치가 이루어졌다고 하더라도 이로써 종래의 점유상태의 계속이 파괴되었다고는 할 수 없으므로 이는 취득시효의 중단사유가 될 수 없다(대판 2018다296878).

정답 124 ②

125

A는 B의 X토지를 매수하여 1992.2.2.부터 등기 없이 2014년 현재까지 점유하고 있다. 다음 설명 중 옳은 것은? (다툼이 있으면 판례에 의함) 제25회 변형

① A의 B에 대한 매매를 원인으로 한 소유권이전등기청구권은 2002.2.2. 시효로 소멸한다.
② A가 매매를 원인으로 하여 점유를 개시하였음을 증명하지 못하면, 그의 점유는 타주점유로 본다.
③ C가 2010.9.9. X토지를 B로부터 매수하여 소유권을 취득한 경우, A는 X토지를 시효취득할 수 없다.
④ A가 2013.3.3. D에게 X토지를 매도하여 점유를 이전한 경우, D는 A의 시효완성의 효과를 주장하여 B에게 직접 소유권이전등기를 청구할 수 없다.
⑤ E가 2014.4.4. X토지에 청구권보전의 가등기를 한 경우, A는 더 이상 X토지를 시효취득할 수 없다.

해설 ④ 전 점유자의 점유를 승계한 자는 그 점유 자체와 하자만을 승계하는 것이지 그 점유로 인한 법률효과까지 승계하는 것은 아니므로 부동산을 취득시효기간 만료 당시의 점유자로부터 양수하여 점유를 승계한 현 점유자는 자신의 전 점유자에 대한 소유권이전등기청구권을 보전하기 위하여 전 점유자의 소유자에 대한 소유권이전등기청구권을 대위행사할 수 있을 뿐, 전 점유자의 취득시효완성의 효과를 주장하여 직접 자기에게 소유권이전등기를 청구할 권원은 없다(대판 93다47745).
① 토지에 대한 취득시효 완성으로 인한 소유권이전등기청구권은 그 토지에 대한 점유가 계속되는 한 시효로 소멸하지 아니한다(대판 95다34866, 34873)
② 자주점유는 추정되므로 타주점유를 주장하는 자가 이를 깨트려야 한다.
③ 취득시효기간 완성 후 아직 그것을 원인으로 소유권이전등기를 경료하지 아니한 자는 종전 소유자로부터 그 부동산에 대한 등기부상 소유명의를 넘겨받은 제3자에 대하여 시효취득을 주장할 수 없으나 취득시효기간 만료 전에 등기명의를 넘겨받은 시효완성 당시의 등기명의자에 대하여는 그 소유권취득을 주장할 수 있다(대판 88다카5843). 지문은 20년의 시효기간이 완성되기 전에 소유자가 변경된 경우이므로 A는 시효취득을 주장할 수 있다.
⑤ 가등기가 되어 있다는 것이 시효취득에 장애사유가 되는 것은 아니다.

정답 125 ④

126 소유권의 취득에 관한 설명으로 옳은 것은? (다툼이 있으면 판례에 따름)   제33회 변형

① 저당권 실행을 위한 경매절차에서 매수인이 된 자가 매각부동산의 소유권을 취득하기 위해서는 소유권이전등기를 완료하여야 한다.
② 무주(無主)의 부동산을 점유한 자연인은 그 부동산의 소유권을 즉시 취득한다.
③ 점유취득시효에 따른 부동산소유권 취득의 효력은 점유를 개시한 때로 소급하는 것은 아니다.
④ 타인의 토지에서 발견된 매장물은 특별한 사정이 없는 한 발견자가 단독으로 그 소유권을 취득한다.
⑤ 타주점유자는 자신이 점유하는 부동산에 대한 소유권을 시효취득할 수 없다.

해설 ⑤ 20년간 소유의 의사로 평온·공연하게 부동산을 점유하는 자는 등기함으로써 그 소유권을 취득한다(제245조 제1항). 취득시효의 기초가 되는 점유는 자주점유여야 하며 타주점유로는 시효취득을 할 수 없다.
① 상속·공용징수·판결·경매 기타 법률의 규정에 의한 부동산에 관한 물권의 취득은 등기를 요하지 아니한다(제187조 본문). 경매로 인한 부동산물권의 변동은 등기를 요하지 않으므로 등기시가 아닌 매각대금 완납시에 매수인(경락인)은 소유권을 취득한다.
② 무주의 동산을 소유의 의사로 점유한 자는 그 소유권을 취득한다(제252조 제1항). 무주물 선점의 대상은 동산에 한정하며 무주의 부동산은 국유로 한다(제252조 제2항).
③ 점유취득시효로 인한 소유권의 취득은 등기함으로써 인정되지만 등기를 하면 소유권 취득의 효력은 등기를 한 이후부터가 아니라 점유개시시로 소급한다.

> **제247조 【소유권취득의 소급효, 중단사유】** ① 전2조의 규정에 의한 소유권취득의 효력은 점유를 개시한 때에 소급한다.
> ② 소멸시효의 중단에 관한 규정은 전2조의 소유권취득기간에 준용한다.

④ 타인의 토지 기타 물건으로부터 발견한 매장물은 그 토지 기타 물건의 소유자와 절반하여 취득한다(제254조 단서).

정답 126 ⑤

19 첨부(부합·혼화·가공)

127 부합에 관한 설명으로 옳은 것은? (다툼이 있으면 판례에 따름) 제29회

① 건물은 토지에 부합한다.
② 정당한 권원에 의하여 타인의 토지에서 경작·재배하는 농작물은 토지에 부합한다.
③ 건물에 부합된 증축부분이 경매절차에서 경매목적물로 평가되지 않은 때에는 매수인은 그 소유권을 취득하지 못한다.
④ 토지임차인의 승낙만을 받아 임차 토지에 나무를 심은 사람은 다른 약정이 없으면 토지소유자에 대하여 그 나무의 소유권을 주장할 수 없다.
⑤ 매수인이 제3자와의 도급계약에 따라 매도인에게 소유권이 유보된 자재를 제3자의 건물에 부합한 경우, 매도인은 선의·무과실의 제3자에게 보상을 청구할 수 있다.

해설 ④ 「민법」 제256조 단서 소정의 '권원'이라 함은 지상권, 전세권, 임차권 등과 같이 타인의 부동산에 자기의 동산을 부속시켜서 그 부동산을 이용할 수 있는 권리를 뜻하므로 그와 같은 권원이 없는 자가 토지소유자의 승낙을 받음이 없이 그 임차인의 승낙만을 받아 그 부동산 위에 나무를 심었다면 특별한 사정이 없는 한 토지소유자에 대하여 그 나무의 소유권을 주장할 수 없다(대판 88다카9067).
① 토지와 건물은 별개의 부동산이므로 건물이 토지에 부합되는 일은 없다.
② 농작물 재배의 경우에는 파종시부터 수확까지 불과 수개월 밖에 안 걸리고 경작자의 부단한 관리가 필요하며, 그 점유의 귀속이 비교적 명백하다는 것을 이유로 토지소유권에 부합되지 않고 경작자의 소유가 된다는 것이 판례의 입장이다(대판 68다1995).
③ 건물의 증축부분이 기존 건물에 부합하여 기존 건물과 분리하여서는 별개의 독립물로서의 효용을 갖지 못하는 이상 기존 건물에 대한 근저당권은 「민법」 제358조에 의하여 부합된 증축부분에도 효력이 미치는 것이므로 기존 건물에 대한 경매절차에서 경매목적물로 평가되지 아니하였다고 할지라도 경락인은 부합된 증축부분의 소유권을 취득한다(대판 92다26772).
⑤ 매도인에게 소유권이 유보된 자재가 제3자와 매수인 사이에 이루어진 도급계약의 이행으로 제3자 소유 건물의 건축에 사용되어 부합된 경우 보상청구를 거부할 법률상 원인이 있다고 할 수 없지만, 제3자가 도급계약에 의하여 제공된 자재의 소유권이 유보된 사실에 관하여 과실 없이 알지 못한 경우라면 선의취득의 경우와 마찬가지로 제3자가 그 자재의 귀속으로 인한 이익을 보유할 수 있는 법률상 원인이 있다고 봄이 상당하므로, 매도인으로서는 그에 관한 보상청구를 할 수 없다(대판 2017다282391).

정답 **127** ④

128 부합에 관한 설명으로 틀린 것은? (다툼이 있으면 판례에 따름) 제30회

① 부동산 간에도 부합이 인정될 수 있다.
② 부동산에 부합된 동산의 가격이 부동산의 가격을 초과하더라도 동산의 소유권은 원칙적으로 부동산의 소유자에게 귀속된다.
③ 부합으로 인하여 소유권을 상실한 자는 부당이득의 요건이 충족되는 경우에 보상을 청구할 수 있다.
④ 토지소유자와 사용대차계약을 맺은 사용차주가 자신 소유의 수목을 그 토지에 식재한 경우, 그 수목의 소유권자는 여전히 사용차주이다.
⑤ 매도인에게 소유권이 유보된 시멘트를 매수인이 제3자 소유의 건물 건축공사에 사용한 경우, 그 제3자가 매도인의 소유권 유보에 대해 악의라면 특별한 사정이 없는 한 시멘트는 건물에 부합하지 않는다.

해설 ⑤ 어떠한 동산이 부동산에 부합된 것으로 인정되기 위해서는 그 동산을 훼손하거나 과다한 비용을 지출하지 않고서는 분리할 수 없을 정도로 부착·합체되었는지 여부 및 그 물리적 구조, 용도와 기능면에서 기존 부동산과는 독립된 경제적 효용을 가지고 거래상 별개의 소유권의 객체가 될 수 있는지 여부 등을 종합하여 판단하여야 할 것이므로(대판 2009다15602) 시멘트는 건물에 부합된다. 다만, 그 제3자가 매도인의 소유권 유보에 대해 악의라면 선의취득의 요건을 갖추지 못한 것이므로 매도인은 시멘트에 대한 보상을 청구할 수 있다.

129 부합에 관한 설명으로 옳은 것을 모두 고른 것은? (다툼이 있으면 판례에 따름) 제28회

> ㉠ 지상권자가 지상권에 기하여 토지에 부속시킨 물건은 지상권자의 소유로 된다.
> ㉡ 적법한 권원 없이 타인의 토지에 경작한 성숙한 배추의 소유권은 경작자에게 속한다.
> ㉢ 적법한 권원 없이 타인의 토지에 식재한 수목의 소유권은 토지소유자에게 속한다.
> ㉣ 건물임차인이 권원에 기하여 증축한 부분은 구조상·이용상독립성이 없더라도 임차인의 소유에 속한다.

① ㉠
② ㉡, ㉣
③ ㉠, ㉡, ㉢
④ ㉡, ㉢, ㉣
⑤ ㉠, ㉡, ㉢, ㉣

정답 128 ⑤ 129 ③

해설 ㉠ (O) 부동산의 소유자는 그 부동산에 부합한 물건의 소유권을 취득한다. 그러나 타인의 권원에 의하여 부속된 것은 그러하지 아니하다(제256조). 즉, 권원자가 설치한 독립한 물건은 권원자의 소유가 된다.
㉡ (O) 농작물 재배의 경우에는 파종시부터 수확까지 불과 수개월밖에 안 걸리고 경작자의 부단한 관리가 필요하며, 그 점유의 귀속이 비교적 명백하다는 것을 이유로 토지소유권에 부합되지 않고 경작자의 소유가 된다고 한다(대판 68다1995). 따라서 적법한 경작권 없이 타인의 토지를 경작하였더라도 성숙한 농작물의 소유권은 경작자에게 귀속한다(대판 79다784).
㉢ (O) 타인의 토지상에 권원 없이 식재한 수목의 소유권은 토지소유자에게 귀속되고, 권원에 의하여 식재한 경우에는 그 소유권이 식재한 자에게 있다(대판 80도1874).
㉣ (×) 임차인이 임차한 건물에 그 권원에 의하여 증축을 한 경우에 증축된 부분이 부합으로 인하여 기존 건물의 구성 부분이 된 때에는 증축된 부분에 별개의 소유권이 성립할 수 없으나, 증축된 부분이 구조상으로나 이용상으로 기존 건물과 구분되는 독립성이 있는 때에는 구분소유권이 성립하여 증축된 부분은 독립한 소유권의 객체가 된다(대판 99다14518).

20 공유와 합유·총유

130 甲, 乙, 丙은 X토지를 각 1/2, 1/4, 1/4의 지분으로 공유하고 있다. 이에 관한 설명으로 옳은 것은? (단, 구분소유적 공유관계는 아니며, 다툼이 있으면 판례에 따름) 제32회

① 乙이 X토지에 대한 자신의 지분을 포기한 경우, 乙의 지분은 甲, 丙에게 균등한 비율로 귀속된다.
② 당사자 간의 특약이 없는 경우, 甲은 단독으로 X토지를 제3자에게 임대할 수 있다.
③ 甲, 乙은 X토지에 대한 관리방법으로 X토지에 건물을 신축할 수 있다.
④ 甲, 乙, 丙이 X토지의 관리에 관한 특약을 한 경우, 그 특약은 특별한 사정이 없는 한 그들의 특정승계인에게도 효력이 미친다.
⑤ 丙이 甲, 乙과의 협의 없이 X토지를 배타적·독점적으로 점유하고 있는 경우, 乙은 공유물에 대한 보존행위로 X토지의 인도를 청구할 수 있다.

해설 ④ 공유물의 사용·수익·관리에 관한 공유자 사이의 특약은 유효하며 공유지분권의 본질적 부분을 침해하는 것이 아니라면 그 특정승계인에 대하여도 승계된다(대판 2011다58701).
① 공유자가 그 지분을 포기하거나 상속인 없이 사망한 때에는 그 지분은 다른 공유자에게 각 지분의 비율로 귀속한다(제267조).
② 공유물의 관리에 관한 사항은 공유자의 지분의 과반수로써 결정한다(제265조). 임대차는 관리행위에 속하므로 지분의 과반수가 되어야 단독으로 할 수 있다. 그러나 甲의 지분은 1/2에 불과하여 과반수에 미달하므로 단독으로 할 수 없다.
③ 다수지분권자라 하여 나대지에 새로이 건물을 건축한다든지 하는 것은 '관리'의 범위를 넘는 것이 될 것이다(대판 2000다33638, 33645). 즉, 나대지에 건물을 신축하는 것은 공유자 전원의 동의가 있어야 한다.
⑤ 공유물의 소수지분권자가 다른 공유자와 협의 없이 공유물을 독점적으로 점유하고 있는 경우에 다른 소수지분권자가 보존행위로서 목적물의 인도를 청구할 수 없으며, 지분권에 기한 방해배제청구권을 행사함으로써 위법상태를 시정하여야 한다(대판 전합 2018다287522).

정답 130 ④

131 甲, 乙, 丙은 각 1/3 지분으로 나대지인 X토지를 공유하고 있다. 이에 관한 설명으로 <u>틀린</u> 것은? (다툼이 있으면 판례에 따름) 제31회

① 甲은 단독으로 자신의 지분에 관한 제3자의 취득시효를 중단시킬 수 없다.
② 甲과 乙이 X토지에 건물을 신축하기로 한 것은 공유물 관리방법으로 부적법하다.
③ 甲이 공유지분을 포기한 경우, 등기를 하여야 포기에 따른 물권변동의 효력이 발생한다.
④ 甲이 단독으로 丁에게 X토지를 임대한 경우, 乙은 丁에게 부당이득반환을 청구할 수 있다.
⑤ 甲은 특별한 사정이 없는 한 X토지를 배타적으로 점유하는 丙에게 보존행위로서 X토지의 인도를 청구할 수 없다.

해설 ① 공유자의 한 사람이 공유물의 보존행위로서 제소한 경우라도, 동 제소로 인한 시효중단의 효력은 재판상의 청구를 한 그 공유자에 한하여 발생하고, 다른 공유자에게는 미치지 아니한다(대판 79다639). 즉, 공유자 단독으로 자신의 지분에 관한 제3자의 취득시효를 중단시킬 수 있으며 이 시효중단의 효력은 다른 공유자에게는 미치지 않는다.

132 甲은 3/5, 乙은 2/5의 지분으로 X토지를 공유하고 있다. 다음 설명 중 <u>틀린</u> 것은? (다툼이 있으면 판례에 따름) 제28회

① 甲이 乙과 협의 없이 X토지를 丙에게 임대한 경우, 乙은 丙에게 X토지의 인도를 청구할 수 없다.
② 甲이 乙과 협의 없이 X토지를 丙에게 임대한 경우, 丙은 乙의 지분에 상응하는 차임 상당액을 乙에게 부당이득으로 반환할 의무가 없다.
③ 乙이 甲과 협의 없이 X토지를 丙에게 임대한 경우, 甲은 丙에게 X토지의 인도를 청구할 수 있다.
④ 乙은 甲과의 협의 없이 X토지 면적의 2/5에 해당하는 특정 부분을 배타적으로 사용·수익할 수 있다.
⑤ 甲이 X토지 전부를 乙의 동의 없이 매도하여 매수인 명의로 소유권이전등기를 마친 경우, 甲의 지분 범위 내에서 등기는 유효하다.

해설 ④ 부동산에 관하여 과반수 공유지분을 가진 자는 공유자 사이에 공유물의 관리방법에 관하여 협의가 미리 없었다 하더라도 공유물의 관리에 관한 사항을 단독으로 결정할 수 있으므로 공유토지에 관하여 과반수지분권을 가진 자가 그 공유토지의 특정된 한 부분을 배타적으로 사용·수익할 것을 정하는 것은 공유물의 관리방법으로서 적법하다(대판 88다카33855). 따라서 과반수 지분에 미달하는 2/5의 지분권자 乙은 특정부분의 배타적 점유를 할 수 없다.

정답 131 ① 132 ④

133 공유물분할에 관한 설명으로 옳은 것을 모두 고른 것은? (다툼이 있으면 판례에 따름)

제35회

> ㉠ 재판상 분할에서 분할을 원하는 공유자의 지분만큼은 현물분할하고, 분할을 원하지 않는 공유자는 계속 공유로 남게 할 수 있다.
> ㉡ 토지의 협의분할은 등기를 마치면 그 등기가 접수된 때 물권변동의 효력이 있다.
> ㉢ 공유자는 다른 공유자가 분할로 인하여 취득한 물건에 대하여 그 지분의 비율로 매도인과 동일한 담보책임이 있다.
> ㉣ 공유자 사이에 이미 분할협의가 성립하였는데 일부 공유자가 분할에 따른 이전등기에 협조하지 않은 경우, 공유물분할소송을 제기할 수 없다.

① ㉠
② ㉡, ㉢
③ ㉢, ㉣
④ ㉠, ㉡, ㉣
⑤ ㉠, ㉡, ㉢, ㉣

해설 ㉠ (○) 여러 사람이 공유하는 물건을 현물분할하는 경우에는 분할을 원하지 않는 나머지 공유자는 공유로 남는 방법도 허용된다(대판 93다27819).
㉡ (○) 토지의 협의분할은 등기를 하여야 물권변동의 효력이 생기며 등기관이 등기를 마친 경우 그 등기는 접수한 때부터 효력을 발생한다(「부동산등기법」 제6조 제2항).
㉢ (○) 제270조
㉣ (○) 공유자 사이에 이미 분할에 관한 협의가 성립된 경우에는 또 다시 공유물분할의 소를 제기하거나 이미 제기한 공유물분할의 소를 유지하는 것은 허용되지 않는다(대판 94다30348).

134 甲은 자신의 X토지 중 일부를 특정(Y부분)하여 乙에게 매도하면서 토지를 분할하는 등의 절차를 피하기 위하여 편의상 乙에게 Y부분의 면적 비율에 상응하는 공유지분등기를 마쳤다. 다음 설명 중 옳은 것은? (다툼이 있으면 판례에 따름)

제29회

① 乙은 甲에 대하여 공유물분할을 청구할 수 없다.
② 乙은 甲의 동의 없이 Y부분을 제3자에게 처분할 수 없다.
③ 乙이 Y부분을 점유하는 것은 권원의 성질상 타주점유이다.
④ 乙이 Y부분이 아닌 甲 소유의 부분에 건물을 신축한 경우에 법정지상권이 성립한다.
⑤ 乙은 Y부분을 불법점유하는 丙에 대하여 공유물의 보존행위로 그 배제를 구할 수 없다.

정답 133 ⑤ 134 ①

> 해설 ① 공유물분할청구는 공유자의 일방이 그 공유지분권에 터잡아서 하여야 하는 것이므로 공유지분권을 주장하지 아니하고 목적물의 특정부분을 소유한다고 주장하는 자는 그 부분에 대하여 신탁적으로 지분등기를 가지고 있는 자들을 상대로 하여 그 특정부분에 대한 명의신탁해지를 원인으로 한 지분이전등기절차의 이행만을 구하면 될 것이고 공유물분할청구를 할 수 없다 할 것이다(대판 88다카10517).
> ② 구분소유적 공유관계에서 각 공유자가 자신의 특정 구분부분을 단독으로 처분하고 이에 해당하는 공유지분등기를 자유로이 이전할 수 있다(대판 2011도11084).
> ③ 지분권자는 내부관계에서는 특정부분에 한하여 소유권을 취득하므로 乙이 Y부분을 점유하는 것은 자주점유에 해당한다.
> ④ 甲과 乙의 구분소유적 공유관계는 통상적인 공유관계와는 달리 당사자 내부에 있어서는 각자가 특정매수한 부분은 각자의 단독소유로 되었다 할 것이므로, 乙은 위 대지 중 그가 매수하지 아니한 부분에 관하여는 甲에게 그 소유권을 주장할 수 없어 위 대지 중 乙이 매수하지 아니한 부분지상에 있는 乙소유의 건물부분은 당초부터 건물과 토지의 소유자가 서로 다른 경우에 해당되어 그에 관하여는 관습상의 법정지상권이 성립될 여지가 없다(대판 93다49871).
> ⑤ 외부관계에 있어서는 1필지 전체에 관하여 공유관계가 성립되고 공유자로서의 권리만을 주장할 수 있는 것이므로, 제3자의 방해행위가 있는 경우에는 자기의 구분소유부분뿐만 아니라 전체 토지에 대하여 공유물의 보존행위로서 그 배제를 구할 수 있다(대판 93다42986).

135 「민법」상 합유에 관한 설명으로 틀린 것은? (특약은 없으며, 다툼이 있으면 판례에 따름)

제34회

① 합유자의 권리는 합유물 전부에 미친다.
② 합유자는 합유물의 분할을 청구하지 못한다.
③ 합유자 중 1인이 사망하면 그의 상속인이 합유자의 지위를 승계한다.
④ 합유물의 보존행위는 합유자 각자가 할 수 있다.
⑤ 합유자는 그 전원의 동의 없이 합유지분을 처분하지 못한다.

> 해설 ③ 부동산의 합유자 중 일부가 사망한 경우 합유자 사이에 특별한 약정이 없는 한 사망한 합유자의 상속인은 합유자로서의 지위를 승계하지 못하므로, 해당 부동산은 잔존 합유자가 2인 이상일 경우에는 잔존 합유자의 합유로 귀속되고 잔존 합유자가 1인인 경우에는 잔존 합유자의 단독소유로 귀속된다(대판 96다23238).

정답 135 ③

136 공동소유에 관한 설명으로 옳은 것은? (다툼이 있으면 판례에 따름) 제29회

① 공유물분할금지의 약정은 갱신할 수 있다.
② 합유자는 다른 합유자의 동의 없이 합유지분을 처분할 수 있다.
③ 비법인사단의 사원은 단독으로 총유물의 보존행위를 할 수 있다.
④ 합유자의 1인이 사망하면 특별한 사정이 없는 한 그의 상속인이 그 지분을 포괄승계한다.
⑤ 공유자의 1인이 그 지분에 저당권을 설정한 후 공유물이 분할된 경우, 다른 약정이 없으면 저당권은 저당권설정자 앞으로 분할된 부분에 집중된다.

해설 ① 공유자는 5년 내의 기간으로 분할하지 아니할 것을 약정할 수 있으며, 이 약정을 갱신한 때에는 그 기간은 갱신한 날로부터 5년을 넘지 못한다(제238조 제1항·제2항).
② 합유자는 전원의 동의 없이 합유물에 대한 지분을 처분하지 못한다(제273조 제1항).
③ 총유물의 보존에 있어서는 공유물의 보존에 관한 「민법」 제265조의 규정(보존행위는 각자가 할 수 있다)이 적용될 수 없고, 특별한 사정이 없는 한 「민법」 제276조 제1항 소정의 사원총회의 결의를 거쳐야 하고 이는 대표자의 정함이 있는 비법인사단 교회가 그 총유재산에 대한 보존행위로서 대표자의 이름으로 소송행위를 하는 경우라 할지라도 정관에 달리 규정하고 있다는 등의 특별한 사정이 없는 한 그대로 적용된다(대판 94다28437).
④ 부동산의 합유자 중 일부가 사망한 경우 합유자 사이에 특별한 약정이 없는 한 사망한 합유자의 상속인은 합유자로서의 지위를 승계하지 못하므로, 해당 부동산은 잔존 합유자가 2인 이상일 경우에는 잔존 합유자의 합유로 귀속되고 잔존 합유자가 1인인 경우에는 잔존 합유자의 단독소유로 귀속된다(대판 96다23238).
⑤ 甲, 乙의 공유인 부동산 중 甲의 지분 위에 설정된 근저당권 등 담보물권은 특단의 합의가 없는 한 공유물분할이 된 뒤에도 종전의 지분비율대로 공유물 전부의 위에 그대로 존속하고 근저당권설정자인 甲 앞으로 분할된 부분에 당연히 집중되는 것은 아니다(대판 88다카24868).

21 지상권

137 乙은 甲과의 지상권설정계약으로 甲 소유의 X토지에 지상권을 취득한 후, 그 지상에 Y건물을 완성하여 소유권을 취득하였다. 다음 설명 중 옳은 것을 모두 고른 것은? (다툼이 있으면 판례에 따름) 제34회

㉠ 乙은 지상권을 유보한 채 Y건물 소유권만을 제3자에게 양도할 수 있다.
㉡ 乙은 Y건물 소유권을 유보한 채 지상권만을 제3자에게 양도할 수 있다.
㉢ 지료지급약정이 있음에도 乙이 3년분의 지료를 미지급한 경우, 甲은 지상권 소멸을 청구할 수 있다.

① ㉠
② ㉢
③ ㉠, ㉡
④ ㉡, ㉢
⑤ ㉠, ㉡, ㉢

정답 136 ① 137 ⑤

해설 ㉠㉡ (O) 지상권자는 지상권을 유보한 채 지상물소유권만을 양도할 수도 있고 지상물소유권을 유보한 채 지상권만을 양도할 수도 있는 것이어서 지상권자와 그 지상물의 소유권자가 반드시 일치하여야 하는 것은 아니다(대판 2006다6126, 6133).
㉢ (O) 지상권자가 2년 이상의 지료를 지급하지 아니한 때에는 지상권설정자는 지상권의 소멸을 청구할 수 있다(제287조).

138 乙 소유의 토지에 설정된 甲의 지상권에 관한 설명으로 틀린 것은? (다툼이 있으면 판례에 따름) 제29회

① 甲은 그가 乙의 토지에 신축한 X건물의 소유권을 유보하여 지상권을 양도할 수 있다.
② 甲의 권리가 법정지상권일 경우, 지료에 관한 협의나 법원의 지료결정이 없으면 乙은 지료연체를 주장하지 못한다.
③ 지료를 연체한 甲이 丙에게 지상권을 양도한 경우, 乙은 지료약정이 등기된 때에만 연체사실로 丙에게 대항할 수 있다.
④ 乙의 토지를 양수한 丁은 甲의 乙에 대한 지료연체액을 합산하여 2년의 지료가 연체되면 지상권 소멸을 청구할 수 있다.
⑤ 甲이 戊에게 지상권을 목적으로 하는 저당권을 설정한 경우, 지료연체를 원인으로 하는 乙의 지상권소멸청구는 戊에게 통지한 후 상당한 기간이 경과함으로써 효력이 생긴다.

해설 ④ 토지의 양수인이 지상권자의 지료지급이 2년 이상 연체되었음을 이유로 지상권 소멸청구를 하는 경우에는 자신에게 체납된 기간이 2년 이상이어야 하며, 종전 소유자에 대한 연체기간의 합산을 주장할 수 없다(대판 99다17142).

정답 138 ④

139

지상권에 관한 설명으로 옳은 것을 모두 고른 것은? (다툼이 있으면 판례에 따름) 제31회

㉠ 지료의 지급은 지상권의 성립요소이다.
㉡ 기간만료로 지상권이 소멸하면 지상권자는 갱신청구권을 행사할 수 있다.
㉢ 지료체납 중 토지소유권이 양도된 경우, 양도 전·후를 통산하여 2년에 이르면 지상권소멸청구를 할 수 있다.
㉣ 채권담보를 위하여 토지에 저당권과 함께 무상의 담보지상권을 취득한 채권자는 특별한 사정이 없는 한 제3자가 토지를 불법점유하더라도 임료 상당의 손해배상청구를 할 수 없다.

① ㉡
② ㉠, ㉢
③ ㉡, ㉣
④ ㉢, ㉣
⑤ ㉠, ㉢, ㉣

해설 ㉡ (O) 지상권이 소멸한 경우에 건물 기타 공작물이나 수목이 현존한 때에는 지상권자는 계약의 갱신을 청구할 수 있다(제283조 제1항).
㉣ (O) 담보지상권은 지상권의 목적 토지를 점유·사용하기 위한 것이 아니므로 그 목적 토지의 소유자 또는 제3자가 저당권 및 지상권의 목적 토지를 점유·사용하였어도 손해배상이나 부당이득의 반환을 청구할 수 없다(대판 2006다586).
㉠ (×) 지상권에 있어서 지료의 지급은 그의 요소가 아니어서 지료에 관한 유상약정이 없는 이상 지료의 지급을 구할 수 없다(대판 99다24874).
㉢ (×) 토지양수인은 지상권자의 지료지급이 2년 이상 연체되었음을 이유로 지상권소멸청구를 함에 있어서 종전소유자에 대한 연체기간의 합산을 주장할 수 없다(대판 99다17142).

140

지상권에 관한 설명으로 틀린 것을 모두 고른 것은? (다툼이 있으면 판례에 따름) 제32회

㉠ 담보목적의 지상권이 설정된 경우 피담보채권이 변제로 소멸하면 그 지상권도 소멸한다.
㉡ 지상권자의 지료지급 연체가 토지소유권의 양도 전후에 걸쳐 이루어진 경우, 토지양수인은 자신에 대한 연체기간이 2년 미만이더라도 지상권의 소멸을 청구할 수 있다.
㉢ 분묘기지권을 시효취득한 자는 토지소유자가 지료를 청구한 날부터의 지료를 지급할 의무가 있다.

① ㉠
② ㉡
③ ㉢
④ ㉠, ㉡
⑤ ㉡, ㉢

정답 139 ③　140 ②

해설 ⓒ (×) 토지의 양수인이 지상권자의 지료지급이 2년 이상 연체되었음을 이유로 지상권소멸청구를 하는 경우에는 자신에게 체납된 기간이 2년 이상이어야 하며, 종전 소유자에 대한 연체기간의 합산을 주장할 수 없다(대판 99다17142).
㉠ (○) 피담보채권이 변제 등으로 만족을 얻어 소멸한 경우는 물론이고 시효소멸한 경우에도 그 지상권은 피담보채권에 부종하여 소멸한다(대판 2011다6342). 즉, 담보지상권은 담보가치의 저감을 막기 위한 것이므로 저당권이 소멸하면 함께 소멸한다.
ⓒ (○) 분묘기지권을 시효취득하는 경우 토지소유자가 지료를 청구하면 지료를 지급하여야 하며, 그 지료는 분묘를 설치한 때부터가 아니라 토지소유자가 분묘기지에 관한 지료를 청구한 날부터 지급해야 한다(대판 전합 2017다228007).

22 특수지상권

141 분묘기지권에 관한 설명으로 옳은 것을 모두 고른 것은? (다툼이 있으면 판례에 따름)

제35회

> ㉠ 분묘기지권은 봉분 등 외부에서 분묘의 존재를 인식할 수 있는 형태를 갖추고 등기하여야 성립한다.
> ㉡ 토지소유자의 승낙을 얻어 분묘를 설치함으로써 분묘기지권을 취득한 경우, 설치할 당시 토지소유자와의 합의에 의하여 정한 지료지급의무의 존부나 범위의 효력은 그 토지의 승계인에게는 미치지 않는다.
> ㉢ 자기 소유 토지에 분묘를 설치한 사람이 그 토지를 양도하면서 분묘를 이장하겠다는 특약을 하지 않음으로써 분묘기지권을 취득한 경우, 분묘기지권자는 특별한 사정이 없는 한 분묘기지권이 성립한 때부터 지료를 지급할 의무가 있다.

① ㉠
② ㉢
③ ㉠, ㉡
④ ㉡, ㉢
⑤ ㉠, ㉡, ㉢

해설 ㉢ (○) '양도형' 분묘기지권의 경우에는 분묘기지권이 성립한 때부터 지료를 지급하여야 한다(대판 2017다271834, 271841).
㉠ (×) 분묘기지권은 봉분 등 외부에서 분묘의 존재를 인식할 수 있는 형태를 갖추고 있는 경우에 한하여 인정되므로 이러한 특성상 분묘기지권은 등기 없이 취득한다(대판 96다14036).
㉡ (×) 승낙에 의하여 성립하는 분묘기지권의 경우 성립 당시 토지소유자와 분묘의 수호ㆍ관리자가 지료 지급의무의 존부나 범위 등에 관하여 약정을 하였다면 그 약정의 효력은 분묘기지의 승계인에 대하여도 미친다(대판 2017다271834, 271841).

정답 141 ②

142 저당물의 경매로 토지와 건물의 소유자가 달라지는 경우에 성립하는 법정지상권에 관한 설명으로 옳은 것을 모두 고른 것은? (다툼이 있으면 판례에 따름)   제35회

> ㉠ 토지에 관한 저당권설정 당시 해당 토지에 일시사용을 위한 가설건축물이 존재하였던 경우, 법정지상권은 성립하지 않는다.
> ㉡ 토지에 관한 저당권설정 당시 존재하였던 건물이 무허가건물인 경우, 법정지상권은 성립하지 않는다.
> ㉢ 지상건물이 없는 토지에 저당권을 설정받으면서 저당권자가 신축 개시 전에 건축을 동의한 경우, 법정지상권은 성립하지 않는다.

① ㉡
② ㉢
③ ㉠, ㉡
④ ㉠, ㉢
⑤ ㉠, ㉡, ㉢

해설 ㉠ (○) 가설건축물은 특별한 사정이 없는 한 독립된 부동산으로서 건물의 요건을 갖추지 못하여 법정지상권이 성립하지 않는다(대판 2020다224821).
㉢ (○) 법정지상권은 저당권 설정 당시부터 저당권의 목적되는 토지 위에 건물이 존재할 경우에 한하여 인정되며, 토지에 관하여 저당권이 설정될 당시 그 지상에 토지소유자에 의한 건물의 건축이 개시되기 이전이었다면, 건물이 없는 토지에 관하여 저당권이 설정될 당시 근저당권자가 토지소유자에 의한 건물의 건축에 동의하였다고 하더라도 법정지상권이 성립되지 않는다(대판 2003다26051).
㉡ (×) 무허가 또는 미등기 건물을 소유하기 위한 관습법상의 법정지상권도 인정된다(대판 87다카2404).

정답 142 ④

143 법정지상권에 관한 설명으로 옳은 것은? (다툼이 있으면 판례에 따름)   제29회

① 저당목적물인 토지에 대하여 법정지상권을 배제하는 저당권설정 당사자 사이의 약정은 효력이 없다.
② 법정지상권자가 지상건물을 제3자에게 양도한 경우, 제3자는 그 건물과 함께 법정지상권을 당연히 취득한다.
③ 법정지상권이 있는 건물을 양수한 사람은 지상권등기를 마쳐야 양도인의 지상권갱신청구권을 대위행사할 수 있다.
④ 토지 또는 그 지상건물이 경매된 경우, 매각대금 완납시를 기준으로 토지와 건물의 동일인 소유 여부를 판단한다.
⑤ 건물을 위한 법정지상권이 성립한 경우, 그 건물에 대한 저당권이 실행되면 경락인은 등기하여야 법정지상권을 취득한다.

해설 ① 「민법」 제366조는 가치권과 이용권의 조절을 위한 공익상의 이유로 지상권의 설정을 강제하는 것이므로 저당권 설정 당사자 간의 특약으로 저당목적물인 토지에 대하여 법정지상권을 배제하는 약정을 하더라도 그 특약은 효력이 없다(대판 87다카58467).
② 법정지상권을 취득한 건물소유자가 건물을 양도하는 경우에는 특별한 사정이 없는 한 건물과 함께 지상권도 양도하는 것으로 합의된 것으로 보아 건물의 양수인에게 지상권 이전에 관한 등기청구권을 인정한다. 즉, 건물의 양수인은 지상권이전등기를 하여야 지상권자가 된다.
③ 법정지상권이 붙은 건물의 양수인은 법정지상권에 대한 등기를 하지 않았다 하더라도 토지소유자에 대한 관계에서 적법하게 토지를 점유사용하고 있는 자라 할 것이고, 따라서 건물을 양도한 자라고 하더라도 지상권갱신청구권이 있고 건물의 양수인은 법정지상권자인 양도인의 갱신청구권을 대위행사할 수 있다고 보아야 할 것이다(대판 94다39925). 즉, 법정지상권이 있는 건물을 양수한 사람이 지상권등기를 마치지 않아 아직 지상권을 취득하지 않은 경우에 양도인의 지상권갱신청구권을 대위행사하게 된다.
④ 제366조의 법정지상권은 저당권설정 당시에 토지와 건물이 동일인 소유였어야 한다. 또한 강제경매의 목적이 된 토지 또는 그 지상건물의 소유권이 강제경매로 인하여 그 절차상 매수인에게 이전된 경우, 건물 소유를 위한 관습상 법정지상권의 성립요건인 '토지와 그 지상건물이 동일인 소유에 속하였는지'를 판단하는 기준시기는 압류 또는 가압류의 효력발생시이다(대판 전합 2010다52140).
⑤ 건물 소유를 위하여 법정지상권을 취득한 자로부터 경매에 의하여 그 건물의 수유권을 이전받은 경락인은 위 지상권도 당연히 이전받았다 할 것이고 이는 그에 대한 등기가 없어도 그 후에 토지를 전득한 자에게 대항할 수 있다(대판 79다1087).

정답 143 ①

144 甲에게 법정지상권 또는 관습법상 법정지상권이 인정되는 경우를 모두 고른 것은? (다툼이 있으면 판례에 따름)   제33회

> ㉠ 乙 소유의 토지 위에 乙의 승낙을 얻어 신축한 丙 소유의 건물을 甲이 매수한 경우
> ㉡ 乙 소유의 토지 위에 甲과 乙이 건물을 공유하면서 토지에만 저당권을 설정하였다가, 그 실행을 위한 경매로 丙이 토지소유권을 취득한 경우
> ㉢ 甲이 乙로부터 乙 소유의 미등기건물과 그 대지를 함께 매수하고 대지에 관해서만 소유권이전등기를 한 후, 건물에 대한 등기 전 설정된 저당권에 의해 대지가 경매되어 丙이 토지소유권을 취득한 경우

① ㉠   ② ㉡   ③ ㉠, ㉢
④ ㉡, ㉢   ⑤ ㉠, ㉡, ㉢

해설 ㉡ (○) 건물공유자의 1인이 그 건물의 부지인 토지를 단독으로 소유하면서 그 토지에 관하여만 저당권을 설정하였다가 위 저당권에 의한 경매로 토지소유자가 달라진 경우, 위 건물공유자들은 「민법」 제366조에 의하여 토지 전부에 관하여 건물의 존속을 위한 법정지상권을 취득한다고 보아야 한다(대판 2010다67159).
㉠ (×) 타인의 토지 위에 토지소유자의 승낙을 얻어 신축한 건물을 매수한 자는 관습법의 법정지상권을 취득할 수 없다(대판 71다2124). 토지소유자의 승낙을 얻어 신축한 건물이라면 토지소유자와 건물소유자가 다르기 때문이다.
㉢ (×) 미등기건물을 그 대지와 함께 매수한 사람이 그 대지에 관하여만 소유권이전등기를 넘겨받고 건물에 대하여는 그 등기를 이전받지 못하고 있다가 대지에 대하여 저당권을 설정하고 그 저당권의 실행으로 대지가 경매되어 다른 사람의 소유로 된 경우에는, 그 저당권의 설정 당시에 이미 대지와 건물이 각각 다른 사람의 소유에 속하고 있었으므로 법정지상권이 성립될 여지가 없다(대판 2002다9660).

145 甲은 자신의 토지와 그 지상건물 중 건물만을 乙에게 매도하고 건물 철거 등의 약정 없이 건물의 소유권이전등기를 해 주었다. 乙은 이 건물을 다시 丙에게 매도하고 소유권이전등기를 마쳐주었다. 다음 설명 중 틀린 것은? (다툼이 있으면 판례에 따름)   제28회

① 乙은 관습상의 법정지상권을 등기 없이 취득한다.
② 甲은 丙에게 토지의 사용에 대한 부당이득반환청구를 할 수 있다.
③ 甲이 丁에게 토지를 양도한 경우, 乙은 丁에게는 관습상의 법정지상권을 주장할 수 없다.
④ 甲의 丙에 대한 건물철거 및 토지인도청구는 신의성실의 원칙상 허용될 수 없다.
⑤ 만약 丙이 경매에 의하여 건물의 소유권을 취득한 경우라면, 특별한 사정이 없는 한 丙은 등기 없이도 관습상의 법정지상권을 취득한다.

정답 144 ②   145 ③

해설 ③ 관습상의 지상권은 법률행위로 인한 물권의 취득이 아니고 관습법에 의한 부동산물권의 취득이므로 등기를 필요로 하지 아니하고, 이 관습상의 법정지상권은 물권으로서의 효력에 의하여 이를 취득할 당시의 토지소유자나 이로부터 소유권을 전득한 제3자에게 대하여도 등기 없이 위 지상권을 주장할 수 있다(대판 87다카279). 따라서 乙은 등기 없이도 丁에게 관습상의 법정지상권을 주장할 수 있다.
① 관습상의 법정지상권 취득은 법률규정에 의한 부동산 물권변동이므로 등기 없이 취득한다.
② 법정지상권자라고 할지라도 대지소유자에게 지료를 지급할 의무는 있는 것이고 법정지상권을 취득할 지위에 있는 자 역시 지료 또는 임료상당이득을 대지소유자에게 반환할 의무를 면할 수는 없는 것이므로 이러한 임료상당 부당이득의 반환청구까지도 신의성실의 원칙에 반한다고 볼 수 없다(대판 87다카1604). 즉, 甲은 丙에게 토지의 사용에 대한 부당이득반환청구를 할 수 있다.
④ 법정지상권을 가진 건물소유자로부터 건물을 양수하면서 법정지상권까지 양도받기로 한 자는 채권자 대위의 법리에 따라 전건물소유자 및 대지소유자에 대하여 차례로 지상권의 설정등기 및 이전등기절차 이행을 구할 수 있다 할 것이므로 이러한 법정지상권을 취득할 지위에 있는 자에 대하여 대지소유자가 소유권에 기하여 건물철거를 구함은 지상권의 부담을 용인하고 그 설정등기절차를 이행할 의무있는 자가 그 권리자를 상대로 한 청구라 할 것이어서 신의성실의 원칙상 허용될 수 없다(대판 84다카1131).
⑤ 건물 소유를 위하여 법정지상권을 취득한 자로부터 경매에 의하여 그 건물의 소유권을 이전받은 경락인은 위 지상권도 당연히 이전받았다 할 것이고 이는 그에 대한 등기가 없어도 그 후에 토지를 전득한 자에게 대항할 수 있다(대판 79다1087).

23 지역권

146 지역권에 관한 설명으로 옳은 것은? (다툼이 있으면 판례에 따름) 제33회
① 요역지는 1필의 토지 일부라도 무방하다.
② 요역지의 소유권이 이전되어도 특별한 사정이 없는 한 지역권은 이전되지 않는다.
③ 지역권의 존속기간을 영구무한으로 약정할 수는 없다.
④ 지역권자는 승역지를 권원 없이 점유한 자에게 그 반환을 청구할 수 있다.
⑤ 요역지공유자의 1인은 지분에 관하여 그 토지를 위한 지역권을 소멸하게 하지 못한다.

해설 ⑤ 토지공유자의 1인은 지분에 관하여 그 토지를 위한 지역권 또는 그 토지가 부담한 지역권을 소멸하게 하지 못한다(제293조 제1항).
① 요역지는 1필의 토지이어야 하며, 토지의 일부를 위해서 지역권을 설정할 수 없다. 다만, 승역지는 1필 토지의 일부라도 상관없다.
② 지역권은 요역지소유권에 부종하여 이전하며 또는 요역지에 대한 소유권 이외의 권리의 목적이 된다(제292조 제1항). 요역지의 소유권이전등기가 있으면 지역권이전등기가 없어도 지역권이전의 효력이 생긴다.
③ 영구무한의 지역권을 인정하고 있다(대판 79다1704).
④ 지역권자는 방해제거나 방해예방은 청구할 수 있으나 반환청구는 인정되지 않는다.

정답 146 ⑤

147 지역권에 관한 설명으로 틀린 것은? (다툼이 있으면 판례에 따름) 제34회

① 지역권은 요역지와 분리하여 양도할 수 없다.
② 공유자 중 1인이 지역권을 취득한 때에는 다른 공유자도 이를 취득한다.
③ 통행지역권을 주장하는 자는 통행으로 편익을 얻는 요역지가 있음을 주장·증명해야 한다.
④ 요역지의 불법점유자도 통행지역권을 시효취득할 수 있다.
⑤ 지역권은 계속되고 표현된 것에 한하여 시효취득할 수 있다.

해설 ④ 토지의 불법점유자는 통행지역권의 시효취득 주장을 할 수 없다(대판 76다1694).

148 지역권에 관한 설명으로 틀린 것은? (다툼이 있으면 판례에 따름) 제31회

① 요역지의 소유권이 양도되면 지역권은 원칙적으로 이전되지 않는다.
② 공유자의 1인이 지역권을 취득한 때에는 다른 공유자도 이를 취득한다.
③ 점유로 인한 지역권취득기간의 중단은 지역권을 행사하는 모든 공유자에 대한 사유가 아니면 그 효력이 없다.
④ 어느 토지에 대하여 통행지역권을 주장하려면 그 토지의 통행으로 편익을 얻는 요역지가 있음을 주장·증명해야 한다.
⑤ 승역지에 관하여 통행지역권을 시효취득한 경우, 특별한 사정이 없는 한 요역지소유자는 승역지소유자에게 승역지의 사용으로 입은 손해를 보상해야 한다.

해설 ① 지역권은 토지의 편익을 위하여 존재하는 종된 권리로서 요역지를 떠나서 독립하여 존재할 수 없으므로 지역권은 요역지의 소유권이 이전되면 당연히 함께 이전한다. 이때에 지역권 이전의 합의가 별도로 필요한 것이 아니고 법률규정에 의하여 당연히 이전하게 된다. 따라서 요역지소유권이전등기가 있으면 지역권이전등기가 없어도 지역권이전의 효력이 생긴다.

149 지역권에 관한 설명으로 틀린 것은? (다툼이 있으면 판례에 따름) 제28회

① 지상권자는 인접한 토지에 통행지역권을 시효취득할 수 없다.
② 승역지에 수개의 용수지역권이 설정된 때에는 후순위의 지역권자는 선순위의 지역권자의 용수를 방해하지 못한다.
③ 지역권은 요역지와 분리하여 양도하거나 다른 권리의 목적으로 하지 못한다.
④ 요역지가 수인의 공유인 경우에 그 1인에 의한 지역권소멸시효의 정지는 다른 공유자를 위하여 효력이 있다.
⑤ 토지공유자의 1인은 지분에 관하여 그 토지를 위한 지역권을 소멸하게 하지 못한다.

정답 147 ④ 148 ① 149 ①

해설 ① 위요지(주위토지)통행권이나 통행지역권은 모두 인접한 토지의 상호이용의 조절에 기한 권리로서 토지의 소유자 또는 지상권자 전세권자등 토지사용권을 가진 자에게 인정되는 권리라 할 것이므로 위와 같은 권리자가 아닌 토지의 불법점유자는 토지소유권의 상린관계로서 위요지통행권의 주장이나 통행지역권의 시효취득 주장을 할 수 없다(대판 76다1694). 즉, 소유권자뿐만 아니라 지상권, 전세권자 등도 적법한 점유자로서 통행지역권을 시효취득할 수 있다.

24 전세권

150 전세권에 관한 설명으로 옳은 것은? (다툼이 있으면 판례에 따름) 제28회

① 전세금은 반드시 현실적으로 수수되어야만 하므로 기존의 채권으로 전세금의 지급에 갈음할 수 없다.
② 건물전세권이 법정갱신된 경우, 전세권자는 이를 등기해야 그 목적물을 취득한 제3자에게 대항할 수 있다.
③ 토지전세권의 존속기간을 약정하지 않은 경우, 각 당사자는 6개월이 경과해야 상대방에게 전세권의 소멸통고를 할 수 있다.
④ 건물전세권자와 인지(隣地)소유자 사이에는 상린관계에 관한 규정이 준용되지 않는다.
⑤ 존속기간의 만료로 전세권이 소멸하면, 전세권의 용익물권적 권능은 소멸한다.

해설 ⑤ 전세권을 목적으로 한 저당권이 설정된 경우, 전세권의 존속기간이 만료되면 전세권의 용익물권적 권능이 소멸하기 때문에 더 이상 전세권 자체에 대하여 저당권을 실행할 수 없게 되고, 저당권자는 저당권의 목적물인 전세권에 갈음하여 존속하는 것으로 볼 수 있는 전세금반환채권에 대하여 압류 및 추심명령 또는 전부명령을 받거나 제3자가 전세금반환채권에 대하여 실시한 강제집행절차에서 배당요구를 하는 등의 방법으로 물상대위권을 행사하여 전세금의 지급을 구하여야 한다(대판 2013다91672).
① 전세금의 지급은 전세권 성립의 요소가 되는 것이지만 그렇다고 하여 전세금의 지급이 반드시 현실적으로 수수되어야만 하는 것은 아니고, 기존의 채권으로 전세금의 지급에 갈음할 수도 있다(대판 94다18508).
② 전세권의 법정갱신은 법률의 규정에 의한 부동산에 관한 물권의 변동이므로 전세권갱신에 관한 등기를 필요로 하지 아니하고 전세권자는 그 등기 없이도 전세권설정자나 그 목적물을 취득한 제3자에 대하여 그 권리를 주장할 수 있다(대판 88다카21029).
③ 전세권의 존속기간을 약정하지 아니한 때에는 각 당사자는 언제든지 상대방에 대하여 전세권의 소멸을 통고할 수 있고 상대방이 이 통고를 받은 날로부터 6월이 경과하면 전세권은 소멸한다(제313조). 즉, 기간의 정함이 없는 경우에 6개월이 경과해야 소멸을 통고할 수 있는 것이 아니라, 언제든지 소멸을 통고할 수 있으며 소멸통고가 도달되고 6개월이 경과해야 전세권이 소멸한다.
④ 상린관계는 인접하는 토지 상호간의 이용을 조절하는 것이므로 그 규정은 지상권·전세권에 준용된다(제290조, 제319조).

정답 150 ⑤

151
전세권에 관한 설명으로 **틀린** 것은? (다툼이 있으면 판례에 따름)   제32회

① 전세금의 지급은 전세권 성립의 요소이다.
② 당사자가 주로 채권담보의 목적을 갖는 전세권을 설정하였더라도 장차 전세권자의 목적물에 대한 사용수익권을 완전히 배제하는 것이 아니라면 그 효력은 인정된다.
③ 건물전세권이 법정갱신된 경우 전세권자는 전세권갱신에 관한 등기 없이도 제3자에게 전세권을 주장할 수 있다.
④ 전세권의 존속기간 중 전세목적물의 소유권이 양도되면, 그 양수인이 전세권설정자의 지위를 승계한다.
⑤ 건물의 일부에 대한 전세에서 전세권설정자가 전세금의 반환을 지체하는 경우, 전세권자는 전세권에 기하여 건물 전부에 대해서 경매청구할 수 있다.

해설 ⑤ 건물의 일부에 대하여 전세권이 설정되어 있는 경우, 전세권의 목적물이 아닌 나머지 건물부분에 대하여는 우선변제권은 별론으로 하고 경매신청권은 없으므로, 일부 전세권자는 전세권의 목적이 된 부분을 초과하여 건물 전부의 경매를 청구할 수 없다고 할 것이고, 그 전세권의 목적이 된 부분이 구조상 또는 이용상 독립성이 없어 독립한 소유권의 객체로 분할할 수 없고 따라서 그 부분만의 경매신청이 불가능하다고 하여 달리 볼 것은 아니다(대판 2001마212). 즉, 건물 일부의 전세권자는 목적물 전부에 대하여 우선변제권은 인정되어도 전부에 대한 경매신청권은 인정할 수 없다.

152
토지전세권에 관한 설명으로 옳은 것은? (다툼이 있으면 판례에 따름)   제33회

① 토지전세권을 처음 설정할 때에는 존속기간에 제한이 없다.
② 토지전세권의 존속기간을 1년 미만으로 정한 때에는 1년으로 한다.
③ 토지전세권의 설정은 갱신할 수 있으나 그 기간은 갱신한 날로부터 10년을 넘지 못한다.
④ 토지전세권자에게는 토지임차인과 달리 지상물매수청구권이 인정될 수 없다.
⑤ 토지전세권설정자가 존속기간 만료 전 6월부터 1월 사이에 갱신거절의 통지를 하지 않은 경우, 특별한 사정이 없는 한 동일한 조건으로 다시 전세권을 설정한 것으로 본다.

정답 151 ⑤   152 ③

해설 ③ 전세권의 설정은 이를 갱신할 수 있다. 그 기간은 갱신한 날로부터 10년을 넘지 못한다(제312조 제3항).
① 전세권의 존속기간은 10년을 넘지 못한다. 당사자의 약정기간이 10년을 넘는 때에는 이를 10년으로 단축한다(제312조 제1항).
② 건물에 대한 전세권의 존속기간을 1년 미만으로 정한 때에는 이를 1년으로 한다(제312조 제2항). 최단기간 1년의 제한은 건물전세권에만 적용되고 토지전세권에는 적용되지 않는다.
④ 토지임차인의 건물 기타 공작물의 매수청구권에 관한 「민법」 제643조의 규정은 성질상 토지의 전세권에도 유추적용될 수 있다고 할 것이지만, 그 매수청구권은 토지임차권 등이 건물 기타 공작물의 소유 등을 목적으로 한 것으로서 기간이 만료되어야 하고 건물 기타 지상시설이 현존하여야만 행사할 수 있는 것이다(대판 2005다41740).
⑤ 건물의 전세권설정자가 전세권의 존속기간 만료 전 6월부터 1월까지 사이에 전세권자에 대하여 갱신거절의 통지 또는 조건을 변경하지 아니하면 갱신하지 아니한다는 뜻의 통지를 하지 아니한 경우에는 그 기간이 만료된 때에 전 전세권과 동일한 조건으로 다시 전세권을 설정한 것으로 본다. 이 경우 전세권의 존속기간은 그 정함이 없는 것으로 본다(제312조 제4항). 법정갱신 규정은 건물전세권에만 적용되고 토지전세권에는 적용되지 않는다.

153
甲은 자신의 X건물에 관하여 乙과 전세금 1억원으로 하는 전세권설정계약을 체결하고 乙 명의로 전세권설정등기를 마쳐주었다. 이에 관한 설명으로 틀린 것은? (다툼이 있으면 판례에 따름) 제31회

① 전세권존속기간을 15년으로 정하더라도 그 기간은 10년으로 단축된다.
② 乙이 甲에게 전세금으로 지급하기로 한 1억원은 현실적으로 수수될 필요 없이 乙의 甲에 대한 기존의 채권으로 전세금에 갈음할 수도 있다.
③ 甲이 X건물의 소유를 위해 그 대지에 지상권을 취득하였다면, 乙의 전세권의 효력은 그 지상권에 미친다.
④ 乙의 전세권이 법정갱신된 경우, 乙은 전세권갱신에 관한 등기 없이도 甲에 대하여 갱신된 전세권을 주장할 수 있다.
⑤ 합의한 전세권 존속기간이 시작되기 전에 乙 앞으로 전세권설정등기가 마쳐진 경우, 그 등기는 특별한 사정이 없는 한 무효로 추정된다.

해설 ⑤ 전세권이 용익물권적인 성격과 담보물권적인 성격을 모두 갖추고 있는 점에 비추어 전세권 존속기간이 시작되기 전에 마친 전세권설정등기도 특별한 사정이 없는 한 유효한 것으로 추정된다. 따라서 전세권은 등기부상 기록된 전세권설정등기의 존속기간과 상관없이 등기된 순서에 따라 순위가 정해진다(대결 자 2017마1093).

정답 153 ⑤

154 전세권에 관한 설명으로 틀린 것은? 제35회

① 전세금의 반환은 전세권말소등기에 필요한 서류를 교부하기 전에 이루어져야 한다.
② 전세권자는 전세권설정자에 대하여 통상의 수선에 필요한 비용의 상환을 청구할 수 없다.
③ 전전세한 목적물에 불가항력으로 인한 손해가 발생한 경우, 그 손해가 전전세하지 않았으면 면할 수 있는 것이었던 때에는 전세권자는 그 책임을 부담한다.
④ 대지와 건물을 소유한 자가 건물에 대해서만 전세권을 설정한 후 대지를 제3자에게 양도한 경우, 제3자는 전세권설정자에 대하여 대지에 대한 지상권을 설정한 것으로 본다.
⑤ 타인의 토지에 지상권을 설정한 자가 그 위에 건물을 신축하여 그 건물에 전세권을 설정한 경우, 그 건물소유자는 전세권자의 동의 없이 지상권을 소멸하게 하는 행위를 할 수 없다.

해설 ① 전세권이 소멸한 때에는 전세권설정자는 전세권자로부터 그 목적물의 인도 및 전세권설정등기의 말소등기에 필요한 서류의 교부를 받는 동시에 전세금을 반환하여야 한다(제317조).

155 甲은 그 소유 X건물의 일부에 관하여 乙 명의의 전세권을 설정하였다. 다음 설명 중 틀린 것은? (다툼이 있으면 판례에 따름) 제30회

① 乙의 전세권이 법정갱신되는 경우, 그 존속기간은 1년이다.
② 존속기간 만료시 乙이 전세금을 반환받지 못하더라도 乙은 전세권에 기하여 X건물 전체에 대한 경매를 신청할 수는 없다.
③ 존속기간 만료시 乙은 특별한 사정이 없는 한 전세금반환채권을 타인에게 양도할 수 있다.
④ 甲이 X건물의 소유권을 丙에게 양도한 후 존속기간이 만료되면 乙은 甲에 대하여 전세금반환을 청구할 수 없다.
⑤ 乙은 특별한 사정이 없는 한 전세목적물의 현상유지를 위해 지출한 통상필요비의 상환을 甲에게 청구할 수 없다.

해설 ① 법정갱신이 되면 전(前) 전세권과 동일한 조건으로 다시 전세권을 설정한 것으로 본다. 이 경우 전세권의 존속기간은 그 정함이 없는 것으로 본다(제312조 제4항). 따라서 당사자는 언제든지 소멸을 통고할 수 있다.

정답 154 ① 155 ①

25 유치권

156 유치권 성립을 위한 견련관계가 인정되는 경우를 모두 고른 것은? (다툼이 있으면 판례에 따름) 제32회

> ㉠ 임대인과 임차인 사이에 건물명도시 권리금을 반환하기로 약정을 한 때, 권리금반환청구권을 가지고 건물에 대한 유치권을 주장하는 경우
> ㉡ 건물의 임대차에서 임차인의 임차보증금반환청구권으로써 임차인이 그 건물에 유치권을 주장하는 경우
> ㉢ 가축이 타인의 농작물을 먹어 발생한 손해에 관한 배상청구권에 기해 그 타인이 그 가축에 대한 유치권을 주장하는 경우

① ㉠   ② ㉡   ③ ㉢
④ ㉠, ㉡   ⑤ ㉡, ㉢

해설 ㉢ (○) 甲의 말 2필이 乙의 밭에 들어가 농작물을 먹어치운 경우 乙은 손해배상청구권을 담보하기 위하여 말을 유치할 수 있다(대판 69다1592).
㉠ (×) 임대인과 임차인 사이에 건물명도시 권리금을 반환하기로 하는 약정이 있었다 하더라도 그와 같은 권리금반환청구권은 건물에 관하여 생긴 채권이라 할 수 없으므로 그와 같은 채권을 가지고 건물에 대한 유치권을 행사할 수 없다(대판 93다62119).
㉡ (×) 건물의 임대차에 있어서 임차인의 임대인에게 지급한 임차보증금반환청구권이나 임대인이 건물시설을 아니하기 때문에 임차인에게 건물을 임차목적대로 사용 못한 것을 이유로 하는 손해배상청구권은 모두 「민법」 제320조 소정 소위 그 건물에 관하여 생긴 채권이라 할 수 없다(대판 75다1305).

157 유치권에 관한 설명으로 틀린 것은? (다툼이 있으면 판례에 따름) 제31회

① 유치권이 인정되기 위한 유치권자의 점유는 직접점유이든 간접점유이든 관계없다.
② 유치권자와 유치물의 소유자 사이에 유치권을 포기하기로 특약한 경우, 제3자는 특약의 효력을 주장할 수 없다.
③ 유치권자는 채권의 변제를 받기 위하여 유치물을 경매할 수 있다.
④ 채무자는 상당한 담보를 제공하고 유치권의 소멸을 청구할 수 있다.
⑤ 임차인은 임대인과의 약정에 의한 권리금반환채권으로 임차건물에 유치권을 행사할 수 없다.

해설 ② 유치권은 법정담보물권이기는 하나 채권자의 이익보호를 위한 채권담보의 수단에 불과하므로 이를 포기하는 특약은 유효하고, 유치권을 사전에 포기한 경우 다른 법정요건이 모두 충족되더라도 유치권이 발생하지 않는 것과 마찬가지로 유치권을 사후에 포기한 경우 곧바로 유치권은 소멸한다. 그리고 유치권 포기로 인한 유치권의 소멸은 유치권 포기의 의사표시의 상대방뿐 아니라 그 이외의 사람도 주장할 수 있다(대판 2014다52087).

정답 156 ③ 157 ②

158 X물건에 대한 甲의 유치권 성립에 영향을 미치지 않는 것은? (다툼이 있으면 판례에 따름)

제30회

① X의 소유권자가 甲인지 여부
② X에 관하여 생긴 채권의 변제기가 도래하였는지 여부
③ X에 대한 甲의 점유가 채무자를 매개로 한 간접점유가 아닌 한, 직접점유인지 간접점유인지 여부
④ X에 대한 甲의 점유가 불법행위에 의한 것인지 여부
⑤ X에 관하여 생긴 채권에 기한 유치권을 배제하기로 한 채무자와의 약정이 있었는지 여부

해설 ③ 유치권의 성립요건이자 존속요건인 유치권자의 점유는 직접점유이든 간접점유이든 관계가 없으나, 다만 유치권은 목적물을 유치함으로써 채무자의 변제를 간접적으로 강제하는 것을 본체적 효력으로 하는 권리인 점 등에 비추어, 그 직접점유자가 채무자인 경우에는 유치권의 요건으로서의 점유에 해당하지 않는다고 할 것이다(대판 2007다27236). 즉, 채무자가 직접점유를 하는 경우가 아니라면 직접점유인지 간접점유인지 여부는 유치권 성립에 영향을 미치지 않는다.

> 제320조 【유치권의 내용】 ① 타인의 물건 또는 유가증권을 점유한 자는 그 물건이나 유가증권에 관하여 생긴 채권이 변제기에 있는 경우에는 변제를 받을 때까지 그 물건 또는 유가증권을 유치할 권리가 있다.
> ② 전항의 규정은 그 점유가 불법행위로 인한 경우에 적용하지 아니한다.

① 유치권이 성립하기 위해서는 X물건은 타인소유이어야 한다.
② 유치권이 성립하기 위해서는 X에 관하여 생긴 채권의 변제기가 도래하였어야 한다.
④ 유치권이 성립하기 위해서는 X에 대한 甲의 점유가 불법행위에 의한 것이 아니어야 한다.
⑤ 유치권이 성립하기 위해서는 유치권의 배제특약이 없어야 한다.

159 「민법」상 유치권에 관한 설명으로 틀린 것은? (다툼이 있으면 판례에 따름)

제35회

① 권리금반환청구권은 유치권의 피담보채권이 될 수 없다.
② 유치권의 행사는 피담보채권 소멸시효의 진행에 영향을 미치지 않는다.
③ 공사대금채권에 기하여 유치권을 행사하는 자가 스스로 유치물인 주택에 거주하며 사용하는 것은 특별한 사정이 없는 한 유치물의 보존에 필요한 사용에 해당한다.
④ 유치권에 의한 경매가 목적부동산 위의 부담을 소멸시키는 법정매각조건으로 실시된 경우, 그 경매에서 유치권자는 일반채권자보다 우선하여 배당을 받을 수 있다.
⑤ 건물신축공사를 도급받은 수급인이 사회통념상 독립한 건물이 되지 못한 정착물을 토지에 설치한 상태에서 공사가 중단된 경우, 수급인은 그 정착물에 대하여 유치권을 행사할 수 없다.

정답 158 ③ 159 ④

해설 ④ 「민법」제322조 제1항에 의하여 실시되는 유치권에 의한 경매도 강제경매나 담보권 실행을 위한 경매와 마찬가지로 목적부동산 위의 부담을 소멸시키는 것을 법정매각조건으로 하여 실시되고 우선채권자뿐만 아니라 일반채권자의 배당요구도 허용되며, 유치권자는 일반채권자와 동일한 순위로 배당을 받을 수 있다고 봄이 상당하다(대판 2011다35593). 즉, 유치권에 의한 경매의 경우에도 유치권자는 우선변제권은 인정되지 않는다.

160

甲은 X건물에 관하여 생긴 채권을 가지고 있다. 乙의 경매신청에 따라 X건물에 압류의 효력이 발생하였고, 丙은 경매절차에서 X건물의 소유권을 취득하였다. 다음 중 甲이 丙에게 유치권을 행사할 수 있는 경우를 모두 고른 것은? (다툼이 있으면 판례에 따름) 제29회

㉠ X건물에 위 압류의 효력이 발생한 후에 甲이 X건물의 점유를 이전받은 경우
㉡ X건물에 위 압류의 효력이 발생한 후에 甲의 피담보채권의 변제기가 도래한 경우
㉢ X건물에 위 압류의 효력이 발생하기 전에 甲이 유치권을 취득하였지만, 乙의 저당권이 甲의 유치권보다 먼저 성립한 경우
㉣ X건물에 위 압류의 효력이 발생하기 전에 甲이 유치권을 취득하였지만, 乙의 가압류등기가 甲의 유치권보다 먼저 마쳐진 경우

① ㉠, ㉡
② ㉡, ㉢
③ ㉢, ㉣
④ ㉠, ㉡, ㉣
⑤ ㉠, ㉢, ㉣

해설 ③ 채무자 소유의 부동산에 경매개시결정의 기입등기가 마쳐져 압류의 효력이 발생한 후에 유치권을 취득한 경우에는 그로써 부동산에 관한 경매절차의 매수인에게 대항할 수 없다(대판 2011다55214). 따라서 압류의 효력이 발생한 후에 점유를 이전받은 경우(㉠)나 압류의 효력이 발생한 후에 피담보채권의 변제기가 도래한 경우(㉡)에는 경락인(丙)에게 대항할 수 없다. 그러나 압류 전이라면 가압류등기가 경료된 후 점유를 이전받은 경우(㉢)에도 매수인에게 대항할 수 있으며(대판 2009다19246), 유치권은 경매로 소멸하는 권리가 아니므로 선순위의 저당권이 있더라도 경락인에게 대항할 수 있다(㉣).

정답 160 ③

161 甲은 乙과의 계약에 따라 乙 소유의 구분건물 201호, 202호 전체를 수리하는 공사를 완료하였지만, 乙이 공사대금을 지급하지 않자 甲이 201호만을 점유하고 있다. 다음 설명 중 옳은 것은? (다툼이 있으면 판례에 따름) 제28회

① 甲의 유치권은 乙 소유의 구분건물 201, 202호 전체의 공사대금을 피담보채권으로 하여 성립한다.
② 甲은 乙 소유의 구분건물 201호, 202호 전체에 대해 유치권에 의한 경매를 신청할 수 있다.
③ 甲은 201호에 대한 경매절차에서 매각대금으로부터 우선변제를 받을 수 있다.
④ 甲이 乙의 승낙 없이 201호를 丙에게 임대한 경우, 乙은 유치권의 소멸을 청구할 수 없다.
⑤ 甲이 乙의 승낙 없이 201호를 丙에게 임대한 경우, 丙은 乙에 대해 임대차의 효력을 주장할 수 있다.

해설
① 다세대주택 창호 등의 공사를 완성한 하수급인이 공사대금채권 잔액을 변제받기 위하여 위 다세대주택 중 한 세대를 점유하여 유치권을 행사하는 경우, 그 유치권은 위 한 세대에 대하여 시행한 공사대금만이 아니라 다세대주택 전체에 대하여 시행한 공사대금채권의 잔액 전부를 피담보채권으로 하여 성립한다(대판 2005다16942).
② 유치권은 점유하고 있는 201호에 대해서만 인정되므로 202호에 대해서는 유치권에 의한 경매를 신청할 수 없다.
③ 유치권자는 경매시에 우선변제권이 인정되지 않는다.
④ 유치권자는 채무자의 승낙 없이 유치물의 사용·대여 또는 담보제공을 하지 못하며 이를 위반한 경우에는 채무자는 유치권의 소멸을 청구할 수 있다(제324조 제2항·제3항).
⑤ 유치권의 성립요건인 유치권자의 점유는 직접점유이든 간접점유이든 관계없지만, 유치권자는 채무자의 승낙이 없는 이상 그 목적물을 타(他)에 임대할 수 있는 처분권한이 없으므로 유치권자의 그러한 임대행위는 소유자의 처분권한을 침해하는 것으로서 소유자에게 그 임대의 효력을 주장할 수 없고, 따라서 소유자의 동의 없이 유치권자로부터 유치권의 목적물을 임차한 자는 경락인에게 대항할 수 없다(대판 2002마3516). 따라서 丙은 乙에 대해 임대차의 효력을 주장할 수 없다.

162 「민법」상 유치권에 관한 설명으로 옳은 것은? (다툼이 있으면 판례에 따름) 제33회

① 유치권자는 유치물에 대한 경매신청권이 없다.
② 유치권자는 유치물의 과실인 금전을 수취하여 다른 채권보다 먼저 피담보채권의 변제에 충당할 수 있다.
③ 유치권자는 채무자의 승낙 없이 유치물을 담보로 제공할 수 있다.
④ 채권자가 채무자를 직접점유자로 하여 간접점유하는 경우에도 유치권은 성립한다.
⑤ 유치권자는 유치물에 관해 지출한 필요비를 소유자에게 상환청구할 수 없다.

정답 161 ① 162 ②

해설 ② 유치권자는 유치물의 과실을 수취하여 다른 채권보다 먼저 그 채권의 변제에 충당할 수 있다. 그러나 과실이 금전이 아닌 때에는 경매하여야 한다(제323조 제1항).
① 유치권자는 채권의 변제를 받기 위하여 유치물을 경매할 수 있다(제322조 제1항).
③ 유치권자는 채무자의 승낙 없이 유치물의 사용·대여 또는 담보제공을 하지 못한다. 그러나 유치물의 보존에 필요한 사용은 그러하지 아니하다(제324조 제2항).
④ 유치권자의 점유는 직접점유이든 간접점유이든 관계가 없다. 다만, 유치권은 목적물을 유치함으로써 채무자의 변제를 간접적으로 강제하는 것을 본체적 효력으로 하는 권리인 점 등에 비추어, 그 직접점유자가 채무자인 경우에는 유치권의 요건으로서의 점유에 해당하지 않는다고 할 것이다(대판 2007다27236).
⑤ 유치권자가 유치물에 관하여 필요비를 지출한 때에는 소유자에게 그 상환을 청구할 수 있다(제325조 제1항).

163 「민법」 유치권에 관한 설명으로 틀린 것은? (다툼이 있으면 판례에 따름) 제34회

① 유치권자는 유치물에 대한 경매권이 있다.
② 유치권 발생을 배제하는 특약은 무효이다.
③ 건물신축공사를 도급받은 수급인이 사회통념상 독립한 건물이 되지 못한 정착물을 토지에 설치한 상태에서 공사가 중단된 경우, 그 토지에 대해 유치권을 행사할 수 없다.
④ 유치권은 피담보채권의 변제기가 도래하지 않으면 성립할 수 없다.
⑤ 유치권자는 선량한 관리자의 주의로 유치물을 점유해야 한다.

해설 ② 유치권은 법정담보물권이기는 하나 채권자의 이익보호를 위한 채권담보의 수단에 불과하므로 이를 포기하는 특약은 유효하고, 유치권을 사전에 포기한 경우 다른 법정요건이 모두 충족되더라도 유치권이 발생하지 않는 것과 마찬가지로 유치권을 사후에 포기한 경우 곧바로 유치권은 소멸한다. 그리고 유치권 포기로 인한 유치권의 소멸은 유치권 포기의 의사표시의 상대방뿐 아니라 그 이외의 사람도 주장할 수 있다(대판 2014다52087).
③ 건물의 신축공사를 한 수급인이 그 건물을 점유하고 있고 또 그 건물에 관하여 생긴 공사금 채권이 있다면, 수급인은 그 채권을 변제받을 때까지 건물을 유치할 권리가 있는 것이지만 건물의 신축공사를 도급받은 수급인이 사회통념상 독립한 건물이라고 볼 수 없는 정착물을 토지에 설치한 상태에서 공사가 중단된 경우에 위 정착물은 토지의 부합물에 불과하여 이러한 정착물에 대하여 유치권을 행사할 수 없는 것이고, 또한 공사중단시까지 발생한 공사금 채권은 토지에 관하여 생긴 것이 아니므로 위 공사금 채권에 기하여 토지에 대하여 유치권을 행사할 수도 없는 것이다(대결 자 2007마98).

정답 163 ②

164 유치권의 소멸사유가 <u>아닌</u> 것은? 제28회

① 포기
② 점유의 상실
③ 목적물의 전부멸실
④ 피담보채권의 소멸
⑤ 소유자의 목적물 양도

해설 ⑤ 유치권자의 점유하에 있는 유치물의 소유자가 변동하더라도 유치권자의 점유는 유치물에 대한 보존행위로서 하는 것이므로 적법하고 그 소유자변동 후 유치권자가 유치물에 관하여 새로이 유익비를 지급하여 그 가격의 증가가 현존하는 경우에는 이 유익비에 대하여도 유치권을 행사할 수 있다(대판 71다2414). 즉, 유치권은 물권이므로 소유자가 변동되어도 소멸되지 않으며 새로운 소유자에게 여전히 유치권을 행사할 수 있다.
①③ 모든 물권의 공통된 소멸사유에 해당한다.
② 유치권만의 특유한 소멸사유에 해당한다.
④ 담보물권의 특유한 소멸사유에 해당한다(부종성).

26 저당권

165 저당권의 피담보채권의 범위에 속하지 <u>않는</u> 것은? 제29회

① 원본
② 위약금
③ 저당권의 실행비용
④ 저당목적물의 하자로 인한 손해배상금
⑤ 원본의 이행기일을 경과한 후의 1년분의 지연배상금

해설 ④ 저당권은 원본, 이자, 위약금, 채무불이행으로 인한 손해배상 및 저당권의 실행비용을 담보한다. 그러나 지연배상에 대하여는 원본의 이행기일을 경과한 후의 1년분에 한하여 저당권을 행사할 수 있다(제360조). 저당목적물의 하자로 인한 손해배상금이나 저당물의 보존비용은 담보되지 않는다.

정답 164 ⑤ 165 ④

166 甲은 2020.1.1. 乙에게 1억원을 대여하면서 변제기 2020.12.31., 이율 5%, 이자는 매달 말일 지급하기로 약정하였고, 그 담보로 당일 乙 소유 토지에 저당권을 취득하였다. 乙이 차용일 이후부터 한 번도 이자를 지급하지 않았고, 甲은 2023.7.1. 저당권실행을 위한 경매를 신청하였다. 2023.12.31. 배당절차에서 배당재원 3억원으로 배당을 실시하게 되었는데, 甲은 총 1억 2,000만원의 채권신고서를 제출하였다. 甲의 배당금액은? (甲보다 우선하는 채권자는 없으나 2억원의 후순위저당권자가 있고, 공휴일 및 소멸시효와 이자에 대한 지연손해금 등은 고려하지 않음)   제35회

① 1억 500만원   ② 1억 1,000만원   ③ 1억 1,500만원
④ 1억 1,750만원   ⑤ 1억 2,000만원

해설

> **제360조 【피담보채권의 범위】** 저당권은 원본, 이자, 위약금, 채무불이행으로 인한 손해배상 및 저당권의 실행비용을 담보한다. 그러나 지연배상에 대하여는 원본의 이행기일을 경과한 후의 1년분에 한하여 저당권을 행사할 수 있다.

이해관계인이 있는 경우에 저당권자는 경매시에 우선변제를 받을 수 있는 금액은 위 제360조와 같다. 따라서 甲은 원금 1억원과 변제기까지의 이자(연 5%)인 500만원에 지연배상(약정이 없는 경우에 법정이자 연 5%) 1년분인 500만원의 합산액인 1억 1,000만원을 배당받을 수 있다.

167 법률에 특별한 규정 또는 설정행위에 다른 약정이 없는 경우, 저당권의 우선변제적 효력이 미치는 것을 모두 고른 것은? (다툼이 있으면 판례에 따름)   제33회

> ㉠ 토지에 저당권이 설정된 후 그 토지 위에 완공된 건물
> ㉡ 토지에 저당권이 설정된 후 토지소유자가 그 토지에 매설한 유류저장탱크
> ㉢ 저당토지가 저당권 실행으로 압류된 후 그 토지에 관하여 발생한 저당권설정자의 차임채권
> ㉣ 토지에 저당권이 설정된 후 토지의 전세권자가 그 토지에 식재하고 등기한 입목

① ㉡   ② ㉠, ㉣   ③ ㉡, ㉢
④ ㉠, ㉢, ㉣   ⑤ ㉡, ㉢, ㉣

해설 ㉡ (○) 저당권의 효력은 저당부동산에 부합된 물건과 종물에 미친다(제358조 본문). 토지에 매설한 유류저장탱크는 그 토지의 부합물이므로 토지에 설정된 저당권의 효력이 미친다.
㉢ (○) 저당권의 효력은 저당부동산에 대한 압류가 있은 후에 저당권설정자가 그 부동산으로부터 수취한 과실 또는 수취할 수 있는 과실에 미친다(제359조 본문). 따라서 저당토지가 압류된 후 그 토지에 관하여 발생한 저당권설정자의 차임채권(= 과실)에는 저당권의 효력이 미친다.
㉠ (×) 건물은 토지와 별개의 독립한 물건이므로 토지에 설정된 저당권의 효력이 그 토지 위의 건물에 미치지 않는다.
㉣ (×) 등기된 입목이나 명인방법을 갖춘 수목은 토지와는 별개의 독립한 물건이므로 토지에 설정된 저당권의 효력이 미치지 않는다.

정답 166 ②　167 ③

168 저당권의 효력이 미치는 목적물의 범위에 관한 설명으로 틀린 것은? (다툼이 있으면 판례에 따름)

제32회

① 당사자는 설정계약으로 저당권의 효력이 종물에 미치지 않는 것으로 정할 수 있다.
② 저당권의 목적토지가 「공익사업을 위한 토지 등의 취득 및 보상에 관한 법률」에 따라 협의취득된 경우, 저당권자는 그 보상금청구권에 대해 물상대위권을 행사할 수 없다.
③ 건물 소유를 목적으로 토지를 임차한 자가 그 토지 위에 소유하는 건물에 저당권을 설정한 경우 건물 소유를 목적으로 한 토지임차권에도 저당권의 효력이 미친다.
④ 저당목적물의 변형물인 금전에 대해 이미 제3자가 압류한 경우 저당권자는 물상대위권을 행사할 수 없다.
⑤ 저당부동산에 대한 압류 이후의 저당권설정자의 저당부동산에 관한 차임채권에도 저당권의 효력이 미친다.

해설 ④ 저당목적물의 변형물인 금전 기타 물건에 대하여 이미 제3자가 압류하여 그 금전 또는 물건이 특정된 이상 저당권자는 스스로 이를 압류하지 않고서도 물상대위권을 행사할 수 있다(대판 96다21058).

169 甲은 乙 소유의 X토지에 저당권을 취득하였다. X토지에 Y건물이 존재할 때, 甲이 X토지와 Y건물에 대해 일괄경매를 청구할 수 있는 경우를 모두 고른 것은? (다툼이 있으면 판례에 따름)

제31회

㉠ 甲이 저당권을 취득하기 전, 이미 X토지 위에 乙의 Y건물이 존재한 경우
㉡ 甲이 저당권을 취득한 후, 乙이 X토지 위에 Y건물을 축조하여 소유하고 있는 경우
㉢ 甲이 저당권을 취득한 후, 丙이 X토지 위에 지상권을 취득하여 Y건물을 축조하고 乙이 그 건물의 소유권을 취득한 경우

① ㉠　　　　② ㉡　　　　③ ㉠, ㉢
④ ㉡, ㉢　　　⑤ ㉠, ㉡, ㉢

해설 ㉡ (○) 토지에 저당권이 설정될 당시에 건물이 존재하지 않는 나대지였으므로 일괄경매를 청구할 수 있다.
㉢ (○) 저당권설정자로부터 저당토지에 용익권을 설정받은 자가 그 토지에 건물을 축조한 경우라도 그 후 저당권설정자가 그 건물의 소유권을 취득한 경우에는 일괄경매청구권이 인정된다(대판 2003다3850).
㉠ (×) 「민법」 제365조는 저당권설정자가 저당권을 설정한 후, 저당목적물인 토지상에 건물을 축조함으로써 저당권의 실행이 곤란해지거나 저당 목적물의 담보가치의 하락을 방지하고자 함에 그 규정취지가 있다고 할 것이므로, 저당권설정 당시에 저당목적물인 토지상에 건물의 축조가 진행되어 있던 경우 일괄경매청구권규정이 적용되지 않는다(대판 86다카2856).

정답 168 ④　169 ④

170 저당권에 관한 설명으로 옳은 것은? (다툼이 있으면 판례에 따름) 제34회

① 전세권은 저당권의 객체가 될 수 없다.
② 저당권 설정은 권리의 이전적 승계에 해당한다.
③ 「민법」 제365조에 따라 토지와 건물의 일괄경매를 청구한 토지 저당권자는 그 건물의 경매대가에서 우선변제를 받을 수 있다.
④ 건물 건축 개시 전의 나대지에 저당권이 설정될 당시 저당권자가 그 토지 소유자의 건물 건축에 동의한 경우, 저당토지의 임의경매로 인한 법정지상권은 성립하지 않는다.
⑤ 저당물의 소유권을 취득한 제3자는 그 저당물의 보존을 위해 필요비를 지출하더라도 특별한 사정이 없는 한 그 저당물의 경매대가에서 우선상환을 받을 수 없다.

해설 ④ 토지에 관하여 저당권이 설정될 당시 그 지상에 토지소유자에 의한 건물의 건축이 개시되기 이전이었다면, 건물이 없는 토지에 관하여 저당권이 설정될 당시 근저당권자가 토지소유자에 의한 건물의 건축에 동의하였다고 하더라도 그러한 사정은 주관적 사항이고 공시할 수도 없는 것이어서 토지를 낙찰받는 제3자로서는 알 수 없는 것이므로 그와 같은 사정을 들어 법정지상권의 성립을 인정한다면 토지소유권을 취득하려는 제3자의 법적 안정성을 해하는 등 법률관계가 매우 불명확하게 되므로 법정지상권이 성립되지 않는다(대판 2003다26051).
① 지상권과 전세권은 저당권의 객체가 될 수 있다.
② 저당권의 설정은 권리의 설정적 승계에 해당한다.
③ 토지를 목적으로 저당권을 설정한 후 그 설정자가 그 토지에 건물을 축조한 때에는 저당권자는 토지와 함께 그 건물에 대하여도 경매를 청구할 수 있다. 그러나 그 건물의 경매대가에 대하여는 우선변제를 받을 권리가 없다(제365조).
⑤ 저당물의 제3취득자가 그 부동산의 보존·개량을 위하여 필요비 또는 유익비를 지출한 때에는 제203조 제1항·제2항의 규정에 의하여 저당물의 경매대가에서 우선상환을 받을 수 있다(제367조).

정답 170 ④

171 저당부동산의 제3취득자에 대한 설명으로 옳은 것을 모두 고른 것은? (다툼이 있으면 판례에 따름)

제32회

> ㉠ 저당부동산에 대한 후순위저당권자는 저당부동산의 피담보채권을 변제하고 그 저당권의 소멸을 청구할 수 있는 제3취득자에 해당하지 않는다.
> ㉡ 저당부동산의 제3취득자는 부동산 보존·개량을 위해 지출한 비용을 그 부동산경매대가에서 우선상환을 받을 수 없다.
> ㉢ 저당부동산의 제3취득자는 저당권을 실행하는 경매에 참가하여 매수인이 될 수 있다.
> ㉣ 피담보채권을 변제하고 저당권의 소멸을 청구할 수 있는 제3취득자에는 경매신청 후에 소유권, 지상권 또는 전세권을 취득한 자도 포함된다.

① ㉠, ㉡ ② ㉠, ㉣ ③ ㉡, ㉢
④ ㉠, ㉢, ㉣ ⑤ ㉡, ㉢, ㉣

해설 ㉠ (○) 저당부동산에 대하여 후순위 근저당권을 취득한 자는 제364조에서 정한 권리를 행사할 수 있는 제3취득자에 해당하지 아니하므로 이러한 후순위 근저당권자가 선순위 근저당권의 피담보채무가 확정된 이후에 그 확정된 피담보채무를 변제한 것은 제364조의 규정에 따라 선순위 근저당권의 소멸을 청구할 수 있는 사유로는 삼을 수 없다(대판 2005다17341).
㉢ (○) 저당물의 소유권을 취득한 제3자도 경매인이 될 수 있다(제363조 제2항).
㉣ (○) 「민법」 364조의 규정에 의하여 저당권의 소멸을 청구할 수 있는 제3취득자는 경매신청 전 또는 경매개시결정전에 소유권, 지상권 또는 전세권을 취득한 자에 한하지 않는다(대결 자 74마440).
㉡ (×) 저당물의 제3취득자가 그 부동산의 보존·개량을 위하여 필요비 또는 유익비를 지출한 때에는 제203조 제1항·제2항의 규정에 의하여 저당물의 경매대가에서 우선상환을 받을 수 있다(제367조).

172 甲은 그 소유 나대지(X)에 乙에 대한 채무담보를 위해 乙 명의의 저당권을 설정하였다. 이후 丙은 X에 건물(Y)을 신축하여 소유하고자 甲으로부터 X를 임차하여 Y를 완성한 후, Y에 丁 명의의 저당권을 설정하였다. 다음 설명 중 <u>틀린</u> 것은? (다툼이 있으면 판례에 따름)

제30회

① 乙은 甲에 대한 채권과 분리하여 자신의 저당권을 타인에게 양도할 수 없다.
② 乙이 X에 대한 저당권을 실행하는 경우, Y에 대해서도 일괄경매를 청구할 수 있다.
③ 丁의 Y에 대한 저당권 실행으로 戊가 경락을 받아 그 대금을 완납하면, 특별한 사정이 없는 한 丙의 X에 관한 임차권은 戊에게 이전된다.
④ 丁의 Y에 대한 저당권이 실행되더라도 乙의 저당권은 소멸하지 않는다.
⑤ 甲이 X를 매도하는 경우, 乙은 그 매매대금에 대해 물상대위권을 행사할 수 없다.

정답 171 ④ 172 ②

해설 ② 「민법」제365조에 기한 일괄경매청구권은 저당권설정자가 건물을 축조하여 소유하고 있는 경우에 한한다고 봄이 상당하다(대결 자 99마146). 따라서 건물의 소유자는 저당권설정자인 甲이 아니라 토지임차권자 丙이므로 일괄경매를 청구할 수 없다.
① 저당권은 그 담보한 채권과 분리하여 타인에게 양도하거나 다른 채권의 담보로 하지 못한다(제361조).
③ 건물의 소유를 목적으로 하여 토지를 임차한 사람이 그 토지 위에 소유하는 건물에 저당권을 설정한 때에는 「민법」제358조 본문에 따라서 저당권의 효력이 건물뿐만 아니라 건물의 소유를 목적으로 한 토지의 임차권에도 미친다고 보아야 할 것이므로, 건물에 대한 저당권이 실행되어 경락인이 건물의 소유권을 취득한 때에는 특별한 다른 사정이 없는 한 건물의 소유를 목적으로 한 토지의 임차권도 건물의 소유권과 함께 경락인에게 이전된다(대판 92다24950).
④ 토지와 건물은 별개이므로 건물의 저당권이 실행되어도 토지의 저당권은 소멸하지 않는다.
⑤ 담보물이 매매 또는 임차된 경우에는 담보물권이 그 목적물 위에 여전히 존속하므로 그 매매대금이나 차임에 대해서는 물상대위가 인정될 수 없다.

173 甲은 乙에게 1억원을 대여하면서 乙소유의 Y건물에 저당권을 취득하였다. 다음 설명 중 옳은 것을 모두 고른 것은? (다툼이 있으면 판례에 따름) 제34회

> ㉠ 乙이 甲에게 피담보채권 전부를 변제한 경우, 甲의 저당권은 말소등기를 하지 않아도 소멸한다.
> ㉡ 甲은 Y건물의 소실로 인하여 乙이 취득한 화재보험금청구권에 대하여 물상대위권을 행사할 수 있다.
> ㉢ 甲은 저당권을 피담보채권과 분리하여 제3자에게 양도하지 못한다.

① ㉠
② ㉢
③ ㉠, ㉡
④ ㉡, ㉢
⑤ ㉠, ㉡, ㉢

해설 ㉠ (O) 저당권으로 담보한 채권이 시효의 완성 기타 사유로 인하여 소멸한 때에는 저당권도 소멸한다(제369조). 이때 저당권은 부종성에 따라 말소등기 없이도 당연히 소멸한다.
㉡ (O) 저당권은 우선변제권이 인정되는 담보물권이므로 저당권자는 물상대위권을 행사할 수 있다.
㉢ (O) 저당권은 그 담보한 채권과 분리하여 타인에게 양도하거나 다른 채권의 담보로 하지 못한다(제361조).

정답 173 ⑤

27 공동저당, 근저당

174 甲은 乙에 대한 3억원의 채권을 담보하기 위하여 乙 소유의 X토지와 Y건물에 각각 1번 공동저당권을 취득하고, 丙은 X토지에 피담보채권 2억 4천만원의 2번 저당권을, 丁은 Y건물에 피담보채권 1억 6천만원의 2번 저당권을 취득하였다. X토지와 Y건물이 모두 경매되어 X토지의 경매대가 4억원과 Y건물의 경매대가 2억원이 동시에 배당되는 경우, 丁이 Y건물의 경매대가에서 배당받을 수 있는 금액은? (경매비용이나 이자 등은 고려하지 않음)

제27회

① 0원 ② 4천만원 ③ 6천만원
④ 1억원 ⑤ 1억 6천만원

해설 ④ 그 부동산의 경매대가를 동시에 배당하는 때에는 각부동산의 경매대가에 비례하여 그 채권의 분담을 정한다(제368조 제1항). 위 부동산이 경매대가는 X, Y 부동산이 2 : 1(4억원 : 2억원)의 비율이 된다. 따라서 甲은 X토지에서 2억원, Y건물에서 1억원을 배당받게 된다. 한편 丁의 채권액은 1억 6천만원이지만 甲이 2억원의 Y건물에서 먼저 1억원을 배당받았으므로 남는 배당금은 1억원이므로 Y건물에서 1억원만 배당받게 된다.

175 甲은 채무자 乙의 X토지와 제3자 丙의 Y토지에 대하여 피담보채권 5천만원의 1번 공동저당권을, 丁은 X토지에 乙에 대한 피담보채권은 2천만원의 2번 저당권을 戊는 Y토지에 丙에 대한 피담보채권 3천만원의 2번 저당권을 취득하였다. Y토지가 경매되어 배당금액 5천만원 전액이 甲에게 배당된 후 X토지 매각대금 중 4천만원이 배당되는 경우, 戊가 X토지 매각대금에서 배당받을 수 있는 금액은? (다툼이 있으면 판례에 의함)

제25회

① 0원 ② 1천만원 ③ 2천만원
④ 3천만원 ⑤ 4천만원

해설 ④ 공동저당의 목적인 채무자 소유의 부동산과 물상보증인 소유의 부동산에 각각 채권자를 달리하는 후순위저당권이 설정되어 있는 경우, 물상보증인 소유의 부동산에 대하여 먼저 경매가 이루어져 그 경매대금의 교부에 의하여 1번 저당권자가 변제를 받은 때에는 물상보증인은 채무자에 대하여 구상권을 취득함과 동시에, 「민법」 제481조, 제482조의 규정에 의한 변제자대위에 의하여 채무자 소유의 부동산에 대한 1번 저당권을 취득하고, 이러한 경우 물상보증인 소유의 부동산에 대한 후순위저당권자는 물상보증인에게 이전한 1번 저당권으로부터 우선하여 변제를 받을 수 있으며, 물상보증인이 수인인 경우에도 마찬가지라 할 것이므로, 자기 소유의 부동산이 먼저 경매되어 1번 저당권자에게 대위변제를 한 물상보증인은 1번 저당권을 대위취득하고, 그 물상보증인 소유의 부동산의 후순위저당권자는 1번 저당권에 대하여 물상대위를 할 수 있다(대판 93다25417). 따라서 戊가 丁보다 우선하여 자신의 채권액인 3천만원을 배당받게 된다.

정답 174 ④ 175 ④

176 근저당권에 관한 설명으로 틀린 것은? (다툼이 있으면 판례에 따름)　　　제31회

① 채무자가 아닌 제3자도 근저당권을 설정할 수 있다.
② 채권자가 아닌 제3자 명의의 근저당권설정등기는 특별한 사정이 없는 한 무효이다.
③ 근저당권에 의해 담보될 채권최고액에 채무의 이자는 포함되지 않는다.
④ 근저당권설정자가 적법하게 기본계약을 해지하면 피담보채권은 확정된다.
⑤ 근저당권자가 피담보채무의 불이행을 이유로 경매신청을 한 경우에는 경매신청시에 피담보채권액이 확정된다.

해설 ③ 채무의 이자는 최고액 중에 산입한 것으로 본다(제357조 제2항).
① 채무자가 아닌 제3자, 즉 물상보증인도 근저당권설정자가 될 수 있다.
② 채권담보의 목적으로 저당권을 설정하는 경우에는 담보물권의 부종성의 법리에 비추어 원칙적으로 채권과 저당권이 그 주체를 달리할 수 없으므로 제3자명의 저당권은 원칙적으로 무효이다. 다만, 예외적으로 채권자와 채무자 및 제3자 사이에 합의가 있었고, 나아가 제3자에게 그 채권이 실질적으로 귀속되었다고 볼 수 있는 특별한 사정이 있는 경우에는 제3자 명의의 저당권등기도 유효하다(대판 2000다49879).
④ 존속기간이나 결산기의 정함이 없는 때에는 근저당권의 피담보채무의 확정방법에 관한 다른 약정이 있으면 그에 따르되 이러한 약정이 없는 경우라면 근저당권설정자가 근저당권자를 상대로 언제든지 해지의 의사표시를 함으로써 피담보채무를 확정시킬 수 있다(대판 2002다7176).
⑤ 근저당권자가 피담보채무의 불이행을 이유로 경매신청을 한 경우, 근저당권의 피담보채무액은 경매신청시에 확정된다(대판 2001다73022).

177 근저당권에 관한 설명으로 틀린 것은? (다툼이 있으면 판례에 따름)　　　제34회

① 채권최고액에는 피담보채무의 이자가 산입된다.
② 피담보채무 확정 전에는 채무자를 변경할 수 있다.
③ 근저당권자가 피담보채무의 불이행을 이유로 경매신청을 한 경우, 특별한 사정이 없는 한 피담보채무액은 그 신청시에 확정된다.
④ 물상보증인은 채권최고액을 초과하는 부분의 채권액까지 변제할 의무를 부담한다.
⑤ 특별한 사정이 없는 한, 존속기간이 있는 근저당권은 그 기간이 만료한 때 피담보채무가 확정된다.

해설 ④ 근저당권의 물상보증인은 「민법」 357조에서 말하는 채권의 최고액만을 변제하면 근저당권설정등기의 말소청구를 할 수 있고 채권최고액을 초과하는 부분의 채권액까지 변제할 의무가 있는 것이 아니다(대판 74다998).

정답　176 ③　177 ④

178 후순위 근저당권자의 신청으로 담보권실행을 위한 경매가 이루어진 경우, 확정되지 않은 선순위 근저당권의 피담보채권이 확정되는 시기는? (다툼이 있으면 판례에 따름) 제28회

① 경매개시결정이 있는 때
② 매수인이 매각대금을 완납한 때
③ 경매법원의 매각허가결정이 있는 때
④ 후순위 근저당권자가 경매를 신청한 때
⑤ 선순위 근저당권자가 경매개시된 사실을 알게 된 때

해설 ② 후순위 근저당권자가 경매를 신청한 경우 선순위 근저당권의 피담보채권은 그 근저당권이 소멸하는 시기, 즉 경락인이 경락대금(매각대금)을 완납한 때에 확정된다고 보아야 한다(대판 99다26085).

179 2019.8.1. 甲은 乙에게 2억원(대여기간 1년, 이자 월 1.5%)을 대여하면서 乙 소유 X토지(가액 3억원)에 근저당권(채권최고액 2억 5천만원)을 취득하였고, 2020.7.1. 丙은 乙에게 1억원(대여기간 1년, 이자 월 1%)을 대여하면서 X토지에 2번 근저당권(채권최고액 1억 5천만원)을 취득하였다. 甲과 丙이 변제를 받지 못한 상황에서 丙이 2022.6.1. X토지에 관해 근저당권 실행을 위한 경매를 신청하면서 배당을 요구한 경우, 이에 관한 설명으로 옳은 것은? (다툼이 있으면 판례에 따름) 제33회

㉠ 2022.6.1. 甲의 근저당권의 피담보채권액은 확정되지 않는다.
㉡ 甲에게 2022.6.1. 이후에 발생한 지연이자는 채권최고액의 범위 내라도 근저당권에 의해 담보되지 않는다.
㉢ 甲이 한 번도 이자를 받은 바 없고 X토지가 3억원에 경매되었다면 甲은 경매대가에서 3억원을 변제받는다.

① ㉠ ② ㉡ ③ ㉠, ㉢
④ ㉡, ㉢ ⑤ ㉠, ㉡, ㉢

해설 ㉠ (○) 후순위 근저당권자가 경매를 신청한 경우 선순위 근저당권의 피담보채권은 그 근저당권이 소멸하는 시기, 즉 경락인이 경락대금을 완납한 때에 확정된다고 보아야 한다(대판 99다26085). 따라서 후순위자인 丙이 경매를 신청한 것만으로는 甲의 근저당권의 피담보채권액은 확정되지 않는다.
㉡ (×) 근저당권의 피담보채권 중 지연이자는 근저당권의 채권최고액의 한도 내에서 그 전액이 담보된다(대판 2008다72318). 따라서 2022.6.1. 이후에 발생한 지연이자라도 채권최고액의 범위 내에서는 근저당권에 의해 담보된다.
㉢ (×) 채권최고액이란 근저당권에 의하여 담보되는 한도액, 즉 담보목적물로부터 우선변제를 받을 수 있는 한도액을 말한다(대판 92다1896). 따라서 甲은 원칙적으로 최고액인 2억 5천만원을 우선변제 받을 수 있으며 다른 채권자가 있는한 최고액을 초과하는 채무는 배당을 받을 수 없다.

정답 178 ② 179 ①

계약법

28 계약의 종류

180 계약의 유형에 관한 설명으로 옳은 것은? 제33회

① 매매계약은 요물계약이다.
② 교환계약은 무상계약이다.
③ 증여계약은 낙성계약이다.
④ 도급계약은 요물계약이다.
⑤ 임대차계약은 편무계약이다.

해설 ③ 증여계약은 무상·편무·낙성·불요식계약이다.
① 매매계약은 낙성계약이다.
② 교환계약은 유상계약이다.
④ 도급계약은 낙성계약이다. 요물계약에는 현상광고, 대물변제, 계약금계약, 보증금계약이 있다.
⑤ 임대차계약은 쌍무계약이다.

181 계약의 유형에 관한 설명으로 옳은 것은? (다툼이 있으면 판례에 따름) 제28회

① 부동산매매계약은 유상, 요물계약이다.
② 중개계약은 「민법」의 전형계약이다.
③ 부동산교환계약은 무상, 계속적 계약이다.
④ 증여계약은 편무, 유상계약이다.
⑤ 임대차계약은 쌍무, 유상계약이다.

해설 ① 부동산매매계약은 유상, 낙성계약이다.
② 중개계약은 비전형계약이다.
③ 부동산교환계약은 유상, 일시적 계약이다.
④ 증여계약은 편무, 무상계약이다.

정답 180 ③ 181 ⑤

29 계약의 성립

182 청약에 관한 설명으로 옳은 것은? (단, 특별한 사정은 없으며, 다툼이 있으면 판례에 따름)

제32회

① 불특정다수인에 대한 청약은 효력이 없다.
② 청약이 상대방에게 도달하여 그 효력이 발생하더라도 청약자는 이를 철회할 수 있다.
③ 당사자 간에 동일한 내용의 청약이 상호교차된 경우, 양 청약이 상대방에게 발송된 때에 계약이 성립한다.
④ 계약내용이 제시되지 않은 광고는 청약에 해당한다.
⑤ 하도급계약을 체결하려는 교섭당사자가 견적서를 제출하는 행위는 청약의 유인에 해당한다.

해설 ⑤ 하도급계약을 체결하려는 교섭당사자가 견적서를 제출하는 행위는 통상 주문자의 발주를 권유하는 영업행위의 수단으로서 계약체결의 준비·교섭행위, 즉 청약의 유인에 해당한다(대판 99다40418).
① 승낙과 달리 청약은 불특정 다수인을 상대로 할 수 있다.
② 계약의 청약은 이를 철회하지 못한다(제527조). 즉, 청약이 상대방에게 도달하여 그 효력이 발생하면 청약자는 이를 철회할 수 없다.
③ 당사자 간에 동일한 내용의 청약이 상호교차된 경우에는 양 청약이 상대방에게 도달한 때에 계약이 성립한다(제533조).
④ 광고주가 광고의 내용대로 계약에 구속되려는 의사가 명백한 경우가 아니라면 광고는 청약의 유인에 불과하다(대판 2017다275447).

183 계약의 성립에 관한 설명으로 <u>틀린</u> 것은? (다툼이 있으면 판례에 따름)

제28회

① 청약은 그에 대한 승낙만 있으면 계약이 성립하는 구체적·확정적 의사표시이어야 한다.
② 아파트 분양광고는 청약의 유인의 성질을 갖는 것이 일반적이다.
③ 당사자 간에 동일한 내용의 청약이 상호교차된 경우, 양 청약이 상대방에게 발송한 때에 계약이 성립한다.
④ 승낙자가 청약에 대하여 조건을 붙여 승낙한 때에는 그 청약의 거절과 동시에 새로 청약한 것으로 본다.
⑤ 청약자가 미리 정한 기간 내에 이의를 하지 아니하면 승낙한 것으로 본다는 뜻을 청약 시 표시하였더라도 이는 특별한 사정이 없는 한 상대방을 구속하지 않는다.

해설 ① 계약이 성립하기 위한 법률요건인 청약은 그에 응하는 승낙만 있으면 곧 계약이 성립하는 구체적·확정적 의사표시여야 하므로 청약은 계약의 내용을 결정할 수 있을 정도의 사항을 포함시키는 것이 필요하다(대판 2003다41463).

정답 182 ⑤   183 ①

184 계약의 성립과 내용에 관한 설명으로 <u>틀린</u> 것은? (다툼이 있으면 판례에 따름) 제35회

① 격지자 간의 계약은 승낙의 통지를 발송한 때에 성립한다.
② 관습에 의하여 승낙의 통지가 필요하지 않는 경우, 계약은 승낙의 의사표시로 인정되는 사실이 있는 때에 성립한다.
③ 당사자 간에 동일한 내용의 청약이 상호교차된 경우, 양 청약이 상대방에게 도달한 때에 계약이 성립한다.
④ 승낙자가 청약에 대하여 변경을 가하여 승낙한 때에는 그 청약의 거절과 동시에 새로 청약한 것으로 본다.
⑤ 선시공·후분양이 되는 아파트의 경우, 준공 전 그 외형·재질에 관하여 분양광고에만 표현된 내용은 특별한 사정이 없는 한 분양계약의 내용이 된다.

해설 ⑤ 선시공·후분양방식으로 분양되거나, 당초 선분양·후시공방식으로 분양하기로 계획되었으나 준공 후에 분양되는 아파트 등의 경우, 완공된 아파트 등의 현황과 달리 분양광고 등에만 표현된 아파트 등의 외형·재질 등에 관하여 분양자와 수분양자 사이에 이를 분양계약의 내용으로 하는 묵시적 합의가 있었다고 볼 수 없다(대판 2012다29601).

185 甲은 乙에게 우편으로 자기 소유의 X건물을 3억원에 매도하겠다는 청약을 하면서, 자신의 청약에 대한 회신을 2022.10.5.까지 해 줄 것을 요청하였다. 甲의 편지는 2022.9.14. 발송되어 2022.9.16. 乙에게 도달되었다. 이에 관한 설명으로 <u>틀린</u> 것을 모두 고른 것은? (다툼이 있으면 판례에 따름) 제33회

㉠ 甲이 2022.9.23. 자신의 청약을 철회한 경우, 특별한 사정이 없는 한 甲의 청약은 효력을 잃는다.
㉡ 乙이 2022.9.20. 甲에게 승낙의 통지를 발송하여 2022.9.22. 甲에게 도달한 경우, 甲과 乙의 계약은 2022.9.22.에 성립한다.
㉢ 乙이 2022.9.27. 매매가격을 2억 5천만원으로 조정해 줄 것을 조건으로 승낙한 경우, 乙의 승낙은 청약의 거절과 동시에 새로 청약한 것으로 본다.

① ㉠
② ㉡
③ ㉠, ㉡
④ ㉡, ㉢
⑤ ㉠, ㉡, ㉢

해설 ㉠ (×) 청약이 상대방에게 도달하여 효력을 발생한 때에는 임의로 이를 철회하지 못한다(제527조). 따라서 乙에게 청약이 도달된 2022.9.16.부터는 그 청약을 철회할 수 없으며 설령 철회하더라도 철회의 효력은 생기지 않는다.
㉡ (×) 격지자 간의 계약은 승낙의 통지를 발송한 때에 성립한다(제531조). 乙의 승낙이 승낙기간 안에 도달하였으므로 甲과 乙의 매매계약은 승낙의 통지를 발송한 2022.9.20.에 성립한다.
㉢ (○) 승낙자가 청약에 대하여 조건을 붙이거나 변경을 가하여 승낙한 때에는 그 청약의 거절과 동시에 새로 청약한 것으로 본다(제534조).

정답 184 ⑤ 185 ③

186 甲은 승낙기간을 2020.5.8.로 하여 자신의 X주택을 乙에게 5억원에 팔겠다고 하고, 그 청약은 乙에게 2020.5.1. 도달하였다. 이에 관한 설명으로 **틀린** 것은? (다툼이 있으면 판례에 따름)
제31회

① 甲의 청약은 乙에게 도달한 때에 그 효력이 생긴다.
② 甲이 청약을 발송한 후 사망하였다면, 그 청약은 효력을 상실한다.
③ 甲이 乙에게 "2020.5.8.까지 이의가 없으면 승낙한 것으로 본다."고 표시한 경우, 乙이 그 기간까지 이의하지 않더라도 계약은 성립하지 않는다.
④ 乙이 2020.5.15. 승낙한 경우, 甲은 乙이 새로운 청약을 한 것으로 보고 이를 승낙함으로써 계약을 성립시킬 수 있다.
⑤ 乙이 5억원을 5천만원으로 잘못 읽어, 2020.5.8. 甲에게 5천만원에 매수한다는 승낙이 도달하더라도 계약은 성립하지 않는다.

해설 ② 의사표시자가 그 통지를 발송한 후 사망하거나 제한능력자가 되어도 의사표시의 효력에 영향을 미치지 아니한다(제111조 제2항).

30 계약체결상 과실책임과 위험부담

187 계약체결상의 과실책임에 관한 설명으로 옳은 것을 모두 고른 것은? (다툼이 있으면 판례에 따름)
제35회 변형

㉠ 계약이 의사의 불합치로 성립하지 않는다는 사실을 알지 못하여 손해를 입은 당사자는 계약체결 당시 그 계약이 불성립될 수 있다는 것을 안 상대방에게 계약체결상의 과실책임을 물을 수 있다.
㉡ 부동산 수량지정 매매에서 실제면적이 계약면적에 미달하는 경우, 그 부분의 원시적 불능을 이유로 계약체결상의 과실책임을 물을 수 없다.
㉢ 계약체결 전에 이미 매매목적물이 전부 멸실된 사실을 과실 없이 알지 못하여 손해를 입은 계약당사자는 계약체결 당시 그 사실을 안 상대방에게 계약체결상의 과실책임을 물을 수 있다.

① ㉠ ② ㉡ ③ ㉠, ㉢
④ ㉡, ㉢ ⑤ ㉠, ㉡, ㉢

정답 186 ②　187 ④

해설 ㄴ (○) 부동산매매계약에 있어서 실제 면적이 계약면적에 미달하는 경우에는 그 매매가 수량지정매매에 해당할 때에 한하여 「민법」 제574조, 제572조에 의한 대금감액청구권을 행사함은 별론으로 하고, 그 매매계약이 그 미달 부분만큼 일부 무효임을 들어 이와 별도로 일반 부당이득 반환청구를 하거나 그 부분의 원시적 불능을 이유로 「민법」 제535조가 규정하는 계약체결상의 과실에 따른 책임의 이행을 구할 수 없다(대판 99다47396).

ㄷ (○) 제535조

> **제535조【계약체결상의 과실】** ① 목적이 불능한 계약을 체결할 때에 그 불능을 알았거나 알 수 있었을 자는 상대방이 그 계약의 유효를 믿었음으로 인하여 받은 손해를 배상하여야 한다. 그러나 그 배상액은 계약이 유효함으로 인하여 생길 이익액을 넘지 못한다.
> ② 전항의 규정은 상대방이 그 불능을 알았거나 알 수 있었을 경우에는 적용하지 아니한다.

ㄱ (×) 계약이 의사의 불합치로 성립하지 아니한 경우 그로 인하여 손해를 입은 당사자가 상대방에게 부당이득반환청구 또는 불법행위로 인한 손해배상청구를 할 수 있는지는 별론으로 하고, 상대방이 계약이 성립되지 아니할 수 있다는 것을 알았거나 알 수 있었음을 이유로 「민법」 제535조를 유추적용하여 계약체결상의 과실로 인한 손해배상청구를 할 수는 없다(대판 2015다10929).

188 쌍무계약상 위험부담에 관한 설명으로 틀린 것은? (다툼이 있으면 판례에 따름) 제31회

① 계약당사자는 위험부담에 관하여 「민법」 규정과 달리 정할 수 있다.
② 채무자의 책임 있는 사유로 후발적 불능이 발생한 경우, 위험부담의 법리가 적용된다.
③ 매매목적물이 이행기 전에 강제수용된 경우, 매수인이 대상청구권을 행사하면 매도인은 매매대금 지급을 청구할 수 있다.
④ 채권자의 수령지체 중 당사자 모두에게 책임 없는 사유로 불능이 된 경우, 채무자는 상대방의 이행을 청구할 수 있다.
⑤ 당사자 일방의 채무가 채권자의 책임 있는 사유로 불능이 된 경우, 채무자는 상대방의 이행을 청구할 수 있다.

해설 ② 위험부담은 쌍무계약의 당사자 일방의 채무가 당사자 쌍방의 책임 없는 사유로 이행할 수 없게 된 경우에 발생하며, 채무자의 책임 있는 사유로 후발적 불능이 발생한 경우에는 채무불이행의 문제가 발생한다.

정답 188 ②

189 甲과 乙은 甲 소유의 X토지에 대하여 매매계약을 체결하였으나 그 후 甲의 채무인 소유권 이전등기의무의 이행이 불가능하게 되었다. 다음 설명 중 옳은 것을 모두 고른 것은? (다툼이 있으면 판례에 따름)　　　　　　　　　　　　　　　　　　　　　　　　　　　　　　　제34회

> ㉠ 甲의 채무가 쌍방의 귀책사유 없이 불능이 된 경우, 이미 대금을 지급한 乙은 그 대금을 부당이득법리에 따라 반환청구할 수 있다.
> ㉡ 甲의 채무가 乙의 귀책사유로 불능이 된 경우, 특별한 사정이 없는 한 甲은 乙에게 대금지급을 청구할 수 있다.
> ㉢ 乙의 수령지체 중에 쌍방의 귀책사유 없이 甲의 채무가 불능이 된 경우, 甲은 乙에게 대금지급을 청구할 수 없다.

① ㉠
② ㉢
③ ㉠, ㉡
④ ㉡, ㉢
⑤ ㉠, ㉡, ㉢

해설 ㉠ (○) 쌍방의 귀책사유 없이 채무가 불능이 되었으므로 위험부담의 문제가 발생한다. 채무자 위험부담주의 원칙(제537조)에 따라 양 당사자는 채무를 면하게 되며 乙이 이미 지급한 대금은 부당이득으로 반환청구할 수 있다.
㉡ (○), ㉢ (×) 쌍무계약의 당사자 일방의 채무가 채권자의 책임 있는 사유로 이행할 수 없게 된 때에는 채무자는 상대방의 이행을 청구할 수 있다. 채권자의 수령지체 중에 당사자 쌍방의 책임 없는 사유로 이행할 수 없게 된 때에도 같다(제538조 제1항). 즉, 수령지체 중이거나 채권자의 귀책사유가 있으면 甲은 乙에게 매매대금의 지급을 청구할 수 있으므로 ㉡은 옳은 지문이며 ㉢은 틀린 지문이다.

190 甲은 X건물을 乙에게 매도하고 乙로부터 계약금을 지급받았는데, 그 후 甲과 乙의 귀책사유 없이 X건물이 멸실되었다. 다음 설명 중 옳은 것을 모두 고른 것은? (다툼이 있으면 판례에 따름)　　　　　　　　　　　　　　　　　　　　　　　　　　　　　　　제35회

> ㉠ 甲은 乙에게 잔대금의 지급을 청구할 수 있다.
> ㉡ 乙은 甲에게 계약금의 반환을 청구할 수 있다.
> ㉢ 만약 乙의 수령지체 중에 甲과 乙의 귀책사유 없이 X건물이 멸실된 경우, 乙은 甲에게 계약금의 반환을 청구할 수 있다.

① ㉡
② ㉢
③ ㉠, ㉡
④ ㉠, ㉢
⑤ ㉡, ㉢

정답 189 ③　190 ①

해설 ⓒ (○)「민법」제537조는 채무자위험부담주의를 채택하고 있는 바, 쌍무계약에서 당사자 쌍방의 귀책사유 없이 채무가 이행불능된 경우 채무자는 급부의무를 면함과 더불어 반대급부도 청구하지 못하므로, 쌍방 급부가 없었던 경우에는 계약관계는 소멸하고 이미 이행한 급부는 법률상 원인 없는 급부가 되어 부당이득의 법리에 따라 반환청구할 수 있다(대판 2008다98655, 98662). 즉, 乙은 甲에게 계약금의 반환을 청구할 수 있다.
ⓖ (×) 쌍무계약의 당사자 일방의 채무가 당사자 쌍방의 책임없는 사유로 이행할 수 없게 된 때에는 채무자는 상대방의 이행을 청구하지 못한다(제537조). 따라서 甲은 乙에게 잔대금의 지급을 청구할 수 없다.
ⓒ (×) 쌍무계약의 당사자 일방의 채무가 채권자의 책임있는 사유로 이행할 수 없게 된 때에는 채무자는 상대방의 이행을 청구할 수 있다. 채권자의 수령지체 중에 당사자쌍방의 책임없는 사유로 이행할 수 없게 된 때에도 같다(제538조 제1항). 따라서 乙은 甲에게 대금을 지급하여야 하며 甲에게 계약금의 반환을 청구할 수 없다.

191 위험부담에 관한 설명으로 틀린 것은? (다툼이 있으면 판례에 따름)   제30회

① 후발적 불능이 당사자 쌍방에게 책임없는 사유로 생긴 때에는 위험부담의 문제가 발생한다.
② 편무계약의 경우 원칙적으로 위험부담의 법리가 적용되지 않는다.
③ 당사자 일방이 대상청구권을 행사하려면 상대방에 대하여 반대급부를 이행할 의무가 있다.
④ 당사자 쌍방의 귀책사유 없는 이행불능으로 매매계약이 종료된 경우, 매도인은 이미 지급받은 계약금을 반환하지 않아도 된다.
⑤ 우리 「민법」은 채무자위험부담주의를 원칙으로 한다.

해설 ④ 「민법」제537조는 채무자위험부담주의를 채택하고 있는바, 쌍무계약에서 당사자 쌍방의 귀책사유 없이 채무가 이행불능된 경우 채무자는 급부의무를 면함과 더불어 반대급부도 청구하지 못하므로, 쌍방 급부가 없었던 경우에는 계약관계는 소멸하고 이미 이행한 급부는 법률상 원인 없는 급부가 되어 부당이득의 법리에 따라 반환청구할 수 있다(대판 2008다98655, 98662).

정답 191 ④

31 동시이행의 항변권

192 특별한 사정이 없는 한 동시이행의 관계에 있는 경우를 모두 고른 것은? (다툼이 있으면 판례에 따름) 제33회

> ㉠ 임대차계약 종료에 따른 임차인의 임차목적물 반환의무와 임대인의 권리금 회수방해로 인한 손해배상의무
> ㉡ 「주택임대차보호법」상 임차권등기명령에 따라 행해진 임차권등기의 말소의무와 임대차보증금 반환의무
> ㉢ 구분소유적 공유관계의 해소로 인하여 공유지분권자 상호간에 발생한 지분이전등기의무

① ㉠ ② ㉢ ③ ㉠, ㉡
④ ㉡, ㉢ ⑤ ㉠, ㉡, ㉢

해설 ㉢ (○) 구분소유적 공유관계가 해소되는 경우 공유지분권자 각자의 상대방에 대한 지분이전등기의무는 모두 그 구분소유적 공유관계에서 발생된 채무일 뿐만 아니라, 구분소유적 공유관계에 있어서 그 각 공유지분은 서로 담보의 역할을 하고 있어 그 지분이전등기의무는 동시에 이행됨이 형평에 맞는다는 점을 참작하여 보면, 구분소유적 공유관계가 해소되는 경우 공유지분권자 상호 간의 지분이전등기의무는 그 이행상 견련관계에 있다고 봄이 공평의 관념 및 신의칙에 부합한다(대판 2004다32992).
㉠ (×) 임차인의 임차목적물 반환의무는 임대차계약의 종료에 의하여 발생하나, 임대인의 권리금 회수방해로 인한 손해배상의무는 「상가건물 임대차보호법」에서 정한 권리금 회수기회 보호의무 위반을 원인으로 하고 있으므로 양 채무는 동일한 법률요건이 아닌 별개의 원인에 기하여 발생한 것일 뿐 아니라 공평의 관점에서 보더라도 그 사이에 이행상 견련관계를 인정하기 어렵다(대판 2018다242727).
㉡ (×) 「주택임대차보호법」 제3조의3 규정에 의한 임차권등기는 이미 임대차계약이 종료하였음에도 임대인이 그 보증금을 반환하지 않는 상태에서 경료되게 되므로, 이미 사실상 이행지체에 빠진 임대인의 임대차보증금의 반환의무와 그에 대응하는 임차인의 권리를 보전하기 위하여 새로이 경료하는 임차권등기에 대한 임차인의 말소의무를 동시이행관계에 있는 것으로 해석할 것은 아니고, 특히 위 임차권등기는 임차인으로 하여금 기왕의 대항력이나 우선변제권을 유지하도록 해 주는 담보적 기능만을 주목적으로 하는 점 등에 비추어 볼 때, 임대인의 임대차보증금의 반환의무가 임차인의 임차권등기 말소의무보다 먼저 이행되어야 할 의무이다(대판 2005다4529).

정답 192 ②

193 동시이행의 관계에 있는 것을 모두 고른 것은? (다툼이 있으면 판례에 따름)   제31회

> ㉠ 임대차 종료시 임차보증금 반환의무와 임차물반환의무
> ㉡ 피담보채권을 변제할 의무와 근저당설정등기 말소의무
> ㉢ 매도인의 토지거래허가 신청절차에 협력할 의무와 매수인의 매매대금지급의무
> ㉣ 토지임차인이 건물매수청구권을 행사한 경우, 토지임차인의 건물인도 및 소유권이전등기의무와 토지임대인의 건물대금지급의무

① ㉣ ② ㉠, ㉡ ③ ㉠, ㉣
④ ㉡, ㉢ ⑤ ㉠, ㉢, ㉣

해설
㉠ (○) 임대차 종료 후 임차인의 임차목적물명도의무와 임대인의 연체차임, 기타 손해배상금을 공제하고 남은 임대차보증금반환채무와는 동시이행의 관계에 있다(대판 87다카2114).
㉣ (○) 「민법」 제643조의 규정에 의한 토지임차인의 매수청구권행사로 지상건물에 대하여 시가에 의한 매매유사의 법률관계가 성립된 경우에 토지임차인의 건물명도 및 그 소유권이전등기의무와 토지임대인의 건물대금지급의무는 서로 대가관계에 있는 채무이므로 토지임차인은 토지임대인의 건물명도청구에 대하여 대금지급과의 동시이행을 주장할 수 있다(대판 91다3260).
㉡ (×) 소비대차계약에 있어서 채무의 담보목적으로 저당권설정등기를 경료한 경우에 채무자의 채무변제는 저당권설정등기 말소등기에 앞서는 선행의무이며 채무의 변제와 동시이행관계에 있는 것이 아니다(대판 69다1173).
㉢ (×) 협력의무의 이행과 대금의 지급은 동시이행관계가 아니다(대판 96다23825). 따라서 대금의 미지급을 이유로 협력의무이행을 거절할 수 없다.

194 동시이행의 항변권에 관한 설명으로 틀린 것은? (다툼이 있으면 판례에 의함)   제19회

① 쌍방의 채무가 별개의 계약에 기한 것이더라도 특약에 의해 동시이행의 항변권이 발생할 수 있다.
② 동시이행관계에 있는 어느 일방의 채권이 양도되더라도 그 동일성이 인정되는 한 동시이행관계는 존속한다.
③ 동시이행의 항변권이 인정되려면 공평의 관념과 신의칙에 입각하여 양 당사자의 채무가 서로 대가적 의미로 관련되어 있을 것을 요한다.
④ 가압류등기가 있는 부동산 매매계약에서 특약이 없는 한 매도인의 소유권이전등기의무·가압류등기말소의무와 매수인의 대금지급의무 간에는 동시이행관계에 있다.
⑤ 경매가 무효가 되어 근저당권자가 근저당채무자를 대위하여 매수인(경락인)에게 소유권이전등기말소를 청구하는 경우, 그 등기말소의무와 근저당권자의 배당금반환의무는 동시이행관계에 있다.

정답 193 ③ 194 ⑤

해설 ⑤ 근저당권 실행을 위한 경매가 무효로 되어 채권자(=근저당권자)가 채무자를 대위하여 낙찰자에 대한 소유권이전등기 말소청구권을 행사하는 경우, 낙찰자가 부담하는 소유권이전등기 말소의무는 채무자에 대한 것인 반면, 낙찰자의 배당금 반환청구권은 실제 배당금을 수령한 채권자(=근저당권자)에 대한 채권인바, 채권자(=근저당권자)가 낙찰자에 대하여 부담하는 배당금 반환채무와 낙찰자가 채무자에 대하여 부담하는 소유권이전등기 말소의무는 서로 이행의 상대방을 달리하는 것으로서, 채권자(=근저당권자)의 배당금반환채무가 동시이행의 항변권이 부착된 채 채무자로부터 승계된 채무도 아니므로, 위 두 채무는 동시에 이행되어야 할 관계에 있지 아니하다(대판 2006다24049).

195 동시이행의 항변권에 관한 설명으로 틀린 것은? (다툼이 있으면 판례에 따름) 제35회

① 서로 이행이 완료된 쌍무계약이 무효로 된 경우, 당사자 사이의 반환의무는 동시이행관계에 있다.

② 구분소유적 공유관계가 해소된 경우, 공유지분권자 상호 간의 지분이전등기의무는 동시이행관계에 있다.

③ 동시이행의 항변권이 붙어 있는 채권은 특별한 사정이 없는 한 이를 자동채권으로 하여 상계하지 못한다.

④ 양 채무의 변제기가 도래한 쌍무계약에서 수령지체에 빠진 자는 이후 상대방이 자기 채무의 이행제공 없이 이행을 청구하는 경우, 동시이행의 항변권을 행사할 수 있다.

⑤ 채무를 담보하기 위해 채권자 명의의 소유권이전등기가 된 경우, 피담보채무의 변제의무와 그 소유권이전등기의 말소의무는 동시이행관계에 있다.

해설 ⑤ 채무담보의 목적으로 경료된 채권자 명의의 소유권이전등기나 그 청구권보전의 가등기의 말소를 구하려면 먼저 채무를 변제하여야 하고 피담보채무의 변제와 교환적으로 말소를 구할 수는 없다(대판 84다카781).

정답 195 ⑤

196 乙은 제3자의 가압류등기가 있는 甲소유의 부동산을 甲으로부터 매수하였다. 다음 설명 중 틀린 것은? (다툼이 있으면 판례에 의함) 제21회

① 甲의 소유권이전등기의무 및 가압류등기의 말소의무와 乙의 대금지급의무는 특별한 사정이 없는 한 동시이행관계에 있다.
② 甲은 乙에 대한 매매대금채권을 자동채권으로 하여 상계적상에 있는 乙의 甲에 대한 대여금채권과 상계할 수 없다.
③ 甲의 乙에 대한 매매대금채권이 전부명령에 의해 압류채권자인 丙에게 이전된 경우, 乙은 丙의 대금청구에 대해 동시이행의 항변권을 행사할 수 없다.
④ 甲과 乙의 채무가 동시이행관계에 있더라도 甲의 매매대금채권은 그 지급기일부터 소멸시효가 진행한다.
⑤ 乙이 대금채무를 선이행하기로 약정했더라도 그 이행을 지체하는 동안 甲의 채무의 이행기가 도래하였다면, 특별한 사정이 없는 한 甲과 乙의 채무는 동시이행관계에 있다.

해설 ③ 금전채권에 대한 압류 및 추심명령이 있는 경우, 이는 강제집행절차에서 추심채권자에게 채무자의 제3채무자에 대한 채권을 추심할 권능만을 부여하는 것이므로, 이로 인하여 채무자가 제3채무자에 대하여 가지는 채권이 추심채권자에게 이전되거나 귀속되는 것은 아니므로, 추심채무자로서는 제3채무자에 대하여 피압류채권에 기하여 그 동시이행을 구하는 항변권을 상실하지 않는다(대판 2000다73490).

32 제3자를 위한 계약

197 제3자를 위한 계약에 관한 설명으로 틀린 것은? (다툼이 있으면 판례에 따름) 제29회

① 제3자가 하는 수익의 의사표시의 상대방은 낙약자이다.
② 낙약자는 기본관계에 기한 항변으로 제3자에게 대항할 수 없다.
③ 낙약자의 채무불이행이 있으면, 요약자는 수익자의 동의 없이 계약을 해제할 수 있다.
④ 수익자는 계약의 해제를 원인으로 한 원상회복청구권이 없다.
⑤ 수익자는 요약자의 제한행위능력을 이유로 계약을 취소하지 못한다.

해설 ② 기본관계(보상관계)는 요약자와 낙약자의 관계를 말하며 제3자를 위한 계약의 내용을 이루는 것이다. 따라서 보상관계(기본관계)의 하자나 흠결을 가지고 낙약자는 제3자에게 대항할 수 있다.

정답 196 ③   197 ②

198 제3자를 위한 계약에 관한 설명으로 틀린 것은? (다툼이 있으면 판례에 따름) 제32회

① 제3자의 권리는 그 제3자가 채무자에 대해 수익의 의사표시를 하면 계약의 성립시에 소급하여 발생한다.
② 제3자는 채무자의 채무불이행을 이유로 그 계약을 해제할 수 없다.
③ 채무자에게 수익의 의사표시를 한 제3자는 그 채무자에게 그 채무의 이행을 직접 청구할 수 있다.
④ 채무자는 상당한 기간을 정하여 계약이익의 향수 여부의 확답을 제3자에게 최고할 수 있다.
⑤ 채무자와 인수인의 계약으로 체결되는 병존적 채무인수는 제3자를 위한 계약으로 볼 수 있다.

해설 ① 제3자의 권리는 그 제3자가 채무자에 대하여 계약의 이익을 받을 의사를 표시한 때에 생긴다(제539조). 즉, 계약의 성립시에 소급하여 발생하는 것이 아니다.

199 매도인 甲과 매수인 乙 사이에 매매대금을 丙에게 지급하기로 하는 제3자를 위한 계약을 체결하였고, 이 乙에게 수익의 의사표시를 하였다. 다음 설명 중 옳은 것은? (다툼이 있으면 판례에 따름) 제35회

① 乙의 대금채무 불이행이 있는 경우, 甲은 丙의 동의 없이 乙과의 계약을 해제할 수 없다.
② 乙의 기망행위로 甲과 乙의 계약이 체결된 경우, 丙은 사기를 이유로 그 계약을 취소할 수 있다.
③ 甲과 丙의 법률관계가 무효인 경우, 특별한 사정이 없는 한 乙은 丙에게 대금지급을 거절할 수 있다.
④ 乙이 매매대금을 丙에게 지급한 후에 甲과 乙의 계약이 취소된 경우, 乙은 丙에게 부당이득반환을 청구할 수 있다.
⑤ 甲과 乙이 계약을 체결할 때 丙의 권리를 변경시킬 수 있음을 유보한 경우, 甲과 乙은 丙의 권리를 변경시킬 수 있다.

해설 ⑤ 제3자를 위한 계약에 있어서, 제3자가 수익의 의사표시를 함으로써 제3자에게 권리가 확정적으로 귀속된 경우에는, 요약자와 낙약자의 합의에 의하여 제3자의 권리를 변경·소멸시킬 수 있음을 미리 유보하였거나, 제3자의 동의가 있는 경우가 아니면 계약의 당사자인 요약자와 낙약자는 제3자의 권리를 변경·소멸시키지 못하고, 만일 계약의 당사자가 제3자의 권리를 임의로 변경·소멸시키는 행위를 한 경우 이는 제3자에 대하여 효력이 없다(대판 2001다30285).

정답 198 ① 199 ⑤

200 甲(요약자)과 乙(낙약자)은 丙을 수익자로 하는 제3자를 위한 계약을 체결하였다. 다음 설명 중 틀린 것은? (다툼이 있으면 판례에 따름) 제30회

① 甲은 대가관계의 부존재를 이유로 자신이 기본관계에 기하여 乙에게 부담하는 채무의 이행을 거부할 수 없다.
② 甲과 乙 간의 계약이 해제된 경우, 乙은 丙에게 급부한 것이 있더라도 丙을 상대로 부당이득반환을 청구할 수 없다.
③ 丙이 수익의 의사표시를 한 후 甲이 乙의 채무불이행을 이유로 계약을 해제하면, 丙은 乙에게 그 채무불이행으로 자기가 입은 손해의 배상을 청구할 수 있다.
④ 甲과 乙 간의 계약이 甲의 착오로 취소된 경우, 丙은 착오취소로써 대항할 수 없는 제3자의 범위에 속한다.
⑤ 수익의 의사표시를 한 丙은 乙에게 직접 그 이행을 청구할 수 있다.

해설 ④ 수익자는 보상관계가 무효·취소·해제되었을 때에 보호받는 제3자의 범위에 속하지 않는다. 따라서 계약의 당사자는 보상관계에서의 무효·취소·해제사유로써 수익자에게 대항할 수 있다.

201 甲은 자신의 X부동산을 乙에게 매도하면서 대금채권을 丙에게 귀속시키기로 하고, 대금지급과 동시에 소유권이전등기를 귀속시키기로 하고, 대금지급과 동시에 소유권이전등기를 해 주기로 했다. 그 후 丙은 乙에게 수익의 의사를 표시하였다. 이에 관한 설명으로 옳은 것은? (다툼이 있으면 판례에 따름) 제31회

① 甲과 乙은 특별한 사정이 없는 한 계약을 합의해제할 수 있다.
② 乙이 대금지급의무를 불이행한 경우, 丙은 계약을 해제할 수 있다.
③ 甲이 乙의 채무불이행을 이유로 계약을 해제한 경우, 丙은 乙에 대하여 손해배상을 청구할 수 있다.
④ 甲이 소유권이전등기를 지체하는 경우, 乙은 丙에 대한 대금지급을 거절할 수 없다.
⑤ 乙이 甲의 채무불이행을 이유로 계약을 해제한 경우, 乙은 이미 지급한 대금의 반환을 丙에게 청구할 수 있다.

정답 200 ④ 201 ③

> **해설** ③② 제3자는 계약의 당사자가 아니므로 계약의 해제권이나 해제를 원인으로 한 원상회복청구권을 행사할 수 없으나, 요약자가 계약을 해제한 경우 낙약자에게 자기가 입은 손해의 배상을 청구할 수 있다(대판 92다41559).
> ① 「민법」 제541조에 의하면, "「민법」 제539조에 의하여 제3자의 권리가 생긴 후에는 당사자는 이를 변경 또는 소멸시키지 못한다."라고 규정하고 있어, 계약 당사자는 제3자의 권리가 발생한 후에는 합의해제를 할 수 없고, 설사 합의해제를 하더라도 그로써 이미 제3자가 취득한 권리에는 아무런 영향을 미치지 못한다고 할 것이다(대판 97다28698).
> ④ 낙약자는 요약자와의 보상관계에 기인한 항변으로 제3자에게 대항할 수 있다(제542조). 따라서 甲이 소유권이전등기를 지체하는 경우, 乙은 丙에게 동시이행의 항변권을 행사하여 대금지급을 거절할 수 있다.
> ⑤ 제3자를 위한 계약에서 요약자와 낙약자 사이의 법률관계(이른바 기본관계)를 이루는 계약이 해제된 경우, 낙약자는 이미 제3자에게 급부한 것에 대해 계약해제에 기한 원상회복 또는 부당이득을 원인으로 제3자를 상대로 그 반환을 청구할 수 없다(대판 2005다7566).

33 계약의 해제 · 해지

202 합의해제 · 해지에 관한 설명으로 틀린 것은? (다툼이 있으면 판례에 따름)   제30회

① 계약을 합의해제할 때에 원상회복에 관하여 반드시 약정해야 하는 것은 아니다.
② 계약이 합의해제된 경우, 다른 사정이 없는 한 채무불이행으로 인한 손해배상을 청구할 수 없다.
③ 합의해지로 인하여 반환할 금전에 대해서는 특약이 없더라도 그 받은 날로부터 이자를 가산해야 한다.
④ 계약의 합의해제에 관한 청약에 대하여 상대방이 변경을 가하여 승낙한 때에는 그 청약은 효력을 잃는다.
⑤ 합의해제의 경우에도 법정해제의 경우와 마찬가지로 제3자의 권리를 해하지 못한다.

> **해설** ③② 계약의 합의해제의 효력은 그 합의의 내용에 의하여 다루어지는 것이고 이에는 해제에 관한 「민법」 제543조 이하 규정은 적용되지 않는다(대판 79다1455). 따라서 특약이 없는 한 손해배상을 청구할 수 없으며(대판 86다카1147), 반환할 금전에 그 받은 날로부터의 이자를 가하여야 할 의무가 없다(대판 2000다5336).

정답 202 ③

203 합의해제에 관한 설명으로 틀린 것은? (다툼이 있으면 판례에 따름)   제32회

① 부동산매매계약이 합의해제된 경우, 다른 약정이 없는 한 매도인은 수령한 대금에 이자를 붙여 반환할 필요가 없다.
② 당사자 쌍방은 자기 채무의 이행제공 없이 합의에 의해 계약을 해제할 수 있다.
③ 합의해제의 소급효는 법정해제의 경우와 같이 제3자의 권리를 해하지 못한다.
④ 계약이 합의해제된 경우 다른 사정이 없는 한, 합의해제시에 채무불이행으로 인한 손해배상을 청구할 수 있다.
⑤ 매도인이 잔금기일 경과 후 해제를 주장하며 수령한 대금을 공탁하고 매수인이 이의 없이 수령한 경우, 특별한 사정이 없는 한 합의해제된 것으로 본다.

> 해설 ④① 계약의 합의해제의 효력은 그 합의의 내용에 의하여 다루어지는 것이고 이에는 해제에 관한 「민법」 제543조 이하 규정은 적용되지 않는다(대판 79다1455). 따라서 특약이 없는 한 손해배상을 청구할 수 없으며(대판 86다카147), 반환할 금전에 그 받은 날로부터의 이자를 가하여야 할 의무가 없다(대판 2000다5336).

204 이행지체로 인한 계약의 해제에 관한 설명으로 틀린 것은? (다툼이 있으면 판례에 따름)   제28회

① 이행의 최고는 반드시 미리 일정기간을 명시하여 최고하여야 하는 것은 아니다.
② 계약의 해제는 손해배상의 청구에 영향을 미치지 않는다.
③ 당사자 일방이 정기행위를 일정한 시기에 이행하지 않으면 상대방은 이행의 최고 없이 계약을 해제할 수 있다.
④ 당사자의 쌍방이 수인인 경우, 계약의 해제는 그 1인에 대하여 하더라도 효력이 있다.
⑤ 쌍무계약에서 당사자의 일방이 이행을 제공하더라도 상대방이 채무를 이행할 수 없음이 명백한지의 여부는 계약해제시를 기준으로 판단하여야 한다.

> 해설 ④ 당사자의 일방 또는 쌍방이 수인인 경우에는 계약의 해지나 해제는 그 전원으로부터 또는 전원에 대하여 하여야 한다(제547조 제1항).

정답 203 ④   204 ④

205 乙은 甲 소유 X토지를 매수하고 계약금을 지급한 후 X토지를 인도받아 사용·수익하고 있다. 다음 설명 중 **틀린** 것은? (다툼이 있으면 판례에 따름) 제35회

① 계약이 채무불이행으로 해제된 경우, 乙은 甲에게 X토지와 그 사용이익을 반환할 의무가 있다.
② 계약이 채무불이행으로 해제된 경우, 甲은 乙로부터 받은 계약금에 이자를 가산하여 반환할 의무를 진다.
③ 甲이 乙의 중도금 지급채무 불이행을 이유로 계약을 해제한 이후에도 乙은 착오를 이유로 계약을 취소할 수 있다.
④ 만약 甲의 채권자가 X토지를 가압류하면, 乙은 이를 이유로 계약을 즉시 해제할 수 있다.
⑤ 만약 乙 명의로 소유권이전등기가 된 후 계약이 합의해제되면, X토지의 소유권은 甲에게 당연히 복귀한다.

해설 ④ 매수인은 매매목적물에 대하여 가압류집행이 되었다고 하여 매매에 따른 소유권이전등기가 불가능한 것도 아니므로, 이러한 경우 매수인으로서는 신의칙 등에 의해 대금지급채무의 이행을 거절할 수 있음은 별론으로 하고, 매매목적물이 가압류되었다는 사유만으로 매도인의 계약 위반을 이유로 매매계약을 해제할 수는 없다(대판 99다11045).

---

206 계약해제에 관한 설명으로 **틀린** 것은? (다툼이 있으면 판례에 따름) 제29회

① 매도인의 책임 있는 사유로 이행불능이 되면 매수인은 최고 없이 계약을 해제할 수 있다.
② 계약이 합의해제된 경우, 다른 사정이 없으면 채무불이행으로 인한 손해배상을 청구할 수 없다.
③ 매도인이 매매계약을 적법하게 해제하였더라도, 매수인은 계약해제의 효과로 발생하는 불이익을 면하기 위하여 착오를 원인으로 그 계약을 취소할 수 있다.
④ 계약상대방이 수인인 경우, 특별한 사정이 없는 한 그중 1인에 대하여 한 계약의 해제는 효력이 없다.
⑤ 매도인은 다른 약정이 없으면 합의해제로 인하여 반환할 금전에 그 받은 날로부터 이자를 가산하여야 할 의무가 있다.

해설 ⑤② 계약의 합의해제의 효력은 그 합의의 내용에 의하여 다루어지는 것이고 이에는 해제에 관한 「민법」 제543조 이하 규정은 적용되지 않는다(대판 79다1455). 따라서 특약이 없는 한 손해배상을 청구할 수 없으며(대판 86다카1147), 반환할 금전에 그 받은 날로부터의 이자를 가하여야 할 의무가 없다(대판 2000다5336).

정답 205 ④   206 ⑤

207 계약해제·해지에 관한 설명으로 틀린 것은? (다툼이 있으면 판례에 따름)   제31회

① 계약의 해지는 손해배상청구에 영향을 미치지 않는다.
② 채무자가 불이행 의사를 명백히 표시하더라도 이행기 도래 전에는 최고 없이 해제할 수 없다.
③ 이행불능으로 계약을 해제하는 경우, 채권자는 동시이행관계에 있는 자신의 급부를 제공할 필요가 없다.
④ 일부 이행불능의 경우, 계약목적을 달성할 수 없으면 계약 전부의 해제가 가능하다.
⑤ 계약당사자 일방 또는 쌍방이 여러 명이면, 해지는 특별한 사정이 없는 한 그 전원으로부터 또는 전원에게 해야 한다.

해설 ② 채무자가 미리 이행하지 아니할 의사를 표시한 경우에는 최고를 요하지 아니한다(제544조 단서).

208 甲은 자신의 X토지를 乙에게 매도하고 소유권이전등기를 마쳐주었으나, 乙은 변제기가 지났음에도 매매대금을 지급하지 않고 있다. 이에 관한 설명으로 **틀린** 것을 모두 고른 것은? (다툼이 있으면 판례에 따름)   제33회

㉠ 甲은 특별한 사정이 없는 한 별도의 최고 없이 매매계약을 해제할 수 있다.
㉡ 甲이 적법하게 매매계약을 해제한 경우, X토지의 소유권은 등기와 무관하게 계약이 없었던 상태로 복귀한다.
㉢ 乙이 X토지를 丙에게 매도하고 그 소유권이전등기를 마친 후 甲이 乙을 상대로 적법하게 매매계약을 해제하였다면, 丙은 X토지의 소유권을 상실한다.

① ㉠   ② ㉡   ③ ㉢
④ ㉠, ㉢   ⑤ ㉡, ㉢

해설 ㉠ (×) 당사자 일방이 그 채무를 이행하지 아니하는 때에는 상대방은 상당한 기간을 정하여 그 이행을 최고하고 그 기간 내에 이행하지 아니한 때에는 계약을 해제할 수 있다(제544조 본문).
㉢ (×) 「민법」제548조 제1항 단서에서 규정하는 제3자란 그 해제된 계약으로부터 생긴 법률적 효과를 기초로 하여 새로운 이해관계를 가졌을 뿐 아니라 등기·인도 등으로 완전한 권리를 취득한 자를 지칭하는 것이다(대판 95다49882). 또한 해제가 되기 전의 제3자는 선·악을 불문하지만 해제 이후라 하더라도 그 등기가 말소되기 전에 해제 사실을 모르고 권리를 취득한 경우에는 제3자로서 보호를 한다.
㉡ (○) 「민법」548조 제1항 본문에 의하면 계약이 해제되면 각 당사자는 상대방을 계약이 없었던 것과 같은 상태에 복귀케 할 의무를 부담한다는 뜻을 규정하고 있는바 계약에 따른 채무의 이행으로 이미 등기나 인도를 하고 있는 경우에 …(중략)… 계약이 해제되면 그 계약의 이행으로 변동이 생겼던 물권은 당연히 그 계약이 없었던 원상태로 복귀한다 할 것이다(대판 75다1394).

정답 207 ②   208 ④

209

매매계약의 법정해제에 관한 설명으로 옳은 것을 모두 고른 것은? (다툼이 있으면 판례에 따름)

제34회

> ㉠ 일방 당사자의 계약 위반을 이유로 한 상대방의 계약해제 의사표시에 의해 계약이 해제되었음에도 상대방이 계약이 존속함을 전제로 계약상 의무의 이행을 구하는 경우, 특별한 사정이 없는 한 계약을 위반한 당사자도 당해 계약이 상대방의 해제로 소멸되었음을 들어 그 이행을 거절할 수 있다.
> ㉡ 계약해제로 인한 원상회복의 대상에는 매매대금은 물론 이와 관련하여 그 계약의 존속을 전제로 수령한 지연손해금도 포함된다.
> ㉢ 과실상계는 계약해제로 인한 원상회복의무의 이행으로서 이미 지급한 급부의 반환을 구하는 경우에는 적용되지 않는다.

① ㉠ ② ㉡ ③ ㉠, ㉢
④ ㉡, ㉢ ⑤ ㉠, ㉡, ㉢

해설 ㉠ (○) 일방 당사자의 계약 위반을 이유로 한 상대방의 계약해제 의사표시에 의해 계약이 해제되었음에도 상대방이 계약이 존속함을 전제로 계약상 의무의 이행을 구하는 경우, 특별한 사정이 없는 한 계약을 위반한 당사자도 당해 계약이 상대방의 해제로 소멸되었음을 들어 그 이행을 거절할 수 있다(대판 2001다21441, 21458).
㉡ (○) 매매계약이 해제되면 그 효력이 소급적으로 소멸함에 따라 각 당사자는 상대방에 대하여 원상회복의무가 있으므로 이미 그 계약상 의무에 기하여 이행된 급부는 원상회복을 위하여 부당이득으로 반환되어야 하고, 그 원상회복의 대상에는 매매대금은 물론 이와 관련하여 그 매매계약의 존속을 전제로 수령한 지연손해금도 포함된다(대판 2017다284236).
㉢ (○) 계약의 해제로 인한 원상회복청구권에 대하여 해제자가 해제의 원인이 된 채무불이행에 관하여 '원인'의 일부를 제공하였다는 등의 사유를 내세워 신의칙 또는 공평의 원칙에 기하여 일반적으로 손해배상에 있어서의 과실상계에 준하여 권리의 내용이 제한될 수 있다고 하는 것은 허용되어서는 아니된다(대판 2013다34143).

210

계약해제시 보호되는 제3자에 해당하지 <u>않는</u> 자를 모두 고른 것은? (다툼이 있으면 판례에 따름)

제30회

> ㉠ 계약해제 전 그 계약상의 채권을 양수하고 이를 피보전권리로 하여 처분금지가처분결정을 받은 채권자
> ㉡ 매매계약에 의하여 매수인 명의로 이전등기 된 부동산을 계약해제 전에 가압류 집행한 자
> ㉢ 계약해제 전 그 계약상의 채권을 압류한 자

① ㉠ ② ㉠, ㉡ ③ ㉠, ㉢
④ ㉡, ㉢ ⑤ ㉠, ㉡, ㉢

정답 209 ⑤   210 ③

해설 ㉠ (×) 「민법」 제548조 제1항 단서에서 규정하는 제3자란 그 해제된 계약으로부터 생긴 법률적 효과를 기초로 하여 새로운 이해관계를 가졌을 뿐 아니라 등기·인도 등으로 완전한 권리를 취득한 자를 지칭하는 것이고, 계약상의 채권을 양도받은 양수인은 특별한 사정이 없는 이상 이에 포함되지 않는다(대판 95다49882).
㉢ (×) 소유권이전등기청구권의 가압류나 압류가 행하여져도 기본적 계약관계인 매매계약 자체를 해제할 수 있고, 그 채권 자체를 압류 또는 전부한 채권자는 여기서 말하는 제3자에 해당하지 아니한다(대판 99다51685).
㉡ (○) 해제된 계약에 의하여 채무자의 책임재산이 된 계약의 목적물을 가압류한 가압류채권자는 위 조항 단서에서 말하는 제3자에 포함된다고 보아야 한다(대판 99다40937).

211
매도인 甲과 매수인 乙 사이의 X주택에 관한 계약이 적법하게 해제된 경우, 해제 전에 이해관계를 맺은 자로서 '계약해제로부터 보호되는 제3자'에 해당하지 <u>않는</u> 자는? (다툼이 있으면 판례에 따름) 제35회

① 乙의 소유권이전등기청구권을 압류한 자
② 乙의 책임재산이 된 X주택을 가압류한 자
③ 乙 명의로 소유권이전등기가 된 X주택에 관하여 저당권을 취득한 자
④ 乙과 매매예약에 따라 소유권이전등기청구권보전을 위한 가등기를 마친 자
⑤ 乙 명의로 소유권이전등기가 된 X주택에 관하여 「주택임대차보호법」상 대항요건을 갖춘 자

해설 ① 소유권이전등기청구권의 가압류나 압류가 행하여져도 기본적 계약관계인 매매계약 자체를 해제할 수 있고, 그 채권 자체를 압류 또는 전부한 채권자는 여기서 말하는 제3자에 해당하지 아니한다(대판 99다51685).

34 매매의 의의와 매매의 예약

212
「민법」매매계약에 관한 설명으로 틀린 것은? (다툼이 있으면 판례에 따름) 제34회

① 매매계약은 낙성·불요식계약이다.
② 타인의 권리도 매매의 목적이 될 수 있다.
③ 매도인의 담보책임 규정은 그 성질이 허용되는 한 교환계약에도 준용된다.
④ 매매계약에 관한 비용은 특약이 없는 한 매수인이 전부 부담한다.
⑤ 경매목적물에 하자가 있는 경우, 매도인은 물건의 하자로 인한 담보책임을 지지 않는다.

해설 ④ 매매계약에 관한 비용은 당사자 쌍방이 균분하여 부담한다(제566조).

정답 211 ① 212 ④

213
매매의 일방예약에 관한 설명으로 옳은 것은? (다툼이 있으면 판례에 따름) 제28회

① 매매의 일방예약은 물권계약이다.
② 매매의 일방예약은 상대방이 매매를 완결할 의사를 표시하는 때에 매매의 효력이 생긴다.
③ 예약완결권을 행사기간 내에 행사하였는지에 관해 당사자의 주장이 없다면 법원은 이를 고려할 수 없다.
④ 매매예약이 성립한 이후 상대방의 예약완결권 행사 전에 목적물이 전부 멸실되어 이행불능이 된 경우에도 예약완결권을 행사할 수 있다.
⑤ 예약완결권은 당사자 사이에 그 행사기간을 약정하지 않은 경우 그 예약이 성립한 날로부터 5년 내에 이를 행사하여야 한다.

해설 ② 매매의 일방예약은 상대방이 매매를 완결할 의사를 표시하는 때에 매매의 효력이 생긴다(제564조 제1항).
① 매매의 예약은 언제나 채권계약이다.
③ 매매예약완결권의 제척기간이 도과하였는지 여부는 소위 직권조사사항으로서 이에 대한 당사자의 주장이 없더라도 법원이 당연히 직권으로 조사하여 재판에 고려하여야 하므로, 상고법원은 매매예약완결권이 제척기간 도과로 인하여 소멸되었다는 주장이 적법한 상고이유서 제출기간 경과 후에 주장되었다 할지라도 이를 판단하여야 한다(대판 99다18725).
④ 매매예약이 성립한 이후 상대방의 매매예약 완결의 의사표시 전에 목적물이 멸실 기타의 사유로 이전할 수 없게 되어 예약완결권의 행사가 이행불능이 된 경우에는 예약완결권을 행사할 수 없고, 이행불능 이후에 상대방이 매매예약완결의 의사표시를 하여도 매매의 효력이 생기지 아니한다(대판 2013다28247).
⑤ 매매의 일방예약에서 예약자의 상대방이 매매예약완결의 의사표시를 하여 매매의 효력을 생기게 하는 권리, 즉 매매예약의 완결권은 일종의 형성권으로서 당사자 사이에 그 행사기간을 약정한 때에는 그 기간 내에, 그러한 약정이 없는 때에는 그 예약이 성립한 때로부터 10년 내에 이를 행사하여야 하고, 그 기간을 지난 때에는 예약완결권은 제척기간의 경과로 인하여 소멸한다(대판 94다22682).

정답 213 ②

214 甲은 그 소유의 X부동산에 관하여 乙과 매매의 일방예약을 체결하면서 예약완결권은 乙이 가지고 20년 내에 행사하기로 약정하였다. 이에 관한 설명으로 옳은 것은? (다툼이 있으면 판례에 따름) 제33회

① 乙이 예약체결시로부터 1년 뒤에 예약완결권을 행사한 경우, 매매는 예약체결시로 소급하여 그 효력이 발생한다.
② 乙의 예약완결권은 형성권에 속하므로 甲과의 약정에도 불구하고 그 행사기간은 10년으로 단축된다.
③ 乙이 가진 예약완결권은 재산권이므로 특별한 사정이 없는 한 타인에게 양도할 수 있다.
④ 乙이 예약완결권을 행사기간 내에 행사하였는지에 관해 甲의 주장이 없다면 법원은 이를 고려할 수 없다.
⑤ 乙이 예약완결권을 행사하더라도 甲의 승낙이 있어야 비로소 매매계약은 그 효력이 발생한다.

해설 ③ 예약완결권은 재산권으로 양도성이 있으며, 양도를 함에 있어서 예약의무자의 승낙은 요구되지 않는다.
① 매매의 일방예약은 상대방이 매매를 완결할 의사를 표시하는 때에 매매의 효력이 생긴다(제564조 제1항). 즉, 예약완결권을 행사한 때에 매매의 효력이 생기는 것이지 예약체결시로 소급하지 않는다.
② 당사자 사이에 약정하는 예약완결권의 행사기간에 특별한 제한은 없으므로 10년을 초과하여 행사기간을 정할 수도 있다(대판 2016다42077).
④ 매매예약완결권의 제척기간이 도과하였는지 여부는 소위 직권조사사항으로서 이에 대한 당사자의 주장이 없더라도 법원이 당연히 직권으로 조사하여 재판에 고려하여야 하므로, 상고법원은 매매예약완결권이 제척기간 도과로 인하여 소멸되었다는 주장이 적법한 상고이유서 제출기간 경과 후에 주장되었다 할지라도 이를 판단하여야 한다(대판 99다18725). 즉, 예약완결권의 행사기간은 제척기간이며, 제척기간이 도과하였는지의 여부는 법원의 직권조사사항이다.
⑤ 일방예약에서 예약완결권은 형성권이므로 예약완결권 행사에 있어서 상대방의 승낙은 요구되지 않는다.

정답 214 ③

215 매매의 일방예약에 관한 설명으로 틀린 것은? 제21회

① 매매의 일방예약은 언제나 채권계약이다.
② 본계약 성립 전에 일방이 예약내용을 변경하는 것은 특별한 사정이 없는 한 허용되지 않는다.
③ 부동산소유권이전을 내용으로 하는 본계약의 예약완결권은 가등기할 수 있다.
④ 예약완결권의 제척기간이 지난 후에 상대방이 예약목적물인 부동산을 인도받았다면, 예약완결권은 제척기간의 경과로 소멸하지 아니한다.
⑤ 매매예약완결권의 제척기간이 도과하였는지의 여부는 법원의 직권조사사항이다.

해설 ④ 매매의 일방예약에서 예약자의 상대방이 매매예약 완결의 의사표시를 하여 매매의 효력을 생기게 하는 권리 즉, 매매예약 완결권은 일종의 형성권으로서 당사자 사이에 그 행사기간을 약정한 때에는 그 기간 내에, 그러한 약정이 없는 때에는 그 예약이 성립한 때로부터 10년 내에 이를 행사하여야 하고, 그 기간을 지난 때에는 상대방이 예약 목적물인 부동산을 인도받은 경우라도 예약완결권은 제척기간의 경과로 인하여 소멸한다(96다47494, 47500).

35 계약금과 매매계약의 효력

216 계약금에 관한 설명으로 틀린 것은? (다툼이 있으면 판례에 따름) 제28회

① 계약금 포기에 의한 계약해제의 경우, 상대방은 채무불이행을 이유로 손해배상을 청구할 수 없다.
② 계약금은 계약에 부수하여 행해지는 종된 계약이다.
③ 계약금을 위약금으로 하는 당사자의 특약이 있으면 계약금은 위약금의 성질이 있다.
④ 계약금을 포기하고 행사할 수 있는 해제권은 당사자의 합의로 배제할 수 있다.
⑤ 매매계약시 계약금의 일부만을 먼저 지급하고 잔액은 나중에 지급하기로 한 경우, 매도인은 실제 받은 일부금액의 배액을 상환하고 매매계약을 해제할 수 있다.

해설 ⑤ 계약금의 일부만 지급된 경우에는 계약금계약이 성립하지 않았으므로 계약금에 의한 해제를 할 수 없다(대판 2007다73611). 설령 해제할 수 있다고 하더라도 해약금의 기준이 되는 금원은 '실제 교부받은 계약금'이 아니라 '약정 계약금'이라고 봄이 타당하므로, 매도인이 계약금의 일부로서 지급받은 금원의 배액을 상환하는 것으로는 매매계약을 해제할 수 없다(대판 2014다231378).

정답 215 ④ 216 ⑤

217 甲은 2023.9.30. 乙에게 자신 소유의 X부동산을 3억원에 매도하되, 계약금 2천만원은 계약 당일, 중도금 2억원은 2023.10.30., 잔금 8천만원은 2023.11.30.에 지급받기로 하는 매매계약을 체결하고, 乙로부터 계약 당일 계약금 전액을 지급받았다. 다음 설명 중 옳은 것을 모두 고른 것은? (특별한 사정은 없으며, 다툼이 있으면 판례에 따름) 제34회

> ㉠ 乙이 2023.10.25. 중도금 2억원을 甲에게 지급한 경우, 乙은 2023.10.27. 계약금을 포기하더라도 계약을 해제할 수 없다.
> ㉡ 乙이 2023.10.25. 중도금 2억원을 甲에게 지급한 경우, 甲은 2023.10.27. 계약금의 배액을 상환하더라도 계약을 해제할 수 없다.
> ㉢ 乙이 계약 당시 중도금 중 1억원의 지급에 갈음하여 자신의 丙에 대한 대여금채권을 甲에게 양도하기로 약정하고 그 자리에 丙도 참석하였다면, 甲은 2023.10.27. 계약금의 배액을 상환하더라도 계약을 해제할 수 없다.

① ㉠ ② ㉢ ③ ㉠, ㉡
④ ㉡, ㉢ ⑤ ㉠, ㉡, ㉢

해설 ㉠㉡ (○) 당사자 중 일방이라도 이행에 착수한 경우에는 계약금 해제가 인정되지 않는다. 따라서 乙이 중도금 甲에게 지급한 경우 乙은 계약금을 포기하더라도 계약을 해제할 수 없으며 또한 甲도 계약금의 배액을 상환하더라도 계약을 해제할 수 없다.
㉢ (○) 매매계약 당시 매수인이 중도금 일부의 지급에 갈음하여 매도인에게 제3자에 대한 대여금채권을 양도하기로 약정하고, 그 자리에 제3자도 참석한 경우, 매수인은 매매계약과 함께 채무의 일부 이행에 착수하였으므로, 매도인은 「민법」 제565조 제1항에 정한 해제권을 행사할 수 없다고 본 사례(대판 2005다39594).

218 계약금에 관한 설명으로 틀린 것은? (다툼이 있으면 판례에 따름) 제26회

① 계약금은 별도의 약정이 없는 한 해약금으로 추정된다.
② 매매해약금에 관한 「민법」 규정은 임대차에도 적용된다.
③ 해약금에 기해 계약을 해제하는 경우에는 원상회복의 문제가 생기지 않는다.
④ 토지거래허가구역 내 토지에 관한 매매계약을 체결하고 계약금만 지급한 상태에서 거래허가를 받은 경우, 다른 약정이 없는 한 매도인은 계약금의 배액을 상환하고 계약을 해제할 수 없다.
⑤ 계약금만 수령한 매도인이 매수인에게 계약의 이행을 최고하고 매매잔금의 지급을 청구하는 소송을 제기한 경우, 다른 약정이 없는 한 매수인은 계약금을 포기하고 계약을 해제할 수 있다.

정답 217 ⑤ 218 ④

해설 ④ 허가구역으로 지정된 구역 안의 토지에 관하여 매매계약이 체결된 후 계약금만 수수한 상태에서 당사자가 토지거래허가신청을 하고 이에 따라 관할관청으로부터 그 허가를 받았다 하더라도, 그러한 사정만으로는 아직 이행의 착수가 있다고 볼 수 없어 매도인으로서는 「민법」 제565조에 의하여 계약금의 배액을 상환하여 매매계약을 해제할 수 있다(대판 2008다62427).

219 甲은 자신의 X토지를 乙에게 매도하는 계약을 체결하고 乙로부터 계약금을 수령하였다. 이에 관한 설명으로 틀린 것은? (다툼이 있으면 판례에 따름) 제31회

① 乙이 지급한 계약금은 해약금으로 추정한다.
② 甲과 乙이 계약금을 위약금으로 약정한 경우, 손해배상액의 예정으로 추정한다.
③ 乙이 중도금 지급기일 전 중도금을 지급한 경우, 甲은 계약금 배액을 상환하고 해제할 수 없다.
④ 만약 乙이 甲에게 약정한 계약금의 일부만 지급한 경우, 甲은 수령한 금액의 배액을 상환하고 계약을 해제할 수 없다.
⑤ 만약 X토지가 토지거래허가구역 내에 있고 매매계약에 대하여 허가를 받은 경우, 甲은 계약금 배액을 상환하고 해제할 수 없다.

해설 ⑤ 토지거래계약에 관한 허가구역에서 당사자가 토지거래허가신청을 하고 이에 따라 관할 관청으로부터 그 허가를 받았다 하더라도, 그러한 사정만으로는 아직 이행의 착수가 있다고 볼 수 없어 매도인으로서는 「민법」 제565조에 의하여 계약금의 배액을 상환하여 매매계약을 해제할 수 있다(대판 2008다62427).

220 甲은 자신의 X부동산에 관하여 매매대금 3억원, 계약금 3천만원으로 하는 계약을 乙과 체결하였다. 다음 설명 중 틀린 것은? (다툼이 있으면 판례에 따름) 제29회

① 乙이 계약금의 전부를 지급하지 않으면, 계약금계약은 성립하지 않는다.
② 乙이 계약금을 지급하였더라도 정당한 사유 없이 잔금 지급을 지체한 때에는 甲은 손해배상을 청구할 수 있다.
③ 甲과 乙 사이의 매매계약이 무효이거나 취소되더라도 계약금계약의 효력은 소멸하지 않는다.
④ 乙이 甲에게 지급한 계약금 3천만원은 증약금으로서의 성질을 가진다.
⑤ 乙이 계약금과 중도금을 지급한 경우, 특별한 사정이 없는 한 甲은 계약금의 배액을 상환하여 계약을 해제할 수 없다.

정답 219 ⑤ 220 ③

해설 ③ 계약금계약은 매매 기타의 계약에 부수하여 행해지는 종된 계약이다. 따라서 주된 계약이 무효·취소·해제된 경우에는 계약금계약도 당연히 효력을 잃게 된다.

221 甲은 그 소유의 X토지에 대하여 乙과 매매계약을 체결하였다. 다음 설명 중 틀린 것은? (다툼이 있으면 판례에 따름) 제30회

① X토지가 인도되지 않고 대금도 완제되지 않은 경우, 특별한 사정이 없는 한 乙은 인도의무의 지체로 인한 손해배상을 청구할 수 없다.
② 乙이 대금지급을 거절할 정당한 사유가 있는 경우, X토지를 미리 인도받았더라도 그 대금에 대한 이자를 지급할 의무는 없다.
③ X토지가 인도되지 않았다면, 특별한 사정이 없는 한 乙이 잔대금지급을 지체하여도 甲은 잔대금의 이자상당액의 손해배상청구를 할 수 없다.
④ X토지를 아직 인도받지 못한 乙이 미리 소유권이전등기를 경료받았다고 하여도 매매대금을 완제하지 않는 이상 X토지에서 발생하는 과실은 甲에게 귀속된다.
⑤ X토지가 인도되지 않았다면 乙이 대금을 완제하더라도 특별한 사정이 없는 한 X토지에서 발생한 과실은 甲에게 귀속된다.

해설 ⑤① 매매당사자 사이의 형평을 꾀하기 위하여 매매목적물이 인도되지 아니하더라도 매수인이 대금을 완제한 때에는 그 시점 이후의 과실은 매수인에게 귀속되지만, 매매목적물이 인도되지 아니하고 또한 매수인이 대금을 완제하지 아니한 때에는 매도인의 이행지체가 있더라도 과실은 매도인에게 귀속되는 것이므로 매수인은 인도의무의 지체로 인한 손해배상금의 지급을 구할 수 없다(대판 2004다8210).
② 매수인의 대금 지급의무와 매도인의 근저당권설정등기 내지 가압류등기 말소의무가 동시이행관계에 있는 등으로 매수인이 대금 지급을 거절할 정당한 사유가 있는 경우에는 매매목적물을 미리 인도받았다 하더라도 위「민법」규정에 의한 이자를 지급할 의무는 없다고 보아야 한다(대판 2016다246800).
③ 특정물의 매매에 있어서 매수인의 대금지급채무가 이행지체에 빠졌다 하더라도 그 목적물이 매수인에게 인도될 때까지는 매수인은 매매대금의 이자를 지급할 필요가 없는 것이므로, 그 목적물의 인도가 이루어지지 아니하는 한 매도인은 매수인의 대금지급의무 이행의 지체를 이유로 매매대금의 이자 상당액의 손해배상청구를 할 수 없다(대판 95다14190).
④ 부동산매매에 있어 목적부동산을 제3자가 점유하고 있어 인도받지 아니한 매수인이 명도소송제기의 방편으로 미리 소유권이전등기를 경료받았다고 하여도 아직 매매대금을 완급하지 않은 이상 부동산으로부터 발생하는 과실은 매수인이 아니라 매도인에게 귀속되어야 한다(대판 91다32527).

정답 221 ⑤

222 매매에서 과실의 귀속과 대금의 이자 등에 관한 설명으로 옳은 것을 모두 고른 것은? (대금지급과 목적물인도는 동시이행관계에 있고, 다툼이 있으면 판례에 따름) 제34회

> ㉠ 매매계약 후 목적물이 인도되지 않더라도 매수인이 대금을 완제한 때에는 그 시점 이후 목적물로부터 생긴 과실은 매수인에게 귀속된다.
> ㉡ 매수인이 대금지급을 거절할 정당한 사유가 있는 경우, 매수인은 목적물을 미리 인도받더라도 대금 이자의 지급의무가 없다.
> ㉢ 매매계약이 취소된 경우, 선의의 점유자인 매수인의 과실취득권이 인정되는 이상 선의의 매도인도 지급받은 대금의 운용이익 내지 법정이자를 반환할 의무가 없다.

① ㉠ ② ㉡ ③ ㉠, ㉢
④ ㉡, ㉢ ⑤ ㉠, ㉡, ㉢

해설 ㉠ (○) 매매당사자 사이의 형평을 꾀하기 위하여 매매목적물이 인도되지 아니하더라도 매수인이 대금을 완제한 때에는 그 시점 이후의 과실은 매수인에게 귀속된다(대판 2004다8210).
㉡ (○) 매수인의 대금지급의무와 매도인의 근저당권설정등기 내지 가압류등기말소의무가 동시이행관계에 있는 등으로 매수인이 대금지급을 거절할 정당한 사유가 있는 경우에는 매매목적물을 미리 인도받았다 하더라도 위 「민법」 규정에 의한 이자를 지급할 의무는 없다고 보아야 한다(대판 2016다246800).
㉢ (○) 쌍무계약이 취소된 경우 선의의 매수인에게 「민법」 제201조가 적용되어 과실취득권이 인정되는 이상 선의의 매도인에게도 대금의 운용이익 내지 법정이자의 반환을 부정함이 형평에 맞다(대판 92다45025).

36 매도인의 담보책임

223 甲이 1만m² 토지를 乙에게 매도하는 계약을 체결하였다. 다음 설명 중 옳은 것은? 제22회

① 토지 전부가 丙의 소유이고 甲이 이를 乙에게 이전할 수 없는 경우, 악의인 乙은 계약을 해제할 수 없다.
② 토지의 2천m²가 丙의 소유이고 甲이 이를 乙에게 이전할 수 없는 경우, 악의인 乙은 대금감액을 청구할 수 없다.
③ 토지의 2천m²가 계약 당시 이미 포락(浦落)으로 멸실된 경우, 악의인 乙은 대금감액을 청구할 수 있다.
④ 토지 위에 설정된 지상권으로 인하여 계약의 목적을 달성할 수 없는 경우, 악의인 乙도 계약을 해제할 수 있다.
⑤ 토지 위에 설정된 저당권의 실행으로 乙이 그 토지의 소유권을 취득할 수 없게 된 경우, 악의인 乙은 계약의 해제뿐만 아니라 손해배상도 청구할 수 있다.

정답 222 ⑤   223 ⑤

해설 ① 전부가 타인의 권리에 속한 담보책임은 선·악을 불문하고 계약을 해제할 수 있다(제570조).
② 일부가 타인의 권리에 속한 담보책임은 선·악을 불문하고 대금감액을 청구할 수 있다(제572조).
③ 수량부족·일부멸실의 담보책임은 악의자에게는 인정되지 않는다(제574조).
④ 용익적 권리에 의한 제한(제한물권에 의한 제한)의 담보책임은 악의자에게는 인정되지 않는다(제575조).

224
권리의 하자에 대한 매도인의 담보책임과 관련하여 '악의의 매수인에게 인정되는 권리'로 옳은 것을 모두 고른 것은?   제33회

> ㉠ 권리의 전부가 타인에게 속하여 매수인에게 이전할 수 없는 경우 – 계약해제권
> ㉡ 권리의 일부가 타인에게 속하여 그 권리의 일부를 매수인에게 이전할 수 없는 경우 – 대금감액청구권
> ㉢ 목적물에 설정된 저당권의 실행으로 인하여 매수인이 소유권을 취득할 수 없는 경우 – 계약해제권
> ㉣ 목적물에 설정된 지상권에 의해 매수인의 권리행사가 제한되어 계약의 목적을 달성할 수 없는 경우 – 계약해제권

① ㉠, ㉡
② ㉠, ㉣
③ ㉡, ㉢
④ ㉢, ㉣
⑤ ㉠, ㉡, ㉢

해설 ㉠ (○) 권리의 전부가 타인에게 속하여 매수인에게 이전할 수 없는 경우, 매수인은 선·악을 불문하고 계약을 해제할 수 있다(제570조).
㉡ (○) 권리의 일부가 타인에게 속하여 그 권리의 일부를 매수인에게 이전할 수 없는 경우, 매수인은 선·악을 불문하고 대금감액청구권을 행사할 수 있다(제572조).
㉢ (○) 목적물에 설정된 저당권의 실행으로 인하여 매수인이 소유권을 취득할 수 없는 경우, 매수인은 선·악을 불문하고 계약을 해제할 수 있으며 손해배상도 청구할 수 있다(제576조).
㉣ (×) 목적물에 설정된 지상권에 의해 매수인의 권리행사가 제한되어 계약의 목적을 달성할 수 없는 경우, 매수인이 선의인 경우에 한하여 계약해제권을 행사할 수 있다(제575조).

정답 224 ⑤

225 부동산매매계약이 수량지정매매인데, 그 부동산의 실제면적이 계약면적에 미치지 못한 경우에 관한 설명으로 틀린 것은? (다툼이 있으면 판례에 따름)   제28회

① 선의의 매수인은 대금감액을 청구할 수 없다.
② 악의의 매수인은 손해배상을 청구할 수 없다.
③ 담보책임에 대한 권리행사기간은 매수인이 그 사실을 안 날로부터 1년 이내이다.
④ 미달부분의 원시적 불능을 이유로 계약체결상의 과실책임에 따른 책임의 이행을 구할 수 없다.
⑤ 잔존한 부분만이면 매수인이 이를 매수하지 않았을 경우, 선의의 매수인은 계약 전부를 해제할 수 있다.

> **해설** ① 당사자가 수량을 지정하여 매매하였는데 목적물의 수량이 부족한 경우 또는 목적물의 일부가 계약 당시에 이미 멸실되어 있는 경우에는 선의의 매수인만이 대금감액을 청구할 수 있다(제574조, 제572조).

226 乙 명의로 소유권이전등기청구권보전의 가등기가 마쳐진 甲 소유의 X건물에 대하여 丙이 경매를 신청하였다. 그 경매절차에서 매각대금을 완납한 丁 명의로 X건물의 소유권이전등기가 마쳐졌고, 매각대금이 丙에게 배당되었다. 다음 설명 중 틀린 것은? (다툼이 있으면 판례에 따름)   제29회

① X건물 자체에 하자가 있는 경우, 丁은 甲에게 하자담보책임을 물을 수 없다.
② 경매절차가 무효인 경우, 丁은 甲에게 손해배상을 청구할 수 있다.
③ 경매절차가 무효인 경우, 丁은 丙에게 부당이득반환을 청구할 수 있다.
④ 丁이 소유권을 취득한 후 乙이 가등기에 기한 본등기를 마친 경우, 丁은 X건물에 관한 계약을 해제할 수 있다.
⑤ 丁이 소유권을 취득한 후 乙이 가등기에 기한 본등기를 마친 경우, 丁은 甲이 자력이 없는 때에는 丙에게 배당금의 반환을 청구할 수 있다.

> **해설** ② 「민법」 제578조 제1항·제2항은 매매의 일종인 경매에 있어서 목적물의 하자로 인하여 경락인이 경락의 목적인 재산권을 완전히 취득할 수 없을 때에 매매의 경우에 준하여 매도인의 위치에 있는 경매의 채무자나 채권자에게 담보책임을 부담시켜 경락인을 보호하기 위한 규정으로서 그 담보책임은 매매의 경우와 마찬가지로 경매절차는 유효하게 이루어졌으나 경매의 목적이 된 권리의 전부 또는 일부가 타인에게 속하는 등의 하자로 경락인이 완전한 소유권을 취득할 수 없거나 이를 잃게 되는 경우에 인정되는 것이고 경매절차 자체가 무효인 경우에는 경매의 채무자나 채권자의 담보책임은 인정될 여지가 없다(대판 92다15574).
> ① 경매에 있어서의 담보책임은 권리의 하자에만 인정되고, 물건의 하자에 대해서는 인정되지 않는다(제580조 제2항).

정답 225 ① 226 ②

③ 경락인이 강제경매절차를 통하여 부동산을 경락받아 대금을 완납하고 그 앞으로 소유권이전등기까지 마쳤으나, 그 후 강제경매절차의 기초가 된 채무자 명의의 소유권이전등기가 원인무효의 등기이어서 경매 부동산에 대한 소유권을 취득하지 못하게 된 경우, 이와 같은 강제경매는 무효라고 할 것이므로 경락인은 경매 채권자에게 경매대금 중 그가 배당받은 금액에 대하여 일반 부당이득의 법리에 따라 반환을 청구할 수 있고, 「민법」 제578조 제1항·제2항에 따른 경매의 채무자나 채권자의 담보책임은 인정될 여지가 없다(대판 2003다59259).

④ 가등기의 목적이 된 부동산을 매수한 사람이 그 뒤 가등기에 기한 본등기가 경료됨으로써 그 부동산의 소유권을 상실하게 된 때에는 매매의 목적부동산에 설정된 저당권 또는 전세권의 행사로 인하여 매수인이 취득한 소유권을 상실한 경우와 유사하므로, 이와 같은 경우 「민법」 제576조의 규정이 준용된다고 보아 같은 조 소정의 담보책임을 진다고 보는 것이 상당하다(대판 92다21784). 따라서 丁은 선·악을 불문하고 X건물에 관한 계약을 해제할 수 있다.

⑤ 채무자가 자력이 없는 때에는 경락인은 대금의 배당을 받은 채권자에 대하여 그 대금 전부나 일부의 반환을 청구할 수 있다(제578조 제2항).

227 하자담보책임에 관한 설명으로 틀린 것은? (다툼이 있으면 판례에 따름) 제28회

① 건축의 목적으로 매수한 토지에 대해 법적 제한으로 건축허가를 받을 수 없어 건축이 불가능한 경우, 이는 매매목적물의 하자에 해당한다.

② 하자담보책임으로 발생하는 매수인의 계약해제권 행사기간은 제척기간이다.

③ 하자담보책임에 기한 매수인의 손해배상청구권도 소멸시효의 대상이 될 수 있다.

④ 매도인이 매매목적물에 하자가 있다는 사실을 알면서 이를 매수인에게 고지하지 않고 담보책임 면제의 특약을 맺은 경우 그 책임을 면할 수 없다.

⑤ 매도인의 담보책임은 무과실책임이므로 하자의 발생 및 그 확대에 가공한 매수인의 잘못을 참작하여 손해배상 범위를 정할 수 없다.

해설 ⑤ 「민법」 제581조, 제580조에 기한 매도인의 하자담보책임은 법이 특별히 인정한 무과실책임으로서 여기에 「민법」 제396조의 과실상계 규정이 준용될 수는 없다 하더라도, 담보책임이 민법의 지도이념인 공평의 원칙에 입각한 것인 이상 하자 발생 및 그 확대에 가공한 매수인의 잘못을 참작하여 손해배상의 범위를 정함이 상당하다(대판 94다23920).

① 건축을 목적으로 매매된 토지에 대하여 건축허가를 받을 수 없어 건축이 불가능한 경우, 위와 같은 법률적 제한 내지 장애 역시 매매목적물의 하자에 해당한다 할 것이나, 다만 위와 같은 하자의 존부는 매매계약 성립시를 기준으로 판단하여야 할 것이다(대판 98다18506).

② 제582조는 제척기간에 해당한다. 다만, 출소기간은 아니라는 것이 판례의 입장이다.

③ 매도인에 대한 하자담보에 기한 손해배상청구권에 대하여는 「민법」 제582조의 제척기간이 적용되고, 이는 법률관계의 조속한 안정을 도모하고자 하는 데에 취지가 있다. 그런데 하자담보에 기한 매수인의 손해배상청구권은 권리의 내용·성질 및 취지에 비추어 「민법」 제162조 제1항의 채권 소멸시효의 규정이 적용되고, 「민법」 제582조의 제척기간 규정으로 인하여 소멸시효 규정의 적용이 배제된다고 볼 수 없으며, 이때 다른 특별한 사정이 없는 한 무엇보다도 매수인이 매매 목적물을 인도받은 때부터 소멸시효가 진행한다고 해석함이 타당하다(대판 2011다10266).

④ 매도인은 담보책임을 면하는 특약을 한 경우에도 매도인이 알고 고지하지 아니한 사실 및 제3자에게 권리를 설정 또는 양도한 행위에 대하여는 책임을 면하지 못한다(제584조).

정답 227 ⑤

228 불특정물의 하자로 인해 매도인의 담보책임이 성립한 경우, 매수인의 권리로 규정된 것을 모두 고른 것은? 제31회

㉠ 계약해제권	㉡ 손해배상청구권
㉢ 대금감액청구권	㉣ 완전물급부청구권

① ㉢ ② ㉠, ㉢ ③ ㉡, ㉣
④ ㉠, ㉡, ㉣ ⑤ ㉠, ㉡, ㉢, ㉣

해설 ④ 대금감액청구권(㉢)은 권리의 하자 중에서 권리의 일부가 타인에게 속한 경우(선·악 불문)와 수량지정 매매에서 수량부족·일부멸실의 경우(선의)에서만 인정된다. 용익적 권리에 의하여 제한되어 있는 경우(제575조)의 담보책임을 준용하는 목적물의 하자에서는 대금감액청구권이 인정되지 않는다. 나머지 ㉠㉡㉣은 인정된다.

37 환매

229 「민법」환매에 관한 설명으로 틀린 것은? 제34회

① 환매권은 양도할 수 없는 일신전속권이다.
② 매매계약이 무효이면 환매특약도 무효이다.
③ 환매기간을 정한 경우에는 그 기간을 다시 연장하지 못한다.
④ 환매특약등기는 매수인의 권리취득의 등기에 부기하는 방식으로 한다.
⑤ 환매특약은 매매계약과 동시에 해야 한다.

해설 ① 일신전속권이란 특정 권리주체만이 향유할 수 있는 권리를 말하며 가족권은 대부분 이에 해당한다. 환매권은 일신전속권에 해당하지 않으므로 양도, 상속, 채권자대위가 가능하다.

230 부동산의 환매에 관한 설명으로 틀린 것은? (다툼이 있으면 판례에 따름) 제33회

① 환매특약은 매매계약과 동시에 이루어져야 한다.
② 매매계약이 취소되어 효력을 상실하면 그에 부수하는 환매특약도 효력을 상실한다.
③ 환매시 목적물의 과실과 대금의 이자는 특별한 약정이 없으면 이를 상계한 것으로 본다.
④ 환매기간을 정하지 않은 경우, 그 기간은 5년으로 한다.
⑤ 환매기간을 정한 경우, 환매권의 행사로 발생한 소유권이전등기청구권은 특별한 사정이 없는 한 그 환매기간 내에 행사하지 않으면 소멸한다.

정답 228 ④ 229 ① 230 ⑤

해설 ⑤ 환매권의 행사로 발생한 소유권이전등기청구권은 위 제척기간(= 환매권의 행사기간)과는 별도로 환매권을 행사한 때로부터 일반채권과 같이 「민법」 제162조 소정의 10년의 소멸시효의 기간이 진행된다(대판 92다4673).

231

甲은 자기 소유 X토지를 3억원에 乙에게 매도하면서 동시에 환매할 권리를 보유하기로 약정하고 乙이 X토지에 대한 소유권이전등기를 마쳤다. 이에 관한 설명으로 **틀린** 것은? (다툼이 있으면 판례에 따름) 〈제32회〉

① 특별한 약정이 없는 한, 甲은 환매기간 내에 그가 수령한 3억원과 乙이 부담한 매매비용을 반환하고 X토지를 환매할 수 있다.
② 甲과 乙이 환매기간을 정하지 아니한 경우 그 기간은 5년으로 한다.
③ 환매등기는 乙 명의의 소유권이전등기에 대한 부기등기의 형식으로 한다.
④ 만일 甲의 환매등기 후 丙이 乙로부터 X토지를 매수하였다면, 乙은 환매등기를 이유로 丙의 X토지에 대한 소유권이전등기청구를 거절할 수 있다.
⑤ 만일 甲의 환매등기 후 丁이 X토지에 乙에 대한 채권을 담보하기 위하여 저당권을 설정하였다면, 甲이 적법하게 환매권을 행사하여 X토지의 소유권이전등기를 마친 경우 丁의 저당권은 소멸한다.

해설 ④ 환매특약의 등기가 부동산의 매수인의 처분권을 금지하는 효력을 가지는 것은 아니므로 그 매수인은 환매특약의 등기 이후 부동산을 전득한 제3자에 대하여 여전히 소유권이전등기절차의 이행의무를 부담하고, 나아가 환매권자가 환매권을 행사하지 아니한 이상 매수인이 전득자인 제3자에 대하여 부담하는 소유권이전등기절차의 이행의무는 이행불능 상태에 이르렀다고 할 수 없으므로, 부동산의 매수인은 전득자인 제3자에 대하여 환매특약의 등기사실만으로 제3자의 소유권이전등기청구를 거절할 수 없다(대판 94다35527).
① 매도인이 매매계약과 동시에 환매할 권리를 보류한 때에는 그 영수한 대금 및 매수인이 부담한 매매비용을 반환하고 그 목적물을 환매할 수 있다(제590조 제1항).
⑤ 부동산의 매매계약에 있어 당사자 사이의 환매특약에 따라 소유권이전등기와 함께 「민법」 제592조에 따른 환매등기가 마쳐진 경우 매도인이 환매기간 내에 적법하게 환매권을 행사하면 환매등기 후에 마쳐진 제3자의 근저당권 등 제한물권은 소멸한다(대판 2000다27411).

정답 231 ④

232 부동산매매에서 환매특약을 한 경우에 관한 설명으로 <u>틀린</u> 것은? (다툼이 있으면 판례에 따름)
　　　　　　　　　　　　　　　　　　　　　　　　　　　　　　　　　　　　　제30회

① 매매등기와 환매특약등기가 경료된 이후, 그 부동산 매수인은 그로부터 다시 매수한 제3자에 대하여 환매특약의 등기사실을 들어 소유권이전등기절차 이행을 거절할 수 없다.

② 환매기간을 정한 때에는 다시 이를 연장하지 못한다.

③ 매도인이 환매기간 내에 환매의 의사표시를 하면 그는 그 환매에 의한 권리취득의 등기를 하지 않아도 그 부동산을 가압류 집행한 자에 대하여 권리취득을 주장할 수 있다.

④ 환매기간에 관한 별도의 약정이 없으면 그 기간은 5년이다.

⑤ 환매특약은 매매계약과 동시에 하여야 한다.

해설 ③ 「부동산등기법」 제64조의2에 의하면 환매특약의 등기는 매수인의 권리취득의 등기에 부기하고, 이 등기는 환매에 의한 권리취득의 등기를 한 때에는 이를 말소하도록 되어 있으며 환매에 의한 권리취득의 등기는 이전등기의 방법으로 하여야 할 것인 바, 설사 환매특약부 매매계약의 매도인이 환매기간 내에 매수인에게 환매의 의사표시를 한 바 있다고 하여도 그 환매에 의한 권리취득의 등기를 함이 없이는 부동산에 가압류집행을 한 자에 대하여 이를 주장할 수 없다(대판 90다카16914).

① 부동산에 관하여 매매등기와 아울러 환매특약의 등기가 경료된 이후 그 부동산 매수인으로부터 그 부동산을 전득한 제3자가 환매권자의 환매권행사에 대항할 수 없으나, 환매특약의 등기가 부동산의 매수인의 처분권을 금지하는 효력을 가지는 것은 아니므로 그 매수인은 환매특약의 등기 이후 부동산을 전득한 제3자에 대하여 여전히 소유권이전등기절차의 이행의무를 부담하고, 나아가 환매권자가 환매권을 행사하지 아니한 이상 매수인이 전득자인 제3자에 대하여 부담하는 소유권이전등기절차의 이행의무는 이행불능 상태에 이르렀다고 할 수 없으므로, 부동산의 매수인은 전득자인 제3자에 대하여 환매특약의 등기사실만으로 제3자의 소유권이전등기청구를 거절할 수 없다(대판 94다35527).

정답 232 ③

38 교환

233 부동산의 교환계약에 관한 설명으로 옳은 것을 모두 고른 것은? (다툼이 있으면 판례에 따름)

제32회

> ㉠ 유상·쌍무계약이다.
> ㉡ 일방이 금전의 보충지급을 약정한 경우 그 금전에 대하여는 매매대금에 관한 규정을 준용한다.
> ㉢ 다른 약정이 없는 한 각 당사자는 목적물의 하자에 대해 담보책임을 부담한다.
> ㉣ 당사자가 자기 소유 목적물의 시가를 묵비하여 상대방에게 고지하지 않은 경우, 특별한 사정이 없는 한 상대방의 의사결정에 불법적인 간섭을 한 것이다.

① ㉠, ㉡ ② ㉢, ㉣ ③ ㉠, ㉡, ㉢
④ ㉡, ㉢, ㉣ ⑤ ㉠, ㉡, ㉢, ㉣

해설 ㉠ (○) 교환계약은 낙성·유상·쌍무·불요식계약이다.
㉡ (○) 당사자 일방이 전조의 재산권 이전과 금전의 보충지급을 약정한 때에는 그 금전에 대하여는 매매대금에 관한 규정을 준용한다(제597조).
㉢ (○) 교환계약은 유상·쌍무계약이므로 동시이행의 항변권과 위험부담, 담보책임에 관한 규정이 적용된다.
㉣ (×) 교환계약의 당사자가 목적물의 시가를 묵비하거나 허위로 시가보다 높은 가액을 시가라고 고지하였다 하더라도 기망행위에 해당하지 않는다(대판 2000다54406, 54413).

234 甲은 자신의 X건물(1억원 상당)을 乙의 Y토지(2억원 상당)와 교환하는 계약을 체결하면서 乙에게 8천만원의 보충금을 지급하기로 약정하였다. 다음 설명 중 틀린 것은? (다툼이 있으면 판례에 따름)

제27회

① 甲과 乙의 교환계약은 서면의 작성을 필요로 하지 않는다.
② 乙은 甲의 보충금 미지급을 이유로 교환계약을 해제할 수 없다.
③ 계약체결 후 이행 전에 X건물이 지진으로 붕괴된 경우, 甲은 乙에게 Y토지의 인도를 청구하지 못한다.
④ X건물에 설정된 저당권의 행사로 乙이 그 소유권을 취득할 수 없게 된 경우, 乙은 계약을 해제할 수 있다.
⑤ 교환계약이 해제된 경우, 甲과 乙의 원상회복의무는 동시이행관계에 있다.

해설 ② 보충금을 지급하지 아니한 것으로 평가할 수 있는 사정이 있는 경우에는, 교환계약을 해제할 수도 있다(대판 98다13877).

정답 233 ③   234 ②

235 甲은 자신의 2억원 상당 건물을 乙의 토지와 교환하는 계약을 체결하면서 乙로부터 1억원을 보충하여 지급받기로 하였다. 다음 설명 중 **틀린** 것은? (다툼이 있으면 판례에 의함)
제25회

① 甲·乙 사이의 계약은 불요식계약이다.
② 甲과 乙은 특별한 사정이 없는 한 서로 하자담보책임을 지지 않는다.
③ 乙의 보충금 1억원의 미지급은 교환계약의 해제사유에 해당된다.
④ 계약체결 후 건물이 乙의 과실로 소실되었다면, 乙의 보충금지급의무는 소멸하지 않는다.
⑤ 보충금의 지급기한을 정하지 않았다면, 乙은 건물을 인도받은 날부터 지급하지 않은 보충금의 이자를 甲에게 지급해야 한다.

해설 ② 교환계약은 유상계약이므로 교환 목적물에 하자가 있을 때에는 매도인의 담보책임에 관한 규정이 적용된다.
① 교환계약은 낙성·쌍무·유상·불요식계약이다.
③ 일방이 보충금을 지급하지 아니한 것으로 평가할 수 있는 특별한 사정이 있는 경우에는, 상대방은 채무인수인에 대하여 동액 상당의 손해배상채권 또는 구상채권을 갖게 되는 것이며, 한편 이와 같은 특별한 사정이 있다는 사유를 들어 교환계약을 해제할 수도 있다(대판 98다13877).
④ 교환계약은 쌍무계약으로서 위험부담의 법리가 적용된다. 따라서 계약체결 후 건물이 乙의 과실로 소실되었다면, 乙이 그 위험을 부담하게 되므로 甲은 인도의무를 면하지만 乙의 보충금지급의무는 소멸하지 않는다.
⑤ 보충금은 매매대금의 관한 규정을 준용한다(제597조). 따라서 매수인은 목적물의 인도를 받은 날로부터 대금의 이자를 지급하여야 한다는 제587조에 의해 乙은 건물을 인도받은 날부터 지급하지 않은 보충금의 이자를 甲에게 지급해야 한다.

39 임대차 일반

236 「민법」상 임대차계약에 관한 설명으로 **틀린** 것은? (다툼이 있으면 판례에 따름) 제34회

① 임대인이 목적물을 임대할 권한이 없어도 임대차계약은 유효하게 성립한다.
② 임차기간을 영구로 정한 임대차약정은 특별한 사정이 없는 한 허용된다.
③ 임차인은 특별한 사정이 없는 한 자신이 지출한 임차물의 보존에 관한 필요비 금액의 한도에서 차임의 지급을 거절할 수 있다.
④ 임대차가 묵시의 갱신이 된 경우, 전임대차에 대해 제3자가 제공한 담보는 원칙적으로 소멸하지 않는다.
⑤ 임대차 종료로 인한 임차인의 원상회복의무에는 임대인이 임대 당시의 부동산 용도에 맞게 다시 사용할 수 있도록 협력할 의무까지 포함된다.

정답 235 ② 236 ④

해설 ④ 임대차가 묵시의 갱신이 된 경우, 전 임대차에 대하여 제3자가 제공한 담보는 기간의 만료로 인하여 소멸한다(제639조 제2항).
② 임대차기간이 영구인 임대차계약을 인정할 실제의 필요성도 있고, 이러한 임대차계약을 인정한다고 하더라도 사정변경에 의한 차임증감청구권이나 계약 해지 등으로 당사자들의 이해관계를 조정할 수 있는 방법이 있을 뿐만 아니라, 임차인에 대한 관계에서만 사용·수익권이 제한되는 외에 임대인의 소유권을 전면적으로 제한하는 것도 아닌 점 등에 비추어 보면, 당사자들이 자유로운 의사에 따라 임대차기간을 영구로 정한 약정은 이를 무효로 볼 만한 특별한 사정이 없는 한 계약자유의 원칙에 의하여 허용된다고 보아야 한다(대판 2023다209045).
⑤ 임대차 종료로 인한 임차인의 원상회복의무에는 임차인이 사용하고 있던 부동산의 점유를 임대인에게 이전하는 것은 물론 임대인이 임대 당시의 부동산 용도에 맞게 다시 사용할 수 있도록 협력할 의무도 포함한다. 따라서 임대인 또는 그 승낙을 받은 제3자가 임차건물 부분에서 다시 영업허가를 받는 데 방해가 되지 않도록 임차인은 임차건물 부분에서의 영업허가에 대하여 폐업신고절차를 이행할 의무가 있다(대판 2008다34903).

237 임대인과 임차인 사이의 약정으로 유효한 것은? (단, 일시사용을 위한 임대차가 아님을 전제로 함) 제29회

① 임대인의 동의 없이 임차권을 양도할 수 있도록 하는 약정
② 임차인의 과실 없는 임차물의 일부 멸실에 따른 차임감액청구권을 배제하는 약정
③ 건물 소유를 목적으로 하는 토지임대차에서 임차인의 건물매수청구권을 배제하는 약정
④ 건물임대인으로부터 매수한 부속물에 대한 임차인의 매수청구권을 배제하는 약정
⑤ 기간의 약정이 없는 임대차에서 임차인의 해지권을 배제하는 약정

해설 ① 임차권의 양도 또는 임차물의 전대는 임대인의 동의를 얻어야 한다. 임대인의 동의를 얻지 않은 경우에는 임대인에게 대항할 수 없고, 임대인은 임대차계약을 해지할 수 있다(제629조). 다만, 이는 임의규정이므로 특약으로 달리 정할 수 있다.
②③⑤ 강행규정으로 이에 위반하여 임차인에게 불리한 약정은 무효가 된다.

정답 237 ①

40 임대차의 효력

238 임차인의 권리에 관한 설명으로 옳은 것은? (다툼이 있으면 판례에 따름) 제26회

① 임차물에 필요비를 지출한 임차인은 임대차 종료시 그 가액증가가 현존한 때에 한하여 그 상환을 청구할 수 있다.
② 건물임차인이 그 사용의 편익을 위해 임대인으로부터 부속물을 매수한 경우, 임대차 종료 전에도 임대인에게 그 매수를 청구할 수 있다.
③ 건물 소유를 목적으로 한 토지임대차를 등기하지 않았더라도, 임차인이 그 지상건물의 보존등기를 하면, 토지임대차는 제3자에게 효력이 생긴다.
④ 건물 소유를 목적으로 한 토지임대차의 기간이 만료된 경우, 임차인은 계약갱신의 청구 없이도 매도인에게 건물의 매수를 청구할 수 있다.
⑤ 토지임대차가 묵시적으로 갱신된 경우, 임차인은 언제든지 해지통고할 수 있으나, 임대인은 그렇지 않다.

> **해설** ③ 제622조
> ① 유익비에 관한 설명이다. 필요비는 가액의 증가가 현존할 것을 요구하지 않으며 임대차의 종료를 기다리지 않고서 '즉시' 그 상환을 청구할 수 있다.
> ② 건물 기타 공작물의 임차인이 그 사용의 편익을 위하여 임대인의 동의를 얻어 이에 부속한 물건이 있는 때에는 임대차의 종료시에 임대인에 대하여 그 부속물의 매수를 청구할 수 있다(제646조).
> ④ 토지임차인은 특별한 사정이 없는 한 1차적으로 계약의 갱신을 청구하고, 임대인이 그에 응하지 않을 때에 2차적으로 그 지상물의 매수를 청구할 수 있다.
> ⑤ 토지임대차가 묵시적으로 갱신된 경우, 기간의 약정이 없는 것으로 되고, 임대차기간의 약정이 없는 때에는 당사자는 언제든지 계약해지의 통고를 할 수 있다(제635조 제1항).

정답 238 ③

239 임차인의 부속물매수청구권에 관한 설명으로 <u>틀린</u> 것은? (다툼이 있으면 판례에 따름)
제30회

① 토지 내지 건물의 임차인에게 인정된다.
② 임대인으로부터 매수한 물건을 부속한 경우에도 인정된다.
③ 적법한 전차인에게도 인정된다.
④ 이를 인정하지 않는 약정으로 임차인에게 불리한 것은 그 효력이 없다.
⑤ 오로지 임차인의 특수목적을 위해 부속된 물건은 매수청구의 대상이 아니다.

해설 ① 건물 기타 공작물의 임차인이 그 사용의 편익을 위하여 임대인의 동의를 얻어 이에 부속한 물건이 있는 때에는 임대차의 종료시에 임대인에 대하여 그 부속물의 매수를 청구할 수 있다(제646조 제1항). 즉, 토지임차인에게 인정되는 권리가 아니다.

240 임차인의 부속물매수청구권에 관한 설명으로 <u>틀린</u> 것은? (다툼이 있으면 판례에 따름)
제29회

① 임차인의 지위와 분리하여 부속물매수청구권만을 양도할 수 없다.
② 임차목적물의 구성부분은 부속물매수청구권의 객체가 될 수 없다.
③ 임대차계약이 임차인의 채무불이행으로 해지된 경우, 부속물매수청구권은 인정되지 않는다.
④ 부속물은 임차인이 임대인의 동의를 얻어 부속하거나 임대인으로부터 매수한 것이어야 한다.
⑤ 건물임차인이 자신의 비용을 들여 증축한 부분을 임대인 소유로 하기로 한 약정이 유효한 때에도 임차인의 유익비상환청구가 허용된다.

해설 ⑤ 건물임차인이 자신의 비용을 들여 증축한 부분을 임대인 소유로 귀속시키기로 하는 약정은 임차인이 원상회복의무를 면하는 대신 투입비용의 변상이나 권리주장을 포기하는 내용이 포함된 것으로서 특별한 사정이 없는 한 유효하므로, 그 약정이 부속물매수청구권을 포기하는 약정으로서 강행규정에 반하여 무효라고 할 수 없고 또한 그 증축 부분의 원상회복이 불가능하다고 해서 유익비의 상환을 청구할 수도 없다(대판 94다44705).

정답 239 ① 240 ⑤

241
토지임차인에게 인정될 수 있는 권리가 아닌 것은? 제33회

① 부속물매수청구권
② 유익비상환청구권
③ 지상물매수청구권
④ 필요비상환청구권
⑤ 차임감액청구권

해설 ① 부속물매수청구권은 건물이나 공작물의 임차인에게 인정되는 권리이며 토지임차인에게는 인정되지 않는다.

> **제646조【임차인의 부속물매수청구권】** ① 건물 기타 공작물의 임차인이 그 사용의 편익을 위하여 임대인의 동의를 얻어 이에 부속한 물건이 있는 때에는 임대차의 종료시에 임대인에 대하여 그 부속물의 매수를 청구할 수 있다.
> ② 임대인으로부터 매수한 부속물에 대하여도 전항과 같다.

②④⑤ 필요비상환청구권, 유익비상환청구권, 차임감액청구권은 토지 및 건물임차인에게 모두 인정된다 (제626조 제1항·제2항, 제627조, 제628조).
③ 지상물매수청구권은 토지임차인에게 인정되며 건물임차인에게는 인정되지 않는다(제643조).

242
임차인 甲이 임대인 乙에게 지상물매수청구권을 행사하는 경우에 관한 설명으로 옳은 것은? (다툼이 있으면 판례에 따름) 제30회

① 甲의 매수청구가 유효하려면 乙의 승낙을 요한다.
② 건축허가를 받은 건물이 아니라면 甲은 매수청구를 하지 못한다.
③ 甲 소유 건물이 乙이 임대한 토지와 제3자 소유의 토지 위에 걸쳐서 건립된 경우, 甲은 건물 전체에 대하여 매수청구를 할 수 있다.
④ 임대차가 甲의 채무불이행 때문에 기간 만료 전에 종료되었다면, 甲은 매수청구를 할 수 없다.
⑤ 甲은 매수청구권의 행사에 앞서 임대차계약의 갱신을 청구할 수 없다.

정답 241 ① 242 ④

해설 ④ 임대인이 임차인의 채무불이행을 이유로 임대차계약을 해지하였을 경우에는 임차인이 지상물매수청구권을 행사할 수 없다(대판 90다19695).
① 임차인의 지상물매수청구권은 형성권이다. 따라서 계약갱신을 거절당한 임차인이 이를 행사하면 그 즉시 지상물에 대한 매매가 성립하는 것이지 임대인의 승낙이 있어야 성립하는 것은 아니다.
② 비록 행정관청의 허가를 받은 적법한 건물이 아니더라도 임차인의 건물매수청구권의 대상이 될 수 있다(대판 97다37753).
③ 건물 소유를 목적으로 하는 토지임대차에 있어서 임차인 소유 건물이 임대인이 임대한 토지 외에 임차인 또는 제3자 소유의 토지 위에 걸쳐서 건립되어 있는 경우에는, 임차지상에 서 있는 건물부분 중 구분소유의 객체가 될 수 있는 부분에 한하여 임차인에게 매수청구가 허용된다(대판 93다42364).
⑤ 토지임차인은 1차적으로 계약의 갱신을 청구하고, 임대인이 그에 응하지 않을 때에 2차적으로 그 지상물의 매수를 청구할 수 있다.

243

乙이 甲으로부터 건물의 소유를 목적으로 X토지를 10년간 임차하여 그 위에 자신의 건물을 신축한 경우에 관한 설명으로 **틀린** 것은? (다툼이 있으면 판례에 따름) 제32회

① 특별한 사정이 없는 한 甲이 X토지의 소유자가 아닌 경우에도 임대차계약은 유효하게 성립한다.
② 甲과 乙 사이에 반대약정이 없으면 乙은 甲에 대하여 임대차등기절차에 협력할 것을 청구할 수 있다.
③ 乙이 현존하는 지상건물을 등기해도 임대차를 등기하지 않은 때에는 제3자에 대해 임대차의 효력이 없다.
④ 10년의 임대차기간이 경과한 때 乙의 지상건물이 현존하는 경우 乙은 임대차계약의 갱신을 청구할 수 있다.
⑤ 乙의 차임연체액이 2기의 차임액에 달하는 경우, 특약이 없는 한 甲은 임대차계약을 해지할 수 있다.

해설 ③ 건물의 소유를 목적으로 한 토지임대차는 이를 등기하지 아니한 경우에도 임차인이 그 지상건물을 등기한 때에는 제3자에 대하여 임대차의 효력이 생긴다(제622조 제1항)

정답 243 ③

244
건물 소유를 목적으로 하는 토지임차인의 지상물매수청구권에 관한 설명으로 옳은 것은? (다툼이 있으면 판례에 따름) 제35회

① 지상 건물을 타인에게 양도한 임차인도 매수청구권을 행사할 수 있다.
② 임차인은 저당권이 설정된 건물에 대해서는 매수청구권을 행사할 수 없다.
③ 토지소유자가 아닌 제3자가 토지를 임대한 경우, 임대인은 특별한 사정이 없는 한 매수청구권의 상대방이 될 수 없다.
④ 임대인이 임차권 소멸 당시에 이미 토지소유권을 상실하였더라도 임차인은 그에게 매수청구권을 행사할 수 있다.
⑤ 기간의 정함이 없는 임대차에서 임대인의 해지통고에 의하여 임차권이 소멸된 경우, 임차인은 매수청구권을 행사할 수 없다.

해설 ③④ 건물의 소유를 목적으로 하는 토지임차인의 지상물매수청구권 행사의 상대방은 원칙적으로 임차권 소멸 당시의 토지소유자인 임대인이다. 따라서 토지소유자가 아닌 제3자가 토지를 임대한 경우에 임대인은 특별한 사정이 없는 한 지상물매수청구권의 상대방이 될 수 없다(대판 2020다254228, 254235).
① 지상물매수청구권은 임차인이 지상물의 소유자인 경우에 행사할 수 있는 것이므로(대판 93다6386), 지상 건물을 타인에게 양도한 임차인은 매수청구권을 행사할 수 없다.
② 건물에 근저당권이 설정되어 있는 경우에도 토지임차인의 건물매수청구권이 인정된다. 이때에 지상물의 가격은 시가 상당액을 의미하고, 여기에서 근저당권의 채권최고액이나 피담보채무액을 공제한 금액을 매수가격으로 정할 것은 아니다(대판 2007다4356).
⑤ 「민법」 제643조가 규정하는 토지임차인의 건물매수청구권은 임대차의 기간을 약정하지 않았던 탓으로 임대인에 의한 해지통고에 의하여 그 임차권이 소멸된 경우에도 계약갱신청구의 유무에 불구하고 인정된다고 봄이 상당하다(대판 76다2324).

245
임대차의 차임에 관한 설명으로 틀린 것은? (다툼이 있으면 판례에 따름) 제31회

① 임차물의 일부가 임차인의 과실 없이 멸실되어 사용·수익할 수 없는 경우, 임차인은 그 부분의 비율에 의한 차임의 감액을 청구할 수 있다.
② 여럿이 공동으로 임차한 경우, 임차인은 연대하여 차임지급의무를 부담한다.
③ 경제사정변동에 따른 임대인의 차임증액청구에 대해 법원이 차임증액을 결정한 경우, 그 결정 다음 날부터 지연손해금이 발생한다.
④ 임차인의 차임연체로 계약이 해지된 경우, 임차인은 임대인에 대하여 부속물매수를 청구할 수 없다.
⑤ 연체차임액이 1기의 차임액에 이르면 건물임대인이 차임연체로 해지할 수 있다는 약정은 무효이다.

정답 244 ③　245 ③

해설 ③ 임대인이 「민법」 제628조에 의하여 장래에 대한 차임의 증액을 청구하였을 때에 당사자 사이에 협의가 성립되지 아니하여 법원이 결정해 주는 차임은 증액청구의 의사표시를 한 때에 소급하여 그 효력이 생기는 것이므로, 특별한 사정이 없는 한 증액된 차임에 대하여는 법원 결정시가 아니라 증액청구의 의사표시가 상대방에게 도달한 때를 이행기로 보아야 한다(대판 2015다239508, 239515). 따라서 증액청구의 의사표시가 상대방에게 도달한 다음 날부터 지연손해금이 발생한다.

41 임차권의 양도 및 전대차

246 甲은 자신의 X건물을 乙에게 임대하였고, 乙은 甲의 동의 없이 X건물에 대한 임차권을 丙에게 양도하였다. 다음 설명 중 틀린 것은? (다툼이 있으면 판례에 따름) 제28회

① 乙은 丙에게 甲의 동의를 받아 줄 의무가 있다.
② 乙과 丙 사이의 임차권 양도계약은 유동적 무효이다.
③ 甲은 乙에게 차임의 지급을 청구할 수 있다.
④ 만약 丙이 乙의 배우자이고 X건물에서 동거하면서 함께 가구점을 경영하고 있다면, 甲은 임대차계약을 해지할 수 없다.
⑤ 만약 乙이 甲의 동의를 받아 임차권을 丙에게 양도하였다면, 이미 발생된 乙의 연체차임채무는 특약이 없는 한 丙에게 이전되지 않는다.

해설 ②① 임대인의 동의를 받지 아니하고 임차권을 양도한 계약도 이로써 임대인에게 대항할 수 없을 뿐 임차인과 양수인 사이에는 유효한 것이고 이 경우 임차인은 양수인을 위하여 임대인의 동의를 받아 줄 의무가 있다(대판 85다카1812). 즉, 乙과 丙 사이의 임차권 양도계약은 유동적 무효가 아니라 유효한 계약이다. 다만 乙은 丙에게 甲의 동의를 받아 줄 의무가 있다.
③ 甲이 乙과의 임대차계약을 해지하지 않는 한 임대차계약은 유지되므로 甲은 乙에게 차임의 지급을 청구할 수 있다.
④ 임차권자가 임차건물에 동거하면서 함께 가구점을 경영하고 있는 자신의 아내에게 임차권을 양도한 것은 임대인에 대한 배신적 행위라고 인정할 수 없는 특별한 사정이 있는 경우이므로 해지사유가 될 수 없다(대판 92다45308).
⑤ 임차권이 적법하게 양도되면 임차권은 동일성을 유지하면서 양수인에게 이전한다. 다만, 양도 전에 이미 발생한 연체 차임이나 손해배상 채무는 양수인에게 승계되지 않는다. 따라서 이미 발생된 乙의 연체차임채무는 특약이 없는 한 丙에게 이전되지 않는다.

정답 246 ②

247 甲 소유의 X토지를 건물 소유의 목적으로 임차한 乙은 甲의 동의 없이 이를 丙에게 전대하였다. 다음 설명 중 틀린 것은? (다툼이 있으면 판례에 따름) 제29회

① 乙과 丙 사이의 전대차계약은 유효하다.
② 甲은 임대차계약이 종료되지 않으면 X토지의 불법점유를 이유로 丙에게 차임 상당의 부당이득반환을 청구할 수 없다.
③ 甲은 임대차계약이 존속하는 동안에는 X토지의 불법점유를 이유로 丙에게 차임 상당의 손해배상을 청구할 수 없다.
④ 만약 乙이 X토지에 신축한 건물의 보존등기를 마친 후 丁이 X토지의 소유권을 취득하였다면, 乙은 丁에게 건물매수청구권을 행사할 수 없다.
⑤ 만약 乙이 X토지에 신축한 건물의 소유권을 임대차종료 전에 戊에게 이전하였다면, 乙의 건물매수청구권은 인정되지 않는다.

> **해설** ④ 건물의 소유를 목적으로 한 토지임차인의 건물매수청구권 행사의 상대방은 통상의 경우 기간의 만료로 인한 임차권 소멸 당시 토지소유자인 임대인뿐만 아니라 임차권 소멸 후 임대인이 그 토지를 제3자에게 양도하는 등 그 소유권이 이전되었을 때에는 그 건물에 대하여 보존등기를 필하여 제3자에 대하여 대항할 수 있는 차지권을 가지고 있는 토지임차인은 그 신 소유자에 대하여도 위 매수청구권을 행사할 수 있다(대판 75다348).

248 건물임대인 甲의 동의를 얻어 임차인 乙이 丙과 전대차계약을 체결하고 그 건물을 인도해주었다. 옳은 것을 모두 고른 것은? (다툼이 있으면 판례에 따름) 제26회

> ㉠ 甲과 乙의 합의로 임대차계약이 종료되어도 丙의 권리는 소멸하지 않는다.
> ㉡ 전대차 종료시에 丙은 건물 사용의 편익을 위해 乙의 동의를 얻어 부속한 물건의 매수를 甲에게 청구할 수 있다.
> ㉢ 임대차와 전대차기간이 모두 만료된 경우, 丙은 건물을 甲에게 직접 명도해도 乙에 대한 건물명도의무를 면하지 못한다.
> ㉣ 乙의 차임연체액이 2기의 차임액에 달하여 甲이 임대차계약을 해지하는 경우, 甲은 丙에 대해 그 사유의 통지 없이도 해지로써 대항할 수 있다.

① ㉠, ㉢ ② ㉠, ㉣ ③ ㉡, ㉢
④ ㉡, ㉣ ⑤ ㉢, ㉣

> **해설** ㉠ (○) 임차인이 임대인의 동의를 얻어 임차물을 전대한 경우에는 임대인과 임차인의 합의로 계약을 종료한 때에도 전차인의 권리는 소멸하지 아니한다(제631조).

정답 247 ④ 248 ②

ⓔ (○) 임차인의 차임연체액이 2기의 차임액에 달함에 따라 임대인이 임대차계약을 해지하는 경우에는 전차인에 대하여 그 사유를 통지하지 않더라도 해지로써 전차인에게 대항할 수 있고, 해지의 의사표시가 임차인에게 도달하는 즉시 임대차관계는 해지로 종료된다(대판 2012다55860). 즉, 해지의 통고로 인하여 종료된 경우에는 전차인에 대하여 그 사유를 통지하여야 전차인에게 대항할 수 있으나(제638조 제1항) 차임연체로 해지한 경우에는 사유를 통지하지 않아도 전차인에게 대항할 수 있다.

ⓛ (×) 건물 기타 공작물의 임차인이 적법하게 전대한 경우에 전차인이 그 사용의 편익을 위하여 임대인의 동의를 얻어 이에 부속한 물건이 있는 때에는 전대차의 종료시에 임대인에 대하여 그 부속물의 매수를 청구할 수 있다(제647조 제1항). 즉, 乙의 동의가 아닌 甲의 동의를 얻어야 한다.

ⓒ (×) 임차인이 임차물을 전대하여 그 임대차 기간 및 전대차 기간이 모두 만료된 경우에는, 그 전대차가 임대인의 동의를 얻은 여부와 상관없이 임대인으로서는 전차인에 대하여 소유권에 기한 반환청구권에 터잡아 목적물을 자신에게 직접 반환해 줄 것을 요구할 수 있고, 전차인으로서도 목적물을 임대인에게 직접 명도함으로써 임차인(전대인)에 대한 목적물 명도의무를 면한다(대판 95다23996).

249

甲은 자기 소유 X창고건물 전부를 乙에게 월차임 60만원에 3년간 임대하였고, 乙은 甲의 동의를 얻어 X건물 전부를 丙에게 월차임 70만원에 2년간 전대하였다. 이에 관한 설명으로 틀린 것은? (단, 이에 관한 특약은 없으며, 다툼이 있으면 판례에 따름) 제32회

① 甲과 乙의 합의로 임대차계약을 종료한 경우 丙의 권리는 소멸한다.
② 丙은 직접 甲에 대해 월차임 60만원을 지급할 의무를 부담한다.
③ 甲은 乙에게 월차임 60만원의 지급을 청구할 수 있다.
④ 甲에 대한 차임연체액이 120만원에 달하여 甲이 임대차계약을 해지한 경우, 丙에게 그 사유를 통지하지 않아도 해지로써 丙에게 대항할 수 있다.
⑤ 전대차기간이 만료한 경우, 丙은 甲에게 전전대차(前轉貸借)와 동일한 조건으로 임대할 것을 청구할 수 없다.

해설 ① 임차인이 임대인의 동의를 얻어 임차물을 전대한 경우에는 임대인과 임차인의 합의로 계약을 종료한 때에도 전차인의 권리는 소멸하지 아니한다(제631조).
② 임차인이 임대인의 동의를 얻어 임차물을 전대한 때에는 전차인은 직접 임대인에 대하여 의무를 부담한다. 이 경우에 전차인은 전대인에 대한 차임의 지급으로써 임대인에게 대항하지 못한다(제630조 제1항).
③ 전대차 성립에 대하여 임대인과 임차인은 아무런 영향을 받지 않는다(제630조 제2항). 따라서 임대인이 직접 전차인에게 권리를 행사할 수 있다고 하여 임차인에게 권리를 행사할 수 없다는 것은 아니다.
④ 제635조 제2항 및 제638조 제1항ㆍ제2항에 의하면 임대차계약이 해지통고로 인하여 종료된 경우에 그 임대물이 적법하게 전대되었을 때에는 임대인은 전차인에 대하여 그 사유를 통지하지 아니하면 해지로써 전차인에게 대항하지 못하고, 전차인이 통지를 받은 때에는 토지ㆍ건물 기타 공작물에 대하여는 임대인이 해지를 통고한 경우에는 6월, 임차인이 해지를 통고한 경우에는 1월, 동산에 대하여는 5일이 경과하면 해지의 효력이 생긴다고 할 것이지만「민법」제640조에 터잡아 임차인의 차임연체액이 2기의 차임액에 달함에 따라 임대인이 임대차계약을 해지하는 경우에는 전차인에 대하여 그 사유를 통지하지 않더라도 해지로써 전차인에게 대항할 수 있고, 해지의 의사표시가 임차인에게 도달하는 즉시 임대차관계는 해지로 종료된다(대판 2012다55860).
⑤ 건물 기타 공작물의 소유 또는 식목ㆍ채염ㆍ목축을 목적으로 한 토지임차인이 적법하게 그 토지를 전대한 경우에 임대차 및 전대차의 기간이 동시에 만료되고 건물ㆍ수목 기타 지상시설이 현존한 때에는 전차인은 임대인에 대하여 전전대차와 동일한 조건으로 임대할 것을 청구할 수 있다(제644조 제1항). 즉 토지의 전차인에게 인정되는 권리이지 건물 전차인에게 인정되는 권리가 아니므로 건물을 전대차한 丙은 甲에게 전전대차(前轉貸借)와 동일한 조건으로 임대할 것을 청구할 수 없다.

정답 249 ①

42 보증금

250 건물임대차계약상 보증금에 관한 설명으로 틀린 것을 모두 고른 것은? (다툼이 있으면 판례에 따름)
제33회

> ㉠ 임대차계약에서 보증금을 지급하였다는 사실에 대한 증명책임은 임차인이 부담한다.
> ㉡ 임대차계약이 종료하지 않은 경우, 특별한 사정이 없는 한 임차인은 보증금의 존재를 이유로 차임의 지급을 거절할 수 없다.
> ㉢ 임대차 종료 후 보증금이 반환되지 않고 있는 한, 임차인의 목적물에 대한 점유는 적법점유이므로 임차인이 목적물을 계속하여 사용·수익하더라도 부당이득반환의무는 발생하지 않는다.

① ㉠
② ㉡
③ ㉢
④ ㉠, ㉡
⑤ ㉡, ㉢

해설 ㉢ (×) 임대차계약의 종료에 의하여 발생된 임차인의 임차목적물 반환의무와 임대인의 연체차임을 공제한 나머지 보증금의 반환의무는 동시이행의 관계에 있는 것이므로, 임대차계약 종료 후에도 임차인이 동시이행의 항변권을 행사하여 임차건물을 계속 점유하여 온 것이라면 임차인의 그 건물에 대한 점유는 불법점유라고 할 수는 없으나, 그로 인하여 이득이 있다면 이는 부당이득으로서 반환하여야 하는 것은 당연하다(대판 91다45202, 45219).
㉠ (○) 임대차계약에서 보증금을 지급하였다는 입증책임은 보증금의 반환을 구하는 임차인이 부담하고, 임대차계약이 성립하였다면 임대인에게 임대차계약에 기한 임료채권이 발생하였다 할 것이므로 임료를 지급하였다는 입증책임도 임차인이 부담한다(대판 2004다19647).
㉡ (○) 임대보증금은 임대차계약이 종료된 후 임차인이 목적물을 명도할 때까지 발생하는 차임 및 기타 임차인의 채무를 담보하기 위하여 교부되는 것이므로 특별한 사정이 없는 한 임대차계약이 종료되었다 하더라도 목적물이 명도되지 않았다면 임차인은 보증금이 있음을 이유로 연체차임의 지급을 거절할 수 없다(대판 99다24881). 즉, 임대차계약이 종료하지 않은 경우는 물론이고 종료하였더라도 임차물이 인도되지 않았다면 임차인은 보증금의 존재를 이유로 차임의 지급을 거절할 수 없다.

정답 250 ③

251 甲은 자신의 X주택을 보증금 2억원, 월차임 50만원으로 乙에게 임대하였는데, 乙이 전입신고 후 주택을 점유·사용하면서 차임을 연체하다가 계약이 종료되었다. 계약 종료 전에 X주택의 소유권이 매매를 원인으로 丙에게 이전되었다. 다음 설명 중 틀린 것은? (다툼이 있으면 판례에 따름)

제35회

① 특별한 사정이 없는 한 丙이 임대인의 지위를 승계한 것으로 본다.
② 연체차임에 대한 지연손해금의 발생종기는 특별한 사정이 없는 한 X주택이 반환되는 때이다.
③ 丙은 甲의 차임채권을 양수하지 않았다면 X주택을 반환받을 때 보증금에서 이를 공제할 수 없다.
④ X주택을 반환할 때까지 잔존하는 甲의 차임채권은 압류가 되었더라도 보증금에서 당연히 공제된다.
⑤ X주택을 반환하지 않으면, 특별한 사정이 없는 한 乙은 보증금이 있음을 이유로 연체차임의 지급을 거절할 수 없다.

해설 ③ 임차건물의 양수인이 건물소유권을 취득한 후 임대차관계가 종료되어 임차인에게 임대차보증금을 반환해야 하는 경우에 임대인의 지위를 승계하기 전까지 발생한 연체차임이나 관리비 등이 있으면 이는 특별한 사정이 없는 한 임대차보증금에서 당연히 공제된다(대판 2016다218874).

정답 251 ③

민사특별법

43 주택임대차보호법

252 「주택임대차보호법」상의 대항력에 관한 설명으로 틀린 것은? (단, 일시사용을 위한 임대차가 아니고 임차권등기가 이루어지지 아니한 경우를 전제하며 다툼이 있으면 판례에 따름)

제32회

① 임차인이 타인의 점유를 매개로 임차주택을 간접점유하는 경우에도 대항요건인 점유가 인정될 수 있다.
② 임차인이 지위를 강화하고자 별도로 전세권 설정등기를 마친 후 「주택임대차보호법」상의 대항요건을 상실한 경우, 「주택임대차보호법」상의 대항력을 상실한다.
③ 주민등록을 마치고 거주하던 자기 명의의 주택을 매도한 자가 매도와 동시에 이를 다시 임차하기로 약정한 경우, 매수인 명의의 소유권이전등기 여부와 관계없이 대항력이 인정된다.
④ 임차인이 주택의 인도와 주민등록을 마친 때에는 그 다음 날 오전 영시부터 대항력이 생긴다.
⑤ 임차인이 가족과 함께 임차주택의 점유를 계속하면서 가족의 주민등록은 그대로 둔 채 임차인의 주민등록만 일시적으로 옮긴 경우 대항력을 상실하지 않는다.

해설 ③ 자기 명의의 주택을 매도하면서 동시에 그 주택을 임차하는 경우 매도인이 임차인으로서 가지는 대항력은 매수인 명의의 소유권이전등기가 경료된 다음 날부터 효력이 발생한다(대판 99다59306).
① 임차인이 직접 거주하지 않더라도 임차인과의 점유매개관계에 기하여 당해 주택에 실제로 거주하는 직접점유자(전차인)가 자신의 주민등록을 마친 경우에는 그 임차인의 임대차가 제3자에 대하여 적법하게 대항력을 취득할 수 있다(대판 2000다55645).
② 주택임차인이 그 지위를 강화하고자 별도로 전세권설정등기를 마쳤더라도 주택임차인이 주택임대차보호법 제3조 제1항의 대항요건을 상실하면 이미 취득한 「주택임대차보호법」상의 대항력 및 우선변제권을 상실한다(대판 2004다69741).
④ 주택임대차는 그 등기가 없는 경우에도 임차인이 주택의 인도와 주민등록을 마친 때에는 그 다음 날(익일)부터 제3자에 대하여 효력이 생긴다. 즉, 대항요건을 갖추면 다음 날 오전 0시부터 대항력을 취득한다(대판 99다9981).
⑤ 임차인이 그 가족과 함께 그 주택에 대한 점유를 계속하고 있으면서 그 가족의 주민등록을 그대로 둔 채 임차인만 주민등록을 일시 다른 곳으로 옮긴 경우라면 전체적으로나 종국적으로 주민등록의 이탈이라고 볼 수 없는 만큼 임대차의 제3자에 대한 대항력을 상실하지 아니한다고 할 것이다(대판 95다30338).

정답 252 ③

253 주택임차인 乙이 보증금을 지급하고 대항요건을 갖춘 후 임대인 甲이 그 주택의 소유권을 丙에게 양도하였다. 이에 관한 설명으로 **틀린** 것은? (다툼이 있으면 판례에 따름) 제31회

① 甲은 특별한 사정이 없는 한 보증금반환의무를 면한다.
② 임차주택 양도 전 발생한 연체차임채권은 특별한 사정이 없는 한 丙에게 승계되지 않는다.
③ 임차주택 양도 전 보증금반환채권이 가압류된 경우, 丙은 제3채무자의 지위를 승계한다.
④ 丙이 乙에게 보증금을 반환하더라도 특별한 사정이 없는 한 甲에게 부당이득반환을 청구할 수 없다.
⑤ 만약 甲이 채권담보를 목적으로 임차주택을 丙에게 양도한 경우, 甲은 특별한 사정이 없는 한 보증금반환의무를 면한다.

해설 ⑤ 임대인의 지위를 승계한 것으로 보게 되는 임차주택의 양수인이 될 수 있는 경우는 주택을 임대할 권리나 이를 수반하는 권리를 종국적·확정적으로 이전받게 되는 경우라야 하므로 매매·증여·경매·상속·공용징수 등에 의하여 임차주택의 소유권을 취득한 자 등은 위 조항에서 말하는 임차주택의 양수인에 해당된다고 할 것이나, 이른바 주택의 양도담보의 경우에는 채권담보를 위하여 신탁적으로 양도담보권자에게 주택의 소유권이 이전될 뿐이어서, 특별한 사정이 없는 한 양도담보권자가 주택의 사용·수익권을 갖게 되는 것이 아니고 또 주택의 소유권이 양도담보권자에게 확정적·종국적으로 이전되는 것도 아니므로 양도담보권자는 이 법 조항에서 말하는 '양수인'에 해당되지 아니한다고 보는 것이 상당하다(대판 93다4083). 즉, 양도담보로 소유권이 이전되는 것은 아니므로 양도담보권자는 임대인의 지위를 승계하는 것이 아니므로 丙이 아닌 甲이 여전히 보증금반환의무를 부담한다.
①④ 주택의 임차인이 제3자에 대한 대항력을 구비한 후 임차 주택의 소유권이 양도된 경우에는, 그 양수인이 임대인의 지위를 승계하게 되고, 임차보증금 반환채무도 주택의 소유권과 결합하여 일체로서 이전하며, 이에 따라 양도인의 위 채무는 소멸한다 할 것이므로, 주택 양수인이 임차인에게 임대차보증금을 반환하였다 하더라도, 이는 자신의 채무를 변제한 것에 불과할 뿐, 양도인의 채무를 대위변제한 것이라거나, 양도인이 위 금액 상당의 반환채무를 면함으로써 법률상 원인 없이 이익을 얻고 양수인이 그로 인하여 위 금액 상당의 손해를 입었다고 할 수 없다(대판 93다17324). 즉, 甲은 특별한 사정이 없는 한 보증금반환의무를 면하게 되고, 양수인 丙이 乙에게 보증금을 반환하는 것은 자신의 채무를 이행한 것이므로 특별한 사정이 없는 한 甲에게 부당이득반환을 청구할 수 없다.
② 임대인 지위가 양수인에게 승계된 경우 이미 발생한 연체차임채권은 따로 채권양도의 요건을 갖추지 않는 한 승계되지 않는다(대판 2008다3022).
③ 임차인의 임대차보증금반환채권이 가압류된 상태에서 임대주택이 양도되면 양수인이 채권가압류의 제3채무자의 지위도 승계하고, 가압류권자 또한 임대주택의 양도인이 아니라 양수인에 대하여만 위 가압류의 효력을 주장할 수 있다(대판 전합 2011다49523). ⇨ 새로운 소유자가 임대인의 지위를 승계하기 때문이다.

정답 253 ⑤

254 「주택임대차보호법」상의 주택임대차에 관한 설명으로 **틀린** 것은? (다툼이 있으면 판례에 의함)
제23회

① 대항력 있는 주택임대차가 기간만료로 종료된 상태에서 임차주택이 양도되더라도 임차인은 이 사실을 안 때로부터 상당한 기간 내에 이의를 제기함으로써, 승계되는 임대차관계의 구속에서 벗어날 수 있다.
② 다른 특별한 규정이 없는 한, 미등기주택에 대해서도 이 법이 적용된다.
③ 임대차기간이 끝난 경우, 임차인이 보증금을 반환받지 못하였다면 임대차관계는 종료하지 않는다.
④ 다가구용 단독주택의 임대차에서는 전입신고를 할 때 지번만 기재하고 동·호수의 표시가 없어도 대항력을 취득할 수 있다.
⑤ 저당권이 설정된 주택을 임차하여 대항력을 갖춘 이상, 후순위저당권이 실행되더라도 매수인이 된 자에게 대항할 수 있다.

해설 ⑤ 담보권의 실행을 위한 부동산의 입찰절차에 있어서, 주택임대차보호법 제3조에 정한 대항요건을 갖춘 임차권보다 선순위의 근저당권이 있는 경우에는, 낙찰로 인하여 선순위 근저당권이 소멸하면 그보다 후순위의 임차권도 선순위 근저당권이 확보한 담보가치의 보장을 위하여 그 대항력을 상실하는 것이다(대판 자 98마1031). 즉, 대항요건을 갖추었더라도 선순위의 말소기준권리(예 저당권)가 존재하면 경매로써 소멸하게 된다.

255 「주택임대차보호법」에 관한 설명으로 옳은 것을 모두 고른 것은? (다툼이 있으면 판례에 따름)
제33회

㉠ 다가구용 단독주택 일부의 임차인이 대항력을 취득하였다면, 후에 건축물 대장상으로 다가구용 단독주택이 다세대 주택으로 변경되었다는 사정만으로는 이미 취득한 대항력을 상실하지 않는다.
㉡ 우선변제권 있는 임차인은 임차주택과 별도로 그 대지만이 경매될 경우, 특별한 사정이 없는 한 그 대지의 환가대금에 대하여 우선변제권을 행사할 수 있다.
㉢ 임차인이 대항력을 가진 후 그 임차주택의 소유권이 양도되어 양수인이 임차보증금반환채무를 부담하게 되었더라도, 임차인이 주민등록을 이전하면 양수인이 부담하는 임차보증금반환채무는 소멸한다.

① ㉠　　② ㉢　　③ ㉠, ㉡
④ ㉡, ㉢　　⑤ ㉠, ㉡, ㉢

정답 254 ⑤　255 ③

해설 ㉠ (○) 다가구주택이 다세대주택으로 변경된 경우: 처음에 다가구용 단독주택으로 소유권보존등기가 경료된 건물의 일부를 임차한 임차인은 이를 인도받고 임차건물의 지번을 정확히 기재하여 전입신고를 하면 「주택임대차보호법」 소정의 대항력을 적법하게 취득하고, 나중에 다가구용 단독주택이 다세대주택으로 변경되었다는 사정만으로 임차인이 이미 취득한 대항력을 상실하게 되는 것은 아니다(대판 2006다70516).
㉡ (○) 대항요건 및 확정일자를 갖춘 임차인과 소액임차인은 임차주택과 그 대지가 함께 경매될 경우뿐만 아니라 임차주택과 별도로 그 대지만이 경매될 경우에도 그 대지의 환가대금에 대하여 우선변제권을 행사할 수 있다(대판 전합 2004다26133).
㉢ (×) 주택의 임차인이 제3자에 대하여 대항력을 구비한 후에 임대주택의 소유권이 양도된 경우에는 그 양수인이 임대인의 지위를 승계하게 되므로, 임대인의 임차보증금반환채무도 양수인에게 이전되는 것이고, 이와 같이 양수인이 임차보증금반환채무를 부담하게 된 이후에 임차인이 주민등록을 다른 곳으로 옮겼다 하여 이미 발생한 임차보증금반환채무가 소멸하는 것은 아니다(대판 93다36615).

256

甲은 2023.1.5. 乙로부터 그 소유의 X주택을 보증금 2억원, 월 임료 50만원, 기간은 계약일로부터 1년으로 정하여 임차하는 내용의 계약을 체결하고, 당일 乙에게 보증금을 지급함과 동시에 X주택을 인도받아 주민등록을 마치고 확정일자를 받았다. 다음 중 「주택임대차보호법」의 적용에 관한 설명으로 틀린 것은? (다툼이 있으면 판례에 따름) 제34회

① 甲은 2023.1.6. 오전 영시부터 대항력을 취득한다.
② 제3자에 의해 2023.5.9. 경매가 개시되어 X주택이 매각된 경우, 甲은 경매절차에서 배당요구를 하지 않아도 보증금에 대해 우선변제를 받을 수 있다.
③ 乙이 X주택을 丙에게 매도하고 소유권이전등기를 마친 경우, 乙은 특별한 사정이 없는 한 보증금반환의무를 면한다.
④ 甲이 2기의 차임액에 달하는 차임을 연체하면 묵시적 갱신이 인정되지 않는다.
⑤ 묵시적 갱신이 된 경우, 갱신된 임대차계약의 존속기간은 2년이다.

해설 ② 주택임차인은 우선변제권을 행사함에 있어서 배당요구를 하여야 하며, 배당요구를 하지 않아 배당에서 제외되었다면 후순위 채권자에게 부당이득반환을 청구할 수 없다(대판 2001다70702). 다만, 임차권등기명령에 의한 등기가 되어 있거나 임차인이 스스로 경매를 신청한 경우에는 배당요구를 하지 않아도 보증금에 대해 우선변제를 받을 수 있다.

정답 256 ②

257 甲은 乙의 저당권이 설정되어 있는 丙소유의 X주택을 丙으로부터 보증금 2억원에 임차하여 즉시 대항요건을 갖추고 확정일자를 받아 거주하고 있다. 그 후 丁이 X주택에 저당권을 취득한 다음 저당권실행을 위한 경매에서 戊가 X주택의 소유권을 취득하였다. 다음 설명 중 옳은 것은? (다툼이 있으면 판례에 따름) 제28회

① 乙의 저당권은 소멸한다.
② 戊가 임대인 丙의 지위를 승계한다.
③ 甲이 적법한 배당요구를 하면 乙보다 보증금 2억원에 대해 우선변제를 받는다.
④ 甲은 戊로부터 보증금을 전부 받을 때까지 임대차관계의 존속을 주장할 수 있다.
⑤ 丁이 甲보다 매각대금으로부터 우선변제를 받는다.

해설 ① 경매시에 모든 저당권은 소멸한다.
②④ 경매목적 부동산이 경락된 경우에는 소멸된 선순위 저당권보다 뒤에 등기되었거나 대항력을 갖춘 임차권은 함께 소멸하는 것이고, 따라서 그 경락인은 주택임대차보호법 제3조에서 말하는 임차주택의 양수인 중에 포함된다고 할 수 없을 것이므로 경락인에 대하여 그 임차권의 효력을 주장할 수 없다(대판 99다59306). 즉, 경매로 임차권은 소멸되므로 경락인 戊는 임대인의 지위를 승계하지 않으며, 甲은 戊에게 임대차관계의 존속을 주장할 수 없다.
③⑤ 배당의 순위는 乙 – 甲 – 丁의 순서에 따른다.

258 선순위 담보권 등이 없는 주택에 대해 대항요건과 확정일자를 갖춘 임대차에 관한 설명으로 틀린 것은? (다툼이 있으면 판례에 따름) 제28회

① 임차권은 상속인에게 상속될 수 있다.
② 임차인의 우선변제권은 대지의 환가대금에도 미친다.
③ 임대차가 묵시적으로 갱신된 경우, 그 존속기간은 2년으로 본다.
④ 임차인이 경매절차에서 해당 주택의 소유권을 취득한 경우, 임대인에 대하여 보증금 반환을 청구할 수 있다.
⑤ 임차인의 보증금반환채권이 가압류된 상태에서 그 주택이 양도된 경우, 가압류채권자는 양수인에 대하여만 가압류의 효력을 주장할 수 있다.

해설 ④ 주택의 임차인이 제3자에 대한 대항력을 갖춘 후 임차주택의 소유권이 양도되어 그 양수인이 임대인의 지위를 승계하는 경우에는, 임대차보증금의 반환채무도 부동산의 소유권과 결합하여 일체로서 이전하는 것이므로 양도인의 임대인으로서의 지위나 보증금반환채무는 소멸하는 것이고, 대항력을 갖춘 임차인이 양수인이 된 경우라고 하여 달리 볼 이유가 없으므로 대항력을 갖춘 임차인이 당해 주택을 양수한 때에도 임대인의 보증금반환채무는 소멸하고 양수인인 임차인이 임대인의 자신에 대한 보증금반환채무를 인수하게 되어, 결국 임차인의 보증금반환채권은 혼동으로 인하여 소멸하게 된다(대판 96다38216).

정답 257 ① 258 ④

⑤ 임차인의 임대차보증금반환채권이 가압류된 상태에서 임대주택이 양도되면 양수인이 채권가압류의 제3채무자의 지위도 승계하고, 가압류권자 또한 임대주택의 양도인이 아니라 양수인에 대하여만 위 가압류의 효력을 주장할 수 있다고 보아야 한다(대판 2011다49523).

259 甲은 乙 소유의 X주택에 관하여 乙과 보증금 3억원으로 하는 임대차계약을 체결하고 2018.3.5. 대항요건과 확정일자를 갖추었다. 丙은 2018.5.6. X주택에 관하여 저당권을 취득하였고, 甲은 2020.3.9. X주택에 임차권등기명령의 집행에 따른 임차권등기를 마쳤다. 이에 관한 설명으로 옳은 것은? (다툼이 있으면 판례에 따름) 제31회

① 甲은 임차권등기의 비용을 乙에게 청구할 수 있다.
② 甲이 2020.3.10. 다른 곳으로 이사한 경우, 대항력을 잃는다.
③ 乙의 임차보증금반환의무와 甲의 임차권등기말소의무는 동시이행의 관계에 있다.
④ 경매가 2020.6.9. 개시되어 X주택이 매각된 경우, 甲이 배당요구를 하지 않으면 丙보다 우선변제를 받을 수 없다.
⑤ 만약 2020.4.5. 丁이 X주택을 보증금 2억원에 임차하여 대항요건을 갖춘 다음 X주택이 경매된 경우, 丁은 매각대금에서 丙보다 우선변제를 받을 수 있다.

해설 ① 임차인은 임차권등기명령의 신청 및 그에 따른 임차권등기와 관련하여 소요된 비용을 임대인에게 청구할 수 있다(「주택임대차보호법」 제3조의3 제8항).
② 임차인이 임차권등기명령에 의한 등기 이전에 이미 대항력 또는 우선변제권을 취득한 경우에는 임차권등기 이후에 대항요건을 상실하더라도, 즉 이사를 가거나 주민등록을 이전할지라도 이미 취득한 대항력 또는 우선변제권을 상실하지 아니한다(「주택임대차보호법」 제3조의3 제5항 단서).
③ 「주택임대차보호법」 제3조의3 규정에 의한 임차권등기의 말소와 보증금의 반환은 동시이행관계가 아니며 임대인의 임대차보증금의 반환의무가 임차인의 임차권등기 말소의무보다 먼저 이행되어야 할 의무이다(대판 2005다4529).
④ 임차권등기명령에 의하여 임차권등기를 한 임차인은 우선변제권을 가지며, 위 임차권등기는 임차인으로 하여금 기왕의 대항력이나 우선변제권을 유지하도록 해 주는 담보적 기능을 주목적으로 하고 있으므로, 위 임차권등기가 첫 경매개시결정등기 전에 등기된 경우, 배당받을 채권자의 범위에 관하여 규정하고 있는 「민사집행법」 제148조 제4호의 '저당권·전세권 그 밖의 우선변제청구권으로서 첫 경매개시결정등기 전에 등기되었고 매각으로 소멸하는 것을 가진 채권자'에 준하여, 그 임차인은 별도로 배당요구를 하지 않아도 당연히 배당받을 채권자에 속하는 것으로 보아야 한다(대판 2005다33039).
⑤ 丁이 확정일자를 갖추었다고 하더라도 丙보다 후순위이므로 X주택이 경매된 경우, 丁은 매각대금에서 丙보다 우선변제 받을 수 없다.

정답 259 ①

260 甲이 그 소유의 X주택에 거주하려는 乙과 존속기간 1년의 임대차계약을 체결한 경우에 관한 설명으로 틀린 것은?   제30회

① 乙은 2년의 임대차 존속기간을 주장할 수 있다.
② 乙은 1년의 존속기간이 유효함을 주장할 수 있다.
③ 乙이 2기의 차임액에 달하도록 차임을 연체한 경우, 묵시적 갱신이 인정되지 아니한다.
④ 임대차계약이 묵시적으로 갱신된 경우, 乙은 언제든지 甲에게 계약해지를 통지할 수 있다.
⑤ X주택의 경매로 인한 환가대금에서 乙이 보증금을 우선변제받기 위해서 X주택을 양수인에게 인도할 필요가 없다.

해설 ⑤ 임차인은 임차주택을 양수인에게 인도하지 아니하면 제2항에 따른 보증금을 받을 수 없다(「주택임대차보호법」 제3조의2 제3항).

261 「주택임대차보호법」상 임차인의 계약갱신요구권에 관한 설명으로 옳은 것을 모두 고른 것은?   제32회

> ㉠ 임대차기간이 끝나기 6개월 전부터 2개월 전까지의 기간에 행사해야 한다.
> ㉡ 임대차의 조건이 동일한 경우 여러 번 행사할 수 있다.
> ㉢ 임차인이 임대인의 동의 없이 목적 주택을 전대한 경우 임대인은 계약갱신요구를 거절하지 못한다.

① ㉠
② ㉡
③ ㉢
④ ㉠, ㉢
⑤ ㉡, ㉢

해설 ㉠ (○) 임차인이 임대차기간이 끝나기 6개월 전부터 2개월 전까지 계약갱신을 요구할 경우 임대인은 정당한 사유 없이 거절하지 못한다(「주택임대차보호법」 제6조의3 제1항).
㉡ (×) 임차인은 계약갱신요구권을 1회에 한하여 행사할 수 있다. 이 경우 갱신되는 임대차의 존속기간은 2년으로 본다(「주택임대차보호법」 제6조의3 제2항).
㉢ (×) 임차인이 임대인의 동의 없이 목적 주택을 전대한 경우 임대인은 계약갱신요구를 거절할 수 있다(「주택임대차보호법」 제6조의3 제1항 제4호).

정답   260 ⑤   261 ①

262 임차인 乙은 임대인 甲에게 2024.3.10.로 기간이 만료되는 X주택의 임대차계약에 대해 「주택임대차보호법」에 따라 갱신요구통지를 하여 그 통지가 2024.1.5. 甲에게 도달하였고, 甲이 갱신거절통지를 하지 않아 계약이 갱신되었다. 그 후 乙이 갱신된 계약기간이 개시되기 전인 2024.1.29. 갱신된 임대차계약의 해지를 통지하여 2024.1.30. 甲에게 도달하였다. 임대차계약의 종료일은? (다툼이 있으면 판례에 따름) 제35회

① 2024.1.30.
② 2024.3.10.
③ 2024.4.30.
④ 2024.6.10.
⑤ 2026.3.10.

해설 ③ 임대차계약의 갱신을 요구하면 임대인에게 갱신거절사유가 존재하지 않는 한 임대인에게 갱신요구가 도달한 때 갱신의 효력이 발생한다. 갱신요구에 따라 임대차계약에 갱신의 효력이 발생한 경우 임차인은 제6조의2 제1항에 따라 언제든지 계약의 해지통지를 할 수 있고, 해지통지 후 3개월이 지나면 그 효력이 발생하며, 이는 계약해지의 통지가 갱신된 임대차계약기간이 개시되기 전에 임대인에게 도달하였더라도 마찬가지이다(대판 2023다258672). 따라서 종전 계약기간의 만료와 상관없이 해지통지가 도달되고 3개월 후인 2024.4.30.에 계약은 종료된다.

정답 262 ③

44 상가건물 임대차보호법

263 乙은 甲 소유의 X상가건물을 甲으로부터 임차하고 인도 및 사업자등록을 마쳤다. 乙의 임대차가 다음 보기 이후에 새롭게 이해관계를 맺는 제3자에 대하여 효력이 있는 경우를 모두 고른 것은? (다툼이 있으면 판례에 따름) 제31회 변형

㉠ 乙이 폐업한 경우
㉡ 乙이 폐업신고를 한 후에 다시 같은 상호 및 등록번호로 사업자등록을 한 경우
㉢ 丙이 乙로부터 X건물을 적법하게 전차하여 직접 점유하면서 丙 명의로 사업자등록을 하고 사업을 운영하는 경우

① ㉠
② ㉢
③ ㉠, ㉡
④ ㉡, ㉢
⑤ ㉠, ㉡, ㉢

해설 ㉡ (○) 사업자등록은 대항력 또는 우선변제권의 취득요건일 뿐만 아니라 존속요건이기도 하므로, 배당요구의 종기까지 존속하고 있어야 하는 것이며, 상가건물을 임차하고 사업자등록을 마친 사업자가 폐업한 경우에는 그 사업자등록은 「상가건물 임대차보호법」이 상가임대차의 공시방법으로 요구하는 적법한 사업자등록이라고 볼 수 없으므로, 그 사업자가 폐업신고를 하였다가 다시 같은 상호 및 등록번호로 사업자등록을 하였다고 하더라도 「상가건물 임대차보호법」상의 대항력 및 우선변제권이 그대로 존속한다고 할 수 없다(대판 2006다56299). 즉, 종전의 대항력은 소멸하고 새롭게 대항력이 발생한다.

㉢ (○) 임차인이 「상가건물 임대차보호법」상의 대항력 및 우선변제권을 유지하기 위해서는 건물을 직접 점유하면서 사업을 운영하는 전차인이 그 명의로 사업자등록을 하여야 한다(대판 2005다64002).

㉠ (×) 상가건물을 임차하고 사업자등록을 마친 사업자가 임차 건물의 전대차 등으로 당해 사업을 개시하지 않거나 사실상 폐업한 경우에는 그 사업자등록은 「부가가치세법」 및 「상가건물 임대차보호법」이 상가임대차의 공시방법으로 요구하는 적법한 사업자등록이라고 볼 수 없다(대판 2005다64002).

정답 263 ④

264 甲이 2024.5.10. 乙 소유의 X상가건물을 乙로부터 보증금 10억원에 임차하여 상가건물 임대차보호법상의 대항요건을 갖추고 영업하고 있다. 다음 설명 중 틀린 것은? (다툼이 있으면 판례에 따름)   제28회 변형

① 기간약정이 있는 경우에 甲의 계약갱신요구권은 최초의 임대차기간을 포함한 전체 임대차기간이 10년을 초과하지 아니하는 범위에서만 행사할 수 있다.

② 甲과 乙 사이에 임대차기간을 6개월로 정한 경우, 乙은 그 기간이 유효함을 주장할 수 있다.

③ ①에서 甲의 계약갱신요구권에 따라 갱신되는 임대차는 전 임대차와 동일한 조건으로 다시 계약된 것으로 본다.

④ 임대차종료 후 보증금이 반환되지 않은 경우, 甲은 X건물의 소재지 관할 법원에 임차권등기명령을 신청할 수 없다.

⑤ X건물이 경매로 매각된 경우, 甲은 특별한 사정이 없는 한 보증금에 대해 일반채권자보다 우선하여 변제받을 수 있다.

해설 ⑤ 환산보증금이 일정액을 초과하는 상가임대차에는 경매시에 우선변제권이 인정되지 않는다.
①②③④ 환산보증금이 일정액을 초과하는 경우에는 「상가건물 임대차보호법」이 적용되지 않는다. 다만, 보증금의 액수와 상관없이 대항력 등, 계약갱신요구권, 권리금회수기회의 보호, 차임연체와 해지, 폐업으로 인한 임차인의 해지권에 관한 규정은 적용된다. 따라서 ①③의 계약갱신요구권에 관한 규정은 적용되지만 ②의 최단기간 보장 규정은 적용되지 않으므로 임대인도 1년 미만으로 정한 기간의 유효함을 주장할 수 있게 된다. 또한 ④의 임차권등기명령제도도 인정되지 않는다.

정답 264 ⑤

265 乙은 식당을 운영하기 위해 2023.5.1. 甲으로부터 그 소유의 서울특별시 소재 X상가건물을 보증금 10억원, 월 임료 100만원, 기간은 정함이 없는 것으로 하여 임차하는 상가임대차계약을 체결하였다. 「상가건물 임대차보호법」상 乙의 주장이 인정되는 것을 모두 고른 것은? (다툼이 있으면 판례에 따름) 제34회

㉠ X상가 건물을 인도받고 사업자등록을 마친 乙이 대항력을 주장하는 경우
㉡ 乙이 甲에게 1년의 존속기간을 주장하는 경우
㉢ 乙이 甲에게 계약갱신요구권을 주장하는 경우

① ㉠   ② ㉢   ③ ㉠, ㉡
④ ㉡, ㉢   ⑤ ㉠, ㉡, ㉢

해설 ㉠ (○), ㉡ (×) 환산보증금이 일정액을 초과하는 경우(서울시 9억원)에는 「상가건물 임대차보호법」이 적용되지 않는다. 다만, 보증금의 액수와 상관없이 대항력 등, 계약갱신요구권, 권리금회수기회의 보호, 차임연체와 해지, 폐업으로 인한 임차인의 해지권에 관한 규정은 적용된다. 따라서 최단기간 보장 규정은 적용되지 않으므로 기간약정이 없는 경우 임차인은 1년의 존속기간을 주장할 수 없다.
㉢ (×) 「상가건물 임대차보호법」 기간을 정하지 않은 임대차는 그 기간을 1년으로 간주하지만(제9조 제1항), 대통령령으로 정한 보증금액을 초과하는 임대차는 위 규정이 적용되지 않으므로, 원래의 상태 그대로 기간을 정하지 않은 것이 되어 「민법」의 적용을 받는다. 「민법」에 따라 이러한 임대차는 임대인이 언제든지 해지를 통고할 수 있고 임차인이 통고를 받은 날로부터 6개월이 지남으로써 효력이 생기므로, 임대차기간이 정해져 있음을 전제로 기간 만료 6개월 전부터 1개월 전까지 사이에 행사하도록 규정된 임차인의 계약갱신요구권은 발생할 여지가 없다(대판 2021다233730).

266 甲은 2021년 2월 1일 서울특별시에 위치한 乙 소유 X상가건물에 대하여 계약기간을 2년으로 하여 보증금 5억원, 월차임 5백만원으로 임대차계약을 체결하였다. 甲은 2021년 2월 15일 건물의 인도를 받아 영업을 개시하고, 사업자등록을 신청하였다. 이에 관한 설명으로 옳은 것을 모두 고른 것은? (다툼이 있으면 판례에 따름) 제32회 변형

㉠ 위 계약에는 확정일자 부여 등에 대해 규정하고 있는 「상가건물 임대차보호법」 제4조의 규정이 적용된다.
㉡ 甲이 임차건물의 일부를 중과실로 파손한 경우 乙은 계약갱신요구를 거절할 수 있다.
㉢ 甲이 2개월분의 차임을 연체하던 중 매매로 건물의 소유자가 丙으로 바뀐 경우, 특별한 사정이 없는 한 연체차임은 乙에게 지급해야 한다.

① ㉠   ② ㉡   ③ ㉡, ㉢
④ ㉠, ㉡   ⑤ ㉠, ㉢

정답 265 ①   266 ③

해설 ⓒ (○) 임차인이 임차한 건물의 전부 또는 일부를 고의나 중대한 과실로 파손한 경우에 임대인은 계약갱신요구를 거절할 수 있다(「상가건물 임대차보호법」 제10조 제1항 제5호).
ⓒ (○) 임대인 지위가 양수인에게 승계된 경우 이미 발생한 연체차임채권은 따로 채권양도의 요건을 갖추지 않는 한 승계되지 않는다(대판 2008다3022). 따라서 매매로 건물의 소유자가 丙으로 바뀐 경우, 특별한 사정이 없는 한 甲은 연체차임을 乙에게 지급해야 한다.
㉠ (×) 대통령령이 정하는 보증금액을 초과하는 임대차는 우선변제권이 인정되지 않으므로 확정일자 부여 등에 대해 규정하고 있는 「상가건물 임대차보호법」 제4조의 규정이 적용되지 않는다(「상가건물 임대차보호법」 제2조 제3항). 甲의 상가임대차는 보증금 5억원, 월차임 5백만원이므로 환산보증금은 10억 원이다[5억원 + (5백만원 × 100) = 10억원]. 따라서 대통령령이 정하는 보증금액(서울시 기준은 9억원)을 초과하였기 때문에 「상가건물 임대차보호법」의 적용대상이 아니다.

267 「상가건물 임대차보호법」에 관한 설명으로 옳은 것은? 제30회

① 임대차계약을 체결하려는 자는 임대인의 동의 없이도 관할 세무서장에게 해당 상가건물의 임대차에 관한 정보제공을 요구할 수 있다.
② 임차인이 임차한 건물을 중대한 과실로 전부 파손한 경우, 임대인은 권리금회수의 기회를 보장할 필요가 없다.
③ 임차인은 임대인에게 계약갱신을 요구할 수 있으나 전체 임대차기간이 7년을 초과해서는 안된다.
④ 임대차가 종료한 후 보증금이 반환되지 않은 때에는 임차인은 관할 세무서에 임차권등기명령을 신청할 수 있다.
⑤ 임대차계약이 묵시적으로 갱신된 경우, 임차인의 계약해지의 통고가 있으면 즉시 해지의 효력이 발생한다.

해설 ② 계약갱신요구의 거절 가능사유가 있는 경우에는 임대인은 권리금 회수기회를 보장할 의무를 부담하지 않는다(「상가건물 임대차보호법」 제10조의4 제1항). 따라서 임차인이 임차한 건물을 중대한 과실로 일부 또는 전부 파손한 경우는 계약갱신요구의 거절사유에 해당하므로(「상가건물 임대차보호법」 제10조 제1항 제5호) 임대인은 권리금 회수의 기회를 보장할 필요가 없다.
① 상가건물의 임대차에 이해관계가 있는 자는 관할 세무서장에게 해당 상가건물의 확정일자 부여일, 차임 및 보증금 등 정보의 제공을 요청할 수 있으며 임대차계약을 체결하려는 자는 임대인의 동의를 받아 관할 세무서장에게 요청할 수 있다. 이 경우 요청을 받은 관할 세무서장은 정당한 사유 없이 이를 거부할 수 없다(「상가건물 임대차보호법」 제4조 제3항·제4항).
③ 임차인의 계약갱신요구권은 최초의 임대차기간을 포함한 전체 임대차기간이 10년을 초과하지 않는 범위 내에서만 행사할 수 있다(「상가건물 임대차보호법」 제10조 제2항).
④ 임대차가 종료된 후 보증금이 반환되지 아니한 경우 임차인은 임차건물의 소재지를 관할하는 지방법원·지방법원지원 또는 시·군법원에 임차권등기명령을 신청할 수 있다(「상가건물 임대차보호법」 제6조 제1항).
⑤ 묵시적(법정)갱신이 된 경우에 임차인은 언제든지 임대인에 대하여 계약해지의 통고를 할 수 있고, 임대인이 그 통고를 받은 날로부터 3월이 경과하면 그 효력이 발생한다(「상가건물 임대차보호법」 제10조 제5항).

정답 267 ②

268 「상가건물 임대차보호법」이 적용되는 X건물에 관하여 임대인 甲과 임차인 乙이 보증금 3억원, 월차임 60만원으로 정하여 체결한 임대차가 기간만료로 종료되었다. 그런데 甲이 乙에게 보증금을 반환하지 않아서 乙이 현재 X건물을 점유·사용하고 있다. 다음 설명 중 옳은 것은? (다툼이 있으면 판례에 따름) 제35회

① 甲은 乙에게 불법행위로 인한 손해배상을 청구할 수 있다.
② 乙은 甲에 대해 채무불이행으로 인한 손해배상의무를 진다.
③ 甲은 乙에게 차임에 상당하는 부당이득반환을 청구할 수 있다.
④ 甲은 乙에게 종전 임대차계약에서 정한 차임의 지급을 청구할 수 있다.
⑤ 乙은 보증금을 반환받을 때까지 X건물에 대해 유치권을 행사할 수 있다.

> **해설** ④ 상가건물 임대차 종료 후 의제되는 임대차관계의 법적 성격 등을 종합하면, 「상가건물 임대차보호법」이 적용되는 임대차가 기간만료나 당사자의 합의, 해지 등으로 종료된 경우 보증금을 반환받을 때까지 임차 목적물을 계속 점유하면서 사용·수익한 임차인은 종전 임대차계약에서 정한 차임을 지급할 의무를 부담할 뿐이고, 시가에 따른 차임에 상응하는 부당이득금을 지급할 의무를 부담하는 것은 아니다(대판 2023다257600).
> ①② 임대차의 존속이 의제되므로 불법행위나 채무불이행은 문제될 여지가 없다.
> ③ 상가건물 임대차에서 기간만료나 당사자의 합의 등으로 임대차가 종료된 경우에도 「상가건물 임대차보호법」 제9조 제2항에 의하여 임차인은 보증금을 반환받을 때까지 임대차관계가 존속하는 것으로 의제된다. 이는 임대차기간이 끝난 후에도 상가건물의 임차인이 보증금을 반환받을 때까지는 임차인의 목적물에 대한 점유를 임대차기간이 끝나기 전과 마찬가지 정도로 강하게 보호함으로써 임차인의 보증금반환채권을 실질적으로 보장하기 위한 것이다. 따라서 「상가건물 임대차보호법」이 적용되는 상가건물의 임차인이 임대차 종료 이후에 보증금을 반환받기 전에 임차목적물을 점유하고 있다고 하더라도 임차인에게 차임 상당의 부당이득이 성립한다고 할 수 없다(대판 2023다257600).
> ⑤ 보증금반환청구권은 채권과 목적물 사이의 견련성이 인정되지 않으므로 유치권이 성립할 수 없다(대판 75다1305).

269 임차인 乙은 甲 소유의 X상가건물에 관하여 월차임 200만원, 기간 2023.5.24.~2024.5.23.로 하는 임대차계약을 甲과 체결하였고, 기간만료 14일 전인 2024.5.9. 갱신거절의 통지를 하여 다음 날 甲에게 도달하였다. 임대차계약의 종료일은? (다툼이 있으면 판례에 따름) 제35회

① 2024.5.10.   ② 2024.5.23.   ③ 2024.8.23.
④ 2024.11.23.   ⑤ 2025.5.23.

> **해설** ② 상가의 임차인이 임대차기간 만료 1개월 전부터 만료일 사이에 갱신거절의 통지를 한 경우 해당 임대차계약은 묵시적 갱신이 인정되지 않고 임대차기간의 만료일에 종료한다고 보아야 한다(대판 2023다307024). 따라서 임차인 乙이 기간만료 전에 갱신거절의 통지를 하였으므로 묵시의 갱신이 되지 않고 2024.5.23.에 종료된다.

정답 268 ④   269 ②

270 상가임대인이 그의 임차인이 주선한 신규임차인으로 되려는 자와 임대차계약의 체결을 거절할 수 있는 경우를 모두 고른 것은? 　　제29회

> ㉠ 임대차목적물인 상가건물을 6개월 동안 영리 목적으로 사용하지 아니한 경우
> ㉡ 임차인이 주선한 신규임차인이 되려는 자가 보증금을 지급할 자력이 없는 경우
> ㉢ 임대인이 선택한 신규임차인이 임차인과 권리금계약을 체결하고 그 권리금을 지급한 경우
> ㉣ 임차인이 주선한 신규임차인이 되려는 자가 임차인으로서의 의무를 위반할 우려가 있는 경우

① ㉠, ㉡ 　　② ㉠, ㉢
③ ㉡, ㉣ 　　④ ㉠, ㉢, ㉣
⑤ ㉡, ㉢, ㉣

해설 ⑤ 다음의 어느 하나에 해당하는 경우에는 신규임차인과의 임대차계약의 체결을 거절할 수 있다(「상가건물 임대차보호법」 제10조의4 제2항).

> 1. 임차인이 주선한 신규임차인이 되려는 자가 보증금 또는 차임을 지급할 자력이 없는 경우(㉡)
> 2. 임차인이 주선한 신규임차인이 되려는 자가 임차인으로서의 의무를 위반할 우려가 있거나(㉣), 그 밖에 임대차를 유지하기 어려운 상당한 사유가 있는 경우
> 3. 임대차목적물인 상가건물을 1년 6개월 이상 영리목적으로 사용하지 아니한 경우
> 4. 임대인이 선택한 신규임차인이 임차인과 권리금계약을 체결하고 그 권리금을 지급한 경우(㉢)

정답 270 ⑤

45 집합건물의 소유 및 관리에 관한 법률

271 「집합건물의 소유 및 관리에 관한 법률」에 관한 설명으로 틀린 것을 모두 고른 것은? (다툼이 있으면 판례에 따름)
　　　　　　　　　　　　　　　　　　　　　　　　　　　　　　　　제32회

> ㉠ 구분건물이 객관적·물리적으로 완성되더라도 그 건물이 집합건축물대장에 등록되지 않는 한 구분소유권의 객체가 되지 못한다.
> ㉡ 집합건물구분소유권의 특별승계인이 그 구분소유권을 다시 제3자에게 이전한 경우, 관리규약에 달리 정함이 없는 한, 각 특별승계인들은 자신의 전(前)구분소유자의 공용부분에 대한 체납관리비를 지급할 책임이 있다.
> ㉢ 전유부분은 구분소유권의 목적인 건물부분을 말한다.

① ㉠　　　　② ㉡　　　　③ ㉢
④ ㉠, ㉡　　　⑤ ㉡, ㉢

해설 ㉠ (×) 구분건물이 물리적으로 완성되기 전에도 건축허가신청이나 분양계약 등을 통하여 장래 신축되는 건물을 구분건물로 하겠다는 구분의사가 객관적으로 표시되면 구분행위의 존재를 인정할 수 있고, 이후 1동의 건물 및 그 구분행위에 상응하는 구분건물이 객관적·물리적으로 완성되면 아직 그 건물이 집합건축물대장에 등록되거나 구분건물로서 등기부에 등기되지 않았더라도 그 시점에서 구분소유가 성립한다(대판 전합 2010다71578).
㉡ (○) 아파트의 특별승계인은 전 입주자의 체납관리비 중 공용부분에 관하여는 이를 승계하여야 한다고 봄이 타당하다(대판 2001다8677).
㉢ (○) 전유부분이란 구분소유권의 목적인 건물부분을 말한다(「집합건물의 소유 및 관리에 관한 법률」 제2조 제3호).

272 「집합건물의 소유 및 관리에 관한 법률」에 관한 설명으로 옳은 것을 모두 고른 것은?
　　　　　　　　　　　　　　　　　　　　　　　　　　　　　　　　제31회

> ㉠ 각 공유자는 공용부분을 그 용도에 따라 사용할 수 있다.
> ㉡ 전유부분에 관한 담보책임의 존속기간은 사용검사일부터 기산한다.
> ㉢ 구조상 공용부분에 관한 물권의 득실변경은 그 등기를 해야 효력이 발생한다.
> ㉣ 분양자는 원칙적으로 전유부분을 양수한 구분소유자에 대하여 담보책임을 지지 않는다.

① ㉠　　　　　　　　② ㉢
③ ㉠, ㉡　　　　　　④ ㉠, ㉣
⑤ ㉡, ㉢, ㉣

정답 271 ①　272 ①

해설 ㉠ (O) 각 공유자는 공용부분을 그 용도에 따라 사용할 수 있다(「집합건물의 소유 및 관리에 관한 법률」 제11조). 지분비율로 사용하는 것이 아니라는 점을 주의해야 한다.
㉡ (×) 담보책임의 존속기간은 전유부분과 공용부분을 다음과 같이 구분하여 기산하고 있다.

> 1. 전유부분: 구분소유자에게 인도한 날
> 2. 공용부분: 「주택법」 제29조에 따른 사용검사일(집합건물 전부에 대하여 임시 사용승인을 받은 경우에는 그 임시 사용승인일을 말하고, 「주택법」 제29조 제1항 단서에 따라 분할 사용검사나 동별 사용검사를 받은 경우에는 분할 사용검사일 또는 동별 사용검사일을 말한다) 또는 「건축법」 제22조에 따른 사용승인일

㉢ (×) 공용부분은 전유부분과 당연히 함께 이전하므로 공용부분에 관한 물권의 득실변경은 등기가 필요하지 아니하다(「집합건물의 소유 및 관리에 관한 법률」 제13조 제3항).
㉣ (×) 분양자와 시공자는 담보책임을 지도록 법률로 규정하고 있다(「집합건물의 소유 및 관리에 관한 법률」 제9조 제1항·제2항).

273

「집합건물 소유 및 관리에 관한 법률」상 공용부분에 관한 설명으로 옳은 것을 모두 고른 것은? (다툼이 있으면 판례에 따름) 제33회

> ㉠ 관리단집회 결의나 다른 구분소유자의 동의 없이 구분소유자 1인이 공용부분을 독점적으로 점유·사용하는 경우, 다른 구분소유자는 공용부분의 보존행위로서 그 인도를 청구할 수 있다.
> ㉡ 구분소유자 중 일부가 정당한 권원 없이 구조상 공용부분인 복도를 배타적으로 점유·사용하여 다른 구분소유자가 사용하지 못하였다면, 특별한 사정이 없는 한 이로 인하여 얻은 이익을 다른 구분소유자에게 부당이득으로 반환하여야 한다.
> ㉢ 관리단은 관리비 징수에 관한 유효한 규약이 없더라도 공용부분에 대한 관리비를 그 부담의무자인 구분소유자에게 청구할 수 있다.

① ㉠ ② ㉡ ③ ㉠, ㉢
④ ㉡, ㉢ ⑤ ㉠, ㉡, ㉢

해설 ㉡ (O) 구분소유자 중 일부가 정당한 권원 없이 집합건물의 복도, 계단 등과 같은 공용부분을 배타적으로 점유·사용함으로써 이익을 얻고, 그로 인하여 다른 구분소유자들이 해당 공용부분을 사용할 수 없게 되었다면, 공용부분을 무단점유한 구분소유자는 특별한 사정이 없는 한 해당 공용부분을 점유·사용함으로써 얻은 이익을 부당이득으로 반환할 의무가 있다(대판 전합 2017다220744).
㉢ (O) 관리단은 관리비 징수에 관한 유효한 관리단 규약 등이 존재하지 않더라도, 적어도 공용부분에 대한 관리비는 이를 그 부담의무자인 구분소유자에 대하여 청구할 수 있다(대판 2009다22266, 22273).
㉠ (×) 집합건물의 구분소유자가 집합건물법의 관련 규정에 따라 관리단집회 결의나 다른 구분소유자의 동의 없이 공용부분의 전부 또는 일부를 독점적으로 점유·사용하고 있는 경우 다른 구분소유자는 공용부분의 보존행위로서 그 인도를 청구할 수는 없고, 특별한 사정이 없는 한 자신의 지분권에 기초하여 공용부분에 대한 방해상태를 제거하거나 공동점유를 방해하는 행위의 금지 등을 청구할 수 있다(대판 2019다245822).

정답 273 ④

274 「집합건물의 소유 및 관리에 관한 법률」상 집합건물의 전부공용부분 및 대지사용권에 관한 설명으로 틀린 것은? (특별한 사정은 없으며, 다툼이 있으면 판례에 따름) 제34회

① 공용부분은 취득시효에 의한 소유권 취득의 대상이 될 수 없다.
② 각 공유자는 공용부분을 그 용도에 따라 사용할 수 있다.
③ 구조상 공용부분에 관한 물권의 득실변경은 등기가 필요하지 않다.
④ 구분소유자는 규약 또는 공정증서로써 달리 정하지 않는 한 그가 가지는 전유부분과 분리하여 대지사용권을 처분할 수 없다.
⑤ 대지사용권은 전유부분과 일체성을 갖게 된 후 개시된 강제경매절차에 의해 전유부분과 분리되어 처분될 수 있다.

> **해설** ⑤ 「집합건물의 소유 및 관리에 관한 법률」 제20조의 규정내용과 입법취지 등을 종합하여 볼 때, 경매절차에서 전유부분을 낙찰받은 사람은 대지사용권까지 취득하는 것이고, 규약이나 공정증서로 다르게 정하였다는 특별한 사정이 없는 한 대지사용권을 전유부분과 분리하여 처분할 수는 없으며, 이를 위반한 대지사용권의 처분은 법원의 강제경매절차에 의한 것이라 하더라도 무효이다(대판 2009다26145).

275 「집합건물의 소유 및 관리에 관한 법률」에 관한 설명으로 틀린 것은? 제29회

① 관리인의 대표권 제한은 선의의 제3자에게 대항할 수 없다.
② 구조상의 공용부분에 관한 물권의 득실변경은 등기하여야 효력이 생긴다.
③ 관리인은 매년 회계연도 종료 후 3개월 이내에 정기 관리단집회를 소집하여야 한다.
④ 일부의 구분소유자만이 공용하도록 제공되는 것임이 명백한 공용부분은 그들 구분소유자의 공유에 속한다.
⑤ 공유자가 공용부분에 관하여 다른 공유자에 대하여 가지는 채권은 그 특별승계인에 대하여도 행사할 수 있다.

> **해설** ② 공용부분은 전유부분과 당연히 함께 이전하므로 공용부분에 관한 물권의 득실변경은 등기가 필요하지 아니하다(「집합건물의 소유 및 관리에 관한 법률」 제13조 제3항).

정답 274 ⑤ 275 ②

276 「집합건물의 소유 및 관리에 관한 법률」상 관리인에 관한 설명으로 <u>틀린</u> 것은? 제35회

① 관리인은 구분소유자여야 한다.
② 관리인은 공용부분의 보존행위를 할 수 있다.
③ 관리인의 임기는 2년의 범위에서 규약으로 정한다.
④ 관리인은 규약에 달리 정한 바가 없으면 관리위원회의 위원이 될 수 없다.
⑤ 관리인의 대표권은 제한할 수 있지만, 이를 선의의 제3자에게 대항할 수 없다.

해설 ①③ 관리인은 구분소유자일 필요가 없으며, 그 임기는 2년의 범위에서 규약으로 정한다(「집합건물의 소유 및 관리에 관한 법률」 제24조 제2항).

277 「집합건물의 소유 및 관리에 관한 법률」의 설명으로 <u>틀린</u> 것은? 제30회

① 규약 및 관리단집회의 결의는 구분소유자의 특별승계인에 대하여도 효력이 있다.
② 구분소유건물의 공용부분에 관한 물권의 득실변경은 등기가 필요하지 않다.
③ 관리인은 구분소유자가 아니더라도 무방하다.
④ 재건축 결의는 구분소유자 및 의결권의 각 5분의 4 이상의 결의에 의한다.
⑤ 재건축 결의 후 재건축 참가 여부를 서면으로 촉구받은 재건축반대자가 법정기간 내에 회답하지 않으면 재건축에 참가하겠다는 회답을 한 것으로 본다.

해설 ⑤ 재건축 참가 여부를 촉구(최고)를 받은 구분소유자가 촉구를 받은 날부터 2개월 이내에 회답하지 아니한 경우 그 구분소유자는 재건축에 참가하지 아니하겠다는 뜻을 회답한 것으로 본다(「집합건물의 소유 및 관리에 관한 법률」 제48조 제2항·제3항).

정답 276 ① 277 ⑤

278 집합건물의 소유 및 관리에 관한 법률상 구분소유자의 5분의 4 이상 및 의결권의 5분의 4 이상의 결의가 있어야만 하는 경우는?   제28회

① 재건축 결의
② 공용부분의 변경
③ 구분소유권의 경매청구
④ 규약의 설정·변경 및 폐지
⑤ 구분소유자의 전유부분 사용금지의 청구

해설 ① 「집합건물의 소유 및 관리에 관한 법률」 제47조 제1항

1/5 이상	2/3 이상	3/4 이상	4/5 이상
임시집회의 소집	• 공용부분의 변경 • 회계감사의 면제	• 규약의 설정·변경·폐지 • 의무위반자에 대한 조치(사용금지청구·경매청구·해제 및 인도청구) • 서면 또는 전자적 방법에 의한 결의(관리단집회의 결의와 동일한 효력)	• 재건축의 결의(단, 콘도는 2/3) • 재건축 결의내용의 변경 • 권리변동 있는 공용부분의 변경 • 건물가격의 1/2을 초과하는 일부멸실 공용부분의 복구

46 가등기담보 등에 관한 법률

279 가등기담보 등에 관한 법률이 원칙적으로 적용되는 것은? (단, 이자는 고려하지 않으며, 다툼이 있으면 판례에 따름)   제34회

① 1억원을 차용하면서 부동산에 관하여 가등기나 소유권이전등기를 하지 않은 경우
② 매매대금채무 1억원의 담보로 2억원 상당의 부동산 소유권이전등기를 한 경우
③ 차용금채무 1억원의 담보로 2억원 상당의 부동산에 대해 대물변제예약을 하고 가등기한 경우
④ 차용금채무 3억원의 담보로 이미 2억원의 다른 채무에 대한 저당권이 설정된 4억원 상당의 부동산에 대해 대물변제예약을 하고 가등기한 경우
⑤ 1억원을 차용하면서 2억원 상당의 그림을 양도담보로 제공한 경우

정답 278 ① 279 ③

해설 ③ 소비대차에 부수하여 대물변제예약을 하고 가등기를 하였으며 담보부동산에 대한 예약 당시 가액이 차용액을 초과하는 경우이므로 가등기담보 등에 관한 법률이 적용된다.
① 채권담보의 목적으로 등기·등록이 되지 않은 경우에는 「가등기담보 등에 관한 법률」이 적용되지 않는다. 따라서 채권자가 채무자와 담보계약을 체결하였지만 담보목적부동산에 관하여 가등기나 소유권이전등기를 마치지 아니한 경우에는 '담보권을 취득하였다고 할 수 없으므로, 이러한 경우에는 「가등기담보 등에 관한 법률」 제3조, 제4조는 원칙적으로 적용될 수 없다(대판 2011다106778).
② 소비대차에 부수하여 대물변제예약을 하고 비전형담보를 설정한 경우에 한하여 「가등기담보 등에 관한 법률」이 적용된다. 따라서 소비대차가 아닌 매매대금채권·공사대금채권 등을 담보하기 위하여 가등기 또는 소유권이전등기가 된 경우에는 적용되지 아니한다.
④ 담보부동산에 대한 예약 당시 가액이 차용액과 이에 붙인 이자를 합산한 액수에 미치지 못하는 경우에는 「가등기담보 등에 관한 법률」이 적용되지 않으므로 동법에 의한 청산절차가 요구되지 않는다. 만일 목적물에 선순위 저당권이 있을 때에는 예약 당시의 목적물의 가액은 그 저당권의 피담보채권액을 공제한 나머지 액수를 기준으로 한다(대판 2005다61140).
⑤ 목적물에 대하여 등기·등록을 할 수 없는 경우, 즉 목적물이 동산이나 주식인 경우에는 그 적용이 없다.

280 「가등기담보 등에 관한 법률」이 적용되는 가등기담보에 관한 설명으로 옳은 것은? (다툼이 있으면 판례에 따름) 제33회

① 채무자가 아닌 제3자는 가등기담보권의 설정자가 될 수 없다.
② 귀속청산에서 변제기 후 청산금의 평가액을 채무자에게 통지한 경우, 채권자는 그가 통지한 청산금의 금액에 관하여 다툴 수 있다.
③ 공사대금채권을 담보하기 위하여 담보가등기를 한 경우, 「가등기담보 등에 관한 법률」이 적용된다.
④ 가등기담보권자는 특별한 사정이 없는 한 가등기담보권을 그 피담보채권과 함께 제3자에게 양도할 수 있다.
⑤ 가등기담보권자는 담보목적물에 대한 경매를 청구할 수 없다.

해설 ④ 가등기담보권도 담보물권이므로 피담보채권과 분리하여 가등기담보권만의 양도는 허용되지 않지만 가등기담보권을 그 피담보채권과 함께 제3자에게 양도할 수 있다.
① 가등기담보권의 설정자는 채무자에 한정하지 않으며 제3자(물상보증인)도 가등기담보권의 설정자가 될 수 있다.
② 채권자는 그가 통지한 청산금의 금액에 관하여 다툴 수 없다(「가등기담보 등에 관한 법률」 제9조).
③ 「가등기담보 등에 관한 법률」은 차용물의 반환에 관하여 다른 재산권을 이전할 것을 예약한 경우에 적용되는 것이므로, 공사잔대금의 지급을 담보하기 위하여 체결된 양도담보계약에 기하여 소유권이전등기를 구하는 경우에는 같은 법이 적용되지 않는다(대판 96다31116).
⑤ 담보가등기권리자는 그 선택에 따라 제3조에 따른 담보권을 실행(권리취득에 의한 실행)하거나 담보목적부동산의 경매를 청구할 수 있다. 이 경우 경매에 관하여는 담보가등기권리를 저당권으로 본다(「가등기담보 등에 관한 법률」 제12조 제1항).

정답 280 ④

281. 가등기담보 등에 관한 법률의 설명으로 옳은 것은? (다툼이 있으면 판례에 따름) 제30회

① 가등기가 담보가등기인지, 청구권보전을 위한 가등기인지의 여부는 등기부상 표시를 보고 결정한다.
② 채권자가 담보권실행을 통지함에 있어서, 청산금이 없다고 인정되면 통지의 상대방에게 그 뜻을 통지하지 않아도 된다.
③ 청산금은 담보권실행의 통지 당시 담보목적부동산의 가액에서 피담보채권액을 뺀 금액이며, 그 부동산에 선순위담보권이 있으면 위 피담보채권액에 선순위담보로 담보한 채권액을 포함시킨다.
④ 통지한 청산금액이 객관적으로 정확하게 계산된 액수와 맞지 않으면, 채권자는 정확하게 계산된 금액을 다시 통지해야 한다.
⑤ 채권자가 채무자에게 담보권실행을 통지하고 난 후부터는 담보목적물에 대한 과실수취권은 채권자에게 귀속한다.

해설 ① 가등기가 담보가등기인지 여부는 그 등기부상 표시나 등기시에 주고 받은 서류의 종류에 의하여 형식적으로 결정될 것이 아니고 거래의 실질과 당사자의 의사해석에 따라 결정될 문제라고 할 것이다(대판 91다36932).
② 청산금이 없다고 인정되는 경우에는 그 뜻을 통지하여야 한다(「가등기담보 등에 관한 법률」 제3조 제1항). 담보권실행의 통지를 하지 않으면 청산기간이 진행할 수 없게 되고, 따라서 가등기담보권자는 그 후 적절한 청산금을 지급하거나 실제 지급할 청산금이 없다고 하더라도 가등기에 기한 본등기를 청구할 수 없으며, 설령 편법으로 본등기를 마쳤다고 하더라도 그 소유권을 취득할 수 없다(대판 2001다81856).
④ 채권자가 나름대로 평가한 청산금의 액수가 객관적인 청산금의 평가액에 미치지 못한다고 하더라도 담보권 실행의 통지로서의 효력이나 청산기간의 진행에는 아무런 영향이 없고, 다만 채무자 등은 정당하게 평가된 청산금을 지급받을 때까지 목적부동산의 소유권이전등기 및 인도채무의 이행을 거절하면서 피담보채무 전액을 채권자에게 지급하고 채권담보의 목적으로 마쳐진 가등기의 말소를 구할 수 있을 뿐이다(대판 96다6974).
⑤ 가등기담보권의 실행으로 청산절차가 종료된 후 담보목적물에 대하여 사용·수익권을 가지는 자는 가등기담보권자인 채권자이다(대판 2000다20465). 즉, 실행통지 후부터가 아니라 청산이 종료되어야 과실수취권은 채권자에게 귀속한다.

정답 281 ③

282 甲은 乙에게 빌려준 1,000만원을 담보하기 위해 乙 소유의 X토지(시가 1억원)에 가등기를 마친 다음, 丙이 X토지에 대해 저당권을 취득하였다. 다음 설명 중 옳은 것은? (다툼이 있으면 판례에 따름) 제28회

① 乙의 채무변제의무와 甲의 가등기말소의무는 동시이행의 관계에 있다.
② 甲이 청산기간이 지나기 전에 가등기에 의한 본등기를 마치면 그 본등기는 무효이다.
③ 乙이 청산기간이 지나기 전에 한 청산금에 관한 권리의 양도는 이로써 丙에게 대항할 수 있다.
④ 丙은 청산기간이 지나면 그의 피담보채권 변제기가 도래하기 전이라도 X토지의 경매를 청구할 수 있다.
⑤ 甲의 가등기담보권 실행을 위한 경매절차에서 X토지의 소유권을 丁이 취득한 경우, 甲의 가등기담보권은 소멸하지 않는다.

해설 ②「가등기담보 등에 관한 법률」제3조, 제4조는 청산절차에 관한 규정으로 위 규정들은 강행법규에 해당하여 이를 위반하여 담보가등기에 기한 본등기가 이루어진 경우 그 본등기는 효력이 없다. 다만 가등기권리자가 가등기담보법 제3조, 제4조에 정한 절차에 따라 청산금의 평가액을 채무자 등에게 통지한 후 채무자에게 정당한 청산금을 지급하거나 지급할 청산금이 없는 경우에는 채무자가 통지를 받은 날부터 2월의 청산기간이 지나면 위와 같이 무효인 본등기는 실체적 법률관계에 부합하는 유효한 등기로 될 수 있을 뿐이다(대판 2017다202296).
① 채무담보를 위하여 근저당권설정등기, 가등기 등이 경료되어 있는 경우 그 채무의 변제의무는 그 등기의 말소의무보다 선행되는 것이며, 채무의 변제와 그 등기말소절차의 이행을 교환적으로 구할 수 없다(대판 90다9872).
③ 채무자가 청산기간이 지나기 전에 한 청산금에 관한 권리의 양도나 그 밖의 처분은 이로써 후순위권리자에게 대항하지 못한다(「가등기담보 등에 관한 법률」제7조 제1항).
④ 후순위권리자는 청산기간에 한정하여 그 피담보채권의 변제기 도래 전이라도 담보목적부동산의 경매를 청구할 수 있다(「가등기담보 등에 관한 법률」제12조 제2항).
⑤ 가등기담보권은 경매시에 저당권으로 보게 되므로 경매가 실행된 경우에는 언제나 소멸한다.

정답 282 ②

283 乙은 甲에 대한 1억원의 차용금채무를 담보하기 위해 자신의 X건물(시가 2억원)에 관하여 甲명의로 소유권이전등기를 마쳤다. 이에 관한 설명으로 옳은 것은? (다툼이 있으면 판례에 따름) 제31회

① 甲은 X건물의 화재로 乙이 취득한 화재보험금청구권에 대하여 물상대위권을 행사할 수 없다.

② 甲은 乙로부터 X건물을 임차하여 사용하고 있는 丙에게 소유권에 기하여 그 반환을 청구할 수 있다.

③ 甲은 담보권 실행으로서 乙로부터 임차하여 X건물을 점유하고 있는 丙에게 그 인도를 청구할 수 있다.

④ 甲은 乙로부터 X건물을 임차하여 사용하고 있는 丙에게 임료 상당의 부당이득반환을 청구할 수 있다.

⑤ 甲이 X건물을 선의의 丁에게 소유권이전등기를 해준 경우, 乙은 丁에게 소유권이전등기말소를 청구할 수 있다.

해설 ③② 채권담보를 위하여 소유권이전등기를 경료한 양도담보권자는 채무자가 변제기를 도과하여 피담보채무의 이행지체에 빠졌을 때에는 담보계약에 의하여 취득한 목적 부동산의 처분권을 행사하기 위한 환가절차의 일환으로서 즉, 담보권의 실행으로서 채무자에 대하여 그 목적 부동산의 인도를 구할 수 있고 제3자가 채무자로부터 적법하게 목적 부동산의 점유를 이전받아 있는 경우에는 그 목적 부동산의 인도청구를 할 수도 있다 할 것이나 직접 소유권에 기하여 그 인도를 구할 수는 없다(대판 91다21770). 즉, 甲은 담보권 실행으로서 乙로부터 임차하여 X건물을 점유하고 있는 丙에게 그 인도를 청구할 수 있으나 양도담보권자는 소유자가 아니므로 임차인 丙에게 소유권에 기하여 그 반환을 청구할 수는 없다.

① 양도담보도 일종의 담보물권이므로 담보물권의 통유성이 인정된다. 따라서 甲은 X건물의 화재로 乙이 취득한 화재보험금청구권에 대하여 물상대위권을 행사할 수 있다.

④ 일반적으로 부동산을 채권담보의 목적으로 양도한 경우 특별한 사정이 없는 한 목적부동산에 대한 사용·수익권은 채무자인 양도담보설정자에게 있으므로, 양도담보권자는 사용·수익할 수 있는 정당한 권한이 있는 채무자나 채무자로부터 그 사용·수익할 수 있는 권한을 승계한 자에 대하여는 사용·수익을 하지 못한 것을 이유로 임료 상당의 손해배상이나 부당이득반환청구를 할 수 없다(대판 2007다37394).

⑤ 채무자 등은 청산금채권을 변제받을 때까지 그 채무액(반환할 때까지의 이자와 손해금을 포함한다)을 채권자에게 지급하고 그 채권담보의 목적으로 마친 소유권이전등기의 말소를 청구할 수 있다. 다만, 그 채무의 변제기가 지난 때부터 10년이 지나거나 선의의 제3자가 소유권을 취득한 경우에는 그러하지 아니하다(「가등기담보 등에 관한 법률」 제11조). 즉, 선의의 제3자는 보호되므로 乙은 선의의 丁에게 소유권이전등기말소를 청구할 수 없다.

정답 283 ③

284 乙은 甲으로부터 1억원을 빌리면서 자신의 X토지(시가 3억원)를 양도담보로 제공하고 甲 명의로 소유권이전등기를 마쳤다. 그 후 丙은 X토지를 사용·수익하던 乙과 임대차계약을 맺고 그 토지를 인도받아 사용하고 있다. 다음 설명 중 **틀린** 것은? (다툼이 있으면 판례에 따름)   제29회

① 甲은 피담보채권의 변제기 전에도 丙에게 임료 상당을 부당이득으로 반환청구할 수 있다.

② 甲은 특별한 사정이 없는 한 담보권실행을 위하여 丙에게 X토지의 인도를 청구할 수 있다.

③ 乙이 피담보채무의 이행지체에 빠졌을 경우, 甲은 丙에게 소유권에 기하여 X토지의 인도를 청구할 수 없다.

④ 甲이 乙에게 청산금을 지급함으로써 소유권을 취득하면 甲의 양도담보권은 소멸한다.

⑤ 만약 甲이 선의의 丁에게 X토지를 매도하고 소유권이전등기를 마친 경우, 乙은 丁에게 소유권이전등기의 말소를 청구할 수 없다.

해설 ① 일반적으로 부동산을 채권담보의 목적으로 양도한 경우 특별한 사정이 없는 한 목적부동산에 대한 사용·수익권은 채무자인 양도담보설정자에게 있으므로, 양도담보권자는 사용·수익할 수 있는 정당한 권한이 있는 채무자나 채무자로부터 그 사용·수익할 수 있는 권한을 승계한 자에 대하여는 사용·수익을 하지 못한 것을 이유로 임료 상당의 손해배상이나 부당이득반환청구를 할 수 없다(대판 2007다37394).

② 양도담보권자는 담보권의 실행으로 담보채무자가 아닌 제3자에 대하여도 담보물의 인도를 구할 수 있고, 인도를 거부하는 경우에는 담보권 실행이 방해된 것을 이유로 하는 손해배상을 구할 수는 있으나, 그러한 경우에도 양도담보권자에게는 목적 부동산에 대한 사용수익권이 없으므로 임료 상당의 손해배상을 구할 수는 없다 할 것이다(대판 90다9780).

③ 채권담보를 위하여 소유권이전등기를 경료한 양도담보권자는 채무자가 변제기를 도과하여 피담보채무의 이행지체에 빠졌을 때에는 담보계약에 의하여 취득한 목적 부동산의 처분권을 행사하기 위한 환가절차의 일환으로서 즉, 담보권의 실행으로서 채무자에 대하여 그 목적 부동산의 인도를 구할 수 있고 제3자가 채무자로부터 적법하게 목적 부동산의 점유를 이전받아 있는 경우에는 그 목적 부동산의 인도청구를 할 수도 있다 할 것이나 직접 소유권에 기하여 그 인도를 구할 수는 없다(대판 91다21770). 즉, 양도담보로 소유권등기가 甲에게 이전되었더라도 청산이 완료되기 전까지는 소유권은 여전히 乙에게 있으므로(이른바 담보물권설) 담보권실행을 위한 인도청구는 가능하더라도, 甲이 丙에게 소유권에 기하여 X토지의 인도를 청구할 수 없다.

④ 甲이 乙에게 청산금을 지급하고 소유권을 취득하게 되면 피담보채권이 소멸하였으므로 양도담보는 소멸하게 된다. 또한 甲이 소유권을 취득하였으므로 양도담보권은 혼동으로 소멸한다.

⑤ 채무자 등은 청산금채권을 변제받을 때까지 그 채무액(반환할 때까지의 이자와 손해금을 포함한다)을 채권자에게 지급하고 그 채권담보의 목적으로 마친 소유권이전등기의 말소를 청구할 수 있다. 다만, 그 채무의 변제기가 지난 때부터 10년이 지나거나 선의의 제3자가 소유권을 취득한 경우에는 그러하지 아니하다(「가등기담보 등에 관한 법률」 제11조).

정답 284 ①

47 부동산 실권리자명의 등기에 관한 법률

285 甲은 법령상 제한을 회피하기 위해 2019.5. 배우자 乙과 명의신탁약정을 하고 자신의 X건물을 乙명의로 소유권이전등기를 마쳤다. 이에 관한 설명으로 **틀린** 것은? (다툼이 있으면 판례에 따름) 제31회

① 甲은 소유권에 의해 乙을 상대로 소유권이전등기의 말소를 청구할 수 있다.
② 甲은 乙에게 명의신탁해지를 원인으로 소유권이전등기를 청구할 수 없다.
③ 乙이 소유권이전등기 후 X건물을 점유하는 경우, 乙의 점유는 타주점유이다.
④ 乙이 丙에게 X건물을 증여하고 소유권이전등기를 해준 경우, 丙은 특별한 사정이 없는 한 소유권을 취득한다.
⑤ 乙이 丙에게 X건물을 적법하게 양도하였다가 다시 소유권을 취득한 경우, 甲은 乙에게 소유물반환을 청구할 수 있다.

해설 ⑤ 양자간 등기명의신탁에서 명의수탁자가 신탁부동산을 처분하여 제3취득자가 유효하게 소유권을 취득하고 이로써 명의신탁자가 신탁부동산에 대한 소유권을 상실하였다면, 명의신탁자의 소유권에 기한 물권적 청구권, 즉 말소등기청구권이나 진정명의회복을 원인으로 한 이전등기청구권도 더 이상 그 존재 자체가 인정되지 않는다. 따라서 그 후 명의수탁자가 우연히 신탁부동산의 소유권을 다시 취득하였다고 하더라도 명의신탁자가 신탁부동산의 소유권을 상실한 사실에는 변함이 없으므로, 여전히 물권적 청구권은 그 존재 자체가 인정되지 않는다(대판 2010다89814). 즉, 丙에게 X건물을 적법하게 양도된 시점에서 甲은 소유권을 상실하게 되므로 더 이상 물권적청구권을 행사할 수 없다는 의미이다.

286 甲은 친구 乙과의 명의신탁약정에 따라 2024.3.5. 자신의 X부동산을 乙 명의로 소유권이전등기를 해주었고, 그 후 乙은 丙에게 이를 매도하고 丙 명의로 소유권이전등기를 해 주었다. 다음 설명 중 옳은 것은? (다툼이 있으면 판례에 따름) 제35회

① 甲은 乙을 상대로 불법행위로 인한 손해배상을 청구할 수 있다.
② 甲과 乙의 명의신탁약정으로 인해 乙과 丙의 매매계약은 무효이다.
③ 甲은 丙을 상대로 X부동산에 관한 소유권이전등기말소를 청구할 수 있다.
④ 甲은 乙을 상대로 명의신탁약정 해지를 원인으로 하는 소유권이전등기를 청구할 수 있다.
⑤ 만약 乙이 X부동산의 소유권을 丙으로부터 다시 취득한다면, 甲은 乙을 상대로 소유권에 기하여 이전등기를 청구할 수 있다.

정답 285 ⑤ 286 ①

해설 ① 명의수탁자가 양자간 명의신탁에 따라 명의신탁자로부터 소유권이전등기를 넘겨받은 부동산을 임의로 처분한 경우, 형사상 횡령죄의 성립 여부와 관계없이 명의신탁자에 대하여 민사상 불법행위 손해배상책임을 부담한다(대판 2016다34007).

②③ 「부동산 실권리자명의 등기에 관한 법률」상 제3자는 선·악을 불문하고 권리를 취득한다. 즉, 乙과 丙의 매매계약은 유효하며 甲은 丙을 상대로 X부동산에 관한 소유권이전등기말소를 청구할 수 없다.

④ 명의신탁약정과 그에 따라 행하여진 등기에 의한 부동산에 관한 물권변동이 무효가 되므로 명의신탁자는 더 이상 명의신탁해지를 원인으로 하는 소유권이전등기를 청구할 수 없다(대판 98다1027). 즉, 명의신탁의 해지는 유효한 명의신탁에서만 행사할 수 있다.

⑤ 양자간 등기명의신탁에서 명의수탁자가 신탁부동산을 처분하여 제3취득자가 유효하게 소유권을 취득하고 이로써 명의신탁자가 신탁부동산에 대한 소유권을 상실하였다면, 명의신탁자의 소유권에 기한 물권적 청구권, 즉 말소등기청구권이나 진정명의회복을 원인으로 한 이전등기청구권도 더 이상 그 존재 자체가 인정되지 않는다. 따라서 그 후 명의수탁자가 우연히 신탁부동산의 소유권을 다시 취득하였다고 하더라도 명의신탁자가 신탁부동산의 소유권을 상실한 사실에는 변함이 없으므로, 여전히 물권적 청구권은 그 존재 자체가 인정되지 않는다(대판 2010다89814). 즉, 丙에게 X건물을 적법하게 양도된 시점에서 甲은 소유권을 상실하게 되므로 더 이상 물권적 청구권을 행사할 수 없다는 의미이다.

287

X부동산을 매수하고자 하는 甲은 친구 乙과 명의신탁약정을 하고 乙 명의로 소유권이전등기를 하기로 하였다. 그 후 甲은 丙에게서 그 소유의 X부동산을 매수하고 대금을 지급하였으며, 丙은 甲의 부탁에 따라 乙 앞으로 이전등기를 해 주었다. 다음 설명 중 틀린 것은? (다툼이 있으면 판례에 따름)   제30회 변형

① 甲과 乙 사이의 명의신탁약정은 무효이다.
② 甲은 乙을 상대로 부당이득반환을 원인으로 한 소유권이전등기를 구할 수 있다.
③ 甲은 丙을 상대로 소유권이전등기청구를 할 수 있다.
④ 甲은 丙을 대위하여 乙명의 등기의 말소를 구할 수 있다.
⑤ 甲과 乙 간의 명의신탁약정 사실을 알고 있는 丁이 乙로부터 X부동산을 매수하고 이전등기를 마쳤다면, 丁은 특별한 사정이 없는 한 그 부동산을 취득한다.

해설 ② 이른바 3자간 등기명의신탁의 경우 「부동산 실권리자명의 등기에 관한 법률」에서 정한 유예기간 경과에 의하여 그 명의신탁 약정과 그에 의한 등기가 무효로 되더라도 명의신탁자는 매도인에 대하여 매매계약에 기한 소유권이전등기청구권을 보유하고 있어 그 유예기간의 경과로 그 등기 명의를 보유하지 못하는 손해를 입었다고 볼 수 없다. 또한 명의신탁 부동산의 소유권이 매도인에게 복귀한 마당에 명의신탁자가 무효인 등기의 명의인인 명의수탁자를 상대로 그 이전등기를 구할 수도 없다. 결국 3자간 등기명의신탁에 있어서 명의신탁자는 명의수탁자를 상대로 부당이득반환을 원인으로 한 소유권이전등기를 구할 수 없다(대판 2008다55290).

정답 287 ②

288
甲은 2013년에 친구 乙과 명의신탁약정을 하고 丙 소유의 X부동산을 매수하면서 丙에게 부탁하여 乙 명의로 소유권이전등기를 하였다. 다음 설명 중 옳은 것은? (다툼이 있으면 판례에 의함)
제24회

① 乙이 X부동산의 소유자이다.
② 甲은 명의신탁해지를 원인으로 乙에게 소유권이전등기를 청구할 수 있다.
③ 甲은 부당이득반환을 원인으로 乙에게 소유권이전등기를 청구할 수 있다.
④ 丙은 진정명의회복을 원인으로 乙에게 소유권이전등기를 청구할 수 있다.
⑤ 만약 甲과 乙이 사실혼 관계에 있다면 甲과 乙 사이의 명의신탁약정은 유효이다.

해설 ④① 乙의 등기는 무효이어서 소유권은 丙에게 있으므로 丙은 진정명의회복을 원인으로 乙에게 소유권이전등기를 청구할 수 있다.
② 유효한 명의신탁의 경우에는 이를 해지하고 소유권의 이전을 청구할 수 있으나 무효인 명의신탁약정은 이를 해지하고 소유권을 이전할 수 없다. 즉, '무효'인 명의신탁을 '해지'한다는 표현은 틀린 지문이라고 생각하면 된다.
③ 이른바 3자간 등기명의신탁의 경우「부동산 실권리자명의 등기에 관한 법률」에서 정한 유예기간 경과에 의하여 그 명의신탁 약정과 그에 의한 등기가 무효로 되더라도 명의신탁자는 매도인에 대하여 매매계약에 기한 소유권이전등기청구권을 보유하고 있어 그 유예기간의 경과로 그 등기 명의를 보유하지 못하는 손해를 입었다고 볼 수 없다. 또한 명의신탁 부동산의 소유권이 매도인에게 복귀한 마당에 명의신탁자가 무효인 등기의 명의인인 명의수탁자를 상대로 그 이전등기를 구할 수도 없다. 결국 3자간 등기명의신탁에 있어서 명의신탁자는 명의수탁자를 상대로 부당이득반환을 원인으로 한 소유권이전등기를 구할 수 없다(대판 2008다55290, 55306). 즉, 甲은 丙을 대위하여 등기를 말소하고 丙으로부터 매매를 원인으로 한 이전등기를 청구해야 하며 직접 乙에게 소유권이전등기를 청구할 권원은 없다.
⑤ 「부동산 실권리자명의 등기에 관한 법률」제5조에 의하여 부과되는 과징금에 대한 특례를 규정한 같은 법 제8조 제2호 소정의 '배우자'에는 사실혼 관계에 있는 배우자는 포함되지 아니한다(대판 99두35).

정답 288 ④

289 甲은 법령상의 제한을 피하여 乙 소유의 X부동산을 매수하고자 자신의 친구 丙과 X부동산의 매수에 관한 명의신탁약정을 체결하였다. 그에 따라 2021년 5월 丙은 X부동산과 매매계약을 체결하고, 甲의 자금으로 그 대금을 지급하여 丙명의로 등기 이전을 마쳤다. 이에 관한 설명으로 틀린 것은? (다툼이 있으면 판례에 따름) 제32회

① 甲과 丙 사이의 명의신탁약정은 무효이다.

② 乙이 매매계약 체결 당시 그 명의신탁약정이 있다는 사실을 알았다면 丙은 X부동산의 소유권을 취득할 수 없다.

③ 乙이 매매계약 체결 당시 그 명의신탁약정이 있다는 사실을 몰랐다면, 그 후 명의신탁약정 사실을 알게 되었어도 丙은 X부동산의 소유권을 취득한다.

④ 丙이 X부동산의 소유권을 취득한 경우 甲은 丙에게 제공한 X부동산의 매수자금 상당액을 부당이득으로 반환청구할 수 있다.

⑤ X부동산의 소유권을 유효하게 취득한 丙이 명의신탁약정 외의 적법한 원인에 의하여 甲 앞으로 X부동산에 대한 소유권이전등기를 마친다고 해도 그 소유권이전등기는 무효이다.

해설 ⑤ 명의수탁자가 명의수탁자의 완전한 소유권 취득을 전제로 하여 사후적으로 명의신탁자와의 사이에 위에서 매수자금반환의무의 이행에 갈음하여 명의신탁된 부동산 자체를 양도하기로 합의하고 그에 기하여 명의신탁자 앞으로 소유권이전등기를 마쳐준 경우에는 그 소유권이전등기는 새로운 소유권 이전의 원인인 대물급부의 약정에 기한 것이므로 특별한 사정이 없는 한 유효하고, 대물급부의 목적물이 원래의 명의신탁부동산이라는 것만으로 유효성을 부인할 것은 아니다(대판 2014다30483). 즉, 丙이 명의신탁약정 외의 적법한 원인에 의하여 甲 앞으로 X부동산에 대한 소유권이전등기를 마쳤다면 그 소유권이전등기는 유효가 될 수 있다.

정답 289 ⑤

290 2022.8.16. 甲은 조세포탈을 목적으로 친구인 乙과 명의신탁약정을 맺고 乙은 이에 따라 甲으로부터 매수자금을 받아 丙 소유의 X토지를 자신의 명의로 매수하여 등기를 이전받았다. 이에 관한 설명으로 틀린 것은? (다툼이 있으면 판례에 따름)   제33회

① 甲과 乙의 명의신탁약정은 무효이다.

② 甲과 乙의 명의신탁약정이 있었다는 사실을 丙이 몰랐다면, 乙은 丙으로부터 X토지의 소유권을 승계취득한다.

③ 乙이 X토지의 소유권을 취득하였더라도, 甲은 乙에 대하여 부당이득을 원인으로 X토지의 소유권이전등기를 청구할 수 없다.

④ 甲은 乙에 대해 가지는 매수자금 상당의 부당이득반환청구권에 기하여 X토지에 유치권을 행사할 수 없다.

⑤ 만일 乙이 丁에게 X토지를 양도한 경우, 丁이 명의신탁약정에 대하여 단순히 알고 있었다면 丁은 X토지의 소유권을 취득하지 못한다.

해설 ⑤ 명의신탁이 무효이더라도 제3자는 선·악을 불문하고 권리를 취득한다(「부동산 실권리자명의 등기에 관한 법률」 제4조 제3항). 따라서 丁은 악의이더라도 X토지의 소유권을 취득한다.

① 명의신탁약정은 무효로 한다(「부동산 실권리자명의 등기에 관한 법률」 제4조 제1항).

② 부동산에 관한 물권을 취득하기 위한 계약에서 명의수탁자가 어느 한쪽 당사자가 되고 상대방 당사자는 명의신탁약정이 있다는 사실을 알지 못한 경우, 부동산에 관한 물권변동은 유효로 한다(「부동산 실권리자명의 등기에 관한 법률」 제4조 제2항 단서). 즉, 계약형 명의신탁에서 매도인이 선의인 경우에 등기는 유효하므로 乙은 丙으로부터 X토지의 소유권을 승계취득한다.

③ 계약명의신탁약정이 「부동산 실권리자명의 등기에 관한 법률」 시행 후인 경우에는 명의신탁자는 애초부터 당해 부동산의 소유권을 취득할 수 없었으므로 위 명의신탁약정의 무효로 인하여 명의신탁자가 입은 손해는 당해 부동산 자체가 아니라 명의수탁자에게 제공한 매수자금이라 할 것이고, 따라서 명의수탁자는 당해 부동산 자체가 아니라 명의신탁자로부터 제공받은 매수자금을 부당이득하였다고 할 것이다(대판 2002다66922).

④ 명의신탁자의 부당이득반환청구권은 부동산 자체로부터 발생한 채권이 아닐 뿐만 아니라 소유권 등에 기한 부동산의 반환청구권과 동일한 법률관계나 사실관계로부터 발생한 채권이라고 보기도 어려우므로, 결국 「민법」 제320조 제1항에서 정한 유치권 성립요건으로서의 목적물과 채권 사이의 견련관계를 인정할 수 없다(대판 2008다34828).

정답 290 ⑤

291 부동산경매절차에서 丙 소유의 X건물을 취득하려는 甲은 친구 乙과 명의신탁약정을 맺고 2018.5. 乙 명의로 매각허가결정을 받아 자신의 비용으로 매각대금을 완납하였다. 그 후 乙명의로 X건물의 소유권이전등기가 마쳐졌다. 다음 설명 중 옳은 것은? (다툼이 있으면 판례에 따름)   제29회

① 甲은 乙에 대하여 X건물에 관한 소유권이전등기말소를 청구할 수 있다.
② 甲은 乙에 대하여 부당이득으로 X건물의 소유권반환을 청구할 수 있다.
③ 丙이 甲과 乙 사이의 명의신탁약정이 있다는 사실을 알았더라도 乙은 X건물의 소유권을 취득한다.
④ X건물을 점유하는 甲은 乙로부터 매각대금을 반환받을 때까지 X건물을 유치할 권리가 있다.
⑤ X건물을 점유하는 甲이 丁에게 X건물을 매도하는 계약을 체결한 경우, 그 계약은 무효이다.

해설 ③ 경매절차에서의 소유자가 명의신탁약정 사실을 알고 있었거나 소유자와 명의신탁자가 동일인이라고 하더라도 그러한 사정만으로 그 명의인의 소유권취득이 부동산실명법 제4조 제2항에 따라 무효로 된다고 할 것은 아니다. 비록 경매가 사법상 매매의 성질을 보유하고 있기는 하나 다른 한편으로는 법원이 소유자의 의사와 관계없이 그 소유물을 처분하는 공법상 처분으로서의 성질을 아울러 가지고 있고, 소유자는 경매절차에서 매수인의 결정 과정에 아무런 관여를 할 수 없는 점, 경매절차의 안정성 등을 고려할 때 경매부동산의 소유자를 위 제4조 제2항 단서의 '상대방 당사자'라고 볼 수는 없기 때문이다(대판 2012다69197).
① 乙은 유효하게 소유권을 취득하므로(대판 2012다69197). 甲은 乙에 대하여 X건물에 관한 소유권이전등기말소를 청구할 수 없다.
② 부당이득반환을 원인으로 매수자금의 반환을 구함은 별론으로 하고, 부동산 자체의 반환을 구할 수는 없다(대판 2012다69197).
④ 명의신탁자의 부당이득반환청구권은 부동산 자체로부터 발생한 채권이 아닐 뿐만 아니라 소유권 등에 기한 부동산의 반환청구권과 동일한 법률관계나 사실관계로부터 발생한 채권이라고 보기도 어려우므로, 결국 「민법」 제320조 제1항에서 정한 유치권 성립요건으로서의 목적물과 채권 사이의 견련관계를 인정할 수 없다(대판 2008다34828).
⑤ 甲이 丁에게 X건물을 매도하는 계약을 체결한 경우에, 이는 타인 권리의 매매로서 유효한 계약에 해당한다(제569조).

정답 291 ③

292 甲은 조세포탈·강제집행의 면탈 또는 법령상 제한의 회피를 목적으로 하지 않고, 배우자 乙과의 명의신탁약정에 따라 자신의 X토지를 乙 명의로 소유권이전등기를 마쳐주었다. 다음 설명 중 틀린 것은? (다툼이 있으면 판례에 따름) 제28회

① 乙은 甲에 대해 X토지의 소유권을 주장할 수 없다.

② 甲이 X토지를 丙에게 매도한 경우, 이를 타인의 권리매매라고 할 수 없다.

③ 丁이 X토지를 불법점유하는 경우, 甲은 직접 丁에 대해 소유물반환청구권을 행사할 수 있다.

④ 乙로부터 X토지를 매수한 丙이 乙의 甲에 대한 배신행위에 적극가담한 경우, 乙과 丙 사이의 계약은 무효이다.

⑤ 丙이 乙과의 매매계약에 따라 X토지에 대한 소유권이전등기를 마친 경우, 특별한 사정이 없는 한 丙이 X토지의 소유권을 취득한다.

해설 ③ 재산을 타인에게 신탁한 경우 대외적인 관계에 있어서는 수탁자만이 소유권자로서 그 재산에 대한 제3자의 침해에 대하여 배제를 구할 수 있으며, 신탁자는 수탁자를 대위하여 수탁자의 권리를 행사할 수 있을 뿐 직접 제3자에게 신탁재산에 대한 침해의 배제를 구할 수 없다(대판 77다1079).

① 유효한 명의신탁에서 내부적으로는 신탁자가 소유이므로 신탁자는 등기 없이도 수탁자에 대해 소유권을 주장할 수 있다. 그러나 수탁자는 신탁자에 대해 소유권을 주장할 수 없다(대판 92다31699).

② 명의신탁한 부동산을 명의신탁자가 매도하는 경우에 명의신탁자는 그 부동산을 사실상 처분할 수 있을 뿐 아니라 법률상으로도 처분할 수 있는 권원에 의하여 매도한 것이므로 이를 「민법」 제569조 소정의 타인의 권리의 매매라고 할 수 없다(대판 96다18656).

④ 일반적으로 명의수탁자는 신탁재산을 유효하게 제3자에게 처분할 수 있고 제3자가 명의신탁사실을 알았다 하여도 그의 소유권취득에 영향이 없는 것이기는 하지만, 특별한 사정이 있는 경우, 즉 명의수탁자로부터 신탁재산을 매수한 제3자가 명의수탁자의 명의신탁자에 대한 배신행위에 적극 가담한 경우에는 명의수탁자와 제3자 사이의 계약은 반사회적인 법률행위로서 무효라고 할 것이고, 따라서 명의수탁받은 부동산에 관한 명의수탁자와 제3자 사이의 매매계약은 무효로 보아야 할 것이다(대판 91다29842).

⑤ 부동산의 소유자 명의가 신탁된 경우, 외부적으로는 수탁자만이 소유자로서 유효하게 권리를 행사할 수 있으므로 수탁자로부터 그 부동산을 취득한 자는 수탁자에게 매도나 담보의 제공 등을 적극적으로 권유함으로써 수탁자의 배임행위에 적극 가담한 것이 아닌 한 명의신탁 사실을 알았는지의 여부를 불문하고 부동산의 소유권을 유효하게 취득한다(대판 91다6221).

정답 292 ③

2025 메가랜드 공인중개사
바쁜 수험생을 위한 빠른 합격서

 민법 및 민사특별법

발행일 2024년 12월 15일 **초판 1쇄**
편　저 메가랜드 부동산교육연구소
발행인 윤용국

발행처 메가랜드(주)
등　록 제2018-000177호(2018.9.7.)
주　소 (06657) 서울특별시 서초구 반포대로 81
전　화 1833 - 3329
팩　스 02 - 6918 - 3792

정　가 34,000원
ISBN 979-11-6601-514-4
　　　　 979-11-6601-512-0(1차 세트)

잘못 만들어진 책은 구입하신 서점에서 교환해 드립니다.
본 책의 내용은 사전고지 없이 변경될 수 있습니다.

Copyright ⓒ 2025 메가랜드(주)

메가랜드(주)는 초·중·고, 성인 입시 1등 교육 전문 브랜드 메가스터디가 설립한 부동산 교육 전문 기관입니다.
이 책은 저작권법에 따라 보호받는 저작물이므로 무단전재와 무단복제를 금지하며 책 내용의 전부 또는 일부를 이용하려면 반드시 메가랜드(주)의 서면동의를 받아야 합니다.

이제 메가랜드 공인중개사 교재를 E-Book(전자책)으로도 만나보세요.

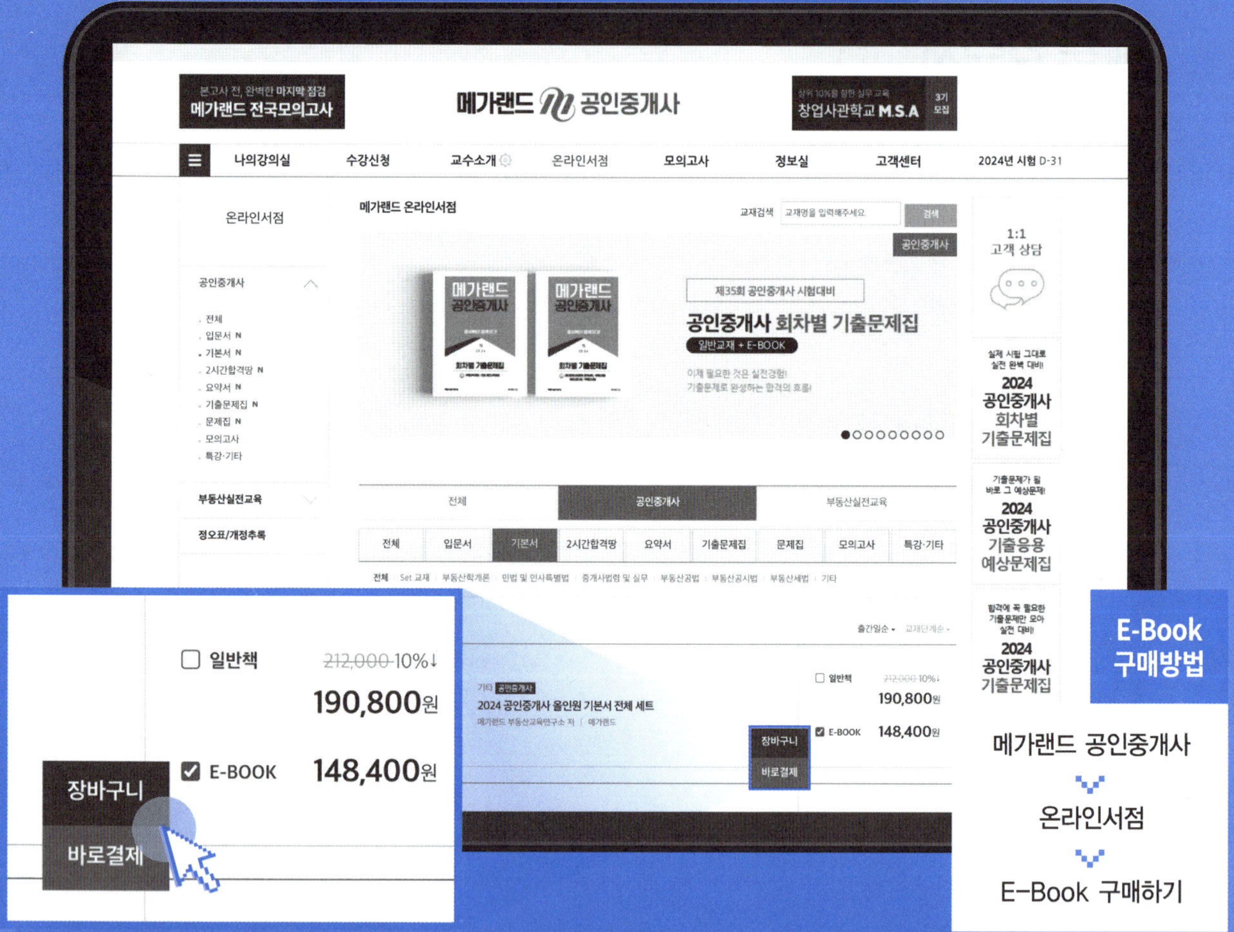

메가랜드 공인중개사 정오표를 꼭 확인하세요.

메가랜드 공인중개사 온라인 서점 정오표/개정추록

교재 출간 후 개정되는 법령의 내용과 교재 수정사항은
메가랜드 홈페이지(http://www.megaland.co.kr)에서 확인하실 수 있습니다.